만들어진 신의 나라

천황제와 침략 전쟁의 심상지리
만들어진 신의 나라

지은이 / 정창석
펴낸이 / 강동권
펴낸곳 / (주)이학사

1판 1쇄 발행 / 2014년 2월 28일
1판 2쇄 발행 / 2014년 6월 20일

등록 / 1996년 2월 2일 (등록번호 제 03-948호)
주소 / 서울시 종로구 윤보선길 65(안국동 17-1) 우 110-240
전화 / 02-720-4572 · 팩스 / 02-720-4573
이메일 / ehaksa@korea.com · 트위터 / twitter.com/ehaksa · 페이스북 / facebook.com/ehaksa

ⓒ 정창석, 2014, Printed in Seoul, Korea.
ISBN 978-89-6147-188-6 93910

이 책의 저작권은 저자가 가지고 있습니다.
저작권법에 의해 보호를 받는 저작물이므로 이 책 내용의 일부 또는 전부를
재사용하려면 저작권자와 (주)이학사 양측의 동의를 얻어야 합니다.

* 책값은 뒤표지에 표시되어 있습니다.

이 도서의 국립중앙도서관 출판시도서목록(CIP)은 e-CIP 홈페이지(http://www.nl.go.kr/ecip)와 국가자료공동목록시스템(http://www.nl.go.kr/kolisnet)에서 이용하실 수 있습니다. (CIP제어번호: CIP2014004565)

만들어진 신의 나라

천황제와 침략 전쟁의 심상지리

정창석 지음

이학사

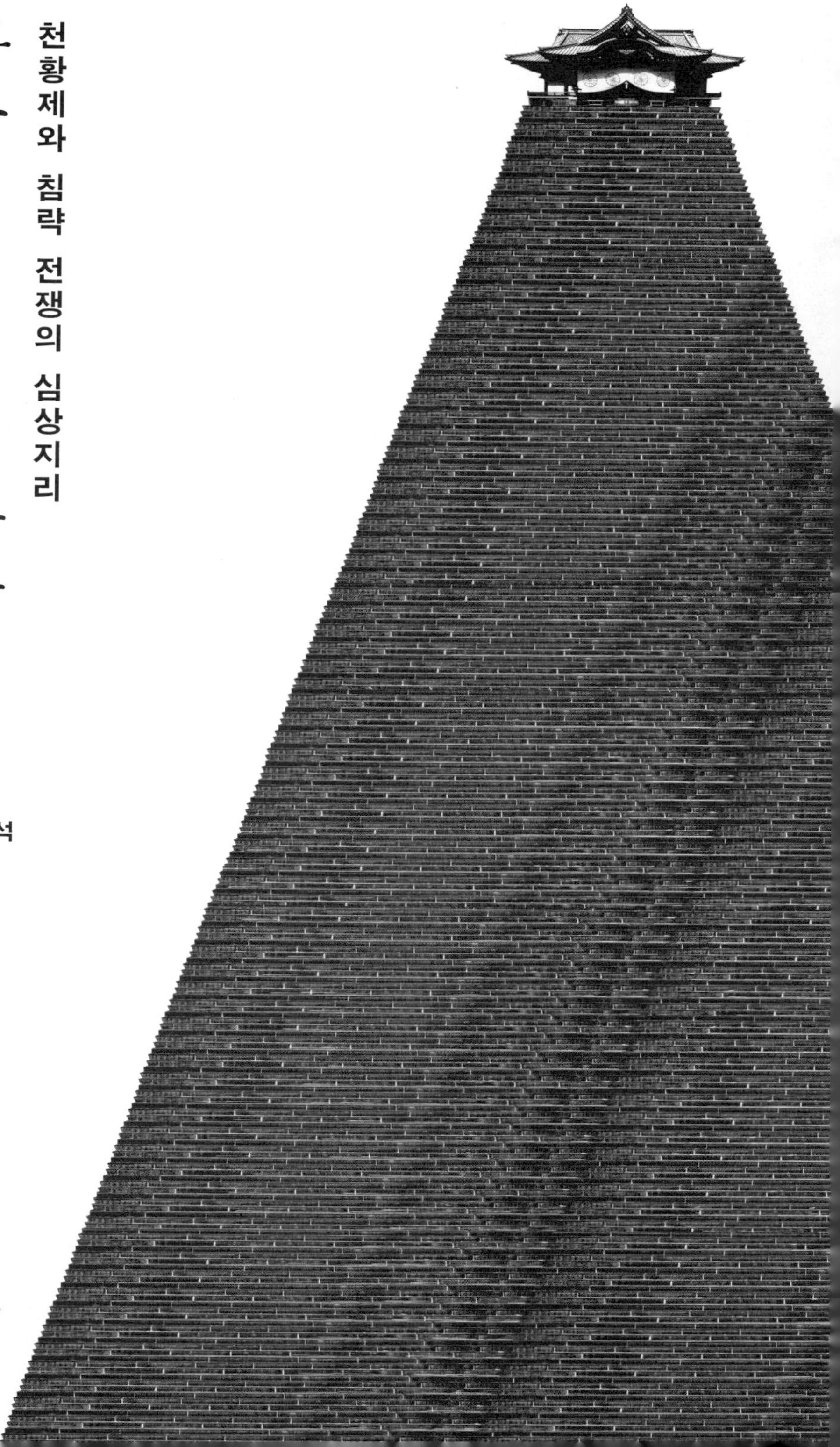

일러두기

1. 당시의 자료를 직접 인용한 인용문은 당시 표현을 살리되, 뜻이 잘 통하지 않거나 현대 국문법에 맞지 않는 표현들은 인용자(이 책 지은이)가 일부 수정하였다.
2. 부호의 쓰임은 다음과 같다.
   『 』: 도서명, 신문·잡지명
   「 」: 논문, 조약문
   ……: 인용문에서의 중략
   ( ): 출전 표기, 한자 및 외국어 병기, 본문에서의 부연 설명
   [ ]: 인용문에서의 부연 설명, 음이 다른 한자 및 일부 일본어 단어 표기

머리말
굴절된 침략의 순환

　일본은 지정학적으로 변방의 섬나라였기 때문에 역사적으로 한국과 중국으로부터 많은 문화를 받아들였다. 동아시아의 문화적 흐름에서 일본은 항상 한국과 중국을 향한 지향 의식을 나타냈다. 이것은 일본인에게 긍정적으로는 향일성의 문화 지향으로 나타났고, 부정적으로는 침략 야욕으로 구체화되었다. 그러나 언제나 대륙을 동경하던 일본은 격변하는 근대를 맞이하여 그들의 대외 지향주의를 침략 전쟁으로 풀어버림으로써 아시아의 교란자가 되었다. 그리하여 근대 일본 제국주의의 역사는 전쟁으로 시작하여 전쟁으로 끝난 대외 침략의 역사가 되고 말았다.
　1853년 군함을 앞세운 페리의 내항 이래 근대 문명의 사다리를 타려고 몸부림쳐온 일본은 1868년 메이지유신으로 절대주의 천황제를 확립함으로써 천황을 신격화하고 모든 가치를 천황에 귀일시키는 근대 국가를 이루었다. 그러나 근대화를 먼저 이룬 제국주의 국가 일본이 서양 열강으로부터 수많은 압박을 받고 서양에 대한 열등감에 시달리면서도 문명개화에 뒤늦은 한국 및 중국 나아가서 동양에 대해 우월감을 키운 것은 일본인에게는 숙명적인 것이었다. 열등감과 우월감이라는 이 이중성은 제국주의 조류를 타고 일본인의 의식을 좀먹어 들어가 일본인에게 아시아는 야만이라는, 서양을 모방한 일본적 오리엔탈리즘의 심상지리를 가지게 했다. 이에 따라 일본은 서양으로부터 받은 억압을 아시아로 돌리는 억압 이양의 침략 전쟁을 되풀이했다.

근대 일본이 한국 및 중국을 침략하고자 하는 구체적인 논의는 정한론에서부터 그 막이 열렸다. 1868년 조선이 메이지 정부가 보낸 외교 문서를 거부한 사건을 문제 삼아 일본은 메이지 정권의 기초가 채 다져지기도 전에 조선 정벌의 침략 야욕을 드러냈던 것이다. 이러한 정한론은 내부적으로는 유신 전쟁에서 저마다 공을 세웠다고 생각하는 번군들의 갈등과, 메이지 정부에 대한 불평불만으로 가득 찬 민심을 밖으로 돌려 정부의 기반을 확립하기 위한 것이었지만, 또한 서양 각국으로부터 압박에 시달리고 있던 당시 일본이 국제적으로 유리한 지위를 확보하고자 하는 의도도 있었다. 이것이 역사적으로 내부 문제를 외부에서 해결하는 일본식 위기 극복 방법이다.

정한론은 이후 일본 제국주의의 방향타가 되어 주권선(主權線)과 이익선(利益線)의 개념으로 굳어지게 된다. 이 주권선과 이익선의 연장으로 한국 및 아시아에 대한 침략이 계속되었던 것이다. 그 첫 출발이 1876년 한국과 맺은 강화도조약이었다. 이 조약에서 일본은 서양으로부터 강요받았던 불평등조약을 조선에 그대로 되돌려주면서 아직 독립국가가 되기 전임에도 불구하고 조선에 대해서는 그럴듯한 제국주의 국가로 행세했다. 이후 조선을 둘러싼 동아시아의 풍운이 급변하고, 일본은 그들이 선언한 조선이라는 이름의 이익선을 지키려 중국, 러시아와 제국주의 전쟁을 일으켰다. 이 전쟁에서 일본은 조선을 보호한다는 미명하에 허울 좋은 동양 평화를 내세우며 전쟁을 시혜 의식으로 합리화했다.

1910년 한일병합으로 일본은 주권선을 한국에까지 연장하여 중국 대륙 침략의 교두보를 확보했고 이익선을 만주 및 중국으로 확장했다. 이러한 일본 제국주의의 동양에 대한 우월감은 서양 제국주의로부터 아시아를 해방시킨다는 대동아공영권 구상과 태평양전쟁으로 이어진다. 이 과정에서 일본 제국주의는 군국주의 파시즘을 구축했고, 팔굉일우와 황도주의의 실현이라는 무한 전쟁의 성전 논리에 빠져 단말마의 사투를 계속하다가 1945년 미국의 원자폭탄 세례를 받고 패망했다.

전후 미국은 천황의 전범 소추를 면제하였으며 일본인이 그토록 노심초사했던 국체도 상징 천황제로 유지시켰다. 이러한 미국의 시혜는 냉전 초기 미국의 이익을 위한 세계 전략의 일환이었다. 그러나 이를 기회로 일본인은 침략 전쟁의 당사자로서 전쟁범죄의 책임을 자율적 준엄성이 아닌 타율적 요식 행위(극동국제군사재판)로 끝내버리는 부끄러운 민족이 된다. 그리하여 전후 일본인은 가해자의 원죄 의식을 부정하고, 시대 상황에 순응했을 뿐이라는 현실 순응주의와 전쟁의 비참함과 비극성만을 강조하는 자가당착에 빠지게 된다. 결국 원자폭탄의 피폭과 미국의 시혜는 일본인의 의식 속에 침략 전쟁에 대한 죄의식보다 전쟁에 대한 피해 의식을 심어주었던 것이다. 이렇게 죄의식이 피해 의식으로 가치 전도됨으로써 전후 일본인은 전쟁범죄의 책임을 인식하지 못하는 망각의 세월을 보내고 있다.

1952년에 발효된 샌프란시스코 강화조약으로 미국의 군사 점령을 마감하고 국제사회에 복귀한 일본은 한국전쟁의 특수로 전후 복구를 완료하고 눈부신 경제 발전을 이룩하게 된다. 이러한 일본의 경제 발전은 세계의 부러움을 사 일본 예찬론과 모방론 및 학습론을 부채질함으로써 일본의 전쟁 책임을 더욱 희석시켰다. 이러한 '잘살면 그만'이라는 일본식 천민자본주의와, 침략국이 오히려 더 잘살더라는 역사의 모순에 대한 주변국의 패배주의와 허무주의가 일본인의 자성 없는 전후 인식에 박차를 가했던 것이다.

오늘날 일본은 경제 대국이 되었으나 날로 우경화되어가고 있다. 또한 일본은 막대한 방위비를 지출하며 군사 대국이 되어가고 있으며, 헌법상 허용되지 않는 자위대가 전수 방위의 범위를 넓혀 국제평화유지군으로 해외에 파견된 것은 이미 오래전의 일이다. 나아가 일본은 미국의 용인 아래 아시아 안보의 일익을 담당할 준비를 착착 갖추어나가고 있다. 국제사회에서도 일본은 경제력에 걸맞은 지위와 발언권을 획득하기 위해 유엔안전보장이사회의 상임이사국 진출을 노리며 세계 지도국의 야심을 불태우고 있다.

이와 더불어 평화 헌법의 개정이 공론화되어 자위대의 합법화나 야스쿠니신사의 국립묘지 승격이 언제라도 이루어질 수 있는 상황이 전개되고 있다. 이에 맞추어 우익들이 아시아 침략을 예찬하고 있는가 하면, 보수 진영의 정치가들이 기회 있을 때마다 과거를 정당화하는 망언을 되풀이하고 있다. 일본인의 이러한 작태는 일본이 아직도 과거 역사에 대한 반성을 하지 않고 있다는 것을 말해주며, 이는 일본이 군국주의의 부활을 노리고 있는 것이 아니냐는 주변국들의 우려를 사고 있다.

천황제는 일본인이 천황에게 향일성의 가치 의존을 계속하는 한 언제 터질지 모르는 휴화산의 폭발력을 가지고 있다. 그러므로 지금은 비록 정치적 권력이 없는 상징 천황제하의 천황이지만 상황에 따라 천황이 상징의 허울을 벗고 어떤 모습으로 변모할지 모르기 때문에 주변국들은 긴장하고 있는 것이다. 이것이 천황제의 향방을 주시해야 하는 이유이다.

한국에게 일본은 항상 가까이 다가와 있다. 새로운 역사 앞에서 한국이 정치·경제·사회·문화 등 모든 면에서 식민지적 잔재를 청산하고 주체적인 입지를 마련하여 이웃 국가로서 당당하게 일본과 마주 설 때 일본은 얌전해질 수밖에 없을 것이다. 옳은 것은 언제 어디서나 옳은 것이다. 한국에게 일본은 이웃 국가 그 이상도, 그 이하도 아니다. 날로 급변하는 국제사회에서 역사의 교훈으로부터 배우지 못하는 민족은 언제나 아무것도 얻지 못할 것이다. 어제의 한일 관계는 오늘의 한일 관계의 시금석인 것이다.

터부를 가지고 있는 민족과 사회는 불행하다. 그것이 사고의 경직화를 가져와 사상의 자유와 창의성을 박탈하기 때문이다. 일본은 그래서 불행하다.

출판을 흔쾌히 수락한 이학사와 세세한 교정에 수고를 아끼지 않은 편집부에 뜨거운 감사를 드린다.

2014년 2월
정창석

차례

머리말: 굴절된 침략의 순환 5

제1장 만들어진 신, 천황: 천황제의 성립과 '성전' 13

1. 근대의 여명과 천황의 등장 13
2. '남문'과 '북문'을 영토로 18
3. 정한론: 침략주의의 싹이 트다 22
4. 절대주의 천황제의 성립: '국체'를 세우다 26
5. 청일전쟁: '의전' 논리 32
6. 타이완의 '황국신민화' 38
7. 러일전쟁: 한국 지배의 확립과 만주 진출 39
8. 만주국의 성립: '오족 협화'의 논리 45
9. '성전'의 전개: 끝없는 침략의 길 49
10. 일본적 파시즘: 그 왜소한 모습을 드러내다 75

제2장 근대 일본 계몽사상: 민중을 배반한 역사적 상대주의 85

1. 사회적 배경 85
2. 근대 일본 계몽사상의 양상과 천황제 86
3. 계몽사상가의 아시아관 98
4. 근대 일본 계몽사상의 말로 102

제3장 지식인의 '성전': '근대의 초극'과 '세계사의 철학' 104

1. 근대 일본 지식인의 일면성 104
2. '근대의 초극' 107
3. '세계사의 철학' 136
4. 근대 일본 지식인과 '모범생 의식' 156

제4장 '야만'과 '문명': 식민지 시대의 심상지리 163

1. 역사적 관계의 상호 인식 163
2. 식민지 시대 일본인의 한국 인식 164
3. 식민지 시대 한국인의 일본 인식 198
4. 역사와 문명관의 갈등 213

제5장 군국주의 파시즘: 식민지 총동원 통치 시대 215

1. 일본 군국주의 파시즘과 총동원 통치 215
2. 시대적 배경: '신체제 운동' 216
3. '대륙 병참기지'에서 '대동아 병참기지'로 221
4. 징병제 실시와 강제 연행 225
5. 일본적 정신주의의 식민지 이식 228
6. 일본 제국주의의 무책임성: 전후 처리 231
7. 식민지 지배 후에 남은 것 236

제6장 일본 리저널리즘: 반성 없는 가장(假裝)의 시간 238

1. 패전과 천황제의 향방 238
2. 상징 천황제로 살아남다 241
3. 극동국제군사재판 265
4. 반성과 망언의 리저널리즘 279
5. 잊혀져가는 전쟁 책임 292

제7장 부끄러운 가공(架空)의 공동체: 연속되는 현대 천황제 296

1. 천황이 바뀌다 296
2. 가족주의 사상: 추종성의 집단주의 298
3. 신성성의 사상: 우상숭배와 페티시즘 306
4. 상명하복의 사상: 획일성의 사이비 통합 321
5. 상징성의 사상: 은폐된 국가원수 331
6. 천황제의 미래 346

참고 문헌 349
찾아보기 357

제1장
만들어진 신, 천황: 천황제의 성립과 '성전'

1. 근대의 여명과 천황의 등장

1835년 동아시아 및 동남아시아에 대한 세력 확장을 위해 창설된 미국 동인도 함대의 사령관 매슈 페리(Matthew C. Perry)가 1853년 7월 8일 기함(旗艦)인 서스케하나(Susquehanna, 2,450t)호를 위시해 4척의 군함을 이끌고 에도 만(江戶灣, 현 도쿄 만)의 우라가(浦賀) 앞바다에 나타났다. 당시 막번 체제(幕藩體制) 아래 번의 반란을 우려하여 대형 선박의 건조를 금지하고 있던 에도막부(江戶幕府) 시대, 목조선인 천석선(千石船, 150t)이 최대의 배였던 일본인에게 검은 선체에 시커먼 연기를 내뿜으며 등장한 페리 함대의 위용은 문자 그대로 경악의 대상이었다. 이것이 1차 페리 내항이다. 일본 근대의 막이 오르기 시작한 것이다. 이때 일본인이 받은 공포와 혼란을 '흑선 충격(黑船衝擊)'이라고 부르는데, 이것이 일본인의 잠재의식 속에 서양에 대한 열등감의 원형으로 뿌리 깊이 각인되게 된다.

1차 내항에서 페리는 미국 제13대 대통령 필모어(Millard Fillmore)의 친서를 전달하고 막부의 요청대로 1년 후의 2차 내항을 예고하며 철수했다. 그러나 7월 27일 12대 장군(將軍) 이에요시(家慶)가 사망하고 병약한 이에사다(家定)가 취임하자, 정치적 혼란의 허점을 노린 페리는 1차 내항 후 채 1년이 되기도 전인 1854년 2월 13일 포하탄(Pawhatan, 2,415t)호를 기함으로 9척의 함대를 구성해 2차 내항을 감행한다. 그리하여 에도막부가 급조한 개항장 요코하마(橫濱)에 상륙한 페리와 에도막부 사이에 미일 화친조약(神奈川條約)이 체결된다. 이것은 일본이 서양과 맺은 최초의 조약이었으며, 1633년 에도막부가 제1차 쇄국령을 내린 이래 220여 년만의 개항이었다.

이어서 1856년 8월 미국이 미일 화친조약의 규정에 따라 초대 주일 총영사 해리스(Townsend Harris)를 파견하자, 에도막부는 시모다(下田)의 교쿠센사(玉泉寺)에 총영사관을 설치하고 교섭에 임했다. 이후 무려 14회의 협상을 거쳐 1858년 6월 미일수호통상조약이 체결된다. 이 조약에서 일본은 외국인의 치외법권을 인정하여 영사재판권을 넘겨주었고, 협정 관세제를 수용하여 관세 자주권을 상실했으며, 일방적 최혜국 대우 조항을 받아들였다. 이해에 에도막부는 같은 내용의 수호통상조약을 영국, 프랑스, 러시아, 네덜란드와도 체결했다. 이것을 합쳐서 안세이 오개국 조약(安政五個國條約)이라 부른다.

이 조약은 서양 제국주의가 일본에 강요한 전형적인 불평등조약이었다. 개항을 계기로 에도막부는 결정적으로 기울기 시작해 15년 후 멸망의 길을 걸었다. 이후 서양과 맺은 불평등조약을 그대로 이어받은 일본 제국주의에게 이의 개정은 멀고 험난한 국가적 숙원 사업이 된다. 일본의 근대는 서양 제국주의의 압박으로부터 그 질곡의 서막을 열었던 것이다.

근대 일본은 1868년 메이지유신(明治維新)¹을 전환점으로 정치적으로는 전근대적인 왕정복고를 함으로써 절대주의 천황제를 성립시켰고, 경제적으로는 초근대적인 부국강병(富國强兵)과 식산흥업(殖産興業)을 추진하여 자본주의를 구축했다. 나아가 일본은 제국주의적 국제 환경 속에서 국권론(國權論)으로 국민적 단결을 이끌어내 아시아를 대상으로 한 전쟁을 통하여 제국주의 국가로 성장해갔다.

이 과정에서 일본은 서양으로부터 받는 압박을 아시아에 돌리는 억압 이양(抑壓移讓)의 침략 전쟁을 되풀이했다. 이러한 침략 전쟁에 의미를 부여하기 위해, 즉 국가적으로나 국민적으로 정당화하기 위해 일본 제국주의는 '성전(聖戰)' 논리를 날조해 일본이 문명국임을 자처하며, 아시아를 후진국으로 보는 시혜 의식(施惠意識)과 지도자 의식을 노골화했다. 그것의 결정체가 '팔굉일우(八紘一宇)'와 '황도주의(皇道主義)'이다.

소위 '팔굉일우[본디는 '온 천하가 한집안'이라는 뜻]'란 일본의 절대주의 천황제를 전 세계에 확산시킨다는 침략주의를 의미하는 것이고, '황도주의'란 '만세 일계(萬世一系)'의 천황만이 일본을 통치한다는 '국체 의식(國體意識)'을 전 세계 모든 민족에게 강요하는 '황국신민화(皇國臣民化)'를 의미했다. 그 결과 일본은 아시아, 나아가 세계에 대한 침략 전쟁인 제국주의 전쟁을 거듭하게 되고, 이는 아시아 혹은 세계에 대한 일본 민족의 우월성만을 내세우는 전쟁 습관화를 초래하게 되었다.

이러한 정신적 편향성은 모든 준거(準據) 가치의 원천을 헌법상 '살

---

1 '유신(維新)'이란 새롭게 고친다는 의미이다. 『시경』「대아 문왕편」의 '周雖舊邦 其命維新[주나라가 비록 오래된 나라나 천명을 받아 새롭게 고쳐 천자의 나라가 되었다].'과 『서경』「하서 윤정편」의 '舊染汚俗 咸與維新[오래 물들어 더러운 습속을 없애 모두 다 새롭게 한다].'이란 말에서 유래한다.

아 있는 신[現人神]'으로 규정한 천황에게 귀일(歸一)시켜 일본 제국주의가 행하는 모든 전쟁을 '황도주의'의 실천으로 합리화하며, 이윽고는 '성전'으로까지 정당화한다. 이렇게 되면 침략과 전쟁이 악(惡)이라는 가치판단이 사라져버리고, 전쟁을 '겉마음[建前(다테마에)]'[2]의 전쟁'으로 몰고 가게 된다.

나아가 일본인을 천황의 '적자(赤子)'[3]로 규정하여 일본 황실(皇室)

---

2 겉마음과 속마음[本音(혼네)]은 일본인의 인간관계에 나타나는 집단의식의 이중성을 의미한다. 일본인은 공적인 자리나 소속 집단 이외의 사람과 인간관계를 맺을 때에는 집단 논리에 의하여 '겉마음'으로 대하고, 동일 집단 내의 친숙한 사이일 때에는 '속마음'으로 대한다. '겉마음'은 사회적인 규범이나 다수의 의견 혹은 상위자의 의사에 따르는 의사 표현이고 '속마음'은 본심을 나타낸다. 두 가지의 정신 구조는 서로 대립되는 개념으로 볼 수 있으므로 이것을 중화(中和)하는 방법으로 '네마와시(根回し)' 과정을 거치는 것이 일반적이다. 사전 조율 혹은 사전 작업을 뜻하는 '네마와시'는 나무를 이식하기 전에 굵은 뿌리는 남겨두고 불필요한 잔뿌리를 정리하는 작업을 말한다. 따라서 '네마와시' 과정이란 혼란이나 대립을 막기 위하여 결정을 하기 전에 비공식·비공개로 합의를 도출해내는 작업이다. 이럴 때에는 당연히 상위자 혹은 유력자의 의사가 중요시되므로 형식상 하위자 혹은 추종자에게 전달은 하나, 사실상 동의를 강요하는 수순을 밟게 된다. 이런 의사 결정 과정에는 개인 혹은 창의성이 말살되어 집단과 상위자의 의사가 존중될 수밖에 없다. 이 방면의 연구로는 일본 체험이 전혀 없으면서 단지 제2차 세계대전의 와중에 미국계 일본인 혹은 일본군 포로들을 면담한 내용을 정리한 것만으로도 고전 대접을 받고 있는 루스 베네딕트의 『국화와 칼』, 일본 사회의 종적(縱的)인 인간관계를 서술한 나카네 지에(中根千枝)의 『종적(縱的) 사회의 인간관계(タテ社會の人間關係)』 등이 있고, 쓰루미 슌스케(鶴見俊輔)는 『전쟁 시기 일본의 정신사(戰時期日本の精神史)』에서 일본 문화의 양면성을 '현시적 문화'와 '묵시적 문화'의 이중성으로 파악했다.

3 '적자'란 갓난아이란 뜻으로 『맹자』 「이루하」에 '大人者不失其赤子之心者也[임금이 백성을 갓난아이처럼 대한다면 민심을 잃지 않게 된다].'란 말이 나오고, 『서경』 「강고편」에 '若保赤子 惟民其康[임금이 백성을 갓난아이처럼 보살피면 백성이 편안하다].'이란 말이 나온다. 일본 제국주의가 이러한 관점에서 천황과 일본인의 관계로 설정한 대표적인 실례는, 천황을 태양신(天照大神)의 자손으로 비정해 1870년 '히노마루(日の丸)'를 국기(日章旗)로 제정한 것(太政官 布告 第57號), 1880년 '기미가요(君ヵ代)'를 국가(國歌)로 제정한 것, 1884년에 '군인 칙유(軍人勅諭)'를 제정한 것, 1890년 '교육 칙어(敎育勅語)'를 제정한 것, 그리고 1935년에 시작된 '국체의 명징(明徵)' 운동 등이다.

과 일본인의 연결 고리가 '본가(本家)'와 '분가(分家)'의 가족 관계로 설정됨으로써 전쟁 수행자는 '나는 싸우러 간다기보다 형제[중국]를 달래러 간다.'(중일전쟁 당시 중지나방면군中支那方面軍 사령관 마쓰이 이와네松井石根의 발언)(丸山眞男, 1988: 98)는 왜곡된 가족주의 도덕관과 가족주의 국가관을 갖게 되고, 종국에는 전쟁의 체질화와 전쟁 망각 현상으로 발전하게 되는 것이다.

이것은 이미 침략주의인 '팔굉일우'와 그것의 도덕성인 '황도주의' 속에 내재될 수밖에 없는 절대주의 천황제의 숙명이었다. 왜냐하면 '팔굉일우'란 결국 일본 제국주의를 '본가'로 하고 전 세계를 '분가'로 하는 절대주의 천황제의 가족주의 국가관을 확대하는 과정이고, 모든 '분가'에 '황도주의'를 펼친다는 것은 세계의 '황국신민화'를 의미하기 때문이다.

이 과정에서 일본 제국주의는 스스로 '본가'임을 자처하는 일본 민족의 우월성을 당연시하여 아시아를 '지도'하는 것이 일본인의 '의무'라는 시혜 의식을 내세우며 '일본인의 부하(負荷) 의식(Japanese Burden)'을 형성해갔다.

이것이 소위 '황도주의'와 결합하여 조선 지배를 위해 '내선일체(內鮮一體)'를, 타이완 지배를 위해 '내대일체(內臺一體)'를, 만주 지배를 위해 '오족 협화(五族協和)'를, 중국 지배를 위해 '일·지·만일체(日支滿一體)'를 내세움으로써 아시아의 '황국신민화'를 강요했다. 침략 전쟁이 아시아에서 태평양으로 확대되었을 때에는, 이 전쟁이 '아시아 해방의 성전'이라고 부르짖으며 '대동아공영권(大東亞共榮圈)'을 선전했다.

이런 의미에서 메이지유신 이후 성립된 절대주의 천황제의 실상과 존재 양상을 조명하는 것이야말로 일본 제국주의의 본질을 파악하는 필수 불가결한 과제이다. 그리고 그 과제의 기본적인 문제의식은 절대주의 천황제의 확대 과정인 소위 '성전'을 규명하는 데에 있다.

2. '남문'과 '북문'을 영토로

일본의 최남단 오키나와(沖繩)는 일본 제국주의의 침략을 받아 일본의 영토로 편입되기 전에는 독립된 왕국—류큐 왕국(琉球王國)—이었다. 1429년 상파지(尙巴志)가 나하(那覇)를 도읍으로 정해 왕궁[首里城]을 조성하고 상씨(尙氏) 왕조를 개창함으로써 류큐 왕국이 건국되었다. 류큐 왕국은 주변의 군소 섬 지역들을 통일하고 영토를 넓혀 국가 체제를 갖춘 후 중국의 명(明)으로부터 책봉(册封)을 받았다. 이러한 중국과의 조공(朝貢)과 책봉 관계는 19세기까지 계속되었다.

그러나 1609년에 에도막부의 사쓰마 번(薩摩藩)이 침략하여 실질적으로 지배하게 되자 류큐 왕국은 이중의 종속국이 되었다. 그후 사쓰마 번은 에도막부가 쇄국 정책을 실시해 외국과의 무역을 금지함에 따라, 류큐 왕국으로부터 사탕수수 재배가 가능했던 아마미 군도(奄美群島)를 분리시켜 직할령으로 관할하며 설탕에 대한 전매제를 실시해 막대한 이익을 독점하게 되었다. 또한 사쓰마 번은 류큐 왕국의 중국에 대한 조공 무역을 이용하여 에도막부의 눈을 피해 중국과의 밀무역을 공공연히 자행했다. 사쓰마 번은 이러한 중계무역에서 얻은 이익과 사탕수수를 비롯한 류큐에 대한 경제적 수탈로 부강한 웅번(雄藩)으로 성장했고, 이후 메이지유신 과정에서 주도적인 역할을 수행할 수 있었다. 이러한 사쓰마 번의 류큐 왕국에 대한 시점(視點)은 그대로 메이지 정부에도 이어져 일본 제국주의의 '남문(南門)의 확보'라는 이름으로 영토 확장의 야욕으로 굳어졌고 침략 행위로 현실화되었다.

메이지유신 이후, 메이지 정부는 류큐 왕국이 지정학적인 위치로 인하여 영국을 비롯한 서양 제국주의 국가의 군사적 거점이 되는 것을 두려워하였다. 이윽고 1872년 메이지 정부는 '종래의 애매하고 고루한 관계를 일소하여' 국경선을 확정하고, 방위의 요충(要衝), 즉 '황국(皇國)의 병풍'으로 확보하기 위하여(河村富士男 編, 1972: 8) 류큐 왕국을 류큐 번(琉球藩)으로 강등시켜 일본에 병합하는 '류큐 처분'을 자행했다.

이에 앞서 1871년 타이완(臺灣)에 표류한 류큐 어민을 타이완 원주민이 살해한 사건이 일어났다. 이것을 벼르고 있던 메이지 정부는 1872년의 '류큐 처분'에 이어 1874년 '일본인[류큐인]' 보호를 명목으로 타이완 출병을 감행했다. 사건 해결을 위한 청나라와의 협상에서 메이지 정부는 류큐인을 '일본 국민'으로 한다는 조항을 청나라에 강요하자, 청나라가 이를 받아들여 류큐가 일본 영토임을 인정받게 되었다. 이후에도 메이지 정부의 류큐 왕국 침략 야욕은 집요하게 계속되었고, 결국 1879년 류큐 번은 오키나와 현(沖繩縣)으로 개칭되어 일본 제국주의의 행정구역으로 편입되고 말았다.

일본 제국주의는 류큐의 일본 영토화와 류큐인의 '황국신민화'를 위해 류큐의 역사를 날조하고, 군사 지배를 포함한 온갖 방법을 동원하여 강압적 신민 교육(臣民敎育)을 실시했다. 즉 류큐 왕국은 '지세·인종·풍속·언어'는 물론 '옛날부터 지금까지의 역사에 비추어보더라도 일본의 판도'였으므로 '청국과는 단 하나의 연관'도 없고, '고대부터 천황가(天皇家)에 복속'하고 있었으나 '중고(中古) 이후 우리나라에 내우외환(內憂外患)'이 계속되어 천황의 권위가 미치지 못했을 뿐으로, 류큐는 '새롭게 대일본 제국에 병합된 것이 아니라 고대의 상태로 복고하게 된 것'(琉球問題 處分官 內務大丞 松田道之)이라는 명분을 붙였다(河村富士男 編, 1972: 94, 105, 121).

소위 '류큐 처분'이라 불리는 이 일련의 침략 행위는 침략의 원형으로, 이후 일본 제국주의가 절대주의 천황제를 확대해가는 시발점이 되었다.

한편 '제국의 북문(北門)'이라 불렸던 에조 땅(蝦夷地)의 아이누 민족은 에도막부 말까지 이렇다 할 정책이 없이 무관심의 이면에서 차별과 착취의 대상이었다. 1855년 에도막부가 제정 러시아와 러일 화친조약을 체결해 에조 땅 북방 4개 섬이 러시아와의 국경으로 획정되면서 북방 방어선의 중요성이 부각되기 시작했다.

메이지 정부는 1869년 5월 유신 전쟁[戊辰戰爭]의 과정에 에도(江戶, 현재의 도쿄)로부터 막부의 군함[開陽丸]과 군사들을 이끌고 도주해 하코다테(箱館)의 고료카쿠(五稜郭)를 거점으로 독립국을 선언하며 저항하던 에노모토 다케아키(榎本武揚) 등의 막부 잔당들을 진압했다.

이것을 계기로 뚜렷한 방향이 없이 표류하던 이전의 북방 정책도 방향을 잡기 시작했다. 우선 메이지 정부는 1869년 8월 이곳을 홋카이도(北海道)로 개칭하여 행정구역으로 편입했다. 이어서 1869년부터 1882년까지 개척사(開拓使)를 설치해 개척과 동화정책을 강력하게 추진했다. 메이지 정부는 원주민인 아이누 민족을 '황국신민'으로 동화시켜 홋카이도를 방어하는 것보다는 아이누 민족을 압도하는 일본인 식민(植民)을 대대적으로 이주시켜 개척민과 병사를 겸하는 무장 식민 형태의 둔전병(屯田兵)을 육성하여 홋카이도를 개척하고 지키려는 정책을 폈다.

메이지 정부가 홋카이도에 개척민을 처음 보낸 것은 1869년이다. 이때 메이지 정부는 '개척의 마음가짐'을 강조하며 '홋카이도는 황국(皇國)의 북문이며 최요충지(最要衝地)로 금번의 개척에 임해 성지(聖旨)를 깊이 받들어 토인(土人[원주민])을 보살피고 교화시켜 풍속을 고치고 밝히라.'는 태정관 포고(太政官布告)로 훈령을 내려, 개척의 열의와 아이누 민족에 대한 차별 의식을 명확히 드러냈다(船津功, 2003: 177~179).

홋카이도 개척은 초기에는 주로 자유 민권운동을 탄압하는 과정에서 체포한 정치범, 흉악범 등 죄수들을 이용한 강제 노동과 가난한 무사들의 이주로 진행되나, 후기에는 일반 농민을 대량으로 이주시켰다. 일본 제국주의는 아이누 민족에 대해서는 동화와 차별을 구분해 '점진적'인 '황국신민화'를 추진한 반면, 소위 '내지(內地) 식민지'[4]로 불린 홋카이도에 대해서는 강력한 개척 정책을 전개하여 완전한 '내지화', 즉 영토화를 획책했다.[5] 결국 일본 제국주의의 홋카이도 개척도 아이누 민족에 대한 침략 정책이었던 것이다.

[4] 일본 제국주의는 영어 'colony'의 번역어인 '식민지(植民地)'라는 말을 법률 용어로 홋카이도에 처음 사용했다(1898년 칙령 제37호). 또한 1876년 홋카이도 개척을 위해 설립한 학교가 삿포로 농학교(札幌農學校)이다. 이 학교에서 일본의 식민지학 창시자로 불리는 니토베 이나조(新渡戶稻造)가 식민지에 관한 과목을 담당했다. 그리고 삿포로 농학교 초대 학장이 미국인 클라크(William S. Clark)였다. 클라크가 말했다는 'Boys be ambitious.'는 일본인의 금언이 되었다.
'내지'라는 말이 법률 용어로 정착한 것은 1918년의 '공통법'(법률 제39호)에서부터였다. 제1조에 일본 제국주의의 제국헌법이 적용되는 일본 본토를 '내지'로 설정하고, 한국과 타이완 등은 '외지(外地)'로 구별하여 각 총독의 법령으로 통치하는 지배 형태가 정착된 것이다.

[5] 이 지역은 이후에도 많은 변화를 겪게 된다. 1855년 러시아와의 화친조약에서 홋카이도 이북 4개 섬을 일본 영토로 하고 가라후토(樺太, 러시아명 사할린) 섬은 일본인과 러시아인의 잡거 지역으로 정했으나 가라후토에서 토지를 둘러싼 분쟁이 빈발함에 따라, 1875년 가라후토와 지시마 열도(千島列島, 러시아명 쿠릴열도) 교환 조약에 의해 사할린 섬은 러시아 영토로, 지시마 열도는 일본 영토로 획정하는 국경선이 그어졌다. 그러나 1905년 러일전쟁 후의 포츠머스 강화조약으로 사할린 섬 북위 50° 선 이남이 일본 영토로 편입되었다. 그러다가 제2차 세계대전 중 1945년 2월 얄타회담에서 소련의 대일전 참전을 조건으로 협약한 비밀 의정서에 따라 사할린 섬 북위 50° 선 이남과 홋카이도 이북 쿠릴열도가 소련의 영토로 넘어갔다. 전후 일본은 1855년에 제정 러시아와 맺은 화친조약에서 국경선으로 획정한 홋카이도 이북의 4개 섬은 일본의 고유 영토[北方領土]임을 주장하며, 현재까지 소련을 계승한 러시아에 반환을 요구하고 있다.

3. 정한론: 침략주의의 싹이 트다

근대 일본에서 조선 및 중국 대륙 침략에 대한 구체적인 논의는 정한론(征韓論)에서 그 막이 열렸다. 1868년 조선 정부의 외교 문서 거부 사건[6]으로 촉발되어 1873년까지 메이지 정부를 뒤흔들었던 정한론은 일본이 아직 근대국가의 기초도 다지기 전에 침략 야욕부터 드러냈다는 점에서 일본 제국주의의 아시아에 대한 시점(視點)을 예시해주고 있다.

일찍이 에도막부 말기 '일군 만민론(一君萬民論)'을 펼쳐 막부 타도를 주장하며 막부의 정통성을 부정하다가 1859년 막부에 의해 처형된 존왕론자(尊王論者) 요시다 쇼인(吉田松陰)의 발언을 보자.

> 조선과 만주는 신주(神州[일본])의 서북에 있고, 둘 다 바다를 끼고 가까운 곳에 있다. 그리고 조선으로 말하면 옛날에는 우리나라에 신속(臣屬)하였으나, 지금은 그저 잠자고 있는 상태에 있다. 무엇보다 풍교(風敎)를 자세히 가르쳐 옛날로 되돌려놓지 않으면 안 된다(吉田松陰, 1974a: 54).

---

[6] 1868년 12월 일본은 동래 왜관(倭館)에 사절단을 파견하여 왕정복고를 통보하는 외교 문서를 조선 측에 전달하였다. 그러나 흥선 대원군이 집권한 조선 측은 (1) 사절단 대표가 일방적으로 관직과 호칭을 바꾼 점, (2) 조선이 준 도서(圖書)가 아닌 일본 정부가 새로 만든 도장(圖章)을 사용한 점, (3) 황제(皇帝), 황조(皇祚), 황상(皇上)과 같은 중국의 천자만이 쓸 수 있는 용어를 사용한 점 등을 문제 삼아 접수하지 않았다. 국체의 변동 등은 외교 관계에서 매우 중요하며, 이는 외교사절 등을 파견하기에 앞서 미리 양해를 구해야 하는 사항이므로 조선의 반응은 국제관례에 비추어 비상식적인 대응은 아니었다.

나아가 요시다는 다음과 같이 계속한다.

지금 취할 계략은 강역(疆域)을 튼튼히 하고 조약을 엄격히 하여 두 오랑캐[조선과 청나라]를 휘어잡고, 그 기회를 타서 에조를 개척하고 류큐를 평정해야 한다. 또한 조선을 취하고 만주를 굴복시켜 지나(支那)를 제압한 다음, 인도를 넘보아 진취의 기세를 떨치고 퇴수(退守)의 기반을 굳혀야 한다. 그리하여 진구(神功)⁷가 다하지 못한 것을 이룩하고, 나아가 도요쿠니(豊國[豊臣秀吉])가 미처 이루지 못한 것을 완수하지 않으면 안 된다(吉田松陰, 1974b: 415).

이처럼 요시다 쇼인은 국수주의 역사서인 『일본서기(日本書紀)』와 『고사기(古事記)』에 바탕을 둔 국체론(國體論)과 존왕론(尊王論)에 매달려 국권론을 주장하며, 끝없는 침략 야욕을 드러내고 영토 확장에 집착했다. 이러한 대외 침략의 야욕은 요시다가 쇼카촌숙(松下村塾)에서 배출한 인물들이 메이지유신 과정에 대거 참여함에 따라 메이지 정부에도 그대로 이어졌다. 요시다에게 사사했고 유신 삼걸(維新三傑, 木戶孝允, 西鄉隆盛, 大久保利通의 삼인)의 한 사람으로 일컬어지는 기도 다카요시(木戶孝允)는 일찍부터 침략의 본성을 드러내, 조선 정부의 외교 문서 거부 사건을 문제 삼아 1869년 1월 정부 요인 이와쿠라 도모미(岩倉具視)에게 스승 요시다와 같은 의견을 냈다.

---

7 진구는 일본의 제14대 천황으로 비정되는 주아이 천황(仲哀天皇)의 비(妃)를 말한다. 『일본서기』에는 진구가 삼한(三韓)을 정벌하여 신라를 항복시키고 백제와 고구려를 복속시켰다는 기록이 있으나 가공의 설화로 보는 것이 통설이다.

신속히 천하의 방향을 통일하고 사절을 조선에 파견하여 그 무례(無禮)함을 꾸짖고, 만약 불복할 때에는 그 죄를 따져 공격을 감행해 신주의 위엄을 신장하기 바란다. 그렇게 하면 천하의 누습(陋習)이 단번에 개선되고, 멀리 해외의 문물을 받아들여 거기에 따라서 여러 학문과 기술 등을 실사(實事)에 맞추어 진행시킬 수 있을 것이며, 내부를 살펴 인물의 단점을 고치고 비리를 꾸짖어 각자가 자기를 돌아보지 않는 악폐를 일소할 수 있을 것이니, 이 어찌 나라의 대익(大益)이라 아니할 수 있겠는가(日本史籍協會 編, 1967: 159~160).

기도 다카요시 또한 근거도 없는 조선의 '무례'를 주장하면서 메이지 정부가 기초도 채 다지지 않은 상태에서 조선에 대한 대외 침략을 건의하며, 그것이 가져오는 효과를 국익의 차원에서 강조하고 있다. 이러한 침략 정신은 똑같이 요시다의 쇼카촌숙 출신인 야마가타 아리토모(山縣有朋)와 이토 히로부미(伊藤博文)에게도 면면히 이어졌다.

야마가타는 1890년 제1회 제국의회(帝國議會)에서 유명한 '주권선(主權線)'과 '이익선(利益線)' 연설을 했고, 이토도 1907년 제3차 한일협약(韓日協約)을 강제로 체결하여 한국 식민지화의 발판을 굳히고 시모노세키(下關)에 귀환했을 때, 한국 침략을 두고두고 얘기하고 당부했던 은사 요시다를 추모하여 그의 묘 앞에서 협약 체결을 자랑스럽게 보고했다(吉野誠, 1988: 37).

메이지 정부의 정한론은 근대 일본의 대외 침략의 출발점으로서 일본 제국주의의 방향타 성격을 띠고 있었다. 이와 더불어 정한론의 목적은 사상적으로는 에도막부 말기의 조선 침략 사상을 이어받고, 내부적으로는 무진 전쟁(戊辰戰爭, 1868~1869년, 무진년에 시작된 막부군과 유신군의 싸움으로 유신군 승리)에서 저마다 공(功)을 세웠다고 자칭하는 번군(藩軍)들의 갈등과 메이지 정부에 대한 불평불만으로 가득 찬 민심을 밖으로 돌려 정부의 기반을 확립하기 위한 것이었다. 또한 서양 각국으로부터 압박에 시달리고 있던 당시 일본 제국주의가 조선을 침략함으로써 국제적으로 유리한 지위를 확보하고자 하는 의도도 있었다. 실제로 조선과 국교를 열겠다는 교섭도 사실은 '정한(征韓)'의 구실을 잡으려는 간계에 불과했던 것이다.

1871년에 꾸려진 이와쿠라 사절단(岩倉使節團)[8]이 조약 개정에 실패하고 서양을 시찰하는 사이에 대리 정부[留守政府, 메이지 정부 요인 대부분이 이와쿠라 사절단에 참가하여 외유하는 동안 일본에 남아 정무를 담당했던 정부]에서 촉발된 정한론은 이윽고 메이지 정부 내의 권력투쟁으로 비화되었다. 그 투쟁에서 1873년 귀국한 이와쿠라 이하 오쿠보 도시미치(大

---

[8] 일본 제국주의가 불평등조약 개정을 최초로 시도한 것은 1871년 11월 이와쿠라 도모미(岩倉具視)를 단장으로 46명의 메이지 정부 요인들을 대거 포함시켜 총 107명(유학생 43명 포함)을 서양에 파견한 이와쿠라 사절단이었다. 이와쿠라 사절단은 첫 방문지인 미국에서 조약 개정 협상에 실패한 후 개정을 포기하고 1873년 9월까지 미국을 비롯하여 유럽 각국을 유람하며 견학했다. 이후 메이지 정부는 조약 개정을 위해서는 서양으로부터 문명국가로 인정받아야 하며, 문명국가로 인정받기 위해서는 서양식 문명개화가 먼저라고 판단된 1883년 서양식 사교장인 로쿠메이칸(鹿鳴館)을 세우는 등 서양 모방을 강력하게 추진하였다. 그러나 불평등조약이 개정된 것은 1894년 7월 러시아의 남하 정책을 일본을 이용해 막으려는 영국과 영일 통상 항해조약을 맺어 영사재판권과 일방적 최혜국 대우 조항을 폐기한 것이 처음이다. 이후 일본 제국주의는 미국을 비롯해 14개국과 같은 조약을 맺는다. 나머지 협정 관세제의 폐기는 1911년 2월 러일전쟁 이후 긴밀해진 미국과 미일 통상 항해조약을 체결해 이루어졌다. 이후 영국, 프랑스, 독일 등과 동일한 조약을 맺음으로써 모든 불평등조약을 폐기하고 서양 제국주의와 대등한 관계를 수립했다. 이처럼 일본 제국주의가 서양과 맺은 불평등조약을 폐기하는 데는 반세기 이상의 시간이 걸렸다. 그 사이에도 일본 제국주의는 1876년 2월 조선에 강화도조약을 강요해 서양으로부터 당한 불평등조약을 이웃나라에 되돌려주며 그럴듯한 제국주의 국가로 행세했다.

久保利通) 등 내치 우선파가 일단은 승리하나, 근대 일본의 조선에 대한 침략 야욕은 그칠 줄을 모르고 이어졌다.

이와 같이 메이지유신 직후의 일본 제국주의 초기부터 조선을 발판으로 삼아 중국으로, 나아가 아시아로 향하려는 일본의 끝없는 침략 야욕은 일본 국민의 잠재의식을 그대로 보여주는 실례이다.

4. 절대주의 천황제의 성립: '국체'를 세우다

일본 제국주의는 1889년 대일본제국헌법(大日本帝國憲法, 이하 제국헌법)을 제정했다. 입헌제 도입의 핵심이 될 헌법 제정 작업의 중심 인물은 이토 히로부미였다. 이토는 1882년과 1883년에 헌법 조사차 유럽으로 유학한 후, 1886년부터 이노우에 고와시(井上毅) 등 헌법 입안자와 외국인 법률 고문 뢰슬러(H. Rösler), 모세(A. Mosse) 등과 함께 기초 작업에 들어가 1888년에 헌법 초안을 완성했다. 헌법 초안은 추밀원(樞密院)의 심의를 거친 뒤 1889년 2월 11일 일본 신화상의 '기원절(紀元節)'에 맞추어 흠정헌법(欽定憲法)으로 공포되었다.

1888년 메이지 천황이 임석한 추밀원 개원식에서 헌법을 기초한 이토 히로부미는 헌법 제정의 가장 중요한 요체(要諦)는 일본의 '기축(機軸)'을 정하는 것이라고 말했다. 이토는 '기축'이 없이 정치를 '인민의 망의(妄議)'에 맡겨 국가를 폐망(廢亡)시켜서는 안 된다고 강조했다. 그리고 그는 유럽에서 입헌정치의 전통과 기독교가 국가의 '기축'을 이루고 있듯이, 일본에서는 황실(皇室)이 국가의 '기축'이 되어야 한다고 주장했다(國立公文書館, 1984: 156~157).

제국헌법은 천황을 정점으로 하는 군권(君權)과 황실을 '기축'으로 하는 봉건적 세습 군주제를 부활시켰다. 제1조에 '대일본 제국은 만세 일계의 천황이 통치한다.'라는 국체(國體)와 천황 주권(天皇主權)을 규정하고, 제3조에 '천황은 신성(神聖)하여 범할 수 없다.'라는 천황의 신격(神格)을 법제화했다.

제국헌법은 '일본의 비스마르크'가 되겠다고 다짐했던 이토가 의도한 대로 군권이 강력하고 민권(民權)이 약한 독일 방식의 헌법을 모방한 것이었고, 이것은 헌법의 조항 속에 명료하게 반영되었다. 천황은 국가의 주권자가 되었을 뿐 아니라, 군통수권과 긴급 칙령권 등 강력한 천황 대권(天皇大權)을 법적으로 보장받았던 것이다.

메이지 정부가 헌법을 서둘러서 제정한 것은 1874년 이타가키 다이스케(板垣退助) 등이 국회 개설을 촉구하며 민선 의원 설립 건백서(民選議院設立建白書)를 정부에 제출한 후 전국으로 퍼진 자유 민권운동을 차단하고, 민중이 정치의식에 눈뜨는 것을 잠재우기 위해서였다. 웅번 중심의 번벌(藩閥) 체제였던 메이지 정부는 자신들이 '우민(愚民)'이라고 여긴 인민의 정치 참여를 두려워하여 1875년 참방률(讒謗律)과 신문지 조례(新聞紙條例)를 공포하고, 1880년에는 집회 조례(集會條例) 등을 제정함으로써 자유 민권운동과 민중의 정치 참여에 대항했다. 이윽고 메이지 정부는 인민의 정치적인 욕구 분출을 원천적으로 봉쇄하고, 재야에 확산된 민주적인 헌법 제정 논의를 종식시키기 위해 흠정헌법을 제정했던 것이다.

제국헌법이 천황의 절대 권력을 극대화함에 따라 가장 중요한 인민의 근대적인 자유와 권리는 철저하게 제한되었다. 제국헌법은 일본 제국주의가 인민을 위하여 민주주의를 구현하려 한 것이 아니라, 서양 제국주의 국가에게 일본이 문명국임을 과시하기 위한 통과의례였던 것이다. 그러나 이 헌법이 절대주의 천황제를 수호하는 보루로서 인민

의 천황에 대한 예속과 굴종을 합법화함으로써 얼마나 많은 '신민(臣民)의 질곡'이 되어 자신들을 억압할 것인가에 대한 자각이 없었던 일본 민중은 스스로 '우민'임을 증명하듯 헌법 제정을 환호할 뿐이었다. 헌법 반포를 앞두고 '도쿄 전 시내에 봉축문(奉祝門), 조명, 행렬 준비' 등 '말로 다할 수 없는 소동'을 벌이면서도 '참으로 골계(滑稽)의 극치는 아무도 헌법의 내용을 모르고' 있었다는 사실이다. 더욱 '불가사의한 것'은 정부의 탄압을 받은 당사자인 신문이 '전에는 노예화된 독일 국민 이상의 자유를 부여하라고 비분강개'하더니, '이제는 한결같이 만족감을 표명'했다고 한다(ベルツ, 1979: 134, 138).

 이와 같은 일본 민중의 어처구니없는 '바보 소동'을 일본에 민약론(民約論)을 소개한 나카에 조민(中江兆民)은 '우리가 하사받은 헌법이 과연 무엇일까. 구슬[玉]일까, 기왓장[瓦]일까. 아직 내용조차 보지 못했는데도 섣불리 그 이름에 취하고 있다. 우리 국민이 어리석게도 열광하고 있으니, 대체 이 무슨 꼴이란 말인가.' 하며 한탄했다. 실제로 법조문을 접한 조민은 너무나도 전제적인 제국헌법에 경악할 뿐이었다고 한다(幸德秋水, 1973: 115).

 무릇 일본 근대화의 '신화(神話)'처럼 떠받들어지고 있는 메이지유신은 근대 시민혁명이 아니었다. 메이지유신은 소위 '막말 지사(幕末志士)'라 불리는 웅번의 하급 무사들이 번(藩)을 장악해 지리멸렬한 막부에 대항하자 천황의 그늘에 숨어 있던 조정의 귀족[公家(구게)]들이 이들과 합세하여 정치와는 무관했던 천황[玉. 옥은 천황을 가리키는 은어로 '막말 지사'들은 옥을 손에 가지고 놀 듯 천황을 정권 쟁탈을 위한 술책의 대상으로 삼았다]을 등에 업고 정권을 장악한 일종의 쿠데타였다. 이들 하급 무사들과 귀족들은 막부의 장군처럼 무력을 배경으로 등장한 것도 아니었고, 민중의 지지도 없었으므로 정권의 정통성과 정당성이 없었다.

그래서 이들은 막부의 장군을 대체해 막 즉위한 어린 천황(明治, 14세)에게 '신성성(神聖性)의 금박'을 입혀 그 후광을 배경으로 가치 의존의 지배 체제를 세울 수밖에 없었다. 또한 이들은 자신들이 지배계급이었으므로 막부 시대의 지배계급을 온존시킬 수밖에 없었고, 천황이 군주였으므로 군주제로 나갈 수밖에 없었다. 메이지유신은 근대라는 이름으로 장군을 천황으로 바꾸고, 구체제(ancien régime)를 그대로 남겨놓은 지배 체제의 변혁일 뿐이었다. 이것이 근대 일본 메이지유신의 진정한 실체이다.

때마침 이들이 활동하던 시기는 동아시아의 국제 환경이—일본으로서는 행운으로—국제적 역학 관계의 공백기였다.[9] 서양 제국주의 국가들이 저마다의 내부 문제와 이해관계로 갈등과 대립을 하는 와중에 일본은 체제의 변혁을 이룰 수가 있었던 것이다. 더구나 일본에 깊숙이 개입하고 있던 영국과 프랑스를 비롯하여 일본과 조약을 맺은 서양 제국주의 국가가 무진 전쟁의 내전 중에도 고베 사건(神戶事件)[10]

9 당시 일본에 개입할 수 있는 가능성이 있는 서양 제국주의 국가는 미국, 영국, 프랑스, 러시아였다. 일본을 가장 먼저 개국시킨 미국에서는 1861년부터 1865년까지 남북전쟁이 일어났다. 영국은 1853년부터 1856년까지 프랑스, 터키와 함께 크림전쟁을 일으켜 러시아의 지중해 진출을 막았다. 또한 1857년부터 1859년까지 영국의 최대 식민지인 인도에서 세포이의 반란이 일어났다. 프랑스는 1870년부터 1871년까지 프로이센과 전쟁을 했다. 러시아는 크림전쟁 이후에도 1877년부터 1878년까지 터키와 러·터 전쟁을 치렀다. 특히 서양 제국주의의 침략이 집중되어 있던 청나라에서 1851년부터 1864년까지 태평천국의 난이 일어났다. 1868년의 메이지유신을 전후한 시기는 서양 제국주의 국가가 일본에 단독으로 개입할 수 없는 국제적 역학 관계의 공백기였던 것이다. 그런데 이러한 시기적인 행운은 조선에도 그대로 적용될 수 있었다.
10 1868년 2월 4일 유신 전쟁 중 1월 1일에 개항한 고베(神戶)에서 오카야마 번(岡山藩) 병사들이 행진 대열을 가로질러 횡단한 프랑스 수병(守兵)에게 사격을 가해 부상을 입히고, 개항지를 조사하는 서양 각국의 공사(公使)들에게 사격을 한 사건이다. 유신군은 부대 책임자인 다키 젠자부로(瀧善三郎)를 각국 외교관이 보는 앞에서 할복(割腹)시켜 사죄한 후 교섭 끝에 일본과 통상조약을 맺은 국가들의 국외 중립을 이

을 계기로 국외 중립을 선언해 외국의 간섭을 벗어날 수가 있었다.

이렇게 성립된 메이지 정부는 내부의 모순을 억누르고 천황의 군주성을 민중에게 각인시키기 위해 천황의 권력화와 신격화를 시급하게 추진할 수밖에 없었다. 이것을 달성하기 위한 최상의 장치는 법적인 근거를 마련하는 것이었으며, 그 결과가 천황을 위한 헌법의 제정이었다. 메이지 정부는 이미 1884년에 절대주의 천황제 국가에 대한 충성과 애국심을 고취하는 '군인 칙유(軍人勅諭)'를 내려 천황이 '군인의 대원수(大元帥)'임을 선언하고 무조건적인 충성을 강요했다. 흠정헌법에 이어서 메이지 정부는 1890년에 천황에게 헌신과 충성을 맹세하는 군국주의적 교육 헌장인 '교육 칙어(敎育勅語)'를 공표하여 국민도덕의 규범으로 삼았다. 헌법을 중심으로 군대와 국민에 대한 천황의 절대성이 급조된 것이다. 그리하여 절대주의 천황제의 조숙성은 제국주의로 마각을 드러내, 메이지유신은 침략주의와 동의어가 되었다.

제국헌법 제정 이듬해에 열린 제1회 제국의회에서 수상 야마가타 아리토모는 일본 제국주의의 국권론을 명확히 내세우는 연설을 했다.

> 한 국가의 독립과 자위(自衛)의 길에는 두 가지가 있다. 첫째는 주권선을 지켜 타국의 침략을 허용하지 않는 것이다. 둘째는 이익선을 방어하여 다른 나라의 침략을 허용하지 않는 것이다. 무엇을 주권선이라 이르는가. 강토(疆土)가 그것이다. 무엇을 이익선이라 이르는가. 접촉하고 있는 이웃 나라의 형세가 자국의 주권선의 안위와 긴밀하게 관계되는 구역을 말한다. 무릇 그 어느 나라든 주권선을 가지지 않는 나라는 없고, 또한 이익선을 가지지 않는 나

끌어냈다.

라도 없다. 그러므로 외교와 군비의 요체는 오로지 두 가지 선(線)의 기초 위에 서 있어야 한다. 지금의 열국(列國) 속에서 국가의 독립을 유지하기 위해 홀로 주권선을 지키는 것만으로는 충분하지 않다. 반드시 더 나아가 이익선을 방어하여 항상 요충지에 서 있지 않으면 안 된다. 이익선을 지키는 길이 무엇일까. 다른 나라가 하는 일이 만일 우리나라에 불리한 것이 있다면 그 방어의 책임을 떠안아 이것을 배제하고, 어쩔 수 없을 때에는 군사력으로 우리 의지를 달성하는 데에 있다. 무릇 이익선을 지킬 능력이 없는 나라는, 이익선에서 물러나 주권선을 지키려 할 때 타국의 원조를 받아 침략을 면할 수 있을지라도 완전한 독립국이 되기를 바랄 수 없는 것이다. 지금의 우리나라의 현황은 자신을 지키기에는 충분하여 어느 나라도 감히 우리의 강토를 엿보려는 마음이 없다는 것은 의심할 여지가 없지만, 나아가 이익선을 지켜서 자위의 계략을 굳게 세운다는 점에서는 불행하게도 그렇지 못하다고 할 수밖에는 없다. 실로 우리나라 이익선의 초점은 조선에 있다(大山梓 編, 1966: 196).

당시에 일본의 국시(國是)라고 볼 수 있는 이 연설에서 야마가타는 '주권선' 수호에 자신감을 내비치면서 일본의 '이익선'으로 조선을 명시하여 조선 침략을 역설하고 있다. 1890년대에 이르러 일본은 제국주의 국가로의 성장에 박차를 가해, 이웃 나라 특히 조선 침략의 야욕을 노골적으로 드러낸 것이다.

이것은 단순한 국권론 혹은 정한론의 차원을 넘어 벌써 군사적 침략의 발판을 굳혔다는 의미로 자신감 표출의 증거이기도 하다. 일본 제국주의의 이 '주권선'과 '이익선'은 침략 전쟁이 진행됨에 따라 조선과 대만에서 만주·중국·몽고·시베리아를 거쳐 아시아·태평양 전역으로 확대되어 끝없는 무한 전쟁의 바탕이 된다.

5. 청일전쟁: '의전' 논리

근대 일본 국권론의 사상적 특징은 일본 제국주의의 조숙성과 결합되어, 내부의 모순과 외부인 서양으로부터 받는 각종 압력을 동양으로 돌리는 침략주의로 나타난다. 이것이 내부의 문제를 해결하는 일본적 방식이다. 근대 일본인의 억압 이양은 집단의식의 양면성을 형성하여 의식 내면에 서양에 대한 열등감과 동양에 대한 우월감을 동시에 내포한다. 일본 제국주의는 이 열등감과 우월감, 즉 속마음[本音(혼네)]과 겉마음의 균형이 깨졌을 때 대외 침략에 나섰다. 또한 아시아에 대한 우월감으로 아시아를 침략하면서도 아시아에 대한 시혜 의식으로 침략을 미화했다.

그 출발이 강화도 사건을 도발하여 1876년 조선과 맺은 강화도조약이다. 이 조약에서 일본은 서양으로부터 강요받았던 1858년의 불평등조약을 조선에 그대로 되돌려주었다. 일본은 서양이 일본에 사용했던 수법을 그대로 모방하여 조선에 대해서는 그럴듯한 제국주의 국가로 행세했던 것이다(丸山眞男, 1976: 210). 조약문을 보면 일본 제국주의는 겉마음의 시혜 의식을 전면에 내세우고 속마음을 감춰 불평등조약의 요건을 철저하게 반영시키고 있다.[11] 강화도조약은 일본이 서양으로부

---

11 1876년 2월 신헌(申櫶)과 구로타 기요타카(黒田清隆) 사이에 체결되었다. 정식 명칭은 '조일수호조규(朝日修好條規)'이다. 전 12개조로 되어 있다. 제1조에서 '조선은 자주국

터 강요받은 것보다 더 사악한 조약이었다.

이후 조선을 둘러싼 극동의 풍운이 급변하는 가운데, 1894년 근대 일본의 본격적인 제국주의 전쟁인 청일전쟁이 일어났다. 이 전쟁에서도 일본인의 속마음과 겉마음의 괴리는 변함이 없었다. 다음은 선전포고문의 한 구절이다.

> 조선은 제국이 처음부터 계유(啓誘)하여 열국의 대열에 나서게 한 독립국의 하나이다. 그러나 청국은 매번 조선을 속국이라 칭하여 음양으로 내정을 간섭하고, 마침내 내란[동학혁명]이 일어나자 속방(屬邦)이라 칭하며 군대를 조선에 보내기에 이르렀다. 짐(朕)은 메이지 15년의 조약[1882년의 제물포조약]에 의해 군대를 파견하여 사변에 대비하고, 또한 조선이 화난에서 영원히 벗어나 치안을 바로잡고 그러함으로써 동양 전체의 평화가 유지되기를 원하노라. 먼저 청국에 고했거니와 협의하여 처리해야 할 일을 청국은 여러

이며 일본과 평등한 권리를 갖는다.'고 규정하여 조선이 자주 국가임을 인정하는 척 시혜 의식을 내세우고 있으나 조선으로부터 중국을 배제하기 위한 간교한 술책이었다. 제4조에 부산 초량(草梁)을 조계 지역으로 설정하여 일본인의 자유무역을 허용했다. 제5조에 추가 개항을 약속하여 뒤에 원산, 인천이 개항되었다. 제6조에 조선 연해의 일본 표류민을 보호하고 편의 제공을 하기로 약속했다. 제7조에 일본의 자유로운 조선 연해 측량을 허용하여 일본의 해안 침투가 가능해졌다. 제9조에 상호 무관세를 규정하여 관세 자주권을 상실함으로써 일본의 경제 식민지로 가는 문을 열어주었다. 제10조에 일본인 범죄자를 일본이 재판하는 속인주의를 따라 영사재판권을 허용하여 치외법권을 인정했다. 제11조에 6개월 이내에 부속 조약을 협의하기로 하여 일본이 또다시 막대한 이익을 독점할 수 있게 했다. 제12조에 이 조약은 영원히 변혁할 수 없다고 규정하여 조약 개정과 파기가 불가능해졌다. 또한 부속 조약에서 일본인의 자유 여행을 허용하고 개항장에 일본인 거주 지역을 설치하기로 했으며, 일본 화폐의 유통을 허용하는 등 일본의 경제 침탈이 가능한 조항들을 다수 인정했다. 결국 강화도조약은 일본의 경제 침략이 가능하도록 하여 조선이 일본의 식민지로 전락하는 계기가 되었다고 볼 수 있다.

구실을 붙여 이를 거부하고 있다(外務省 編, 1988a: 154).

조선의 안전을 구실로 청나라에 전쟁 책임을 떠넘기고 있다. 선전포고문이 자국의 정당성과 적국의 부당성을 지적하여 자국민의 애국심과 적개심을 자극하는 것은 당연하다. 그러나 일본 제국주의는 속마음을 숨긴 채, 조선에 대한 시혜 의식과 청나라에 대한 우월감만을 노골적으로 드러내고 있다. 이러한 태도의 근저에는 근대 문명에 일찍 눈떴다는 일본인의 자부심과 기세가 동양을 향하기 시작했다는 의미가 숨어 있다.

이러한 겉마음의 합리화는 청일전쟁이 침략 전쟁이 아니라, 조선을 구하기 위해 싸운다는 '의전(義戰)' 논리가 된다. '의전' 논리의 대표자가 일본의 종교가 우치무라 간조(內村鑑三)이다. 우치무라는 『구약성서』에 나오는 기데온이 미디안인을 물리친 싸움, 그리스가 페르시아 대군을 마라톤, 살라미스, 플라타이아이 등지에서 격멸한 전쟁을 '이익을 위한 싸움이 아니라 신성한 인간성을 고양하기 위한 싸움'(內村鑑三, 1894: 18), 즉 '의전'이라고 주장했다.

> 나는 믿고 있다, 일청전쟁은 진정한 의전이라고. 그 의로움이란 법률적인 의, 윤리적인 의가 아니다. 의전이란 그러한 의미의 의가 아니다. 이러한 전쟁은 내가 모르는 바 아니오, 나의 교의에 의한 것으로 내가 항상 투쟁하는 것 중의 하나이다. 기독교국이 이미 의전을 망각한 오늘날 비기독교국인 일본이 의전을 실천하는 것은 이상한 일이 아니다(內村鑑三, 1894: 18).

논리의 비약에 심취한 우치무라는 계속해서 일본인의 상투어인 시혜 의식과 우월감을 조선과 청나라에 적용하여 설교한다.

> 지나(支那)는 조선의 무능을 틈타서 조선을 지나에 의지하는 나라로 만들려 하고 있다. 나는 외교 역사를 살펴보아도 이제까지 이렇게 비열한 정략을 보지 못했다. 이것은 마치 잔악한 창가(娼家)의 주인이 간계에 빠진 고립무원(孤立無援)의 가련한 소녀에게 상투적으로 쓰고 있는 정략이라고 할 수 있다. 길 잃은 천오백만은 세계 최대의 퇴보국의 질투심을 채워주려는 듯 전후 사정을 전혀 모르고 있고 대비도 되어 있지 않다. 이것은 자유를 사랑하고 인권을 존중하는 사람이라면 하루라도 참을 수 없는 일이다. 나는 믿어 의심치 않는다. 이러한 쌓이고 쌓인 악(惡)에 대하여 비난의 소리를 울리는 것은 우리 일본인뿐만이 아니라는 것을. 기독교국임을 뽐내어 말하는 서양 국가들이 세계의 큰 재난을 지구상에서 제거하라고 우리를 앞장세웠다는 것을(內村鑑三, 1894: 19).

청나라를 '잔악한 창가의 주인'으로, 조선을 '가련한 소녀'로 보는 비유는 제멋에 취한 일본인의 우월감이다. 우치무라는 '의전' 논리를 앞세워 어느새 서양인의 의식을 보이고 있으며, 그러한 의식이 일본을 기독교 국가로 투영하는 '일본인의 부하 의식'으로 나타나고 있다. 그리하여 우치무라는 '지나는 사교율(社交律[국제법])의 파괴자로 합당한 벌을 받아야 한다.'(內村鑑三, 1894: 19)고 단죄한다. 나아가 우치무라는 서양인이 상투적으로 서양 이외의 세계에 대한 복음(福音)의 전파를 선전하듯 청나라와 동양에 대한 지도 의식도 숨기지 않는다.

일본은 동양의 진보주의의 전사이다. 우리 일본은 진보의 대적(大

敵)인 지나 제국을 제거해야 한다. 일본의 승리를 원하지 않는 사람은 우주 만방에 있을 수 없다. …… 우리의 목적은 지나를 깨우쳐 그 천직을 깨닫게 함으로써 우리와 협력하여 동양의 개혁에 종사하게 하는 데에 있다. 우리는 영구 평화를 목적으로 싸우는 사람이다. 하늘이여, 이 의전에서 쓰러지는 우리 동포 전사들을 불쌍히 여기소서. 일본이 생긴 이래 오늘과 같이 고상한 목적을 위하여 투지를 불태운 적이 없나니, 일치단결하여 우리의 숙적과 싸우려 한다(內村鑑三, 1894: 23).

청일전쟁은 일본과 청나라가 조선에 대한 기득권 쟁취를 노리고 싸운, 제국주의적 이기주의의 충돌이다. 또한 청일전쟁은 일본 제국주의가 조선과 중국 대륙에 제일보를 내디딘 침략 전쟁이다. 기독교도 우치무라의 '의전' 논리에 대해서는 '너희 가운데 죄 없는 자가 먼저 저 여자에게 돌을 던져라.'(「요한복음」제8장 7절)라고 말한 『성서』의 가르침을 떠올리지 않을 수 없다. 청일전쟁이 끝난 이후 침략자 일본 제국주의의 추악한 모습을 목격한 우치무라는 이 글로 인해 뼈를 깎는 회한을 새기며 평생 동안 비전론(非戰論)으로 선회하였다. 그러나 소위 '의전' 논리에 대한 유혹은 당시 일본인의 일반적인 경향이었다.

1853년 페리 내항 이래 일본은 '문명국가로 가는 사다리'(鶴見俊輔, 1984: 9) 구하기에 혈안이 되어 서양 모방에 몰두하였다. 그러면서도 한편으로는 서양 열강으로부터 불평등조약을 비롯해 수많은 압박에 시달려, 일본인의 마음속에는 서양에 대한 열등감이 잠재의식으로 자리 잡게 되었다. 그러한 와중에도 일본인은 여전히 우왕좌왕하고 있는 이웃 나라 조선과 청나라, 나아가 동양을 미개한 나라로 보는 편견을 품어, 또 다른 마음속에 동양에 대한 우월감을 형성하게 되었다. 서양에 대한 열등감을 동양에 대한 우월감으로 해소하는 보상 작용이었던 것이다. 이러한 일본인의 서양 열등감은 복수 의식과 억압 이양을 낳고, 동양 우월감은 시혜 의식을 낳았다. 이 두 가지의 잠재의식이 뒤섞여 나타나는 것이 일본 제국주의의 침략 전쟁의 정신 내용이다. 이것은 일본인에게도 숙명적인 정신적 낙인이었다.

이러한 일본인의 집단의식의 양면성은 세계를 '문명'과 '야만'으로 보는 이분법적 가치관을 낳았다. 이것으로 인해 일본인은 근대 문명의 차이에 대해 천박한 서양 모방의 우월감을 품으면서도, 이면의 열등감을 희석하고 보상하기 위해 아시아에 대한 시혜 의식을 앞세웠다. 이 과정을 거쳐 일본인의 동양에 대한 심상지리(心象地理, imagined geography)[12]는 서양인을 모방한 일본적 오리엔탈리즘(orientalism)으로 흘러갔다.

이중성으로 형성된 근대 일본의 사상적 착종성(錯綜性)은 절대주의 천황제와 맞물려 일본인 자신까지 혼란스럽게 했고, 그것 때문에 더욱 불합리성을 증폭시켰다. 그리하여 일본인은 점점 더 부끄러움과 자성의 자세를 망각하고 말았다(大濱徹也, 1970: 53).

그 결과 일본 제국주의는 청일전쟁에서 승리했으나 '의전' 의식을 스스로 짓밟았다. 일본인의 국민적 야욕은 1895년 시모노세키 강화조약(下關講和條約)에서 그대로 드러났다. 일본 제국주의는 천문학적인

---

12 심상지리는 어떤 지역을 상상하거나 인식하는 마음속의 지리적 개념을 말한다. 심상지리는 탈식민주의 이론의 하나로서 서양 제국주의의 세계 지배를 분석하는 과정에서 정립되었다. 아프리카를 '야만의 지역'으로 인식한다든가, 이슬람 지역을 '테러리스트가 사는 곳'으로 인식하는 것 등은 잘못된 심상지리의 예이다. 이와 같이 어떤 지역에 편견을 갖거나, 반대로 어떤 지역을 세계의 중심 혹은 지상낙원으로 미화하는 것 등은 상상 속의 지역 인식에 불과하다. 에드워드 사이드(Edward W. Said)가 추구한 서양의 오리엔탈리즘(orientalism) 비판이 대표적인 연구 성과이다.

금액(은 2억 냥, 당시 일본 국가 예산의 4년분이 넘는다)의 전쟁배상금 이외에 랴오둥반도(遼東半島)와 타이완, 펑후제도(澎湖諸島) 등의 청나라 영토와 이권을 손에 넣고 열광했다. 또한 청나라로부터 조선에 대한 기득권을 완전히 장악했다. 이미 거기에는 동양 평화 혹은 동양적 보편성은 사라지고 아시아를 제물로 하루빨리 탈아 입구(脫亞入歐)를 성취하려는 일본 제국주의의 조숙성만이 모습을 드러내고 있을 뿐이었다.

6. 타이완의 '황국신민화'

시모노세키 강화조약으로 타이완은 일본 제국주의의 식민지로 전락하였다. 그러나 타이완을 식민 통치하는 일은 결코 순조롭지 않았다. 일본 제국주의에 대항하여 1895년 타이완 순무(臺灣巡撫) 당경숭(唐景崧)이 수립한 타이완 민주국(臺灣民主國)은 엄청난 저항을 계속하였고, 그로 인해 1902년까지 무려 1만 2,000여 명의 타이완인이 살해되었다.

타이완인의 끈질긴 항일운동이 전개되는 가운데 일본 제국주의는 1895년 5월에 타이완총독부를 설치하여 군사 지배를 계속했다. 타이완총독부 초대 학무부장으로 타이완 교육정책을 수립한 이자와 슈지(伊澤修二)는 다음과 같이 말했다.

> 이 새로운 영지(領地)의 백성을 황민(皇民)으로 동화시킨다면 실로 우리나라는 남방에 더 할 수 없는 간성(干城)을 얻는 것이다(信濃敎育會 編, 1958: 587~588).

타이완에 대한 군사적 지배의 한계성을 일찍부터 체험한 일본 제국주의는 타이완인을 정신적으로 개조하는 '황국신민화'의 필요성을 절실하게 깨달았던 것이다.

> 새로운 영토를 유지하기 위해 …… 군사력으로 그 외형(外形)을 정복함과 동시에 별도로 그 정신을 지배하여, 옛 나라에 대한 헛된 꿈을 버리고 새로운 국민적 정신을 발휘하도록 하지 않으면 안 된다. 즉 이들을 일본인화해야 한다. 이들의 사상계를 개조하여 일본인의 사상으로 동화시켜 이들을 완전히 같은 국민으로 만들어야 한다(伊澤修二, 1895: 10).

서양 제국주의는 복음을 전파한다는 미명 아래 기독교를 식민지 지배에 이용하였다. 이것을 모방하여 일본 제국주의는 일본인의 종교적 대상인 '성천자(聖天子[천황])의 어능위(御稜威[존엄한 위세])'를 타이완에 확산시키기 위하여, 군사적 지배와 더불어 식민지 교육을 통한 '황국신민화'를 강력하게 추진했다.

7. 러일전쟁: 한국 지배의 확립과 만주 진출

청일전쟁 후 삼국간섭(三國干涉)으로 일본의 영토 야욕은 일단 좌절을 맛보게 된다. 그러나 삼국간섭에 주도적인 역할을 한 러시아에 대한 적개심을 부추기는 메이지 정부의 선동에 조종되어 일본인의 '와신상담(臥薪嘗膽)의 복수심'은 절정에 달했다. 이후 일본 제국주의의 10년간은 전쟁 준비에 광분한 시간이었다.

1904년의 러일전쟁은 필연적이었다. 제국주의 국가 간의 전쟁으로는 세계 최초라는 세계사적 의의를 갖는 이 전쟁에서도 일본인의 '의전' 의식은 변하지 않았다. 다음은 선전포고문이다.

제국이 중점을 한국의 보전에 둔 것은 하루 이틀의 일이 아니다. 이것은 양국이 오랫동안 관계를 맺고 있었을 뿐만 아니라, 한국의 존망은 실로 제국의 안위와 밀접한 관계를 갖기 때문이다. 그럼에도 불구하고 노국(露國[러시아])은 청국과의 맹약과 열국에 대한 누차에 걸친 선언을 어기고, 여전히 만주를 점거하여 점점 기반을 공고히 하며 드디어는 병탄하려 하고 있다. 만약 만주를 노국이 영유하게 되면 한국의 보전은 물론 극동의 평화 또한 기대할 수 없다(外務省 編, 1988a: 223).

러일전쟁을 기회로 삼아 일본 제국주의는 한국을 '주권선'으로, 만주를 '이익선'으로 설정했다. 1904년 2월 10일 일본 제국주의는 러시아에 선전을 포고하여 러일전쟁이 발발했다. 이어서 2월 23일 한일의정서를 강요하여 한국은 사실상 일본의 보호국으로 전락했다.[13]

---

[13] 일본과 러시아 사이에 전운이 감돌자 1904년 1월 23일 고종은 국외 중립을 선언하여 양국의 전쟁에 말려들지 않으려 했다. 일본 제국주의는 이것을 무시하고 2월 9일 일본군을 인천에 상륙시켰다. 일본 제국주의는 2월 10일 러시아에 선전포고를 하고 2월 23일 한일의정서를 강압으로 체결했다. 일본 제국주의는 1905년 7월 가쓰라(桂)·태프트(Taft) 협정을 맺어 미국으로부터, 이어서 8월에 제2차 영일동맹을 맺어 영국으로부터 한국에 대한 지배권을 인정받은 후 같은 해 8월에 제1차 한일협약을 맺는다. 그리고 9월 포츠머스 강화조약으로 러시아로부터도 한국 지배를 인정받는다. 이처럼 일본 제국주의는 서양 열강의 승인을 차례차례 얻어내 한국에 대한 지배권을 확보한 뒤에, 11월 제2차 한일협약을 맺어 한국을 보호국으로 전락시키고 1910년 8월 한일 병합조약을 맺는다.

청일전쟁 이후 러시아를 비롯하여 서양 열강들은 일제히 청나라 분할에 나섰다. 그런데도 일본 국민의 적개심이 특히 러시아에 집중된 것은 청일전쟁의 승리로 일본이 얻었던 이권을 러시아가 그대로 가로챈 것에 대한 울분 때문이었다. 또한 러시아가 조선 및 만주에 대한 야망을 노골적으로 드러내 일본 제국주의의 '주권선'과 '이익선'을 자극했기 때문이었다.

러일전쟁은 배후에 서양 제국주의 국가 간의 복잡한 이해관계가 얽혀 있는 제국주의 전쟁이다. 일본 제국주의는 1900년 청나라에서 일어난 의화단사건(義和團事件)의 진압 과정에서 주도적인 역할을 했다(1개 사단 8,000명 파병). 일본 군대의 활약을 눈여겨본 서양 열강은 일본 제국주의에 '극동의 헌병'이란 완장을 채워주었다. 영국을 비롯한 서양 제국주의 열강은 '헌병' 역할에 우쭐해진 일본을 이용하여, 극동에서 러시아의 남하를 막으려는 간계로 일본을 후원했다. 일본 제국주의는 열강의 동향을 살피며 국내에 팽배한 국권론을 선동하여 전쟁 열기에 불을 질렀다.

러일전쟁에서도 일본 제국주의는 러시아에 대한 적개심을 아시아를 구하기 위한 '의전'이라는 시혜 의식으로 포장하는 것을 잊지 않았다.

일로전쟁의 세계적 의의는 실로 심대한 것이었다. 그것은 단지 러시아의 야망을 타파한 것일 뿐 아니라, 삼국간섭 이후 눈사태처럼 밀려든 서양의 지나 침략을 최종적으로 격파함으로써 메이지유신과 일청전쟁에 이어 아시아를 구한 제삼의 양이 운동(攘夷運動)이었다. 이와 같이 일청전쟁과 북청사변(北淸事變[1900년 의화단사건])과 일로전쟁에서 일본은 아시아의 유일한 방벽으로서 항상 지나를 서양 침략의 위기로부터 구해냈음에도 불구하고, 지나는 그

진의를 깨닫지 못하고 오히려 서양의 교활한 사주에 편승했다. 이 것은 일본과 지나의 숙명이라고 볼 수밖에 없는 크나큰 비극이었다(日本世紀社同人, 1942: 93).

청일전쟁 이후 청나라에서 일본 제국주의가 권익과 세력권을 확대해가는 과정은 조선 및 청나라의 보호와 동양 평화 확보라는 미명하에 일본이 서양 열강을 대신하여 눌러 앉은 자리바꿈에 불과했다. 이러한 일본 제국주의의 침략주의에 대한 합리화는 러일전쟁에서도 마찬가지였다.

일본 제국주의는 러일전쟁을 '입헌국[일본]과 전제국[러시아]의 싸움', '단일민족국가[일본]와 다민족국가[러시아]의 싸움', 또한 '입헌정치[일본]와 전제주의[러시아]의 싸움'으로 대비시켰다. 따라서 러일전쟁을 '민족 해방 전쟁'이라고 선전했다(煙山專太郎, 1934: 60~61).

러일전쟁에 대한 국제적 의미 설정은 서양의 외채에 의존하여 싸울 수밖에 없었던 일본 제국주의의 입장에서는 매우 중요한 문제였다.[14]

---

14 러일전쟁의 전비는 17억 2,000만 엔이었다. 이것은 2억 3,000만 엔이었던 청일전쟁 전비의 7.5배에 달하는 금액이었고 1903년 메이지 정부 일반 예산의 6년분이었다. 이중에 6억 9,000만 엔(8,200만 파운드)은 1904년 5월부터 1905년 7월까지 영국, 미국, 독일에서 4차에 걸친 외채 모집으로 충당했다(高橋誠, 1964: 192~193, 199).

외채 모집은 일본은행 부총재 다카하시 고레키요(高橋是淸)가 담당했다. 다카하시는 1904년 2월 뉴욕으로 가 외채 교섭에 나섰으나 실패한다. 그 뒤 런던으로 건너가 카스피해의 바크 유전(油田)에 이권을 가지고 있는 유태계 은행가 로스차일드(Rothschild)와 교섭했으나 거절당하고 유태계 미국인 은행가 시프(Jacob H. Schiff)를 소개받는다. 다카하시는 시프의 도움으로 1904년 5월 런던과 뉴욕에서 제1차 외채 발행에 성공했다. 시프는 유태인 학대를 자행하는 러시아에 반감을 품고 일본의 외채를 구입했다고 한다. 이후 전황(戰況)이 일본에게 유리하게 전개되자 외채 발행은 순조롭게 진행되어 1905년 7월의 4차 발행에는 시프의 알선으로 독일의 유태계 은행과 유태계인 미국의 리먼 브러더스(Lehman Brothers)도 참가하였으며 베를린에서도 외채 실제로 일본 제국주의는 기독교국 러시아와 이교도국 일본의 전쟁이라는 이미지가 열강에게 주는 국제 여론의 불리함을 불식시키기 위하여 동분서주했다. 케임브리지대학에 유학한 스에마쓰 겐초(末松謙澄)를 동맹 국가인 영국에 보냈고, 미국에는 하버드대학을 졸업하고 시어도어 루스벨트(Theodore Roosevelt) 대통령과 친분이 있는 가네코 겐타로(金子堅太郎)를 파견하여 외교 활동을 전개했다. 이들은 기독교국과 비기독교국, 백인종과 황인종의 전쟁이라는 서양의 이분법적 대립 관념을 완화하고 소위 '황화론(黃禍論[The Yellow Peril])'을 잠재우기 위해 일본에는 종교의 자유가 있으며 일본의 근대화가 서양의 정신과 방법을 배운 것임을 역설했다. 또한 1905년 4월에는 기독교도 혼다 요이쓰(本多庸一)와 이부카 가지노스케(井深梶之助)를 유럽에 보내 '의전'에 임하는 자세를 선전하는 민간사절로 활동하게 했다(大濱徹也, 1982: 193).

그러나 이 전쟁에서도 일본이 말한 '극동의 평화' 혹은 '민족 해방', 나아가 '의전' 따위는 수사에 지나지 않았다. 러일전쟁의 와중에서도 일본 제국주의는 미국에 접근하여 1905년 7월에 가쓰라(桂)·태프트(Taft) 협정[15]을 맺은 후, 미국의 조정을 받아들여 9월에 포츠머스 강화

를 발행했다. 전후 처리를 위해 모집한 5차와 6차에는 영국과 프랑스의 로스차일드 은행도 참가했다(高橋是淸, 上塚司 編, 1976: 102, 112~114). 시프는 1906년 일본 정부의 초청으로 도일하여 메이지 천황으로부터 훈장을 받고 한국을 방문하기도 했다. 다카하시는 1934년 오카다 게이스케(岡田啓介) 내각의 대장 대신(大藏大臣)을 맡았으나 군사 예산 축소로 군부의 원한을 사 1936년 2·26사건 때 암살당했다.

[15] 일본 수상 가쓰라 다로(桂太郎)와 미국의 육군 장관 태프트(William H. Taft) 사이에 러일전쟁 중이던 1905년 7월에 맺은 협정이다. 당시 태프트는 대통령 특사로 필리핀 방문 중에 일본에 들러 수상 겸 외무 대신이었던 가쓰라와 이 협정을 체결했다. 일본은 미국의 식민지인 필리핀에 대한 야심이 없으며, 미국은 일본의 한국에 대한 지도적 지위를 인정한다는 것과 극동의 평화는 일본, 미국, 영국 3개국이 사실상의 동맹으로 지켜야 한다는 것이 협정의 주요 내용이었다. 당시 미국 제26대 대통령 시어도어 루스벨트는 결과에 대만족이었고, 이때 일본 제국주의는 루스벨트가 제안한

조약을 체결했다. 이 조약에서 일본 제국주의는 한국에 대한 지배권을 확보하고, 랴오둥반도의 조차권과 남만주 철도를 손에 넣어 중국 대륙 침략을 위한 발판을 굳혔다. 또한 러시아 영토인 사할린 섬 북위 50°선 이남을 할양받았다. 이로써 일본 제국주의는 그들이 염원하던 '일등국'이 되어 열강의 대열에 합류함으로써 아시아 평화의 교란자가 되었다. 1910년 일본 제국주의는 한일병합조약을 강제로 체결했다.

> 일본국 황제 폐하 및 한국 황제 폐하는 양국 간의 특수하고도 친밀한 관계의 구축을 원하며, 상호의 행복을 증진하여 동양의 평화를 영구히 확보하기를 바라나니, 이 목적을 달성하기 위해서는 한국을 일본 제국에 병합할 수밖에 없음을 확신한다(外務省 編, 1988a: 340).

이렇게 하여 일본 제국주의는 '상호 행복'과 '동양 평화'라는 시혜 의식으로 겉마음을 장식하고, 속마음인 침략주의로 대한제국이라는 이름을 지구상에서 지워버렸다. 이후 한국에 대한 시혜 의식은 '내선일체'와 '황국신민화'로 구체화되어—가는 곳마다 민족성 말살과 문

러시아와의 강화 권유를 수락한 상태였다(나가타 아키후미, 2007 참조).
가쓰라·태프트 협정은 1882년 5월에 맺은 조미수호통상조약 제1조 '타국이 한쪽 정부를 부당하게 또는 억압적으로 다룰 때, 다른 쪽 정부는 원만한 타결을 위해 우의를 표시한다.'는 주선(周旋) 조항을 파기한 것이었다.
이러한 미국과 일본의 이해관계와 우호를 굳히는 외교 전략이 타결된 뒤 루스벨트의 조정으로 1905년 9월 포츠머스 강화조약이 체결되었다. 당시 러시아는 1905년 1월의 '피의 일요일' 사건으로 혁명의 기운이 감돌고 있었으며, 일본도 더 이상 전쟁을 계속하기에는 국력의 한계가 있었다. 루스벨트는 일본과 러시아의 강화를 주선했다는 공로로 1906년 노벨 평화상을 받았고, 태프트는 루스벨트의 뒤를 이어 제27대 대통령에 당선되었다(1909~1913년).

화 파괴를 자행함으로써—한민족에게 헤아릴 수 없는 상흔을 남겼다.

'동양의 평화'라는 부적(符籍)은 편리하게도 일본 제국주의가 가는 곳마다 간판처럼 내걸려 일본 민족의 우월감을 부추기는 역할을 연출하였다. 이것이 확대되는 궤적이야말로 일본 제국주의가 확대되어가는 과정이라 할 수 있다.

8. 만주국의 성립: '오족 협화'의 논리

1931년 9월 18일 펑톈(奉天, 현재의 선양瀋陽) 류탸오후(柳條湖) 부근의 남만주 철도 선로에서 폭발이 일어났다. 이것이 소위 류탸오후 사건이다. 이 모략 사건은 만주 침략의 군사행동을 일으키기 위해 일본 제국주의의 관동군(關東軍) 고급 참모 이타가키 세이시로(板垣征四郎) 대좌(大佐)와 작전 참모 이시와라 간지(石原莞爾) 중좌(中佐)가 주동이 되어 획책한 관동군의 자작극이었다. 관동군은 이 사건을 오히려 중국군의 도발이라 모함하며 만주사변(滿洲事變)을 일으켜 불과 5개월 만에 만주 전 지역을 점령해버렸다. 일본 제국주의가 말하는 '15년 전쟁'의 시작이었고, 이시와라가 말하는 소위 '세계 최종전'의 전 단계였다.

일본 제국주의의 만주에 대한 침략 행위는 국제적인 비난을 샀고, 9월 21일 중국은 국제연맹에 제소했다. 1932년 1월 14일 국제연맹 이사회는 리튼(Victor B. Lytton)을 단장으로 하는 조사단의 파견을 의결했다. 그러나 일본 제국주의는 이에 아랑곳없이 오히려 국제적인 관심을 돌리기 위해 또다시 일본인 승려 사살 사건을 날조한 후 1월 28일 상하이사변(上海事變)을 일으켜 중국 침략을 더욱 노골적으로 자행했다.

이에 그치지 않고 일본 제국주의는 1932년 3월 청나라의 마지막 황제 푸이(溥儀, 1906~1967)를 데려와 괴뢰 국가 만주국을 세웠다. 1933년 2월 24일 국제연맹 총회는 리튼 조사단의 보고서를 채택해 '남만주 철도 부속지 이외의 지역에서 일본군의 철수'를 권고하는 결의안(外務省 編, 1988b: 262)을 찬성 42, 반대 1(일본), 기권 1(태국)로 의결했다. 영국과 미국을 중심으로 한 서양 열강의 제국주의적 이기주의가 더 이상 일본의 만주 독점을 원하지 않았던 것이다. 서양 열강은 일본 제국주의가 이미 '극동의 헌병'이 아니라, 자신들의 이익에 해가 되는 '극동의 침략자'로 변질되었다고 보았던 것이다. 이것은—일본으로서는 일본에 대한 서양의 배반이라고 생각하였지만—제국주의의 이해관계가 낳은 국제 관계의 냉혹한 현실이었다. 이에 불복한 일본 정부는 3월 27일 국제연맹을 탈퇴했다. 일본 제국주의에 이어 1933년 10월에는 히틀러(Adolf Hitler)가 정권을 잡은 독일이 국제연맹을 탈퇴했고, 1937년 12월에는 무솔리니(Benito Mussolini)의 이탈리아가 탈퇴했다.

일본 제국주의의 만주 침략은 관동군의 독단과 독주로 자행된 것이었지만 전 국민적인 호응을 얻었다. 특히 평소 '만몽(滿蒙) 생명선'을 주장하였고(松岡洋右傳記刊行會 編, 1974: 340), 1932년 12월 국제연맹 총회에서 일본을 핍박받는 그리스도에 비유한 소위 '십자가 연설'(三好徹, 1986: 181)을 하고 귀국한 마쓰오카 요스케(松岡洋右)는 국민적 영웅이 되었다. 만주에 대한 영토 야욕은 만주 열풍을 몰고 와 일본인의 침략에 대한 성찰을 더욱 마비시켰다. 이에 '생명선 노래(生命線ぶし1935)'가 유행하기도 했다. 더욱이 만주사변이 종결되기도 전에 1932년 해군 장교 집단이 런던 군축 회담 체결에 불만을 품고 5·15사건을 일으켜 이누카이 쓰요시(犬養毅) 수상을 암살함으로써 정당정치가 종말을 고했다.

만주사변은 일본 제국주의가 모략과 날조를 수단으로 침략이 침략을 낳고 전쟁이 전쟁을 부르는 악순환의 순환 고리 속에 빠져들어가는 출발점이 된다. 이후 일본 제국주의는 국제적으로 고립되어 군부의 횡포와 독주하에 1936년 2·26사건을 계기로 군국주의 파시즘의 길을 걷게 된다.

만주국 성립에 즈음해서도 일본 제국주의는 만주사변의 정당화와 합리화를 잊지 않았다.

> 이렇게 안팎에서 영국과 미국의 압박이 실로 극에 달했던 쇼와 (昭和) 6년[1931년] 만주사변이 발발했다. 그것은 일로전쟁 후 실로 30년 만에 일어난 아시아 해방의 성화(聖火)이며, 또한 대전[제1차 세계대전] 후의 영·미의 국제연맹 체제에 대한 최초의 반격이었다. …… 쇼와 7년 3월 만주국이 건국되어 일만 의정서(日滿議定書)가 조인되자, 일로전쟁 이래 십만의 선인이 벽혈(碧血)을 뿌린 만주의 천지는 처음으로 서양의 질곡으로부터 해방의 날을 맞이했다(日本世紀社同人, 1942: 94).

관동군의 주도로 일본 제국주의가 만주를 전면적으로 침략한 결과 탄생한 것이 만주국이다. 만주사변은 1929년에 시작된 세계 경제공황의 여파를 일본식으로 타개하기 위한 일본 제국주의의 대륙 정책의 하나였다. 이것이 '아시아 해방의 성화'라는 시혜 의식으로 합리화되었다.

만주국을 성립시키고 일본 제국주의가 내건 것은 '오족 협화'와 '왕도 낙토(王道樂土)' 건설이었다. 만주사변 이후 일본 제국주의는 관동군의 군사력을 배경으로 만주에 대대적인 식민 정책을 전개하였다. 경제공황과 맞물려서 궁핍에 시달리던 일본 농민과 한국 농민이 만주로 밀려들자 만주는 여러 민족의 잡거 지역이 되었다. 여기에서 나온 것이 일본인, 만주인, 중국인, 한국인, 몽고인의 '오족(五族)'을 대상으로 한 '오족 협화'의 논리이다.

1936년 만주사변 5주년을 맞이하여 관동군 사령관 우에다 겐키치(植田謙吉, 대장)가 기초한 '만주국의 근본이념과 협화회(協和會)의 본질'이라는 극비 문서가 있다.

이 문서는 우선 계급투쟁을 수단으로 하는 소련의 세계정책과 자본주의를 기조로 하는 영·미의 세계정책이 내재적 모순에 의하여 '환멸의 같은 길을 걷고 있는 데 반하여', '황도에 입각'한 일본 제국주의의 세계정책은 '홀로 찬연히 빛나고' 있다고 단언했다.

우에다는 그 이유를 일본 민족의 선민성에서 찾아 '야마토(大和) 민족은 안으로 우수한 자질과 탁월한 실력을 내장하고, 밖으로 너그럽고 어진 마음을 가진 민족'이라 보았다. 그러므로 '야마토 민족은 타 민족을 지도하고 도와 그들에게 부족한 것을 보충해주어야 하며', '게으른 자를 채찍질하여 [천황을] 받들게 함으로써 더욱더 도의 세계에 같이 나서게 해야 한다.'고 주장했다. 이것이 곧 '하늘이 준 사명'이라는 것이다.

또한 만주국의 건국은 '팔굉일우'의 이상을 드러낼 사명을 지닌 야마토 민족의 세계사적 발전 과정의 제1단계이며, 점차 중국·인도·호주·시베리아에 제2, 제3의 만주국을 건설하는 것이 일본의 '앞으로의 사명'이라고 말하고 있다(臼井勝美, 1981: 8~9).

만주사변을 계기로 일본인의 우월감은 '야마토 민족의 선민성'으로, '동양의 평화'는 '아시아의 해방'으로 옷을 바꿔 입고, '조국 정신(肇國精神[건국 정신])'이라는 '팔굉일우'와 결합되어 피투성이 '성전'의 머나먼 도정을 연다.

9. '성전'의 전개: 끝없는 침략의 길

1937년 7월 7일 밤 10시 40분경 루거우차오(盧構橋, The Marco Polo Bridge) 부근에서 대치하고 있던 중국군과 일본군 사이에 수발의 총성이 울렸다. 이 루거우차오 사건을 침략의 기회로 삼아 일본 제국주의는 중국과 선전포고 없는 전면전쟁에 돌입했다. 중일전쟁(처음에는 북지사변北支事變, 1937년 9월 2일부터 지나사변支那事變, 1941년 12월 13일부터 태평양전쟁을 포함하여 대동아전쟁大東亞戰爭으로 개칭)은 이렇게 시작되었다. 이후 일본 제국주의는 1937년 9월 제2차 국공합작(國共合作)을 결의한 국민당과 공산당 군대의 공세와 게릴라전에 말려들어, 중국 내륙으로의 진격은 고사하고 점(點, 도시)과 선(線, 해안선)으로 연결한 점령지를 지키기에도 급급한 '진흙탕 전쟁' 속으로 빠져들어갔다.

일본 제국주의의 전쟁에서 '성전'이라는 용어는 중일전쟁부터 사용되기 시작했다. 이 용어는 '황군(皇軍)'을 자칭하는 군부가 처음 사용했으며, 1937년 11월 18일 육군성 신문반이 발행한 「시국의 중대성」이라는 팸플릿에 등장한다.[16]

원래 이번 사변은 일면적으로 관찰하면 일본과 지나의 분쟁임에

---

16 정부의 것으로는 1938년 1월 6일 고노에 후미마로(近衛文麿) 내각의 서기 장관(書記長官) 성명에 들어 있다. '우리는 동아 백 년 화평(和平)의 보장을 요구할 뿐으로, 이번의 '성전'에 많은 희생을 치르고 있으므로 지나가 확실하게 반성하지 않는 한, 어디까지나 소기의 목적 달성을 위해 매진할 뿐이다. 이 결의에 따라 앞으로의 여러 가지 대책을 강구하기 위해 총리 대신 및 육·해·외상(陸海外相) 사이에 격의 없는 간담이 있었다.'(風見章, 1982: 78~79) 이 성명을 내기 전에 중일전쟁을 확대하지 않기 위해 화평 공작을 벌인 것 등을 고려하면, 이것이 정부가 '성전'이라는 단어를 공식 용어로 사용한 최초의 것으로 보인다. 이후 일본인은 '정전(征戰)', '성업(聖業)', '성전' 등의 단어를 혼용했다.

틀림없지만, 좀 더 깊은 각도에서 관찰하면 무모한 배외 사상, 위험한 공산주의, 패도적 제국주의를 응징하여 세계에 국제 정의를 확립하려는 신국(神國) 일본의 '성전'이다(陸軍省 新聞班, 1937: 66).

당시의 육군 대신 이타가키 세이시로도 이 용어를 사용하고 있다.

이번 사변은 지나 국민을 적으로 하는 것이 아니라, 잘못된 인식으로 항일의 폭거를 감행하고 있는 정권 및 군대를 응징하는 '성전'이다(板桓征四郎, 1938: 4).

이후 일본 제국주의는 '성전'이란 '신국' 일본이 실행하는 전쟁이므로 당연히 중일전쟁이 '성전'이라고 선전했다. 또한 이 전쟁이 중국과 국제 정의를 위한 것이라는 시혜 의식과 지도자 의식을 노골적으로 드러냈다. 나아가 '성전'의 개념을 중일전쟁뿐만이 아니라 유사 이래의 일본의 모든 전쟁으로 무한 확대하여 해석하기 시작했다.

지나사변만이 성전이라 한다면 일청(日淸), 일로(日露), 만주사변 등은 전부 성전이 아니고 제국주의 전쟁이란 말인가. 영토를 손에 넣고 배상금을 요구한 일청, 일로의 전쟁은 과연 제국주의 전쟁이었던가. 한결같이 폐하의 명령을 받들어 싸우는 황군의 전쟁에 이러한 구별이 있을 수 있는가. 과연 우리의 선각들은 성전이 아닌 전쟁을 위해 얼마나 많은 피를 흘렸던가. 결코 그렇지 않다. 일찍이 황군이 싸운 전쟁 중에 성전 아닌 제국주의 전쟁은 단 한 번도 없었다. 영토의 할양, 배상금의 유무 같은 것은 단지 형식적이고 지엽적인 것이다. 문제는 어떠한 목적을 위해 어떠한 대의(大義)를 가지고 싸웠는가에 있다. 단지 한 조각의 영토를 얻고 안 얻고, 몇 푼의 배상금을 받고 안 받고 하는 문제로 성전을 운운하는 것 자체가 벌써 근세적 유물론의 편견을 폭로하는 것이라 아니할 수 없다. 유사 이래 일본의 전쟁은 전부 이러한 사회민주주의적 유물론을 초월하여 일관되게 천황의 위업을 돕고 받드는[天業翼贊] 성전이었다. 결코 이것을 서양 제국주의와 혼동해서는 안 된다. 아니 일본의 성전은 오히려 제국주의적 침략을 배제하려는 대의에 기반을 두고 있다(日本世紀社同人, 1942: 89).

논리의 비약과 허위에 가득 찬 '성전'의 무한 확대, 천황에 신들린 '야마토 민족의 우월성'과 시혜 의식은 근원을 '팔굉일우' 사상에 두고 있다.

우리의 성전은 단지 메이지유신 이래의 것이 아니라, 멀리 건국 이래의 전통에 기반을 두고 있다. 제1대 천황 진무[神武, 건국 신화상의 초대 천황] 이래 열성(列聖)의 덕(德)을 '성문 진무(聖文神武)의 덕'이라 칭송하는 것은 결코 이유가 없는 것이 아님을 명심해야 한다.
진무 천황은 '육합(六合)을 합쳐 도읍을 열고 팔굉(八紘)을 덮어 우(宇)로 하지 않으면 안 된다.'는 칙서를 내려 천황의 위업을 세상에 펼치려 했던[天業恢弘] 것이다. 정처 없이 떠도는 나라들을 새로 고치고 굳게 다져서 팔굉을 우로 한다는 것은 결코 단지 제목이 아니라 분리되어 있는 세계 국가들을 하나로 합치는 것을 의미하며, 건국 이래 현재에 이르는 일본의 절실한 비원이다. …… 진실로 하늘에 두 해가 없고 땅에 두 왕이 있을 수 없으니, 우주 만물이 유일 절대의 태양을 중심으로 질서를 구성하는 것과 같이, 세계의 인류는 태양의 아들인 천황에 귀일 순종(歸一順從)함으로써 처음으로 질서를 얻을 수 있다. 이 우주의 절대 권위에 바탕을 둔 세계 질서를 세우는 것이야말로 천황의 위업을 세상에 펼치는 것이며, 세계 평화 역시 거기에서부터 약속되는 것이다(日本世紀社同人, 1942: 96~97).

이렇게 하여 세로축의 시간성이 고대부터 근대를 꿰뚫고, 가로축의 공간성이 '천양무궁(天壤無窮)의 황운'을 등에 업고 '팔굉위우(八紘爲宇)'의 실천적 구체화인 '팔굉일우'를 실행하면서 '성전'의 정체는 너무도 광활하여 우주 저 멀리 모습을 감춘다.

실로 '하늘에 두 해가 없고 땅에 두 왕이 없다.'와 같은 황당무계한 일본 민족의 세계에 대한 시혜 의식은 결국 어느 누구에게도 '은혜'를 베풀 뜻이 없다는 허위의 표현에 불과한 것이다. 전 세계를 천황에 '귀일 순종'시킨다는 무한 확대성은 일본인 이외의 어느 누구도 '귀일 순종'시킬 수 없다는 반증에 불과하다. 거기에는 다만 이것저것이 뒤섞인 일본 민족의 우월감과 천황에의 한없는 동일시 현상만 있을 뿐, 실제로는 실체가 없는 환상의 허상만 휘날리고 있는 것이다.

천황에 대한 민족적 동일시 현상에 매몰된 일본인은 메이지유신 이후 건국 신화 속의 고대에서 가치의 근원체를 찾아내, 복고주의와 국수주의에 기반을 둔 절대주의 천황제를 창출하여 일본의 역사를 역합리화했다. 이러한 동일시 현상은 개인과 집단의 주체성을 마비시켜 필연적으로 일본 사회의 수직적 정점인 천황에 대한 일원적인 가치 의존 풍조를 만연시켰다. 천황에 '빙의(憑依)'된 몰주체적인 일본인 개개인은 꼭두각시 인형처럼 조종되어 피투성이의 '성전'에 동원되었던 것이다.[17] 그 결과 일본인은 모든 것을 천황의 이름으로 행하면서도 모든 것을 천황의 이름으로 부정했다. 이러한 꼬리에 꼬리를 무는 모순투성이 역논리는 가치의 근원체가 천황이라면 모든 책임의 근원체도 천황이라는 '천황 귀일'의 이중적 필연성에 대한 인식의 결락(缺落)에서 유래한다. 이것은 또 일단 일어난 일에 대하여 천황에게 책임을 돌리지 않는 것은 물론, 천황과 동일시 현상에 빠진 개인 혹은 집단도 책임을 지지 않으려 하는 일본인 특유의 전쟁 인식을 낳았다.

또한 천황을 정점으로 하는 하향식의 일방적 억압 기조는 상향적 해결이 불가능하므로 내부의 파열을 피하기 위해 필연적으로 돌파구를

---

[17] 오노다 히로오(小野田寬郎)라는 구(舊)일본군이 있다. 오노다는 정보장교(육군 소위)로 태평양전쟁에 참전했다. 오노다는 일본 제국주의가 항복한 1945년 8월 이후에도 임무 해제의 명령이 없어 명령받은 전투를 계속했다는 인물이다. 오노다는 미국이 필리핀을 계속 '식민지로 지배'하고 있다고 믿어 필리핀 루방 섬(Lubang Island)의 정글에서 부하 3명과 함께 미군 레이더 기지를 습격하는 등 29년 동안 게릴라전을 펼쳤다(미군과 필리핀 경찰 30명 이상이 죽거나 다침). 오노다는 부하가 없는 상황에서도(1명은 1950년 투항, 2명은 1954년과 1972년 전투 중 사살됨) 정글에 혼자 남아 전투를 계속하다가 1974년 수색 활동으로 루방 섬에 온 일본인이 귀환을 종용하자 상관의 명령을 조건으로 이를 수락하였다. 결국 오노다는 1974년 3월 일본에서 수소문해 찾아낸 태평양전쟁 당시 직속상관의 임무 해제와 귀국 명령을 받고나서 귀환을 결정했다. 오노다는 구일본군 군복 차림으로 군도(軍刀)를 필리핀 공군사령관에게 바쳐 무장해제와 항복 의식을 갖고 일본으로 귀환했다. 오노다의 살상 행위에 대해 그 자신은 전투 행위였다고 주장하였고 필리핀 정부는 은사(恩赦) 결정을 내렸다. 오노다는 발견 당시 51세였는데, 자신의 수명을 60세로 결정하여 60세가 되면 미군의 레이더 기지에 육탄 돌격해 결사 항전할 예정이었다고 한다. 일본에 도착하여 '천황 폐하 만세'를 외친 오노다는 일본 정부로부터 받은 위로금과 각계의 성금을 야스쿠니신사에 기부했다. 귀환한 오노다는 일본인으로부터 '황군의 귀감(龜鑑)', '군인 정신의 화신(化身)'으로 영웅 대접을 받았으며 일본의 전 매스컴이 이를 앞다투어 보도했다. 오노다는 귀국 후 '건전한 일본인'을 육성해야 한다는 미명하에 우익 활동을 했고, '군대 위안부' 문제에 대해서는 일본의 책임을 부정했다. 오노다는 절대주의 천황제의 '군국주의 망령'을 전형적으로 보여주는 사례이다. 오노다는 2014년 1월 91세로 사망했다.

외부에서 찾는 현실 해결 방식을 택하게 한다. 일단 배출구가 외부로 향해지면 일본인은 천황의 이름으로 가치화하고 합리화하여 모든 상대성을 거부하고 무시하기 때문에 일본 민족만의 일원적 정당성을 맹신하는 환상 속에서 일본 민족의 우수성과 우월감에서 나오는 시혜 의식을 표출한다.

그리고 이 환상 속에는 일원적 가치 기준만이 존재하여 자체 정화의 길이 막혀 있기 때문에 이에 반하는 모든 것을 악으로 규정하고, 그 책임을 외부 및 타자에게 전가해버리는 폐쇄 회로 속에서 합리화를 되풀이할 수밖에 없다. 일본 제국주의가 중일전쟁에서 줄곧 전쟁의 불확대를 표방하면서도 중국으로서는 너무나도 당연한 '배일 항일(排日抗日)'을 구실로 중국 측에 도덕적 설교를 반복하며 지리멸렬한 장기전으로 끌고 간 것이 그 대표적인 예이다. 이것이 일본 제국주의가 스스로 중일전쟁을 '진흙탕 전쟁'이라 불렀던 연유이다. 모든 전쟁은 상대적인 것이다. 일면적인 정의의 전쟁은 없다. 오도된 일원적 가치관에 의해 터져버린 획일성의 전쟁은 들판에 뛰노는 야생마와 같아서 통제가 불가능하고, 자성(自省)의 길이 막혀 있으므로 방향감각을 상실한 채 제풀에 지쳐 힘이 다할 때까지 날뛸 수밖에 없다.

일본 근대의 모든 전쟁이 천황의 이름으로 시작되어 천황의 이름으로 끝난 사실과 일본의 근대가 서양에 의하여 시작되고 서양에 의해 종언을 고한 것은 일본 민족의 실재성에 있어서 중요한 의미를 갖는다. 근대 일본은 서양에 의하여 근대국가로의 길이 열리고, 천황의 이름으로 아시아를 침략하여, 서양에 의하여 제지당한 것이다. 이것은 아마도 근대 일본의 타율성의 역사가 일본 민족에게 던져주는 하나의 깨달음의 신호일 것이다.

전쟁이란 한편으로 평화의 파괴이며 다른 한편으로 평화의 수복이다. 어느 전쟁에서나 주관적 정당성을 주장하며 평화의 회복을 깨진 종처럼 울려대는 것은 그런 이유에서이다. '유사 이래의 건국 정신'이라는 '팔굉일우'를 실천하는 것이 '천황의 위업을 세상에 펼치는 것'이라고 선전하는 일본 제국주의의 전쟁은 평화 감각도 '성전'의 시혜 의식에서 나온다.

> 평화란 어디까지나 '대화(大和[야마토라는 의미도 있음])'를 뜻하며 소위 근대국가의 정치적 통용어인 '평화'와는 그 본질을 달리한다. 근대 정치가 말하는 '평화'가 영·미적 구질서의 현상 유지를 의미하는 것에 비해, '대화'로서의 평화는 천의(天意)에 따르지 않는 자는 단호하게 진무 불살(不殺)의 검(劍)을 휘둘러 평정하고, 성전을 일관되게 완수했을 때 처음으로 부여될 수 있는 것이다. 건국의 국시인 평화는 함부로 한 조각 국제적 관용어로 가볍게 쓰일 수 있는 것이 아니다. 대의에 어긋나는 것을 보고 참는 것이 아니라 더 나아가 대의를 깨닫지 못하는 자는 단호하게 쳐부순다, 이것이야말로 진무 성검의 참뜻이다. 진무 천황의 동정(東征[진무 천황이 규슈에 내려와 동쪽으로 나라를 넓혔다는 건국 신화])에서도 명백히 나타나듯이 천황을 받들지 않는 무례한 자에 대한 필요 없는 인내는 오히려 그쪽의 무례함을 키워주게 되는바, 이는 가능한 한 화난(禍亂)을 적게 하고자 하는 '대화'의 근본정신에 어긋나는 것이다(日本世紀社同人, 1942: 97).

일본인은 평화 개념을 상대적인 것이며 인류 공통의 합목적적인 가치관에 의하여 이루어지는 평온한 상태, 즉 전쟁의 영원한 종식 상태를 의미하는 것이 아니라고 보았다. 일본인은 평화란 '태양의 아들인 천황'의 의지, 즉 '천의'로부터 비롯되는 '대의'에 기반을 두고, '팔굉을 평정하여 대화를 펼쳐서 일우로 하는 것'이라 보았다. 결국 일본인은 평화를 천황이 부여하는 것이라고 보았는데, 그것은 진무 천황이 '동정'에서 '건국의 국시'인 '팔굉위우'의 정신으로 '진무 불살의 성검'을 휘둘러 '받들지 않는 무례한 자'를 천황에 '귀일 순종'시켰다는 신화상의 복고주의에 근거를 두고 있다.

일본인의 평화란 '만방이 각각 그 자리를 잡게 해 만백성을 안도시키는 것'을 의미한다. 그것을 위해서는 '만방을 새로 고치고 굳게 다져서 팔굉을 일우로 하는' 일본적 침략의 실천 과정을 수반한다. 이 필연성을 따르는 행위가 소위 '성전'인 것이다.

여기에 이르면 '태양의 아들인 천황의 적자'로서 일본 민족이 아시아 및 세계에 대하여 '팔굉일우'를 실천하는 '성전'의 침략주의와 '만방을 새로 고치고 굳게 다져서' '대화'를 부여하는 시혜 의식이 수미일관하게 맞물린다. 근대의 세계 현실이 고대 일본 국내의 확대판이 되어버리는 것이다. 이것은 고대 일본인의 인격으로 되돌아가는 역행적 합리화이며, 고대 일본의 국내 투쟁이 근대 세계의 침략 전쟁으로 시간을 이동하는 재생산적 반복이다.

이러한 복고주의는 동시대적 현실 인식을 망각하기 때문에 현실 대응의 태도 면에서도 일원적 가치관에 의해 몰아적이고도 획일적인 주술적(呪術的) 속박(束縛)을 자타에 강요할 수밖에 없다. 거기에는 개인 혹은 집단의 내면적 필연성과 자유의사에 의한 자기 결정 과정이 있을 수 없기 때문에 절대적 존재라고 믿는 천황에의 완전 귀일과 합일만이 존재한다. 이것이 외부로 나타날 때에는 일본인 개인 혹은 집단과 적대하는 모든 것이 천황에 대한 적으로 간주되는 획일성을 보인다. 또한 천황주의의 정체가 애매하고 모호함에 비해 그 도덕성만은 놀랍도록 준열하므로 오히려 성실하게 전쟁에 뛰어드는 순진하고 단순한 개인과 집단을 창출해낸다.

이 단일 노선의 행동 원리에서 나온 직선적 행위는 융통성이 없기 때문에 일본인 특유의 겉마음과 속마음의 표출이 상호 모순과 혼동을 일으켜, 소위 '성전'으로 시혜 의식을 무화(無化)하고 동시에 시혜 의식으로 '성전'을 추화(醜化)하고 훼손시켰다.

결국 '성전'의 본질은 일본 제국주의의 아시아 침략과 나아가 세계 제패의 야망이다. 일본인의 사이비 '성전'은 당연히 일본 민족의 주관적 성실성과 객관적 모순이 언제나 얽혀 있어, 침략이 전쟁을 부르고 전쟁이 침략을 낳는 악순환을 끝없이 되풀이할 수밖에 없다. 이것이 소위 일본적 초국가주의(ultranationalism)의 정체이다.

일본 제국주의의 '성전'은 중일전쟁을 계기로 구체화되고 확대되어 갔다. '성전'의 완수가 '팔굉일우'에 있는 이상 '세계 최종전'의 도래는 필연적이다. 이미 1927년에 만주국 건설자 이시와라 간지가 이 구상을 내놓았다.

> 이 전쟁에서 일본인은 국민적 분기(奮起)를 촉진하고 전 국민의 자각과 사상의 통일을 기하지 않으면 안 된다. 즉 다가올 소모 전쟁을 앞두고 일본은 우선 전 국민을 일본 국체의 대정신으로 통일하여야 하며, 또한 이 전쟁에서 우리 상공업의 기반을 기르고 전쟁을 통해 오히려 국가 경제의 급격한 진보를 이루어 다가올 섬멸 전쟁인 세계대전, 소위 '전대미문의 대투쟁'을 준비해야 한다. 이 최종적 대결전(大決戰)에서 일본은 드디어 세계의 강적을 굴복시키고 일본 국체의 대정신을 세계 인류에게 철저하게 주입시켜 천황 중심의 평화 시대에 들어가리라고 확신하여 의심치 않는다(石

原莞爾資料, 1967: 431).

이시와라는 '세계 최종전'을 동양의 패자를 자부하는 일본 제국주의와 서양을 대표하는 미국의 대결로 상정하고 있다. 이시와라가 말하는 '세계 최종전'은 인류의 '섬멸 전쟁'이며 일본 '국체의 대정신'을 세계 인류에게 철저하게 주입시켜 '천황 중심의 평화'가 온다는 미증유(未曾有)의 전쟁을 의미한다.

또한 그는 '전쟁이 전쟁을 양성'하는 나폴레옹의 전쟁 방식을 채택하여 '전쟁을 통해 오히려 국가 경제의 급격한 진보'를 이룩할 수 있다고 보았다. 그리하여 '점령지에서 징세 및 물자와 병기를 징발'할 필요성을 강조하고 있다. 이것이 만주를 침략하여 괴뢰 국가를 세우고, 중일전쟁을 일으켜 중국 대륙의 전면 지배를 획책하며, 한국을 '대륙 병참기지', 나아가 '대동아 병참기지'로 전락시킨 일본 제국주의의 식민지 정책으로 나타났다.

일반적으로 제국주의 전쟁은 식민지의 인적·물적 착취를 자행하여 식민지의 희생을 더욱 크게 한다. 따라서 '세계 최종전' 구상을 가진 일본 제국주의가 한국을 '병참기지화'하고 만주 및 중국의 완전 지배, 나아가 동남아시아 침략을 획책한 것은 필연적인 과정이었다.

일본 제국주의의 '세계 최종전' 구상은 결국 시혜 의식의 확대이며, 보다 많은 침략과 희생을 강요해 전쟁이 전쟁을 부르는 전쟁의 순환 논리에 불과했다.

중일전쟁 이후 '성전'은 확대일로를 걷게 되고 '성전'의 적용 범위도 커져만 갔다. 중일전쟁의 불확대를 선언해놓고 해결에 고심을 거듭하던 제1차 고노에 후미마로(近衛文麿) 내각은 1938년 11월 「동아 신질서(東亞新秩序) 성명」을 냈다.

제국이 바라는 것은 동아의 영원한 안정을 확보할 신질서의 건설이다. 이번 정전(征戰)의 궁극적 목적도 여기에 있다. 이 신질서의 건설은 일본·만주·지나 삼국이 서로 손을 잡고 정치·경제·문화 등 전반에 걸쳐 상조(相助)와 연관 관계를 수립하는 것을 근간으로 한다(外務省 編, 1988b: 401).

이것은 만주국을 기정사실화하고 난징 정부(南京政府, 1940~1945년, 왕자오밍汪兆銘을 수반으로 하여 일본이 난징에 수립한 친일 정부)에 대한 선무공작(宣撫工作)과 중국의 분열 등을 노린 것이었지만, 결과적으로 중일전쟁의 장기화만 부산물로 남았다. 1940년 6월 요나이 미쓰마사(米內光政) 내각의 외무 대신 아리타 하치로(有田八郎)는 라디오 연설에서 다음과 같이 말했다.

건국 이래 우리나라의 이상은 만방이 각각 자기 자리를 잡게 하는 것입니다. 우리의 외교 방침도 또한 이 이상에 기반을 두고 있으므로 이것을 위해서라면 때로는 국운을 걸고 싸우는 것도 사양하지 않았습니다. …… 동아의 여러 나라와 남양(南洋)의 여러 지방과는 지리적으로, 역사적으로, 민족적으로 또한 경제적으로 밀접한 관계를 맺고 있어 서로 의지하고 도우며 융통하여 공존공영의 결실을 거둠으로써 함께 평화와 번영을 증진할 자연의 운명을 가지고 있습니다. 그러므로 이 지역을 한데 묶어서 공존 관계에 입각한 지역권을 수립하여 안정을 꾀하는 것이 당연한 귀결이라고 생각합니다(外務省 編, 1988b: 436).

'동아 신질서'의 범위를 동남아시아로까지 확대하고 있다. 이것도 역시 '공존공영'의 미명하에 '만방이 각각 자리를 잡게 한다.'는 침략 논리에 기반을 두고 있다. 결국 일본 제국주의의 '이상'은 일본 중심의 시혜적 평화와 공존이라는 '팔굉일우'의 패도주의(覇道主義) 바로 그것이었다.

이것은 1940년 7월 제2차 고노에 내각에서 「기본 국책 요강」으로 채택되는 '대동아 신질서'의 논리가 된다. 소위 '대동아공영권' 구상의 탄생이다.

> 황국의 국시는 팔굉을 일우로 하는 건국의 대정신을 기본으로 하여 세계의 평화를 확립하는 것이다. 우선은 황국을 핵심으로 일본·만주·지나의 강고한 결합을 근간으로 하는 대동아 신질서를 건설해야 한다. 이것을 위해 황국은 스스로 하루빨리 신사태에 즉시 응할 수 있도록 굳건한 국가 태세를 확립하고 총력을 기울여 국시의 구현에 매진해야 한다(外務省 編, 1988b: 436).

'팔굉일우'를 일본 제국주의 정부도 본격적으로 내세우기 시작한 것이다. 소위 '성전'을 '국시의 구현에 매진하는 것'으로 규정했다. 이것을 위해 고노에 내각은 '신체제 운동(新體制運動)'을 전개해 군국주의 파시즘을 확립하고 총동원 체제를 정비했다.

이어서 8월 외무 대신 마쓰오카 요스케가 담화를 발표했다.

> 국제 관계에서 황도(皇道)란 우리 일본이 각각의 국민과 민족에게 자기의 자리를 잡도록 해주는 것이라고 믿습니다. 현재 우리나라의 외교는 이 황도의 대정신에 바탕을 두고 우선 일본·만주·지나를 일환으로 하는 대동아공영권을 확립하지 않으면 안 되며 ……

나아가 우리와 동조하는 우방과 제휴하여 불퇴전(不退轉)의 용맹심으로 하늘이 부과한 우리 민족의 이상과 사명을 달성해야 한다고 굳게 믿는 바입니다(『朝日新聞』1940. 8. 2).

이것은 일본 제국주의가 일본인의 시혜 의식을 세계에 선포하고, 그 일환으로 '대동아공영권'의 확립을 선언했다는 의미이다. 이어서 같은 해 9월 수상과 외무, 육군, 해군의 4대신 회의에서 「일·독·이 추축(樞軸) 강화에 관한 건」을 의결하여 '대동아공영권'의 범위를 명시했다.

천황의 대동아 신질서 건설을 위한 생존권에 대해: 독일과 이탈리아와의 교섭에서 황국의 대동아 신질서 건설을 위한 생존권으로 고려해야 할 범위는 일본·만주·지나를 근간으로 하고 구독일령 위임통치 제도, 프랑스령 인도지나 및 태평양 도서, 태국, 영국령 말레이시아, 보르네오, 네덜란드령 동인도, 버마[미얀마], 호주, 뉴질랜드 및 인도 등으로 한다. 단 교섭상 우리가 제시하는 남양 지역은 버마 동쪽에서 네덜란드령 인도뉴칼레도니아[뉴칼레도니아] 이북으로 한다. 인도는 어느 정도 소련의 생존권 내에 넣는 것을 인정할 수 있다(外務省 編, 1988b: 450).

일본 제국주의가 그야말로 날강도처럼 제멋대로 경계선을 그은 '대동아공영권'을 '생존권'으로 규정하며, 처리도 불가능한 황당무계한 침략 계획을 착착 진행하고 있던 당시는 바야흐로 '기원 2600년[『일본서기』에 기록된 건국 신화상의 진무 천황 즉위 일을 기원전 660년으로 비정한 기원]'을 맞이하여 '봉축(奉祝)', '천양무궁', '만세(萬歲)', '기미가요(君ガ代[모래가 큰 바위가 되고, 그 바위에 이끼가 낄 때까지 천황의 시대가 영원하라는

내용의 일본 국가])', '수사(壽詞[천황의 만수무강을 비는 축사])', '팔굉일우', '성은(聖恩)', '황모(皇謨)의 익찬(翼贊)', '국체', '동아의 안정과 해방', '세계의 평화', '천인침(千人針[출정하는 군인의 무운 장구를 빌기 위하여 많은 여성이 1미터 정도의 흰 천에 붉은 실로 한 땀씩 수를 놓아 만들어주던 것])', '성전', '황군', '조국 정신' 등 각양각색의 '언령(言靈[고토다마, 신령이 깃들어 있다는 일본의 고대어])'들이 난무했고, 일본인들은 말 그대로 열광의 소용돌이와 비장감 속으로 빠져들었다.

이것은 그대로 전쟁 열기로 이어져 1940년 9월에는 삼국동맹(三國同盟)이 체결되었고, 독일은 제3제국 건설을, 이탈리아는 로마제국의 부활을, 일본은 '팔굉일우'의 실현을 꿈꾸며 끝없는 세계 침략의 도정에 올랐다. 제2차 세계대전의 추축국(樞軸國)이 구축된 것이다.

국제적인 비난이 일본에 집중되어 A(America), B(British), C(China), D(Dutch) 포위망이 점점 더 죄어들어 오고 있는 가운데, 일본 제국주의는 중국으로부터의 철수를 요구하며 경제제재에 들어간 미국과의 교섭에 최종적으로 실패했다.

도조 히데키(東條英機) 내각은 1941년 12월 1일 소위 어전회의(御前會議)에서 국제적인 고립의 길을 벗어나기 위해 미국과의 결전을 결정했다. 이에 따라 12월 8일 일본 제국주의는 미국의 태평양함대 사령부가 있는 진주만(眞珠灣Pearl Harbor)을 기습 폭격하면서 태평양전쟁의 포문을 열었다. 기습 30분 후에야 노무라 기치사부로(野村吉三郎) 주미 일본 대사로부터 미국이 전달받은(森史朗, 2006: 323) 일본 제국주의의 선전포고문은 이렇게 시작한다.

천우(天祐)를 보유하고 만세 일계의 황위를 잇는 대일본 제국 천황은 충성심과 용맹에 빛나는 너희 신민에게 알린다. 짐은 이제 미국 및 영국에 선전을 포고한다. 짐의 육해군 장병들은 전력을 기울여 교전에 임할 것이며, 짐의 백료 유사(百僚有司)는 열성을 다해 직무를 봉행할 것이며, 뭇 백성은 각각 본분을 다하고 모두 한마음으로 나라에 충성을 다 바쳐 정전(征戰)의 목적 달성에 부족함이 없도록 하라. 원래 동아의 안정을 확보해 세계 평화에 기여하는 것은 멀리 황조고(皇祖考[明治天皇]), 황고(皇考[大正天皇])로부터 이어받은 원려(遠慮)로 짐이 항상 잊은 적이 없다. …… 미국과 영국은 충칭(重慶)에 잔존하는 장제스(蔣介石) 정권을 지원해 동아의 화란을 조장하고 평화의 미명에 숨어 동양 제패의 야망을 교묘히 드러내고 있다. 그뿐 아니라 동조 국가들을 유혹해 제국의 주변에 군비를 증강하여 우리나라에 도전하였고, 나아가 제국의 평화적인 통상에 온갖 방해를 거듭하다 드디어는 경제 단교(經濟斷交)를 감행해 제국의 생존에 중대한 위협을 가했다. 짐은 정부가 사태를 평화적으로 회복하도록 오랫동안 인내해왔지만 미국과 영국은 조금의 양보도 없이 제멋대로 시국의 해결을 지연시키면서 오히려 그 사이에 경제적, 군사적 위협을 키워 우리를 굴복시키려 했다.

사태의 추이가 이러할진대, 동아의 안정을 위해 오랫동안 기울인 제국의 노력은 하나같이 수포로 돌아가고 제국의 존립 또한 진실로 위기에 처했다. 사태가 이미 여기에 이르러 제국은 자존 자위를 위해 궐기(蹶起)하여 모든 장애를 깨뜨려 부수는 것 외에는 길이 없다.

황조 황종의 신령을 믿는 짐은 너희 민중의 충성심과 용맹을 믿고 의지하여 조종의 유업을 회홍(恢弘)하고 하루빨리 화근을 무찔러 없애 동아의 영원한 평화를 확립하여 제국의 영광을 확보하려 한다(外務省 編, 1988b: 573~574).

여기에서는 종래에는 없던 '자존 자위'를 강조하여 쫓기고 있는 일본 제국주의의 국제적 처지를 반영하고 있고, 다른 한편으로 미국·영국·중국으로부터 받는 압박을 '대동아공영권'으로 희석시켜 아시아에 이양하고 있다. 또한 '조종의 유업을 회홍'하는 것이 '동아의 영원한 평화'를 가져온다는 '팔굉일우'의 침략주의와 시혜 의식도 그대로 드러나 있다.

이 선전포고문이 갖는 '영구 전쟁'의 성격을 다케우치 요시미(竹内好)는 다음과 같이 분석하고 있다.

> 일청전쟁과 일로전쟁 사이에도 얼마간 차이는 있었다. 그러나 그것은 작은 것이었다. 원수의 의사 표명이 애매하게 처리되어 있다는 점, 군과 '백료 유사'뿐만 아니라 '뭇 백성'까지가 '짐'에 편입되어 있다는 점, '모두 한마음'으로 '충성'을 다하라는 총력전 성격으로 규정되어 있다는 것이 눈에 띈다. 두 번째로 개전의 의사 결정 주체가 원수도 아니고 국가도 아니며, 실로 '황조 황종의 신령'이고 '황조 황종의 유업을 회홍'하기 위한 전쟁이라고 설명되어 있다. 세 번째로 국제 법규 준수가 조건으로 제시되어 있지 않다. 이것은 열국의 감시의 눈을 더 이상 고려할 필요가 없기 때문에 자연히 떨어져나간 것으로 생각되지만, 한편으로 '자존 자위'라는 불필요한(모든 전쟁은 주관적으로는 자위행위이다) 강조가 들어 있는 것과 합쳐 보면 '모든 장애를 깨뜨려 부순다.'는 그 '장애' 속에는 기존의 법질서도 포함되어 있다고 풀이할 수 있다. 행위가 법을 만든다는 사고방식인 것이다. 즉 전쟁 그 자체가 목적화되어 있

다. 그 때문에 네 번째로 전체의 문맥을 통하여 영구 전쟁의 이념을 느낄 수 있다. 전쟁의 궁극적 목적은 '동아의 영원한 평화를 확립'하는 것이고 평화 일반이 아니다. 이 부분의 문맥에서는 세계 제패를 예상하고 있다는 것을 읽어낼 수 있다(竹內好 外, 1983: 313).

일본 제국주의 군부 주도의 '세계 최종전' 구상이 아니라도, 일본 제국주의가 '성전'을 표방하고 그 가치를 '팔굉일우'에서 추구하여, 근대 전쟁을 까마득한 고대까지 거슬러 올라가 역합리화하는 복고주의와 순환 논리를 반복하는 이상, 그 전쟁이 전쟁이 전쟁을 부르는 영구 전쟁 혹은 무한 전쟁을 피할 수 없는 것은 필연적이었다.

소위 '팔굉일우'가 무한이라면 '만방이 자리를 잡게 하는' 시혜 의식도 무한일 터이다. 설사 일본 제국주의가 '팔굉'을 '일우'로 했다 해도 '만방'이 '자리를 잡지' 못할 경우에는 '만방'이 일본 제국주의에 대항하는 전쟁이 끊이지 않을 것이고, '만방'이 '자리를 잡았을' 경우에도 '팔굉'이 '일우'가 되지 않으면, 일본 제국주의의 '만방'에 대한 전쟁이 필연적이다. 전자는 '만방'의 일본 제국주의에 대한 비수혜 의식(非受惠意識)의 결과이고, 후자는 일본 제국주의가 일방적으로 품고 있는 시혜 의식으로 인해 '은혜를 모르는 만방'에 대한 일본인의 '망은 환상'이 원인이다.

결국 일본 제국주의의 전쟁은 '팔굉일우'가 그 시혜 의식을 배반하며, 시혜 의식이 '팔굉일우'를 가로막는다. 이것은 일본 제국주의의 이기주의에서 나온 주관적 가치관과 '만방'의 정당방어적인 자위 가치관의 필연적이고도 평행선적인 대립인 것이다. 전시와 전후를 통하여 일본 제국주의의 침략주의와 시혜 의식에 대한 반일 감정과 방어적 내셔널리즘이 아시아 각국에 퍼져 나간 것이 그 실례이다. 그때 아시아의 각 국가와 민족이 '차별과 학대를 당했다.'는 반응과 '속았다'는 반응을 동시에 보였던 것은 한편으로는 침략주의에 대한 분노이며, 다른 한편으로는 시혜 의식에 대한 환멸인 것이다. 결국 일본 제국주의의 소위 '성전'은 더럽혀진 전쟁, 저주받은 전쟁이 되지 않을 수 없었다.

일본 제국주의의 전쟁에서 '팔굉일우'라는 침략주의와 '만방이 각각 자리를 잡게 한다.'는 시혜 의식의 결합은 시간적으로는 영구 전쟁, 공간적으로는 무한 전쟁을 그 자체 속에 내포하고 있다. 그러므로 어떠한 명분으로 아무리 화려하게 포장한다 해도, 일본 제국주의의 '성전'에서 '대동아전쟁'은 영구 전쟁의 한 시점[一時點]에 불과하고 '대동아공영권'은 무한 전쟁의 한 지점[一地點]에 불과한 것이다. 따라서 그것은 세로축(시간성)과 가로축(공간성)을 무한 연장하여 하나의 시점을 지나면 또 다른 시점을 향해 가야 하고, 하나의 지점을 지나면 또 다른 지점을 향해 가야 하는 무한 시간과 무한 공간을 향한 전쟁의 반복이다.

일본 제국주의가 야심차게 '성전'을 내세우기 시작한 중일전쟁부터 태평양전쟁에 이르기까지 지리멸렬하게 전쟁의 소용돌이 속으로 휩쓸려 들어간 것은 우유부단한 정부 혹은 횡포와 월권을 마음대로 휘두른 군부의 무능함 때문이 아니었다. 그것은 실로 일본 제국주의의 전쟁이 갖는 필연적인 순환 논리 때문이었다.

거기에는 일본 민족의 몰주체적인 집단주의와 천황에 대한 맹목적인 가치 의존성이 어두운 그늘을 드리우고 있다. 소위 '만세 일계'의 천황을 정점으로 하는 일본 제국주의의 '국체'가 내포한 주술적 속박은 일본 국민에게 민족적 우월감, 맹신적 사명감, 전쟁 체질화, 나아가 천황의 이름으로 출몰하는 집단히스테리로 죽음에의 동경 등을 심어 주었다. 이것이 상하를 막론하고 일본 국민의 자각적이고도 주체적인 인식과 판단력을 박탈하여, 침략주의와 시혜 의식을 혼동하고 착각하면서 처절하고도 비참한 전쟁 속에 빠져들게 했던 것이다.

1943년 11월 5일과 6일 침략지의 친일파 대표들을 끌어모아 급조한 '대동아회의(大東亞會議)'를 마치고 도조 내각은 「대동아 공동성명」을 발표했다.

> 본래 세계 각국이 서로 의지하고 상부하여 만방 공영의 즐거움을 함께하는 것은 세계 평화 확립의 근본 도의이다. 그러나 영국과 미국은 자국의 안녕을 위해서 다른 국가와 다른 민족을 지배하려 하였고, 특히 대동아에 대해서는 지칠 줄 모르는 침략과 착취를 자행하여 대동아를 노예화하려는 야망을 노골화하였고, 드디어는 대동아의 안정을 근본적으로 위협했다. 대동아전쟁의 원인은 진실로 여기에 있다. 대동아 각국은 서로 제휴하여 대동아전쟁을 완수하고 대동아를 영국과 미국의 질곡으로부터 해방시켜 자존 자위를 이룩하기 위해 다음의 강령에 의해 대동아를 건설하여 세계 평화의 확립에 기여하고자 한다(外務省 編, 1988b: 450).

전쟁 상황의 급박함을 반영하여 일본 제국주의의 이기주의를 위장하는 허세의 단호함이 고개를 숙이고 있으나, 영국과 미국으로부터 받는 압박에 대한 억압 이양과 '대동아의 해방'을 내세우는 시혜 의식은 여전하다. 이 선언의 바로 뒤를 이어 영국·미국·중국의 3국에 의한 카이로선언이 발표되어 일본 제국주의의 항복 후의 일본 영토를 규정하고, 일본 제국주의의 지배 지역과 식민지의 해방을 외친 것은 전후 아시아에서 주도권을 잡기 위한 열강의 동상이몽(同床異夢)을 잘 드러내준다.

서산낙일(西山落日)의 운명에 떨어지고 회생의 기적마저 바랄 길이 없어 기약 없는 단말마의 사투를 계속하던 일본 제국주의에 대해 미국은 1945년 8월 6일 히로시마(廣島)에, 8월 9일에는 나가사키(長崎)에 원자폭탄을 투하했다. 일본 제국주의는 인류 최초로 핵무기 공격을 받은 국가가 된 것이다. 얄타회담의 비밀 협정에 따라 소련이 일본 제국주의에 선전을 포고한 것은 8월 8일이고, 만주에서 전격적인 군사행동에 돌입한 것은 8월 9일이었다. 이미 1941년 4월 일본 제국주의는 소련과 상호 불가침 규정을 포함하여 5년 유효 기간의 중립조약을 맺고 있었다. 그러나 전쟁 상황에서 그리고 제국주의 국가의 이익 앞에서 조약은 휴지 조각이 되고 말았다.

소련의 참전으로 한반도에 분단의 서막이 올랐다. 일본 제국주의가 연합국에 대하여 '무조건 항복'으로 포츠담선언을 수락한 것은 1945년 8월 15일이었다. 일본 제국주의의 항복은 식민지 한국으로서는 너무 늦은 것일 수도 있었고, 너무 빠른 것일 수도 있었다. 분단으로 본다면 너무 늦은 항복이었고, 전후의 발언권으로 본다면 너무 빨랐던 항복이었다. 너무 늦고 또 너무 빨라서 전후의 한반도는 낙인처럼 분단을 껴안은 세월을 보내고 있다.

천황의 항복 선언서 소위 「종전(終戰)의 조서(詔書)」[18]는 이렇게 시작한다.

짐은 깊이 세계의 대세와 제국의 현상에 비추어 비상한 조치로 시

---

[18] 일본은 현대사에서 '항복(降伏)'이라는 말을 사용하지 않는 대신 '종전(終戰)'이라는 용어로 일본 제국주의의 패배를 미화하고 있다. 또한 1945~1952년의 미국의 식민지 지배를 '점령 시대'로 명명하여 미국의 강제성을 강조하고 있다.

국을 수습하기 위해 충량한 너희 신민에 고한다. 짐은 제국 정부가 영국·미국·지나·소련 4개국에 공동선언[포츠담선언]의 수락을 통고하도록 하였다. 원래부터 제국 신민의 강령(康寧)을 꾀하고 만방 공영의 즐거움을 누리는 것은 황조 황종이 남긴 규범으로 짐이 항상 잊지 않고 있던 것으로 영국과 미국 2개국에 대해 선전 포고한 이유도 실로 제국의 자존과 동아의 안정을 바랐던 것에 있었으며, 타국의 주권을 배제하고 영토를 침범하는 것은 짐의 뜻이 아니다. …… 짐은 제국과 함께 시종 동아의 해방에 협력한 맹방들에게 유감의 뜻을 표하지 않을 수 없다. …… 그러나 짐은 시운이 기움에 따라 너희 신민이 견딜 수 없는 것을 견디고 참기 어려운 것을 참아서 만세를 위한 새시대를 열기 바란다. 짐은 여기 국체를 호지(護持)하여 충량한 너희 신민의 충성심을 믿고 의지하면서 항상 너희 신민과 같이 있다. …… 아무쪼록 온 나라가 한 가족처럼 단결하여 자손 대대로 능히 신주(神州)의 불멸을 도모하리라 믿는다. …… 서로 맹서하여 국체의 정화를 발양하고 진운(進運)에 낙오함이 없도록 하라(外務省 編, 1988b: 636~637).

일본 제국주의의 전쟁의 목적이 '자존과 동아의 안정'에 있었음을 재천명하며 전쟁 발발의 책임을 일방적으로 영국과 미국에 돌리고 있는 것은 상투적 수법이라 하겠으나, '타국의 주권을 배제하고 영토를 침범하는 것은 짐의 뜻이 아니다.'라는 변명에 이르러서는 다만 경악할 수밖에 없다.

자각이 없는 곳에서는 결과가 선악 판단의 기준이 되겠지만, 자각한 악을 감추는 것은 구제할 길이 없는 악인 것이다. 일본 제국주의는 항복의 순간까지 비겁했다. 거기에는 패전의 비장감보다 '황조 황종'

의 환상에 매달려 변명과 위선으로 가득 차 있는 가련한 인간 정신의 추악함만이 폐허 위의 잔해처럼 흩어져 있다. 진실로 일본 제국주의의 침략 전쟁이 '타국의 주권을 배제하고 영토를 침범'한 것이 아니었다면, 일본 제국주의가 행한 행위는 과연 우주 공간을 떠도는 '황조 황종'의 부질없는 장난이었던가. 골수까지 파고 들어간 시혜 의식은 일본인의 치유 불가능한 고질이 되어 일본 제국주의의 '동아 해방'에 협력했다고 제멋대로 규정한 '맹방들'에 대하여 '유감의 뜻'을 표하는 백치성의 착각을 최후까지 버리지 못하게 했다. 그뿐만 아니라 천황제의 주술은 거부당한 시혜 의식을 일본인의 우월감으로 전도시켜, 또다시 '국체의 호지'와 '신주의 불멸'이라는 신목(神木)을 흔들며 천황제의 주문(呪文)을 앵무새처럼 되풀이하는 여유를 부리게 했던 것이다.

원래부터 일본 제국주의의 침략 전쟁은 일본을 '주권선', 한국을 '이익선'으로 설정하여 이것의 확대 과정으로 시작되었다. '주권선'과 '이익선'은 침략이 전개됨에 따라 서로 역할을 바꾸어가며 만주, 중국, 동남아시아, 태평양으로 퍼져나갔다. 이윽고 일본 제국주의는 '세계 최종전' 구상을 안출해 '대동아공영권'을 선언하며 이 지역을 '생존권'으로 규정하였다. '자존'과 '자위'의 논리는 여기에서 나온다. 침략 전쟁을 '생존'을 위한 '자위'와 '자존'으로 합리화하는 정신으로부터 침략을 침략으로 인식하는 성찰은 나올 수가 없다. 천황 이하 일본 민족은 패망의 순간에도 사고의 일방통행에서 빠져나오지 못한 채 의식의 경직화라는 중병을 앓고 있었다.

최후의 순간까지도 일말의 가책과 참회의 빛이 보이지 않는 이 항복 선언은 피투성이의 소위 '성전'에 종지부를 찍었다는 역사적 의미 이외에는 어떠한 가치도 인정할 수 없는 허구투성이의 위선과 공허함으로 가득 차 있다. 이 「종전의 조서」를 일본의 역사학자 이에나가 사부로(家永三郎)는 다음과 같이 평가하고 있다.

> 국민에게 또한 동아의 제 민족에게 미증유의 대손실을 가져다준 불의의 침략 전쟁을 끝냄에 임하여, 천황이 국민에게 호소한 말은 '참기 어려운 것을 참고' 항복하여 '국체를 호지'할 수 있음을 즐거워하고, 앞으로 더욱더 '맹서하여 국체의 정화를 발양'할 것을 국민에게 요구하고 있다. 국민의 희생도 고통도 이웃 국가들에게 끼친 고난도 돌아봄이 없이 천황제 유지 단 한 가지 이외에는 문제시하고 있지 않은 것이다. 전쟁의 본질도 내용도 이 칙서가 여실히 보여주고 있다(家永三郎, 1974: 892).

메이지유신으로부터 1945년 패전에 이르기까지 일본 제국주의의 '성전'의 논리는 침략과 시혜 의식의 순환 논리였다. 일본 제국주의의 한국에 대한 식민지 지배 논리도 결국은 침략과 시혜 의식에서 연원(淵源)하여 그것으로 시종일관하였다.

원래부터 제2차 세계대전에서 연합국이든 추축국이든 전쟁의 목적과 목표는 제1차 세계대전과 마찬가지로 식민지 쟁탈이었다. 당사국 간의 침략과 방어가 엇갈린 와중에서도 전쟁 당사자들의 이해관계는 식민지와 연결되어 있었다. 일본 제국주의의 전쟁의 속마음도 역시 식민지 쟁탈이었다. 그러나 연합국이든 추축국이든 진정한 목표인 식민지를 둘러싼 침략과 방어를 전쟁의 목적으로 합리화할 수는 없었다. 국가든 개인이든 인간은 이기주의를 숨기고 보편성을 내세우기 때문이다. 여기서 나온 것이 인간의 보편성인 '인류 평화'를 선전하는 것이다. '인류 평화'는 인간이 내걸기에 가장 좋은 명분의 하나이다.

제2차 세계대전에서 연합국이 당면한 전쟁의 의미를 규정한 것은

1943년 1월의 카사블랑카회담이었다. 이때 연합국은 '세계 평화'(목적)의 달성을 위해 추축국에 대한 '자위와 제재'(목표)를 표방했다. 연합국은 '세계 평화'는 추축국으로부터 '전쟁 세력'을 완전히 제거함으로써 달성된다고 보아 추축국에게 '무조건 항복'을 요구하는 원칙을 명백히 했다. 한편 일본 제국주의는 전쟁의 목적을 '황도주의'의 구현으로 설정하고, 전쟁의 목표로는 '팔굉일우'의 실현을 내세웠다. 그리고 평화란 '대화(大和)'를 의미하며 '황도'에 귀의할 때 부여된다고 선전했다.

모든 전쟁에는 시작과 끝이 있다. 그래서 전쟁에는 목적과 목표가 있는 것이다. 목적은 전쟁의 자기 정당성이므로 정신적인 명분이고, 목표는 행동으로 이루어지는 과정이므로 구체적인 결과로 나타난다. 전쟁은 목적을 정하여 목표가 달성되면 끝나야 한다.

그런데 끝날 수 없는 전쟁이 있다. 이른바 종교전쟁이 그것이다. 앞에서 말했듯이 일본 제국주의의 전쟁의 목적은 '황도주의'였고, 목표는 '팔굉일우'였다. 전쟁의 목적과 목표가 천황제 신화에서 끌어낸 '국가 신도(國家神道)'라는 종교성이었다. 종교는 종교마다의 신성한 교리를 가지고 있다. 따라서 인류 전체를 하나의 종교로 통일하는 것은 처음부터 불가능하다. 나아가 종교는 절대성과 영원성을 추구하고 끝없는 헌신을 요구하기 때문에 현실에서 목적과 목표를 이룰 수가 없다.

태초부터 인류 사회에 성전은 없었다. 전쟁에 성스러움이 있을 수 없기 때문이다. 그것은 다만 신의 이름을 팔아 살육을 자행하는 싸움일 뿐이다. 그 어떤 논리로 합리화하고 정당화한다 해도 한쪽은 침략이고 한쪽은 방어인 것이다. 다만 서로의 생존 논리가 다를 뿐이다. 종교전쟁은 어느 한쪽의 종교가 사라질 때까지 계속될 수밖에 없다. 그러나 인류 사회에 종교가 사라질 수는 없기 때문에 승리든 패배든 종교전쟁은 끝나지 않는다.

장장 200여 년에 걸쳐 '성지 회복'이라는 허울 좋은 명분을 겉치레로 한 약탈과 살육의 추악한 참상이 하염없이 펼쳐진 십자군 전쟁(1096~1272년, 총8회)을 비롯해, 기독교와 이슬람교 간의 종교 분쟁은 현대에도 여전히 계속되고 있다. 민족 간 분쟁의 중요한 원인 중의 하나가 종교이고, 종교 문제가 개입된 곳이면 어디에나 성전의 깃발이 펄럭이고 있는 것이 무릇 인간의 역사이다. 그러나 소위 성전이란 그 성스러움을 주장하는 위선만큼이나 더욱 더러워지는 것이 그 속성이다. 이것이 종교전쟁의 숙명이다.

제2차 세계대전에서 연합국은 종교를 목적으로 삼아 침략과 방어에 나선 것이 아니었다. 서양 제국주의 국가가 식민지 침략의 첨병으로 기독교를 앞장세웠지만 복음의 전파에 국가의 사활을 걸지는 않았다. 서양 제국주의 국가는 수많은 종교전쟁을 치름으로써 종교의 속성을 체득할 수 있었기 때문에 기독교는 목적이 아니라 침략의 수단이었을 뿐이다. 서양 제국주의 국가는 전쟁의 목적과 수단을 혼동할 만큼 어리석지 않았던 것이다.

일본 제국주의도 초기에는 전쟁의 목표인 침략을 숨기기 위하여 시혜 의식으로 위장한 '동양의 평화'를 선전했다. 그러나 진흙탕 속에 빠져 허우적대던 중일전쟁 이후부터는 '성전' 논리를 안출해 침략 전쟁의 목적과 목표로 천황제 신화를 채택했다. 종교성을 표방함으로써 종교전쟁을 시작한 것이다. 전쟁의 목적이 종교성이었기 때문에 전쟁의 목표도 또한 종교성으로 추상화되어 정신주의로 흘러갔다. 목적의식이 선행되는 전쟁은 항상 새로운 목표를 만들어가야 한다. 일본 제국주의의 전쟁의 목적이 무한성의 시혜 의식인 '황도주의'이기 때문에 그것의 목표인 '팔굉일우'도 무한성으로 확대되어갈 수밖에 없었다. '황도주의'가 종교적 정신주의이기 때문에 무한 시간성이 되는 것이고, '팔굉일우'가 세계관이기 때문에 무한 공간성이 되는 것이다. 전쟁의 목적과 목표가 무한성이기 때문에 일본 제국주의의 종교전쟁은 끝날 수가 없었다. 목적과 목표가 경쟁적으로 상호 보완과 갈등을 거듭하는 순환 논리의 연속이었다. 그러므로 자체 정화의 능력을 상실한 일본 제국주의의 전쟁에서 무한 전쟁의 한 단계로 소위 '세계 최종전' 구상이 대두되는 것은 당연한 결과였던 것이다.

일본 제국주의의 전쟁이 무한 전쟁이라면 이 전쟁을 종결시키기 위해서는 일방적인 제압의 수단 이외에는 없을 것이다. 미국은 일단 물리적인 힘으로 일본 제국주의를 제압하여 '무조건 항복'을 받아냈다. 그러나 절대주의 천황제의 정신 내용인 종교성까지 제압했다고 할 수는 없을 것이다. 천황제가 남아 있는 한, 일본인에게 스며든 천황제 신화의 종교성은 언제든지 되살아나 또다시 끝나지 않는 종교전쟁을 시작할 수가 있기 때문이다. 일본 제국주의가 패망의 기로에 섰으면서도 일체의 희생을 돌아보지 않고, '국체의 호지'라는 천황제 신화에 사활을 걸었던 것은 종교전쟁의 속성을 말해주고 있다. 또한 그것을 지켜냈다고 믿었기에 항복 선언서에서까지 미련을 남기고 있는 것이다.

소위 '국체의 호지'는 패배를 승리로 호도할 수 있는 일본 제국주의의 신기루인 동시에 최후의 저항선이었다. 일본의 '국체'가 갖는 종교성은 여타의 종교가 내세를 기약하듯, 일본 제국주의가 천황의 '신민'에 의지하여 부활을 꿈꿀 수 있는 탈출구였던 것이다. 서양 제국주의 국가의 한 축이었던 미국은 일본 제국주의의 천황제의 속성에 대해 몰라도 너무 몰랐던 것이다.

10. 일본적 파시즘: 그 왜소한 모습을 드러내다

일본 제국주의는 거듭되는 전쟁을 통해 성장했다. 일본 제국주의는 전쟁을 의미 규정하고 합리화하는 과정에 서양이 아시아 및 아프리카에 대하여 자행했던 '백인의 부하(負荷) 의식'(이에 대해서는 4장을 참조하기 바란다)을 모방하여 일본적 시혜 의식을 아시아, 나아가 세계에 내걸었다. 그것의 결정체가 소위 '황도주의'와 '팔굉일우'이다.

이것은 일본 제국주의의 '국체'에 대한 일본 국민의 무비판적 맹종을 강요한 절대주의 천황제를 기반으로 성립되어, 전쟁 수행자인 일본인으로부터 전쟁에 대한 자기 결단 및 주체적인 판단을 박탈했다.

이것은 일본 제국주의가 절대주의 천황제라는 국가 체제에서 모든 가치를 천황에게 귀일시켜 모든 전쟁을 '성전'으로 합리화함으로써 자신들의 전쟁을 겉마음의 전쟁으로 변질시키는 과정에서 나온 것이다. 전쟁의 합리화 내지 형식화는 모든 가치판단의 기준이 천황으로부터 나온다는 가치 환상과 가치 오도에서 출발한 것으로, 천황의 '적자'임을 자부하는 일본 민족이 수행하는 모든 전쟁을 정당화시킨다. 또한 그것은 겉마음인 시혜 의식만을 강조하는 결벽증을 동반하기 때문에 침략 전쟁이라는 악(惡)의 부분은 의식의 표면에서 풍화되어버린다. 이것이 전쟁 수행자로 하여금 전쟁을 가족주의 도덕의식으로 포장하는 위선을 가능하게 했다. 국가와 국가, 민족과 민족의 운명을 건 전쟁을 '형제 싸움' 정도로 인식하는 전쟁 체질화 현상, 그것은 이미 침략주의로서 '팔굉일우'와 시혜 의식으로서 '황도주의' 속에 숨어 있었던 것이다.

일본 제국주의의 세계관인 '팔굉일우' 자체가 '일우(一宇)'의 의미대로 천황을 정점으로 하는 가족주의 천황제의 국가관을 나타낸다. 천황의 '적자'를 자칭하는 일본 민족은 가는 곳마다 자신들의 '적자 의식'을 일본 민족의 우수성을 주장하는 근거로 삼았다. 일본 민족의 우월감은 '팔굉'을 '일우'로 한다는 '성전'을 되풀이함에 따라 일본적 도덕 의식의 최고 가치인 '황도주의'를 타 민족에게 강요하면서도 '황도주의'에 내포된 침략주의는 은폐하고 시혜 의식만을 일방적으로 미화시켰다. 인간 사회에 일방적인 정의의 전쟁은 있을 수 없다. 결국 일본 제국주의는 자신들이 몽매에도 그리던 '팔굉일우'가 사실은 침략과 지배라는 것이 드러남에 따라, 정의를 내세우기 위해 '황도주의'라는 시혜 의식만을 표면화시키기에 이르렀다.

일반적으로 제2차 세계대전에서 독일의 나치즘과 이탈리아의 파시즘이 대중조직을 기반으로 하는 밑으로부터의 반혁명 사회운동이었던 것에 비해, 일본의 군국주의 파시즘은 대중적 기반이 결여된 위로부터의 파시즘이라고 일컬어진다. 독일과 이탈리아의 경우, 제1차 세계대전 이후의 베르사유 체제에서 성립된 국가 체제 혹은 사회질서를 파괴하고 새로운 권력을 창출하기 위해 강력한 대중운동이 필요했지만, 일본 제국주의는 대중적 기반이 필요하지 않았다. 일본 제국주의는 기존의 국가 체제와 사회질서를 강화하는 개혁만으로도 충분했기 때문이다. 일본 제국주의는 절대주의 천황제의 확립 이래 가족주의 국가관을 성립시켜 국민 개개인이 가치의 근원체라고 믿은 천황과의 자기 동일시와 천황에의 가치 의존에 빠져 있었기 때문에 천황의 이름으로라면 언제든지 파시즘뿐만이 아니라 어느 무엇으로도 자기 전환이 가능했던 것이다.

실제로 일본 파시즘의 계기를 마련한 1936년의 2·26사건에서 청년 장교들이 겉으로는 쇼와 유신(昭和維新)을 외쳤으나 그 기반은 절대주의 천황제였다. 그렇기 때문에 많은 정부 요인을 암살한 후 천황의 명령을 기다리던 쿠데타군은 천황이 '반란군'이라고 말 한마디 하자 저절로 와해되어 같은 '황군'에 의해 진압당했던 것이다. 이 사실은 일본 국민들에게 군부를 통제하고 국민을 지킬 수 있는 힘은 역설적이게도 자나 깨나 '황군'을 입에 달고 다니는 군부밖에 없다는 인식을 각인시켰다. 일본인은 천황의 절대성이 발휘되는 현실을 다시 한번 확인했던 것이다.

또한 일본 제국주의의 주도권은 만주사변, 중일전쟁을 거치면서 군부로 넘어가는 과정에 있었다. 2·26사건이라는 엄청난 혼란을 목격한 일본인이 또다시 중일전쟁에 돌입하게 되자, 그래도 의지할 대상은 군부밖에 없다는 상황 논리가 확산되었던 것이다. 모든 상황의 발단이 천황의 이름으로 촉발되어 '황군'의 완장을 찬 군부가 그 상황을 휘두르고 주도했다. 그리고 이러한 힘의 논리에 짓눌려 국회와 정당, 내각, 산업체 등 일체가—독일이나 이탈리아처럼 강제해산을 당한 것이 아니라—자발성을 위장하여 해산·해체한 후 '대정익찬회(大政翼贊會)'로 대표되는 '신체제(新體制)' 속으로 들어갔다. 이후 일본은 선택의 여지 없이 군국주의 파시즘으로 치달았다. 이것을 위로부터의 파시즘이라 부른다.

그러나 외형적으로 위로부터의 형식을 취했다고 하여 일본의 군국주의 파시즘이 독일의 나치즘이나 이탈리아의 파시즘에 비하여 약체였다고 할 수는 없다. 그것은 피투성이의 '성전'에서 '천황 폐하'를 외치며, 시도 때도 없이 일어났던 육탄 돌격으로부터 소위 '옥쇄(玉碎)', '가미카제(神風)', '죽창(竹槍)'에 이르기까지 끝없이 펼쳐진 단말마의 전투와 그것들을 지탱해준 정신주의를 거론하는 것만으로도 충분하다. 일본 군국주의 파시즘은 천황의 이름으로라면 무엇이든지 저지를 수 있는 전쟁광이었기 때문이다.

독일 나치즘은 침략 전쟁과 인종주의를 철저하게 추구한 악의 실천 논리였다. 처음부터 숨기고 둘러댈 필요가 없는 명확한 악의 실천 의지였던 것이다. 독일 나치즘은 헤겔의 역사철학에서 차용한 '세계정신(Welt Geist)'(헤겔, 1992: 71)과 '세계사적 민족'(헤겔, 1992: 131), '세계사적 개인'(헤겔, 1992: 90)의 개념에서 '세계정신'을 구현하는 '세계사적 민족'으로 아리안족(Aryan)을 설정했다. 또한 독일 나치즘은 게르만 민족이 아리안족의 순수성을 보유한 순수 민족이라 자칭했다(아리안 학설). 그리하여 게르만 민족이야말로 '세계사적 민족'이 되어 원천적이고 보편적인 세계 문화를 창조하고 실천한다는 미명으로 인종주의 순혈론을 주장했다(ヒトラー, 1973; ローゼンベルク, 1938). 이 게르만 민족 순혈론은 유태인 학살의 근거였다.

일본 군국주의 파시즘의 전쟁 논리는 '팔굉일우'와 '황도주의'에 기반을 둔 침략과 시혜 의식의 확대였다. 근대 일본은 일찍부터 동양의 보편성으로부터의 탈출을 선언하고(탈아 입구), 일본 민족의 우월성과 지도성을 주장하면서 그것의 확대를 당연시하여 아시아 침략과 지배를 기도했다. 독일 나치즘이 문화 창조의 보편성을 소위 '세계정신'에 두고 그 축소 과정, 즉 순수화를 전쟁으로 간주했다면, 일본의 군국주의 파시즘은 일본 문화의 특수성을 합리화하여 그 확대 과정으로 전쟁을 계속했다.

독일 나치즘의 경우, 게르만 민족의 순혈성을 그 기반에 깔고 있었기 때문에 타 민족에 대한 배타성을 숨기지 않는 것은 물론 열등 민족의 멸망은 자연의 섭리라고 극언한 데서 드러나듯이 철저한 민족 차별의 논리를 가지고 있었다. 따라서 거기에는 타 민족에 대한 태도 면에서도 합리화, 은폐, 변명, 가식의 필요성조차 인식하지 않는 명쾌한 악 그 자체만이 존재했다.

이에 비해 일본 군국주의 파시즘은 아시아에 대한 침략과 지배를 되풀이하면서도 아시아의 해방을 선전하는 표리부동의 속마음과 겉마음의 분열을 여지없이 드러냈다. 일본 제국주의는 이민족 포용을 내세우면서도 노골적인 민족 차별과 체질화된 우월감을 숨기지 않았다. 나아가 천황에 대한 일본인의 가치관을 이민족에 대한 시혜 의식으로 포장하여 소위 '황국신민화'로 대표되는 동화정책과 민족말살정책을 전개하는 등 가능한 모든 측면에서 합리화, 은폐, 변명, 인격 분열, 책임전가, 허세, 비겁함, 잔인성, 결벽증, 교언영색, 황당무계, 아전인수, 곡학아세, 자가당착, 견강부회를 되풀이하며, 양두구육의 음습한 악을 각양각색으로 실천했다.

　일본 군국주의 파시즘의 정신은 보다 강한 대상이라고 간주한 독일 나치즘의 정신에 항상 감염되어 모방과 동일시를 일삼았다. 히틀러의 일본 민족 멸시[19]와 고노에 후미마로의 히틀러 숭배[20]는 하나의 상징

---

19 히틀러는 『나의 투쟁』에서 인류를 문화 창조자, 문화 지지자, 문화 파괴자로 나누어 문화 창조자는 아리안족, 문화 지지자는 일본 민족 등 아시아 민족, 문화 파괴자는 유태인으로 단정했다. 일본에 대해서는 '일본은 자신의 문화에 유럽의 기술을 보탠 것이 아니라, 유럽의 과학과 기술을 일본적 특성으로 장식한 것이다. 일본 문화는 일본의 문화가 아니라 유럽과 미국, 따라서 아리안족이 이룬 과학과 기술의 노작(勞作)을 모방한 것이다. 이러한 아리안족의 업적에 힘입어서 동양도 인류의 진보를 따라갈 수 있다.'고 주장했다(ヒトラー, 1973: 313~314). 일본에서 『나의 투쟁』은 전시 중에는 일본에 부정적인 부분이 삭제되어 출간되었고 전후에 완역본이 나왔다.

20 고노에 후미마로는 콧수염을 기르고 다녀 평소에도 히틀러와 닮았다는 이야기를 많이 들었다고 한다. 이에 대한 것은 다음의 기록이 있다. '수상 취임 직전에 고노에가 차녀 요시코(溫子)의 결혼식 전야 가장(假裝) 파티에서 히틀러로 분장한 일화는 유명하다. 1937년 4월 15일 저녁이었다. 패전 후에 고노에의 이미지[虛像]가 잘못 형성되어 히틀러로 분장한 것을 의아하게 생각하기 쉬우나 …… 히틀러와 스탈린이야말로 고노에가 동경하며 본받으려 한 이상적인 정치가였다.'(中川八洋, 2010: 156~157) 고노에는 1945년 12월 6일 GHQ로부터 A급 전쟁범죄자로 지명되어 체포령이 내려지자 12월 16일 음독 자살했다.

적 골계임과 동시에 양국 국민의 동상이몽을 대표하고 있다. 또한 양국 간 군사동맹의 체결은 파시즘다운 비합리성의 표출로 일본 민족의 서양 모방이 낳은 희화적 비극이었다.[21]

이러한 일본 군국주의 파시즘의 실체는 지도자들에게서 더욱 극명하게 나타났다. 1946년부터 1948년까지 들끓는 국제 여론을 무시하고 미국의 각본대로 천황이 기소 면제되어 김이 빠져버린 극동국제군사재판(極東國際軍事裁判, 이하 '도쿄재판')의 전 과정을 통하여 드러난, 책임 회피와 변명으로 전전긍긍하는 일본 제국주의의 전쟁범죄자들의 추악한 모습은 1946년의 뉘른베르크국제군사재판(이하 '뉘른베르크재판')에서 독일의 나치 전범들이 보여준 구제 불능의 당당하기 짝이 없는 악적 태도와는 완전히 대조적인 '비겁함'으로 전 세계에 폭로되었다. 천황의 후광(後光)에 의지할 때에는 물불을 가리지 않는 불나방이 되지만, 천황이라는 '불빛'이 사라지면 연약한 미물(微物)로 시들어버리는 일본인과 일본 제국주의의 속성과 실체가 여지없이 드러난 것이다. 마루야마 마사오는 이것을 가리켜 '일본 파시즘의 왜소성'(丸山眞男, 1988: 98)이라고 불렀다.

원래부터 일본 제국주의가 아시아 침략에 나섰을 때, 일본은 이미 아시아에 대한 설득력은커녕 발언권조차 상실하고 있었다. 침략의 야

---

21 1940년 9월 27일 삼국동맹이 체결되어 우방이 되고 서전(緒戰)에서 일본 제국주의가 전과를 올리자, 독일인 사이에 일본인을 '명예 아리안인(Honorary Aryan)'으로 대우하는 분위기가 조성되었다. 그러나 이것은 어디까지나 정치적인 배려에 지나지 않는 것으로, 인종차별법인 '뉘른베르크법(Nürnberger Gesetze)'을 포함하여 법률적으로 우대한 것은 아니었다. 히틀러의 일본인에 대한 편견은 여전하여 1942년 당시에도 '우리 독일인은 일본인에게 친근감을 가지고 있지 않다. 일본인은 생활양식도, 문화도 위화감이 너무나 크기 때문이다.'(ヒトラー, 1994: 275)라고 발언하여 일본인에 대한 차별 의식을 버리지 않았다. 결국 일본 제국주의와 독일의 동맹은 동상이몽의 제국주의적 이기주의가 낳은 비극이었던 것이다.

망을 서양과의 대결 의식으로 합리화하여 아시아의 해방을 선전한 그 그럴듯함이 일본 제국주의가 이미 자행한 행위에 대한 면죄부가 될 수는 없었다. 그것은 결국 일본 제국주의의 주관적이고도 이기적인 의도와는 정반대로 내부적·외부적인 자기모순의 심화 확대에 불과했다. 그리하여 당연하게도 내부적으로는 일본인이 '칼도 부러지고 화살마저 떨어져' 피로에 지치고 궁핍의 밑바닥을 헤매는 동안에 외부적으로는 일본 제국주의가 고립당했다.

일본 제국주의의 '성전', 그것은 의외로 간단한 논리 속에 무한한 확대성과 순환 논리를 포함하고 있어 무수한 인간이 그것에 희생되어 상처를 입고 그리고 죽어갔다. 전쟁, 그것이 인류의 영원한 모순이라면 그것에 대한 주관적 정당화와 합리화 또한 또 하나의 모순이라 할 것이다. 이 모순이 극에 달한 일본 제국주의의 '성전'에서는 그 시혜 의식이 무소불위(無所不爲), 무소불능(無所不能), 무소부지(無所不至)의 신경질적 결벽증을 드러내 분노에 찬 과민 반응을 유발함으로써 '성전'이 가는 곳마다 시혜 의식과 잔학 행위의 이율배반이 동시에 일어났다. 이것은 실로 일본 민족의 겉마음과 속마음의 모순을 숨김없이 보여주는 '사쿠라[찰나적 미의식]'와 '칼[허무적 잔인성]'[22]이 동시에 발현한

---

22 '백 사람 목 자르기(百人斬り)'라는 것이 있다. 중일전쟁 초기 난징(南京) 함락 시 일본군 장교 무카이 도시아키(向井敏明) 중위와 노다 쓰요시(野田毅) 중위 두 사람이 누가 먼저 백 사람의 목을 자르느냐 경쟁을 한 행위를 말한다. 이 경쟁의 전모는『오사카니치니치신문(大阪日日新聞)』과『도쿄니치니치신문(東京日日新聞)』(현재의『每日新聞』) 1937년 11월 30일, 12월 4일, 12월 6일, 12월 13일에 보도되었다. 노다는 1938년 가고시마(鹿兒島)에 귀환하여 '최종적으로 374명의 적의 목을 잘랐다.'고 말했다(『鹿兒島新聞』1938. 3. 21』,『鹿兒島朝日新聞』1938. 3. 22). 무카이는 1939년 '305명의 목을 잘랐고 500명을 목표로 분투 중'이라고 말했다(『東京日日新聞』1939. 5. 19). 일본에 복귀한 이 두 사람은 1947년 총사령부에 의해 체포되었다가 중국 난징 전쟁범죄자 구치소에 이송되어 12월 18일 사형 판결을 받고 1948년 1월 28일 중화민국에 의해 난징 교

모습이었던 것이다.

　식민지 한국에서 일본 제국주의의 시혜 의식의 결정체는 '내선일체'와 '황국신민화'였다. 식민지 지배의 전 기간을 통해 그토록 철저하게 한국인의 모든 것을 박탈하고 억압하면서도 시종일관 '조선인을 위한다.'는 합리화와 속임수로 활보할 수 있었던 것은 이 시혜 의식이라는 전가(傳家)의 보도(寶刀)가 있었기 때문이다. 그리고 한국에서 친일파라 불리는 일부의 수혜자들은 그 앞에서 앵무새처럼 찬양의 나팔을 불어댔다. 일본 제국주의의 속마음과 겉마음의 착종성, 애매성 그리고 그 무한 확대성은 자국민은 물론 식민지의 인간 정신까지도 왜곡의 극치에 이르게 하여 지울 수 없는 더러운 이름을 역사에 남기게 했던 것이다.

　일본 제국주의의 전쟁관의 허구성 및 애매성과 비합리성은 타 민족은 말할 것도 없고 일본 민족 자신까지도 더할 수 없는 혼돈에 빠뜨려, 성전일 수 없는 '성전'을 더러운 전쟁, 추악한 전쟁으로 타락시켰다. 이러한 일본인의 '사유 능력 부재'는 패전 후는 물론이고 현대에 이르기까지 계속되어 전쟁 책임 망각증으로 나타나고 있다. 일본의 역사에는 역성혁명이 없다. 일본인에게는 혁명 의식이 없었던 것이다. 이것이 가치의 근원으로 여겨지는 천황에 대한 전쟁 책임 추궁 자체를 불가능하게 했고, 천황을 맹종하는 것에 대한 개인 및 집단의 주체적인 성찰을 막아버렸다.

　일본 제국주의의 전쟁은 천황의 이름으로 시작되어 천황의 이름으

외에서 처형되었다. 이러한 일본군의 만행으로 볼 때 소위 '일본도(日本刀)'의 용도가 어떠한 것이었는지를 알 수 있다. 따라서 아이리스 장이 『난징대학살』에서 '죽이고 수를 세고, 또 죽이고 수를 세는'(장, 1999: 103) 학살이라고 한 설명은 과장된 것이 아니라, 일본군에 의해 충분히 저질러질 수 있었다는 것을 알 수 있다.

로 패망을 맞이했다. 그러므로 일본인은 제국주의 전쟁의 상징인 천황제에 대한 근원적인 물음으로부터 전후를 시작해야 했다. 그러나 일본인은 천황에 대한 미망(迷妄)에서 헤어나지 못한 채 패전을 맞았고, 애초부터 전쟁에 대한 주체적인 자각이 없었기 때문에 여전히 천황제의 주술(呪術)에 매달려 유아적 가치 의존을 계속하고 있다. 일본인의 이러한 판단 능력 부재는 전쟁 책임의 자각은커녕 패전과 원폭에 대한 피해자 의식으로 민족적 전향을 가능하게 했다. 그리하여 전후 일본인은 일본 제국주의의 모든 전쟁에 대하여 책임 회피와 망각으로 일관하며, 아직도 그 뿌리가 뽑히지 않은 시혜 의식을 집단 무의식화하여 아시아에 대한 '망언(妄言)'을 재생산하고 있다. 일본 민족 특유의 '이미 일어난 일에 대한 의식의 화석화(化石化)' 현상은 참으로 편리한 용도를 가지고 있다. 일본의 역사에서 무엇이든지 '오래된 것'은 다 통하고 있는 것이다.

또한 미소 냉전의 틈바구니에서 미국의 시혜와 한국전쟁을 기회 삼아 이룩한 일본의 전후 부흥과 경제 발전은 전쟁범죄에 대한 일본인의 망각증을 더욱 키워주었다. 일본인 스스로는 잘살면 그만이고 세계가 존경하더라는 배금주의와, 역사의 잘못 등 '냄새나는 것쯤이야 잡아떼고 뚜껑을 덮어버리면(臭い物に蓋を)' 누가 따질 것이냐는 식의 무책임한 비겁함 뒤에 숨어 천민자본주의와 사이비 민주주의에 자족하는 세월을 보내고 있었다. 이에 대해 국제사회에서는 선진국으로 우뚝 선 일본을 전쟁 책임을 추궁해야 할 침략 국가로 보는 것이 아니라, 못사는 나라를 원조해주는 구세주 또는 배울 것이 무궁무진한 동경(憧憬)의 나라로 착각하는 망상에 젖어 있었다.

일본 제국주의의 아시아 침략은 그 필연성으로 아시아의 폭발적인 내셔널리즘을 일깨웠고, 그 우연성으로 19세기의 제국주의의 해체를 가져왔다. 과연 제국주의가 제국주의를 초극할 수 있을까. 연합국은 제국주의의 초극을 노려 국제군사재판에서 인간의 보편성인 '평화'를 앞세웠으며, '자유, 평등, 박애'를 또다시 명분으로 내세웠다. 의도와 결과가 어떻든 적어도 그 명분만큼은 어느 누구도 부정할 수 없는 인간의 이상이었다.

제2장
근대 일본 계몽사상: 민중을 배반한 역사적 상대주의

1. 사회적 배경

근대 일본의 계몽기는 1865년경의 에도막부 말기부터 메이지유신 이후의 1877년경까지로 볼 수 있다. 이 시기에 일본은 에도막부 말의 혼란기와 격동기를 거쳐 절대주의 천황제의 기반을 확립했다.

앞에서 자세히 살펴보았듯이 일본은 1853년의 페리의 내항과 이듬해 서양과의 수호조약으로 개국을 하고, 이어서 1858년 서양 5개국과 수호통상조약을 맺었다(안세이 오개국 조약). 이후 거듭되는 정치적 위기 상황과 사회적인 혼란으로 막부의 전제 권력이 몰락하고 새로운 정치권력이 창출되었다. 1868년 하급 무사들이 중심이 되어 왕정복고를 단행하고 새로운 권력 주체로서 천황을 내세워 메이지유신을 성공시켰다. 1871년 메이지 정부는 폐번 치현(廢藩置縣)으로 막번 체제(幕藩體制)를 일소하였고, 1877년에 일어난 서남 전쟁(西南戰爭)에서 사족(士族)의 반란을 패퇴시켰다. 서남 전쟁에서 승리한 메이지 정부는 모든 조직적 반란을 종식시켜 전제 통치의 확고한 기반을 확립했다. 폐번 치현을 단행하여 중앙 집권적 통일국가 구축에 성공한 메이지 정부는 식산흥업과 부국강병을 목표로 문명개화 정책을 전면적으로 전개하였다. 신생 일본의 이러한 제 정책은 하루빨리 서양 문물을 받아들여 근대산업을 일으키고 국민개병을 실시하여 근대 국민국가를 건설하자는 시대적 요청에 따른 것이었다[和魂洋才].

근대 일본의 계몽사상도 이러한 국가 목표와 무관하지 않았다. 계몽사상을 이끈 사람들은 대부분 막부의 녹을 먹던 하급 관리였으므로 신분상의 제약으로 막부 말기 변혁기에 쓰러져가는 막부를 지탱해내지 못했다. 그렇다고 하여 막부를 대신할 변혁의 주체를 창출해내는 안목을 가진 것도 아니어서 새로운 시대에 대한 청사진을 제시하지도 못했다. 다만 이들은 새로 탄생한 메이지 정부가 문명개화를 제시하자, 이 국가 목표를 선전하기 위해 서양에 대한 백과사전식의 설익은 지식을 민중에게 퍼부어대기에 급급했다.

이것은 근대 일본 지식인들에게서 공통적으로 볼 수 있는 모습으로, 지식인으로서 인간의 보편성 혹은 가치를 추구한 것이 아니라, 국가와 사회의 필요성에 따라 공리주의의 추종이라는 타율적 가치 의존주의를 대변하는 것과 다름이 없었다. 이들은 몇몇의 예외를 제외하고는 막부에 고용되었던 것처럼 메이지 정부에도 등용되어, 일찍부터 그 마각을 드러낸 일본 제국주의의 아시아 침략의 일익을 담당했다.

2. 근대 일본 계몽사상의 양상과 천황제

근대 일본의 초창기 계몽사상을 주도한 지식인들은 '메이로쿠샤(明

六社)' 동인들이었다. 메이지 6년(1873)에 결성된 데에서 그 이름이 유래된 이들은 기관지로 『메이로쿠 잡지(明六雜誌)』(1874년 3월~1875년 11월, 43호로 폐간)를 발간하여 활동의 중심 무대로 활용했다. '메이로쿠샤' 동인은 당초 발기인 모리 아리노리(森有禮)를 비롯해 니시무라 시게키(西村茂樹), 쓰다 마미치(津田眞道), 니시 아마네(西周), 나카무라 마사나오(中村正直), 가토 히로유키(加藤弘之), 미즈쿠리 슈헤이(箕作秋坪), 후쿠자와 유키치, 스기 고지(杉亨二), 미즈쿠리 린쇼(箕作麟祥)의 10명이었으나 후에 30여 명으로 불어났다. 이들은 대부분 페리 내항 이후 에도막부가 서양 연구를 위해 설립한 반쇼시라베도코로(蕃書調所, 1856 → 開成所, 1863 → 東京大學, 1877 → 東京帝國大學, 1886)에서 막신(幕臣)으로 종사하며 서양에 대한 견문을 익혀 당시에 선구적 지식인을 자처하던 사람들이었다. 그래서 이들은 민중에 대한 엘리트 의식과 우월감으로 가득 찬 우민관(愚民觀)을 지니고 있었다.

이들 계몽주의자들은 막부가 멸망하는 것을 하릴없이 지켜보다가 새로운 권력 주체로 절대주의 천황제가 들어서자 대부분 메이지 정부에 발탁되어 관료의 길을 걸으며, 새로운 사회체제로 민중을 선도하고 교육하는 역할을 맡았다. 그들은 자신들의 서양에 대한 지식이 정부의 개화 정책 추진 과정에서 필요 불가결하다는 자각과 자부심을 가지고 있었다. 또한 막부 말에서 메이지유신에 이르는 과정에서 겪은 경험을 통해 그리고 서양의 예로 보아 민중적 에너지의 중요성만큼은 인식하고 있었다. 그러나 그들은 민중을 우민(愚民)으로 보아 일방적으로 가르치는 계몽의 대상 이상으로 인식하지 않았다. 그들은 메이지 정부의 정책 결정 과정에 참여함으로써 자신들의 뜻을 실현한다고 믿고 있었고, 또한 그러한 정책에 자발적으로 참여하는 민중의 창출에 앞장섬으로써 자신들의 계몽 의욕을 불태웠다.

에도막부 말까지 정치와는 무관했던 천황을 전면에 내세운 메이지 정부는 제일 먼저 천황제 이데올로기를 민중에게 주입시킬 필요성을 절감했다. 메이지 정부는 새로운 정치권력의 주체로서 천황을 신앙의 대상으로 정립하기 위해 국가 신도를 창출해냈다. 메이지 정부는 천황 숭배 사상의 확립을 위해 그때까지 민중 사이에 널리 퍼져 있던 농경신 신앙을 아마테라스 오미카미(天照大神) 신화와 결합시킨 이세 신궁(伊勢神宮) 산하로 통합하여 천황의 신성성을 날조했다. 또한 메이지 정부는 천황제 축일 체계—기원절(紀元節), 천장절(天章節), 신상제(新嘗祭), 연호제(年號制) 등—를 정비하여 민중의 일상생활마저도 천황 중심의 사회체제에 구속시켰다.

이와 더불어 메이지 정부는 문명개화 정책에도 천황제의 근대성을 날조해 문명개화를 체현한 주체야말로 천황임을 선전하며 서양 문명의 선진적 우월성을 천황의 후광으로 삼았다. 기회 있을 때마다 행해지는 순행(巡幸) 시에는 가는 곳마다 천황을 문명개화의 실천자이며 민중에 대한 근대 문명의 시혜자로 부각시켰다. 메이지 정부는 민중을 천황의 가치에 의존하도록 세뇌시킴으로써 민중의 자발성을 이끌어내 그들을 부국강병의 에너지로 몰아가려 했던 것이다. 이러한 메이지 정부의 의도는 '메이로쿠샤'를 중심으로 한 계몽주의자들에게도 그대로 답습되었다. 그들은 근대 문명이라는 이름으로 민중을 절대주의 천황제 체제에 구속시키는 활동을 계몽으로 착각했던 것이다.

'하늘은 사람 위에 사람을 만들지 않았고, 사람 밑에 사람을 만들지 않았다.'(福澤諭吉, 1978a: 11)로 시작되는 후쿠자와 유키치의 문장이 일세를 풍미한 것도 이 시기이다. 미국「독립선언서」의 한 구절—'All men are created equal.'—을 흉내 낸 이 문장은 봉건유제하의 신분제 사회였던 당시의 일본 민중에게는 사실상 별천지의 꿈같은 얘기에 불과했다. 그러나 이 말은 서양에 대한 동경에 젖어 있던 민중에게는 구원의 주술처럼 신통력을 발휘해 무릇 일본인의 말버릇이 되었다.

이렇듯 일본 계몽사상은 서양 사정의 소개와 서양 학문의 이식과 모방이 주요 목표였다. '서양에서 오오제키(大關[일본 씨름의 두 번째 계급])가 영국'이라면 동양에서는 '아침 해가 떠오르는 일본[日の本]이라고 불리어보고 싶은 것'이 일본인의 '최대의 소망'이었다(南橋散史, 1967: 198). 그리하여 서양의 문명국들과 어깨를 나란히 할 수 있는 동양의 문명국으로 일개 작은 섬나라 일본을 키우기 위해서는 서양의 문명국이 걸어온 길을 열심히 따라 걸어야 한다는 것이 당연한 진리로 받아들여졌다. 더구나 서양이 몇백 년 걸려 이룩한 것을 일본은 수십 년 안에 달성해야 한다는 조급성은 지식인들의 공통적인 인식이었다.

근대 초기의 일본 사회에서 서양 문화의 이입과 신문화의 건설은 관(官)과 민(民), 개명과 수구, 사무라이(武士)와 농·공·상 등의 이념과 계급적 대립을 초월한 지상 목표였다. 따라서 이러한 지상 목표를 주도하는 정부의 역할은 절대적인 것이어서, 문명개화를 제시한 정부의 방침에 우매한 민중이 자발적으로 복종하는 것은 계몽주의자들의 시각에서 볼 때 지극히 상식적이고 당연한 일이었다. 근대 일본 사회에서 민중을 대변해주는 주체 세력은 없었다. 민중은 여전히 피동적인 피지배계급으로 고립무원의 상태에 놓여 있었던 것이다.

이러한 시각에서 근대 일본의 계몽주의자들은 천황제 이데올로기에 방해가 되는 일본의 유교적 전통, 자연 공동체의 풍속과 민중적 생활양식을 미개와 미신으로 보고 가차 없이 비판하고 박멸하고자 했다. 그 결과 이들의 계몽 활동은 오로지 민중의 자발적인 참여 유도를 통한 서양적인 근대국가 건설과 국민 통합이라는 목표에만 집중되었고, 이 목표를 달성하기 위해 이들은 민중의 고통과 다양한 요구는 묵살한 채 민중에게 위로부터의 개혁에 따를 것을 끊임없이 강요했다. 목적의식이 과도하게 앞섰기 때문에 일본의 계몽주의자들은 미처 서양적 문명이 갖는 일본적 가치를 점검할 여유도 없이 그저 외형적인 모방에만 몰두해 민중을 천황제 이데올로기에 순응시키기에 급급했던 것이다.

이것은 계몽주의자들로 하여금 한편으로는 서양 문물을 선전하면서도 다른 한편으로는 서양 근대사상에 역행하는 자가당착의 모순에 빠져들게 했다. 1875년 메이지 정부가 '참방률'과 '신문지 조례'를 제정하자, '메이로쿠샤' 동인들은 정부와 대립할 수 없었으므로 궁지에 몰린 『메이로쿠 잡지』를 폐간하기에 이른다. 이때 후쿠자와가—서양 근대정신과는 반대로—'지금의 일본은 인민의 일본'이 아니라 '정부의 일본'이라고 발언하며(福澤諭吉, 1875a) 메이지 정부의 전횡을 긍정하는 선언을 했을 때, 일본 계몽주의자들의 근대 의식의 위상과 사이비성이 여지없이 폭로되었다. 그들의 관심은 서양 근대사상을 들여와 민중이 주인이 되는 일본을 건설하여 일본을 근대화하는 것이 아니라, 단순히 서양 문물을 이식하고 서양을 모방함으로써 서양적인 일본을 건설하여 서양적인 생활을 하는 데 있었다. 이것은 서양적인 것의 우월성을 절대적으로 믿고 일본적인 것을 부정하여 자신들이 '추(醜)' 혹은 '미개(未開)'로 단죄한 모든 것을 말살시키겠다는 의지를 나타낸 것이다.

근대 일본의 계몽주의자들은 메이지 정부의 방침과 정책의 방향 그리고 시대적 요청에 따라 우매한 민중의 '몽(蒙)'을 '계(啓)'하고 이끌기 위해 어설프게 익힌 서양 이론—민중의 주체성과 자발성, 자유 및 자주와 독립 정신 등—을 이것저것 뒤섞어 백과사전식으로 나열하기에 바빴다.

그중에서도 모리 아리노리는 완전한 종교 및 양심의 자유(森有禮, 1972) 그리고 부부 평등론(森有禮, 1968)을 전개했고, 가토 히로유키는 초기에 서양의 계몽사상인 천부인권설을 내세워 반정부 저항권까지 인정하는 인민의 권리(加藤弘之, 1967a; 1967b)를 주장했다. 니시 아마네는 인간 생활에서 추구해야 할 가장 중요한 가치로서 건강, 지식, 부(富)의 세 가지가 '삼보(三寶)'임을 역설하여(西周, 1968) 벤덤(Jeremy Bentham)의 행복론적인 공리주의를 그대로 모방했다. 니시는 '삼보'를 실천하는 정부는 어느 정부라도 최선의 정부로 보았다. 그래서 그는 그것을 실천하기 위해 야마가타 아리토모의 어용학자가 되어 '군인 칙유'를 기초했다. '메이로쿠샤' 동인 중에서 끝까지 재야에 남았던 후쿠자와 유키치는 저술을 통해 유교의 허위성을 비판하며 일상생활에서 합리주의 정신에 입각한 실학의 실천을 주창했다.

일본의 계몽주의자들은 스스로 투쟁하는 입장에서가 아니라, 민중에 대한 우월적 위치에 서서 하향식 가치 강요에 급급했기 때문에 절대주의 천황제 사회에서 민중의 무조건적인 복종만을 강요하는 메이지 정부의 개화 정책을 지지하고 있었다. 이들은 민중의 정신 변혁을 외치면서도 민중의 각성에서 나오는 상향적 가치와 요구를 무시하고 왜곡시켰다. 표면상 서양 근대사상을 설교하고 있었지만 천황제 정부가 펼치는 우민화 정책의 희생자인 민중의 정치적·경제적 고통과 불이익을 외면하고 모든 책임을 민중에게 전가했다.

일본 계몽주의자들이 본원적 자본축적 단계에 들어간 일본 사회에서 자유와 자주의 정신 혹은 행복 추구의 권리를 설파하여 경제활동에서 이익 추구라는 자본주의 정신을 사회에 확산시키고, 민중의 개인적 주체성 확립에 기여한 것은 사실이었다. 그러나 일본의 계몽주의자들은 사회의 발전이 개인과 개인의 대립 혹은 계급과 계급의 대립 나아가 정부와 민중의 대립, 권력과 권리의 대립, 압제와 저항의 대립이 계속되는 과정 속에서 이룩된다는 사실을 무시했다. 그들은 이러한 대립을 통하여 민중의 근대적 자각이 필연적으로 일어나며, 대립을 통해서만이 정치적·경제적·개인적 권리와 이익이 얻어진다는 자본주의의 필연성을 깨닫지 못한 채, 그저 천황제에 따르기만 하면 일본인의 행복이 온다는 막연한 낙관주의적 예정 조화(豫定調和)의 논리에 매달려 있었다.

이것은 그들이 비판하여 마지않던 일본 민중의 유교적 허위성과 신분적 비굴성 혹은 전통적 가치관보다도 더욱 추악한 서양 사대주의의 허위의식과 민중에 대한 선민의식의 표현이라고 볼 수 있다. 아직 근대사상을 충분히 숙지하지 못했던 그들은 고색창연한 왕정복고 위에 세워진 절대주의 천황제의 전근대성에 대해 속수무책일 수밖에 없었으며, 자본주의 발아기의 일본적 모순에 대해 애써 입을 다물고 정부 편에 서서 민중을 꾸짖기에 여념이 없었다.

천황제 비판은 그들의 금기 사항이었다. 그들은 터져 나오는 민중의 욕구를 사악한 민중의 무식함 탓으로 돌려버렸다. 근대 일본의 지식인 생성 과정에서 타율적 가치 의존주의는 이들 계몽주의자로부터 시작되었고, 일본 지식인의 천황에 대한 가치 의존과 터부 의식은 일찍부터 그 종자가 뿌려졌던 것이다.

그러나 결과적으로는 이들 계몽주의자가 그들의 우민관에도 불구하고, 여러 저서를 비롯해『메이로쿠 잡지』등의 활동을 통하여 민중의 의식 개혁에 많은 영향을 끼친 것도 사실이었다. 특히 후쿠자와 유키치가 유교적 학문의 비현실성과 비생산성 그리고 유교적 도덕의 허위성을 비판하며 일본 사회의 봉건성에 도전한 것은 많은 주목을 받았다. 그의 저서『학문을 권함(學文のすすめ)』(全17篇, 1872~1976)은 당시 일본 사회에 커다란 반향을 일으켰고, 일본인의 필독서로 자리 잡아 후쿠자와를 일약 계몽주의의 선두 주자로 끌어올렸으며 저술로 생계를

세울 수 있도록 해주었다.[1]

또한 당시 일본 사회의 시대성에 의해 계몽주의자들의 주장은 그들의 의도와는 관계없이 민중에게 막연하게나마 자유, 평등, 행복, 권리, 과학 등의 권리 의식과 합리적 사고를 심어주어 민중이 봉건적 사유체계를 바꾸고 근대적 관념을 습득하는 데 공헌했다. 그 결과 때마침 부르주아의 맹아를 보이고 있던 호농(豪農) 및 호상층(豪商層)의 맹렬한 학습욕을 자극하였고, 이들 예비 부르주아 계층은 민중에 앞서 절대주의 천황제의 열렬한 지지자로 등장하게 되었다. 이렇게 계몽주의자들을 대신하여 새롭게 민중을 선도할 계층이 출현함으로써 일본 제국주의도 대중적 지지 기반을 다져 새로운 단계로 접어들었다.

앞에서 살펴보았듯이 1873년 정한론 정변에서 퇴출당한 이타가키 다이스케가 재야 정치 운동의 일환으로 1874년 '민선 의원 설립 건백서'를 메이지 정부에 제출함에 따라 자유 민권운동이 삽시간에 일본 전국으로 퍼져나가 정부를 동요시켰다.

자유 민권운동의 근본적인 원인은 메이지유신 이래 위로부터 추진된 문명개화 정책이 민중에 대한 강제와 수탈과 억압으로 추진된 데에 있었다. 그중에서도 메이지 정부가 학제(學制, 1872), 태양력 사용(1872), 징병제(1873), 지조 개정(地租改正, 1873) 등 제반 정책의 경제적 부담을 민중에게 강제적으로 전가시키자 민중은 반란으로 대답했다. 민중의

---

1 1898년 후쿠자와가 스스로 편찬한 『후쿠자와 전집(福澤全集)』(全五卷, 時事新報社) 제1권에 주요 작품을 해설한 「후쿠자와 전집 서언(福澤全集緒言)」이 수록되어 있다. 이에 의하면 '학문을 권함』은 전부 17편의 소책자이고 어느 것이나 10페이지 정도의 분량이지만 제법 많이 팔렸다. 매 편이 20만 권 정도 팔릴 것으로 본다면 17편을 합해 340만 권 정도가 전국에 유포되었다.'(福澤諭吉, 1898: 81)고 한다. 당시 일본의 인구는 3,000만 명이었다.

반발은 문명개화 정책과 그 추진자인 정부, 나아가 서양 문명 전반에 대한 거부로 이어져 전국적인 자유 민권운동이 고양되어 격화일로를 걸었다. 이에 대해 메이지 정부는 앞에서 말했듯이 참방률과 신문지조례를 제정하여 언론 탄압에 나섰고, 경찰과 군대를 동원하여 자유 민권운동 및 운동가에 대한 무자비한 탄압으로 그 싹을 도려냈다.

메이지 시대 절대주의 천황제 이데올로기는 정부의 군사적 탄압과 강제적 민중 수탈 위에 전 국민을 천황주의로 전향시키고 위로부터 개화 정책을 실시함으로써 확립되었다. 일본 제국주의가 멸망의 그날까지 일관되게 추진한 개화와 탄압의 이중성은 어디까지나 국민을 제국주의 건설의 수단으로 이용한 것에서 비롯된 것이었다.

1876년 6월부터 7월까지 메이지 천황의 동북 지방 순행을 수행했던 기도 다카요시는 가는 곳마다 농민들이 무지하고 생활이 저열함을 한탄하면서도 학제 반포 4년 동안 변화된 학동(學童)들의 진보에 놀라움을 금치 못했다. 기도는 이렇게 깨어난 민중이 10여 년 후에는 어떤 모습이 될까를 주목하여 정부에 미칠 영향을 걱정하고 있다(日本史籍協會 編, 2003: 70~71). 또한 그는 동북 지방의 어린아이까지도 '천황의 권한을 논하는 모습'을 직접 보고 민중에 대한 경계심을 강화하게 된다(日本史籍協會 編, 2003: 49).

일본 제국주의는 결코 깨어나는 국민을 원하지 않았다. 그 대신 정부의 방침에 복종하는 국민을 원했다. 메이지 정부는 민중의 자각으로부터 나오는 모든 민권운동에 대해서는 힘의 논리로 대응했다. 이것은 기도와 오쿠보 도시미치(大久保利通)의 뒤를 이어받은 이토 히로부미에게도 계승되어, 자유 민권운동에 선수를 친 제국헌법의 제정과 제국의회의 성립으로 이어진다. 메이지 정부는 헌법 제정의 과정은 물론 헌법의 규정 속에서도 철저하게 민중을 소외시켰다. 모든 것은 '만세 일계'의 천황이 우선이었던 것이다.

민중에 대한 경계심은 생리적으로 민중에 대한 우월감과 우민관을 지니고 있었던 계몽주의자들에게도 공통된 것이었다. '민선 의원[국회]' 설립 논쟁을 계기로 계몽주의의 영향을 받은 지식인과 민중이 자유 민권운동으로 치닫게 되자, 이들 계몽주의자들은 자유 민권운동의 탄압자 측으로 돌아섰다. 계몽주의자들은 '민선 의원' 설립을 시기상조로 매도하며 일제히 반대 의견을 들고 나와 민권운동을 비판했고, 앞에서 말했듯이 1875년 정부가 언론 탄압을 위해 법률을 제정하자 정부와의 마찰을 피하기 위해 '메이로쿠샤'를 자진 해산하고 『메이로쿠 잡지』를 폐간했다. 이로써 근대 일본 계몽주의자들의 역사적 효용성과 역할이 끝났고 그들의 계몽사상은 파탄을 맞이했다.

이후 계몽주의자들은 자신들의 가치 의존 대상인 천황과 정부 편에 서서 국권론을 외치며 일본 제국주의의 나팔수로 전락하게 되었다. 그들은 점차 계몽 의욕과 계몽적 이상주의 혹은 합리주의를 버리고 민중의 계급성을 경계하여 보편적 절대 가치에서 역사적 상대주의로 발상을 전환했다. 그들은 제국주의 조류에 적극적으로 가담하여 우승열패의 논리와 현실적 공리주의에 매달려, 설익은 상태로 주장하던 낙관적 조화론을 내던지고 민중을 억압하는 계급을 대변하며 제국주의 국가관을 노골적으로 조장했다. 모든 대립을 제국주의적으로 해결하는 현실적 세계관으로 선회한 것이다. 결국 그들은 절대주의 천황제 권력에 편승하여 천황에 충성하는 '신민(臣民)'으로 끝나고 말았다. 이렇게 변절해간 계몽주의자들 중 가토 히로유키와 후쿠자와 유키치를 살펴보자.

가토 히로유키는 초기에 '인민은 근본이요, 정부는 그 말단'(加藤弘之, 1968: 143)임을 역설하며 천부인권론을 펼쳐 정부에 대한 인민의 저항권을 설파하였다. 나아가 가토는 '천황도 인간이고 인민도 인간'(加藤弘之, 1967b: 112)이라고 주장하며 비과학적인 국체론을 비판했다. 그러나 가토는 1870년부터 메이지 천황의 시강(侍講)이 되어 블룬칠리(Johann K. Bluntschli)의 국가학을 강의하고 도쿄대학(1886년부터 도쿄제국대학) 총장을 거치며 출세를 거듭해 자신의 학설이 정부 내에서도 논란이 되자, 1882년 이전의 저서(『眞政大意』, 『國体新論』)를 절판하고 『인권신설(人權新說)』(加藤弘之, 1967c)을 썼다. 이 책에서 가토는 다윈(Charles Darwin)의 진화론²을 인간 사회에 적용한 독일식의 사회진화론을 들고 나와 우승열패의 제국주의 논리를 전개했다. 가토는 초기에 자신이 주장했던 천부인권론을 시기상조로 부정하고 일본이 시작된 이래 끊이지 않고 '정점에서 군림해온 진정한 우승자'를 천황으로 설정했다. 그리하여 일본은 국가를 만들 때, '전제자(專制者) 곧 최대 우승자'인 천황을 중심으로 '진화'해야 한다는 논리를 전개했다. 이것을 위한 현실론으로 가토는 일본의 문화 발달 단계가 '개화 미숙'이고 '인민이 무지몽매'하여 섣불리 '민선 의원'을 설립하면 인민이 권리를 남용해 오히려 국가에 해가 된다고 주장하였다. 사이비 지식인 가토는 이후 남작(男爵)의 서훈을 받고 화족(華族)이 되어 귀족원 의원, 초대 제국 학사원장 등을 지내며 어용학자로서 최고의 영화를 누렸다. 가토는 결국 시류에 편승해 곡학아세의 곡필로 근대 일본 지식인의 초기 전향을 대표하는

---

2 일본에 다윈의 진화론을 처음 체계적으로 소개한 사람은 1877년 도쿄대학 동물학 교수였던 미국인 모스(Edward S. Morse)였다. 모스는 당시 도쿄대학 총장 가토 히로유키의 초빙으로 외국인 교수가 되었다. 모스는 1877년 오오모리(大森) 해안에서 패총(貝塚)을 발견하여 일본 역사의 시대구분에 조몬 시대(繩文時代)를 설정하는 데 공헌했다. '조몬[새끼줄 무늬라는 의미로 초기에는 한자 繩紋을 쓰다가 후에 繩文으로 바뀌었다]'은 이 패총에서 발견된 토기를 모스가 'Cord marked pottery'라고 명명한 데서 유래한다.

국가주의자가 된 것이다.

후쿠자와 유키치도 이 무렵 벌써 관료 못지않은 성공을 거두어 사회 저명인사가 되어 있었다. 그뿐만 아니라 저서를 팔아 1868년에 세운 게이오의숙(慶應義塾, 慶應는 당시 일본의 연호)의 경영도 궤도에 올라 있었다. 자유 민권운동이 국회 개설의 요구를 뛰어넘어 메이지 전제 정부를 타도하자는 변혁 운동으로 격화되자 후쿠자와의 '우민'에 대한 불안감도 커지게 되었다. 후쿠자와는 이때 '천부의 자유 민권론은 정도(正道)요, 인위(人爲)의 국권론은 권도(權道)'라 단언하고 자신은 '정도를 버리고 권도'를 따르겠다고 선언했다(福澤諭吉, 1981a: 160).

이후 후쿠자와는 천황제 예찬론자로 돌아서 일본의 제실(帝室)은 '존엄하고 신성'하여(福澤諭吉, 1981b: 135) '인민의 정신을 수람(收攬)하는 중심'이므로 '정치의 위에 군림하여 아래의 인민에게는 존엄한 신성'을 무궁히 전해야 한다고 주장했다(福澤諭吉, 1981c: 36~37). 또한 후쿠자와는 일본의 제실은 '역사적으로 만민의 종가(宗家)'(福澤諭吉, 1981b: 163)이며, '국민은 모두 그 지류(支流)'(福澤諭吉, 1981b: 148)라고 주장하여 천황제 가족주의를 표방했다. 근본적으로 이러한 후쿠자와의 논리는 본래 '우민'인 인민을 교육시켜 국가적 목표인 문명개화를 이루기 위해서는 천황을 국가 통일의 정점(頂点)에 놓아야 한다는 '우민관' 위에 서 있었다.

결국 후쿠자와는 '일신(一身)이 독립해야 일국(一國)이 독립한다.'(福澤諭吉, 1978a: 29)는 그의 독립 정신을 천황의 '존엄한 신성'에 '귀일'시킨다. 이로써 그의 독립 정신은 '국가의 독립'은 국가주의로, '개인의 독립'은 '신민'의 종속성으로 귀착되어 그 의미가 퇴색되고 만다.

이와 같이 계몽주의자들은 민중의 각성과 더불어 인민의 권리를 주장하는 목소리가 높아지기 시작함에 따라 인민에 대한 불신감을 노골적으로 드러냈다. 이들은 서양 학문의 설익은 원론적 해석에 불과한 논리로 주장하던 이전의 천부인권설 혹은 만국공법(萬國公法, 국제법)의 이념을 공허한 것으로 매도하고 버렸다. 특히 후쿠자와는 자유 민권운동이 '잡스러운 것[駄民權]'이라는 공격도 서슴지 않았고, 점차 국권론으로 기울어져 서양 열강과 어깨를 나란히 하여 동양 침략에 나설 것을 주장하게 되었다.

이에 대해 나카에 조민은 '예부터 일본에는 철학이 없다.'고 탄식하였다. 그는 이러한 병폐 때문에 '부화뇌동(附和雷同)으로 경박하고, 의지가 약해 행동력이 없는' 일본인의 국민성이 형성되었다고 보았다. 그래서 일본에는 '독창적인 철학이 없고, 정치에는 사상이 없고, 당쟁에는 지속성이 없다.'고 말했다. 또 일본인은 '잔꾀는 많으나 위업을 이루기에는 부적당하고, 상식은 풍부하나 그 이상의 진전은 바랄 수 없다.'고 한탄했다(中江兆民, 1973: 55~56).

근대 일본의 계몽주의자들은 민중의 자유 민권운동의 전개를 계기로 민중에게 등을 돌렸다. 그들은 민중과 유리되는 것에 그치지 않고 오히려 민중을 적으로 돌려 탄압하는 절대주의 천황제의 하수인과 신봉자가 됨으로써 그들의 계몽사상은 파탄을 맞이하고 말았다. 이것이 근대 일본의 선각자로 찬사와 추앙을 받고 있는 계몽주의자들의 실체이다.

3. 계몽사상가의 아시아관

근대 일본 계몽사상가의 제국주의적 아시아관을 대표하는 인물은 후쿠자와 유키치이다. '국가의 독립'과 '개인의 독립'이라는 독립 정신을 필생의 목표로 삼았던 후쿠자와의 계몽사상은 『학문을 권함』, 『문명론의 개략(文明論之槪略)』(1875) 등의 저술을 통해서 일본의 유교적 학문과 도덕의 허위성을 비판하면서 시작된다.

후쿠자와의 유교에 대한 증오는 일본 유교의 종주국인 조선과 중국으로 이어진다. 후쿠자와의 아시아관은 그의 유교관에 연원을 두고 있다. 그는 조선과 중국을 '천 년 이천 년 동안이나 고인(古人)이 말한 것을 목숨을 바쳐 지키면서 조금도 임기응변을 모르는 자아도취에 빠져 있는 나라'(福澤諭吉, 1981d: 73)라며 멸시했다. 특히 조선에 대한 관점은 더욱 맹렬하여 1875년 소위 정한론이 메이지 정부 내의 권력투쟁으로 비화되었을 때, 조선을 '소야만국'으로 폄하하고 설사 조선이 '내조(來朝)하여 속국'이 된다 할지라도 기뻐할 만한 것이 못 된다는 극언도 서슴지 않았다(福澤諭吉, 1875b). 후쿠자와에게 조선은 침략할 가치조차 없는 존재였던 것이다. 결국 후쿠자와는 국력의 낭비를 염려하여 정한론을 반대했다.

후쿠자와의 목적은 서양과 대등한 지위에 설 수 있는 일본의 독립에 있었으므로 동양은 일본에게 이익을 가져다주는 대상이 아니었다. 그는 동양은 '야만'이므로 일본에게는 '아시아와의 화전(和戰)' 그 어느 쪽도 일본의 '영욕(榮辱)'에 영향을 미치지 않는다며, 일본의 '장래'를 생각한다면 아시아와 싸워 이긴다 해도 오히려 일본의 '독립에 해로울 뿐'(福澤諭吉, 1875b)이라고 일갈했다. 이러한 그의 동양 멸시관이 1881년에 이르면 다음과 같이 변화한다.

지금 서양 제국(諸國)의 위세가 동양에 다가오는 모양은 불이 번지는 것과 다를 바 없다. 그럼에도 불구하고 동양 제국 특히 우리의 이웃인 중국, 조선 등이 느리고 둔해서 그 세(勢)를 당해내지 못하는 것은 마치 나무로 지은 판잣집이 불길을 견뎌내지 못하는 것과 같다. 그러므로 우리 일본이 무력을 가지고 이를 응원하는 것은 단지 남을 위한 것이 아니라 바로 자신을 위한 것이라는 사실을 깨달아야 한다. 무(武)로써 이들을 보호하고 문(文)으로써 개화를 유도하여 조속히 우리의 예를 따라 현재의 문명국에 끌어넣지 않으면 안 된다. 어쩔 수 없을 때는 무력으로 개화를 협박해도 좋을 것이다(福澤諭吉, 1981a: 260).

이것이 일본의 근대 문명을 확장하여 일본의 예방선(豫防線)을 확보하자는 유명한 방책론(防柵論)이다. 이러한 근대 일본의 아시아에 대한 침략 야욕은 때로는 일의대수(一衣帶水)를, 때로는 보차순치(輔車脣齒) 혹은 아시아 연대주의를 가장하여 조선 및 아시아 대륙을 넘나들었던 것이다.

일본 방책론은 계몽주의자들만의 것이 아니라, 앞에서 말했듯이 메이지 정부의 정책이 되어 아시아를 '주권선'과 '이익선'으로 설정한다. 청일전쟁 당시 외무 대신 무쓰 무네미쓰(陸奥宗光)도 '실로 일본의 자위(自衛)의 길'을 위해서 '조선의 안녕과 안정을 지체 없이 확보해야 한다.'고 역설했다(陸奥宗光, 1992: 56). 조선에 대한 일본의 이와 같은 관점은 하나의 조류로 고착되어 1910년 한국 병합 때까지 끊임없이 이어진다.

후쿠자와는 나아가 '지금 동양 열국(列國) 중에 문명의 중심이 되어 우두머리로 서양 제국(諸國)을 당할 수 있는 사람은 오직 일본 국민뿐'이고, '아시아 동방의 보호는 우리 일본의 책임'(福澤諭吉, 1981a: 259)이라며 일본의 '아시아 맹주론'을 주장했다. 그는 한때 김옥균(金玉均) 등 조선의 개화파를 후원하는 태도를 보이나, 그것도 결국은 일본 방책론을 위장하기 위한 협력에 지나지 않았다. 후쿠자와의 동양 멸시관은 더욱 발전하여 1885년 유명한 「탈아론(脫亞論)」으로 응결된다.

> 금일의 계책을 논하자면 우리 일본은 이웃 나라의 개명을 기다려 같이 아시아를 일으킬 여유가 없다. 오히려 그 대열을 벗어나 서양의 문명국과 진퇴를 같이하고, 중국, 조선을 대하는 방식도 이웃 나라라고 하여 특별한 예우를 차릴 필요가 없이 실로 서양인이 동양을 대하는 방식에 따라야 한다. 악우(惡友)와 친한 자는 악명을 벗을 수가 없다. 우리는 마음속에서부터 아시아 동방의 악우를 사절해야 한다(福澤諭吉, 1885).

후쿠자와는 '백 권의 만국공법[국제법]은 수문(數門)의 역포(力砲)만 못하다.'고 세계정세를 파악했다(福澤諭吉, 1885). 후쿠자와로서는 일본의 안전과 이익을 위해서라면 '야만'인 동양에 대한 침략은 지극히 당연하고 하등 꺼릴 것이 없었다. 그의 이러한 성급한 조숙성은 항상 정부의 선수를 쳤다. 이후 이 '탈아론', 즉 '탈아 입구'의 논리는 일본 제국주의의 국가적인 목표가 된다.

이로부터 10년 후인 1894년 일본의 본격적인 침략 전쟁인 청일전쟁이 발발했을 때, 후쿠자와는 이 전쟁의 성격을 '문명과 야만의 전쟁'이요, '문명개화를 꾀하는 자와 진보를 방해하는 자의 싸움'(福澤諭吉, 1894)이라 선언하고 전쟁 헌금을 마치 100년 후에 일본의 만 엔 권 지폐에 자신의 초상화가 들어갈 것을 예감이라도 한 듯[3] 만 엔—전국

---

[3] 후쿠자와 유키치의 초상(肖像)은 1984년 11월 1일부터 발행된 일본은행 만 엔 권에 등장했다.

2위─이나 내놓았다. 청일전쟁에서 일본이 승리하자 일본은 전 국민적인 환희에 휩싸였으며, 그중에서도 후쿠자와의 감회는 각별했다.

> 세상을 살다 보면 참기 힘든 일도 많지만, 한 나라가 모두 힘을 합쳐 고쳐나가고 진보하는 사이에 점차로 향상되어 일청전쟁 같은 때는 관민일치로 승리하는 것을 보니 유쾌하다고 할까 감사하다고 할까 표현할 길이 없다. 목숨이 붙어 있다 보니 이런 일도 겪는구나. 먼저 죽은 동지들이 불쌍하다. 아아, 이 기쁨을 보여주고 싶어 매번 울기만 할 뿐이다(福澤諭吉, 1978b: 316).

청일전쟁에서 일본 제국주의가 승리하자 중국을 '잠자는 사자'에서 '잠자는 돼지'로 보는 중국 멸시관은 전 국민적으로 확산되어, 일본인의 중국 및 동양에 대한 우월감은 치유할 길이 없는 잠재의식이 된다. 후쿠자와의 아시아관은 그대로 메이지 정부, 나아가 일본 제국주의를 관류한 사상적 조류와 다름이 없었다.

4. 근대 일본 계몽사상의 말로

19세기 서력동점(西力東漸)의 위기 상황에서 근대 일본의 지상 명제는 하루빨리 서양 문물을 받아들여 국가의 독립을 보전하고 서양 열강과 어깨를 나란히 하는 것이었다. 이러한 국가적인 과제는 식산흥업과 부국강병이라는 이름의 문명개화 정책으로 추진되었다. 근대 일본 사회의 계몽사상도 이러한 국가 노선의 연장선상에서 출발하였다. 따라서 초기의 근대 일본 계몽사상은 자각적 개인의 자발적 참여를 유도하기 위해 서양 근대사상을 일본에 이식하고 모방하는 데 몰두했다.

그러나 일본의 계몽주의자들은 서양의 근대사상을 통해 어떻게 일본적 모순을 극복할 수 있을 것인가 하는 방법론을 민중과 함께 찾으려 하지 않았다. 그들에게 민중은 다만 우민이었고 계몽의 대상일 뿐이었다. 자각한 민중이 이윽고 일본적 모순에 눈을 떴을 때 계몽주의자들의 막연한 예정 조화론은 파탄에 직면했고 민중은 새로운 목소리를 냈다.

단순한 서양 근대사상의 이식과 모방에서 벗어나 일본적 계몽사상으로 사회변혁을 이룰 수 있는 이 천재일우의 기회를 맞아, 일본의 계몽주의자들은 끝내 민중에 대한 우민관을 버리지 못하고 민중과 반대 가치에 선 압제자 쪽에 가담했다. 이것은 근대 일본의 계몽사상이 결국은 사이비이고, 민중의 정부 수립을 부정하는 현재적 권력 주체에 복무하는 역사적 상대주의에 불과했다는 것을 의미한다.

근대 일본의 계몽주의는 민중의 편에 서서 구체제를 극복하고 새로운 시대를 여는 계몽사상의 근원적인 사명을 수행하지 못했다. 일본 계몽주의자들의 현실주의와 공리주의는 오히려 절대주의 천황제를 구축한 일본 제국주의의 조숙성과 접목되고 타협해 일본 제국주의가 아시아의 침략자, 세계의 교란자로 성장하는 데 일익을 담당했다.

제3장
지식인의 '성전': '근대의 초극'과 '세계사의 철학'

1. 근대 일본 지식인의 일면성

일반적으로 근대국가의 성립 요건으로는 국민국가의 수립(nation state), 주권과 영토의 확립(authority of nation), 근대화의 달성(modernization) 등이 일컬어진다. 일본의 경우, 국민국가의 수립은 메이지유신에 이은 절대주의 천황제의 확립으로, 주권과 영토는 대외 침략을 통한 일본 제국주의의 성장으로, 근대화는 문명개화와 자본주의의 도입으로 이룩했다.

이 과정에서 '문명의 사다리 찾기'를 지상 과제로 삼았던 일본에게 서양이라는 존재는 가치의 준거 집단(準據集團)이었고 모방의 대상이었다. 그러나 고뇌의 가시밭길을 헤쳐나와 서양과 어깨를 나란히 하며 겨우 제국주의 국가로 성장했을 때 이미 세계는 제국주의적 이기주의의 각축장으로 변해 있었고, 이와 더불어 근대 일본의 모순도 절정에 달해 서양은 그야말로 타도의 대상으로 변해 있었다. 이 순간 일본인의 정신 속에서는 체질로서의 일본적 '혼(魂)'과 생활로서의 서양적 근대가 갈등을 거듭할 수밖에 없었다. 그 최종적인 결단으로 일본 제국주의가 미증유(未曾有)의 대전쟁에 돌입했을 때, 정신적 위기감에 허덕이던 일본의 지식인들은 사실과 현상으로서의 일본적 모순은 제쳐두고 일본의 원한이 사무친 역사를 수정하기 위해 근대의 해체 작업에 뛰어들었다. 그들은 근대 일본이 최대의 위기에 봉착하자 서양에 대한 정신적 부채감을 청산하고 탈출구를 찾기 위해 '사후 지혜(事後知慧)'를 이용하여 역사를 거슬러 올라가 옳고 그름을 따지는 도정에 올랐던 것이다. 그 생생한 기록이 '근대의 초극'과 '세계사의 철학'이다. 과연 근대 일본의 근대성은 무엇이었던가.

일본은 아시아에서 민족주의에 실패한 유일한 나라다. 이것은 근대 일본이 시초부터 제국주의로 출발하여 초국가주의로 치달아 침략 전쟁을 거듭하다가 패망했기 때문에 일어난 당연한 결과였다. 그런데 이 과정에서 현실 참여라는 이름으로 행해진 근대 일본 지식인들의 지적 활동이 국가주의와 애국심에 휩쓸려 과도한 민족주의 형태로 나타났다.

메이지유신 이후 근대 일본의 국가적인 과제는 부국강병과 식산흥업이었다. 이것은 국가적 급무임과 동시에 그대로 국민 개개인의 가치관이기도 했다. 그것을 위해서 서양 문명의 수용, 즉 문명개화가 국가의 당면한 필연성으로 대두되었다. 그것의 담당자로서 기대를 한 몸에 모았던 집단이 지식인이었고, 이러한 국가적 필연성과 합목적성에 촉발되어 근대 일본 지식인의 시대적 사명감이 형성되었다.

근대 일본 지식인은 개인의 내면적인 자유의지 혹은 자기 필연성에서가 아니라, 사회 또는 국가의 엘리트로서의 필연성이 가장 우선시되어 생성되었다고 볼 수 있다. 개인과 국가가 유기적으로 연결되어 있는 가족주의 천황제 아래서 지식인들은 개인의 실존적인 자기 구현 혹은 자기 세계를 구축하는 가치 활동을 하는 것이 아니라, 가족·사회·국가의 기대를 온몸으로 끌어안고 국가의 가치관과 밀착된 역할을 하는 것이다.

여기에 근대 일본 지식인 형성의 도식이 성립한다. 즉 개인·가족·사회·국가의 순서로 상승적인 대타 의식(對他意識, 나와 타자와의 관계를 주체적·독립적으로 설정하는 사유 작용)으로 성장한 인격 형성이 아니라, 국가·사회·가족·개인의 하향식 인격 형성이 보편화되었던 것이다. 이 과정에서 개인의 의지 혹은 가치 결정의 주체는 개인 자신이 아니라 하향식 가치를 강요하는, 사회 혹은 국가의 상위 주체인 타자(他者)가 된다. 이것은 절대주의 천황제가 강요한 신민의 무한 책임과도 연결되어 개인은 의사 결정자의 가치 체계에 자신의 일상성을 구속시키고 합리화시키고 일체화시킨다. 이러한 정신적 기저 속에서는 개인의 자기 결정 혹은 자기 필연성에서 나온 자유 의식이 사회의식으로 고양되는 계기가 현저하게 제한될 수밖에 없다.

절대주의 천황제 아래에서는 모든 가치의 정점에 천황이 자리하여 천황에 대한 충성이라는 미명하에 내셔널리즘이 비정상적으로 비대해지고, 이것은 다시 순차적으로 아래로 내려와 일본인의 사고방식과 사유 양식에서 융통성의 결여 곧 사고의 경직화 현상을 초래했다. 사고의 경직화 현상은 필연적으로 일본인의 일상 속에서 사상의 획일화를 초래하여 도처에서 집단히스테리를 일으키게 하고 의사 결단(擬似決斷)을 횡행시켰다. 일본 제국주의는 천황의 이름으로라면 무슨 짓이라도 할 수 있는 일면성의 '괴물'이 되었던 것이다. 이러한 과정을 거쳐서 일본 제국주의의 모순은 깊어만 갔고 거대한 허구는 커져만 갔다.

2. '근대의 초극'

'근대의 초극'이란 일본의 문학잡지 『문학계(文學界)』가 1942년 9, 10월호에 실었던 심포지엄을 가리킨다. 그러나 이것은 단순한 심포지엄의 범위를 넘어 '전쟁 중 일본의 지식인을 사로잡은 유행어의 하나요, 주술어(呪術語)의 하나'였다(竹內好 外, 1983: 274). 이 심포지엄은 그 이름만큼이나 거창하게 태평양전쟁 발발 후 1년이 지난 시점에 일본의 지식인들이 미국과 영국에 대하여 선언한 정신적 선전포고의 성격을 띤 것으로, 메이지유신 이후 일본이 모방한 서양의 근대를 '악옥(惡玉)'으로, 일본적 정신을 '선옥(善玉)'으로 규정해, 서양에 대한 부채감과 열등감을 불식시키고자 한 시도였으며, 따라서 과도할 정도로 정신전력과 사상전을 강조하면서 일본 제국주의의 '성전'의 일익을 담당하고자 한 시도였다.

국제연맹 지적 협력 국제협회는 1932년부터 1937년까지 매년 지적 협력 국제회의를 개최했다. '근대의 초극' 심포지엄은 이에 대한 대결의식을 노골적으로 드러냈으나 실은 그것을 모방한 것에 지나지 않았다. 이러한 사정은 가와카미 데쓰타로(河上徹太郞)의 「근대의 초극 결어」에 잘 나타나 있다.

> 이러한 형식과 유사한 회의는 10년 전 국제연맹의 지적 협력 위원회['지적 협력 국제협회'의 오기]에서 발레리를 의장으로 개최한 몇 차례의 모임이다. 그 모임은 이미 모순을 드러내기 시작한 베르사유조약의 응급 미봉책으로 지식인들을 동원했다. 이 목적을 위해 교묘하게 안출된 의제는 '유럽인은 어떻게 하면 가능한가.'라는 명제였다. 일류(一流)의 지식인들은 지성을 최대한 발휘하여 육체

적인 분노를 억제하려고 노력했다. 그리고 지식인들은 회의 내내 정치적 발언을 경계하려고 힘썼으나 결과적으로 전체적인 주지(主旨)는 현저히 정치적인 효과를 상승시키는 데에 성공하고 있었다. 지적으로 예절을 갖춰 겉보기에는 풍성해 보였지만 결정적인 목소리를 뼈대 없이 만듦으로써 화려한 화음 속에서 전원의 합창이 공허하게 울려 퍼지고 있었다. 그리하여 서양 지식인들의 절망적인 희망은 현재 진행되고 있는 유럽 정국의 실정이 보여주고 있다(竹內好 外, 1983: 166).

유럽의 회의를 비판하기 위해 그 공허함을 지적하며 야유를 퍼붓고 있지만, 유럽의 지식인들이 1930년대에 대두한 파시즘에 대한 위기의식으로부터 자유주의 입장에서 문화의 옹호를 시도한 것에 비해, 일본의 지식인들은 복고적인 일본주의를 부르짖으며 파시즘에 영합해간 사실 또한 부정할 수 없는 진실이다.

그리고 제2차 세계대전 중 유럽의 많은 지식인이 투옥 혹은 망명과 레지스탕스 운동 등으로 저항의 자세를 보였던 데 반해, 일본의 지식인들은 파시즘의 현실에 안주하고 있었던 것 또한 뒤집을 수 없는 사실이다. 다만 이 경우 유럽인의 조국 관념과 일본인의 그것에는 근본적인 내용에서 질적인 차이가 있다는 것을 지적할 수 있다.

'근대의 초극'은 일본 낭만파가 발의하여 『문학계』 그룹이 참가하고 교토학파가 끼어든 1년 동안의 구상이었다. 가와카미 데쓰타로의 표현에 의하면 이 심포지엄은 '개전(開戰) 1년 동안의 지적 전율'을 '감방 속에 갇혀 옆방의 동지와 벽을 두드리며 이야기하는' 단절감의 위기의식에서 출발했다. 그리하여 이 심포지엄은 당시까지 일본 지식인들의 '지적 활동의 진실한 원동력으로 작용하던 일본인의 피와 그것을 이제까지 어색하게 체계화시키고 있던 서구적인 지식과의 상극'을 구명하려 하였다. 당시의 일본적 현실은 '대동아전쟁 개시 조금 전부터 새로운 일본 정신의 질서에 관한 슬로건을 국민 대부분이 합창으로 노래하고' 있었다. 그러나 '이 합창의 그늘 아래 모든 정신적인 노력과 능력이 빛을 잃으려 하고 있는 안이하고 무기력한 상태'가 계속돼 이를 타파하는 데 이 심포지엄의 목적이 있었다(竹内好 外, 1983: 166~167).

이것을 보면 중일전쟁에서 태평양전쟁으로 확대된 전쟁은 내로라하는 일본 지식인에게도 '지적 전율'이라는 긴장감을 강요했음을 알 수 있다. 이것은 중일전쟁이 선전포고 없는 전쟁으로 시작해 진흙탕 속의 장기전으로 치달음에 따라, 일본의 지식인들이 중국을 괴롭히는 것에 대해 정신적 갈등을 느끼며 괴로워하고 있었음을 나타낸다. 이러한 갈등은 일본 제국주의가 '아시아 해방'을 부르짖으며 태평양전쟁에 돌입하자 정신적 해방감으로 해소되었으며, 나아가 중일전쟁에 대한 회의감이 영국과 미국에 대한 적개심으로 이행하여 정신적인 카타르시스를 안겨주었던 것이다.

> 영국과 미국에 선전이 포고되었다. 당연한 귀결이라고 할 수밖에 없다. 전승 소식에 가슴이 뛰는 것을 느낀다. 얼마나 커다란 구상이며 구도인가. 미국이며 영국이 갑작스럽게 작아져 보인다. 우리처럼 절대적으로 신뢰할 수 있는 황군을 가진 국민은 행복하다. 새삼스럽지만 일본은 위대한 나라다(靑野季吉, 1942: 191).

> 선전포고보다 먼저 들은 것은/ 하와이 쪽에서 전투가 있었다는 소식이다./ 드디어 태평양에서 싸운다./ 조칙(詔勅)을 듣고 몸이 떨린다./ 이 엄청난 순간에 나의 머릿속은 증류기 속으로 들어가/

어제는 먼 옛날이 되고,/ 먼 옛날이 오늘이 되었다./ 천황 폐하가 위험하다./ 다만 이 한마디가/ 나의 모든 것을 결정했다./ 어린 시절의 할아버지가,/ 아버지가 어머니가 거기에 있었다./ 어릴 적 집안의 안개가/ 방안 가득 들어찼다./ 내 귓속은 조상들의 목소리로 가득히 차고/ 폐하가, 폐하가라고/ 헐떡이는 의식이 몽롱해져 갔다./ 내 몸을 버려 나라에 바치는 것 외에 지금은 없다./ 폐하를 지키자./ 시를 버리고 시를 쓰자./ 기록을 남기자./ 동포가 황폐해지는 것을 될 수 있으면 막자./ 나는 그날 밤 목성이 환히 빛나는 고마코메다이(駒込台)에서 다만 심각하게 그런 생각에 잠겼다(高村光太郎, 1982: 30~32).

이들의 부르짖음 속에는 일체의 망설임이 사라지고 '성전'에 열광하는 심정적 애국심과 천황에 몰입하는 '황도주의'가 고대와 현재를 일직선으로 관통하는 몽환 상태로 선명히 드러나 있다.

결국 '지적 전율'이란 일본의 지식인들이 일본 제국주의 군부가 이미 제기한 세계 최종전 구상의 '팔굉일우'와 '황도주의' 속에 무한 전쟁의 순환 논리와 전쟁 습관화가 숨어 있다는 것을 눈치 채지 못한 채, 어느 날 갑자기 기습적으로 찾아온 태평양전쟁을 정신적 충격과 지적 긴장감으로 맞이했다는 것을 의미했다. 이 '전율'은 다시 이제까지 쌓여 있던 정신적 부채감을 털어버리고 해방감을 향해 치닫는 '성전'에의 편승 심리를 대변해주고 있다. 한편으로 이 전쟁을 이미 예고하고 있었던 교토학파에게는 지적 승리감 혹은 지적 감동을 가져다준 '지적 전율'이기도 했다.

그러나 내면에서는 벌써 체질화되어 있는 서양적 지성과 조국 관념으로서 '일본인의 피'가 상극이라서 '피투성이의 싸움'을 전개하지 않을 수 없었다. 그것의 '충실한 기록'이 '근대의 초극'이었다. 또한 그것은 소위 '성전'의 정신이 다만 구호에 그치고 있는 현실에서 일본적 사상 혹은 일본의 본연의 모습을 탐구하려는 지적 제스처이기도 했다.

그 결과가 '성공인가 아닌가'는 '전진(戰塵)이 완전히 사라진 후가 아니면 알 수가 없음'을 가와카미 데쓰타로가 결어에서 고백하고 있어, 이 심포지엄이 미완인 채로 끝났음을 알 수 있다. 미완이나마 이것은 하나의 '부적(符籍)'(竹內好 外, 1983: 171)의 역할을 다해 전쟁 중에도 사상의 공백을 그 나름대로의 의미로 메우고 있었다.

그러나 부적이란 말할 것도 없이 귀신에 의존하는 주술을 의미하는 것으로 벌써 논리적 사고의 포기를 의미한다. '근대의 초극' 심포지엄을 하나의 부적으로 표현한 것 자체가 목적의식 선행의 한계성을 노출하고 있다(이 부적의 주술은 전후까지도 효력이 지속되어 1952년 『문학계』 1월호에 '현대 일본의 지적 운명'이라는 형태로 재등장한다).[1]

이 심포지엄의 참가자는 『문학계』 동인 가메이 가쓰이치로(龜井勝一郞), 하야시 후사오(林房雄), 미요시 다쓰지(三好達治), 나카무라 미쓰오(中村光夫), 가와카미 데쓰타로, 고바야시 히데오(小林秀雄), 음악의 모로이 사부로(諸井三郎), 영화의 쓰무라 히데오(津村秀夫), 신학의 요시미쓰 요시히코(吉滿義彦), 철학의 니시타니 게이지(西谷啓治), 시모무라 도라타로(下村寅太郎), 역사의 스즈키 시게타카(鈴木成高), 과학의 기쿠지 세이시(菊池正士) 등 13인이었다. 이러한 구성을 다케우치 요시미는 다음과 같이 분석하고 있다.

---

[1] 1952년 『문학계』 1월호는 특집으로 「현대 일본의 지적 운명」을 싣고 있다. 내용은 제1부 정치 사회, 제2부 종교 도덕, 제3부 문학 예술 등으로 구성되어 있다.

거기에는 세 가지 사상의 요소 혹은 계보가 짜 맞추어져 있었음을 알 수 있다. 그것을 가령 대표자격 인물의 이름으로 부르면『문학계』그룹, 일본 낭만파, 교토학파다. 교토학파는 물론 여기에서는 니시타니와 스즈키지만 이들 두 사람으로 대표된다기보다 출석하지 않은 고야마 이와오(高山岩男)와 고사카 마사아키(高坂正顯)를 합쳐 한 묶음으로 하는 것이 좋다. 일본 낭만파는 출석자에서 고른다면 가메이겠지만 가메이의 대표권은 비교적 적다. 출석하지 않은 야스다 요주로(保田與重郎)를 데려오는 편이 좋다. 고바야시 히데오도 초기를 제외하고 계속 잡지『문학계』의 중심에 있었음에도 불구하고, 이 시기의 그는 일본 낭만파와 종이 한 겹의 차이쯤에 와 있었으므로—그 종이 한 겹이 실로 대단한 종이 한 겹이지만—대표 자격은『문학계』보다는 일본 낭만파에 가깝다. 그러면『문학계』그룹은 누구일까. 가와카미, 고바야시 어느 쪽이든 자격이 모자란다. 나는「근대에의 의혹」이라는 논문을 쓰고 토론할 때도 별로 발언이 없는 나카무라가 아슬아슬하게 이들 중에서는 유자격자라고 생각되고, 그 외는 객원이지만 합리주의를 조심스럽게 견지하여 양보하지 않은 시모무라를 여기에 덧붙여야 한다고 생각한다(竹內好 外, 1983: 289).

이러한 인적 구성은 '근대의 초극' 심포지엄의 시대적인 성격을 잘 드러내준다. 일본 낭만파는 1935년 전후 프롤레타리아문학 운동의 붕괴와 전향(轉向)의 시기에 혁명운동에서 탈락한 지식인들에 의해 시작되었다. 이 시기 일본 지식인 사회는 군국주의 파시즘의 탄압과 지식인의 내부적 취약성에서 나온 사상적 혼란과 방향감각 상실로 패배주의가 만연했다. 그러면서도 이 시기는 지식인 사이에서 법이 허용하는 범위 내에서의 비정치적 문학 활동 혹은 순문학 연구라는 현실도피적인 문학이 유행하여 역설적이게도 일본의 '문예부흥(文藝復興)'으로 불렸다.

일본 낭만파는 이러한 시대를 배경으로 출발하여 새로운 낭만주의의 수립을 '약속'으로 내걸고, 일본의 고전과 고미술의 탐구를 통해 일본 정신의 재평가와 부활 및 실천 나아가 죽음에의 비약 등을 지향했다. 이들은 복고적이고도 광적인 일본주의를 노골적으로 드러내 결국에는 군국주의 파시즘의 일익을 담당하기에 이르렀다. 이 유파는 그 기관지로 『일본 낭만파』를 1935년 3월부터 1938년 3월까지 발간했다.

교토학파는 니시다 기타로(西田幾多郞)의 '개체 존재의 논리'와 다나베 하지메(田邊元)가 주장한 '사회 존재의 논리'로서의 '종(種)의 원리'를 철학적인 기본 원리로 형성된 교토제국대학 철학과 출신자들의 학파를 말한다. 교토제국대학 철학과는 1916년에 교토철학회를 조직하고 기관지 『철학연구』를 간행하며 '세계관의 확립'을 그 목적으로 내걸었다.

교토학파는 니시다와 다나베의 '당위가 곧 사실[當爲卽事實]'이고, '사실이 곧 당위[事實卽當爲]'라는 명제를 계승하여 태평양전쟁 시기 '주체적 무(無)'를 실천하는 천황주의 논리를 펼쳤다. 한편에서는 미키 기요시(三木淸)가 쇼와연구회(昭和硏究會, 1936년 설립)에서 '동아 공동체론'을 입안하여 정책 반영을 노리기도 했다. 다른 한편에서는 초국가주의자(ultra-nationalist)들의 황도 철학(皇道哲學)에 반발한 니시타니 게이지, 고사카 마사아키, 고야마 이와오, 스즈키 시게타카 등이 세계 신질서를 내세우며 '세계사의 철학'을 제창함으로써 소위 '대동아전쟁'의 철학적 논리 제공을 꾀했다.

『문학계』 그룹은 문예 잡지 『문학계』의 발간에 참여한 문학자들을 말한다. 문예 잡지 『문학계』는 1933년 10월에 고바야시 히데오, 하야시 후사오, 다케다 린타로(武田麟太郎) 등이 중심이 되어 창간되었으며, 1944년 4월 잡지 통합 조치에 의해 폐간될 때까지 세 번의 복간이 있었다. 초기의 『문학계』는 1930년대의 프롤레타리아문학의 패퇴 후 소위 '문예부흥'의 풍조를 배경으로 기성 리얼리즘 문학과 모더니즘 문학, 맑스주의 등이 혼합된 기묘한 인적 구성으로 출발하는데, 이것은 닥쳐오는 파시즘에 대한 인민 전선 결성의 제스처라고도 말할 수 있다.

이렇게 『문학계』는 전시 중 최유력 문예 잡지의 면목을 자부하면서도 일본 지식인의 파시즘에 대한 저항과 타협 혹은 굴복과 협력의 미묘한 경계선을 형성하고 있었다. 그 일련의 기획이 고바야시 히데오 주재의 좌담회, '정치와 문학' 특집(1934년 8월호)이요, 가메이 가쓰이치로의 발제와 가와카미 데쓰타로의 사회로 열린 심포지엄, '근대의 초극'이었던 것이다.

이를테면 '근대의 초극' 심포지엄의 좌담회에서 고바야시 히데오가 '언제나 같은 것이 있어서 언제나 인간은 같은 것과 싸우고 있다―그러한 같은 것을 관철한 사람이 영원한 것이다.'(竹內好 外, 1983: 220)라고 일본적 현실의 긍정으로도, 부정으로도 혹은 현실 합리화로도 받아들일 수 있는 다원적인 의미를 절대 명제화하여 신경질적으로 발언했을 때, 문예 잡지 『문학계』의 저항 혹은 굴복의 아슬아슬한 괴적이 그려지고 있었다고 할 수 있다. 전시 중 일본 문학의 중심적인 위치에서 『문학계』가 사상의 측면을 메우고 있었다는 것은 부정할 수 없는 사실이다.

이광수(李光洙)가 고바야시 히데오 앞으로 보낸 친일 작품 「행자(行者)」가 실렸던 것도 『문학계』(1941년 3월호)였다. 뒤의 4장에서 언급하겠지만, 이광수의 「행자」는 '황국신민화'와 '내선일체'를 다룬 것으로 낯

간지러울 정도로 비굴한 천황 귀일론을 펼치고 있다.

'근대의 초극' 심포지엄은 12편의 논문과 이틀간의 좌담회로 구성되어 있다. 우선 가메이 가쓰이치로는 「현대 정신에 관한 각서」를 써 '대동아전쟁의 발발은 종래의 혼미한 상황에 하나의 결단을 내린 것임에는 의심할 여지가 없지만', '일본 정신이라는 선옥과 외래 사상이라는 악옥이 제각각 각본대로 싸우다가 꼭두각시 인형이 넘어지듯 악옥은 쓰러지고 선옥은 갈채를 받는다.'는 식의 낙관주의를 경계했다.

> 현재 우리가 싸우고 있는 전쟁은 대외적으로는 영국과 미국 세력의 박멸이지만 내부적으로는 근대 문명이 가져다준 정신의 근본적인 치료에 관한 것이다. 이것은 성전의 양면을 이루는 것으로 어느 것을 태만히 해도 전쟁은 불구(不具)가 된다. …… 우리가 고전 정신을 문명의 독에 대한 가장 좋은 묘약으로 생각하는 것은 당연한 일이다. …… 문명의 독은 평화의 가면을 쓰고 창궐한다. 전쟁보다 무서운 것은 평화이다. 평화를 위한 전쟁이란 추악한 사치에 불과한 것이다. 이번 전란은 저 심연의 전쟁을 위한 전쟁이므로 이 전쟁에서 일체의 망상을 물리칠 명석함과 무서움을 모르는 꿋꿋한 신념만이 민족의 흥폐를 결정할 것이다. 노예의 평화보다 왕자(王者)의 전쟁을 위하여(竹內好 外, 1983: 15~17)!

가메이는 문명개화를 비판함으로써 일본의 근대를 부정했다. 그 극복 방법으로 제시한 것은 일본의 고전에 복귀하여 일본 정신을 실천하는 '왕자의 전쟁'이었다.

한편 하야시 후사오는 「근황(勤皇[천황을 위해 충성을 다함])의 마음」을 썼다.

지금 사십 전후의 연령에 달한 우리 지식 계급 대부분으로 하여금 나라를 잊게 하고, 천황을 잊은 채 마치 서양의 조계지(租界地)에 사는 조계 인종(租界人種)처럼 만든 것은 당시의 문학과 문학 풍조였다. …… 당시의 일반적 문학 풍조 속에서 우리는 신을 잊고 나라를 잊어버린 작은 자아주의자, 작은 합리주의자, 작은 향락주의자가 되어버렸다. …… 자연주의 혹은 좌익 문학을 낳은 메이지 이후의 일본 문학을 한 권도 남기지 않고 불 속에 던져버려도 우리 일본은 어느 것 하나 잃을 것이 없다. …… 내가 죄업이 깊음을 깨달아 개(個)와 사(私) 일체를 버리고 일본의 신(神) 앞에 무릎을 꿇은 경지에서 새롭게 얻은 근황(勤皇)의 마음, 그러한 마음이야말로 진정한 애국자, 진정한 우국가(憂國家)를 만들 수 있다(竹內好 外, 1983: 104~110).

살아 있는 신인 천황에 귀의한 자리에서 일본 근대 문학을 저주하는 정신주의의 표출이다. 가메이 가쓰이치로와 하야시 후사오의 이러한 주장은 일단 일본 낭만파의 도달점을 말해주고 있다. 야스다 요주로가 중심인 이 그룹은 많을 때는 50여 명이나 되었다고 한다(影山正治, 1979: 65).

일본 낭만파는 1930년대 사상 탄압의 태풍 속에서 전향이 속출함으로써 프롤레타리아문학이 붕괴되고 역설적으로 소위 '문예부흥'의 풍조가 팽배했을 때에 전향 문학을 기반으로 한 '좌익 찌꺼기들의 한 변종'(橋川文三, 1978: 24)으로 출발하였다. 1935년 3월 출발한 일본 낭만파는 그에 앞서 1934년 11월 야스다 요주로가 동인으로 있던 문예 잡지 『코기토』에 「일본 낭만파 광고」[2]를 실었다.

일본 낭만파는 오늘날 우리 '시대의 청춘'의 노래이다. 우리는 오로지 청춘의 고고한 노래 가락 이외의 것들을 거부한다. 어제의 풍속을 걱정하지 않으며 내일의 진정한 진리를 향하여 머뭇거리지 않는다. 우리 시대의 청춘! 이 낭만적인 것들이 오늘날 충만되어 있음을 마음으로 터득하는 자들의 우정이다. 예술인의 천부성을 진정으로 의식해 현상에의 반항을 강요받는 자들의 모임이다. 일본 낭만파는 그 자체가 하나의 아이러니다(「日本浪曼派廣告」, 『コギト』1934年 11月號).

일본 낭만파는 출발부터 현상 거부와 일본적 아이러니를 선명하게 드러내고 있었다.

낭만주의는 본래 유럽 중세 사회 귀족들의 자기 파멸적 연애담(romance)에 기원을 두고 있다. 기독교적 신의 계율이 지배하던 유럽 중세 사회에서는 자유연애 내지는 기혼자의 불륜은 신의 이름으로 단죄되었다. 인간 사회를 신의 질서가 조화되어 나타난 것으로 본 중세 사회는 에로스적인 정념을 악이 유발하는 하나의 유혹 혹은 악이 가져다주는 쾌락으로 이해했던 것이다. 이러한 비련(悲戀)은 철저한 자기 파괴(파문, 자살, 파멸, 도피 등)로 끝나는 복수를 당하고 신의 질서인 인간 사회는 다시 평온을 되찾는다고 중세 사회는 보았다. 철저한 자기 파괴 혹은 자기부정에 의한 조화의 회복, 이것이 로맨스였던 것이다.

따라서 로맨스는 내면에 현실에 대한 강렬한 부정과 변혁을 향한 강

2 「일본 낭만파 광고」는 야스다 요주로가 작성한 것으로 되어 있고, 문예 잡지 『코기토(コギト)』 1934년 11월호의 권말에 게재되어 『일본 낭만파』가 간행되기 전 달인 1935년 2월호까지 실려 있었다. 광고 당시의 발기인은 야스다를 포함하여 6명이었다. 광고 게재 당시 전혀 무명이었던 이들에 대해 엄청난 비난과 찬사가 교차했다.

한 의지를 내재함으로써 아이러니로서의 폭발적인 실천력과 에로스적 정념으로서의 반이성, 반합리주의를 겸비하고 있었다. 이것이 19세기에 들어와 전형(典型)을 창조하려는 고전주의와 합리주의를 표방한 계몽주의에 반기를 들고 자아의 적극적 발현(發現)인 감정의 완전 해방과 전 인간적인 생명력을 추구하는 낭만주의로 발전한다. 따라서 낭만주의는 현실과의 충돌을 기정사실로 받아들여 적극적인 측면에서는 사회의식보다는 개인의식, 자유의 예찬, 개인과 감정의 강조, 전통에 대한 반항과 파괴, 무한과 절대를 향한 동경, 상상력의 중시 등을 추구하고, 소극적인 측면에서는 현실도피, 자기도취, 신비주의, 공상, 비관주의 등에 빠진다.

그중에서도 독일 낭만파의 슐레겔(Friedrich von Schlegel)은 피히테(Johann G. Fichte) 철학을 적용하여 개인의 가능성을 예술 수법으로 추출해내 낭만주의적 예술 개념을 제창했다. 피히테가 세계를 초월적 자아의 소산으로 인식한 것에 대해, 슐레겔은 개념적 배치전환을 통하여 현실을 자아 활동의 소산으로 보았다. 이때 현실에 대한 자아의 자유를 획득하기 위해서는 부단한 자기 초월과 자기 파괴를 필요로 한다. 따라서 현실을 초월하기 위해서는 자기를 초월하지 않으면 안 된다. 현실을 부정하기 위해서는 자기를 부정하지 않으면 안 된다. 그리하여 자아의 자유는 자기 초월과 자기 파괴의 장엄한 잿더미 위에 우뚝 서게 된다. 현실 초월과 자기 파괴를 통한 자유에의 비약, 이것이 낭만적 아이러니인 것이다.

일반적으로 자유에의 의지가 순수하면 순수할수록 절대적인 가치 혹은 미적인 대상에 대한 동경과 갈망이 강한 반면, 그만큼 병적인 환상과 광신적 몰아 현상의 정신적 모순 상태도 동반하지 않을 수 없다(헤겔, 1996: 117). 따라서 낭만적 아이러니는 어떤 종류의 모순 혹은 패배에 대한 무력감과 상실감 등을 현실이나 대상에 대한 무제한적인 몰입과 심정적 탐닉을 통해 정신적으로 보상받으려는 심리 상태인 것이다. 자연히 현실을 대하는 태도는 일차적으로 조롱, 멸시, 희롱 등의 비합리적이고도 부정적인 자세를 노골적으로 드러낸다.

이러한 낭만주의 발생의 터전이 19세기의 유럽에 있었다는 사실을 상기하면 그 정신적 상황과 사상적 경향이 그대로 드러난다. 산업혁명과 더불어 과학기술의 발달로 근대화되어 가는 인간 사회, 도시화의 진전으로 파괴되어가는 자연 공동체, 기계화에 의한 인간소외, 개인주의의 만연과 세속화의 길을 걷는 인간 정신 등 근대 문명에 의한 총체적 모순과 부조리가 적나라하게 드러난 유럽의 현실이 거기에 있었다. 조화가 파괴된 유럽의 19세기는 벌써부터 혁명을 배태하고 있었던 것이다.

유럽의 낭만주의는 분명히 근대적 개인의식으로부터 출발하지만, 그 기반에는 감정을 매개로 하는 상상력의 세계가 있었기 때문에 휴머니즘과 동등하게 니힐리즘을 내재하여 근대적 현실을 추악한 것으로 보았다. 이러한 정신 상태는 자연히 현실을 부정하고 정신적인 조화가 어우러진 이상 사회를 갈망하거나, 현실을 개혁하려는 변혁 의지로 나타난다. 낭만주의가 항상 혁명을 꿈꾸는 것은 이러한 이유에서다.

낭만주의는 개인(혹은 개체)과 전체의 조화를 기저로 하는 유기적 세계관을 구축하여 근대사회에 대항함으로써 잃어버린 것 혹은 사라져가는 자연 공동체로의 정신적 귀의를 추구한다. 즉 이익사회(gesellschaft)로부터 공동사회(gemeinschaft)로 돌아가려는 환상을 꿈꾸고, 복고적 전통을 회복하여 현실을 변혁하려 하고, 나아가 개개인이 유기적인 전체로 비약하려는 의지를 불태우는 심성이 낭만주의자들의 정신세계인 것이다.

그러나 낭만주의가 근대의 산물인 이상 낭만파가 말하는 이상 사회라는 것은 낭만파 스스로가 근대인이므로 본래의 본질을 잃어버린 가상에 지나지 않고 단지 상상 속의 환영이다. 낭만파는 물론이고 근대인은 벌써 어쩔 수 없이 근대정신에 깊숙이 침윤되어 있는 것이다. 여기에서 나오는 것이 낭만적 아이러니이다. 현실적으로는 불가능한 것을 정신적으로는 가능하다고 믿는 것, 패배를 승리라고 믿는 것, 거기에 정신적 비약이 있다. 패배를 전제로 하는 도전이기 때문에 죽음에의 비약과 광신적인 몰아가 가능해지는 것이다. 낭만주의가 가지고 있는 현실 변혁의 의지에서 파생된 유기적 세계관은 자본주의를 극복하여 이상 사회를 건설하려는 맑스주의와 국민적 전통을 미화하여 민족적 우월성을 노골적으로 드러낸 전체주의로서의 파시즘과 통하는 통로를 가지고 있었다.

일본 낭만파가 독일 낭만파에 동경심을 품고 1930년대라는 '시대폐색(時代閉塞)'을 배경으로 맑스주의로부터의 전향이라는 탈출구를 빠져나와 현실과 마주했을 때, 거기에는 '세계 신질서'를 외쳐대는 일본 군국주의 파시즘이 우뚝 솟아 앞을 가로막고 있었다. 그 옆으로는 전통이라는 이름의 복고적 일본주의가 손짓하고 있었고, 그 개구멍의 저편에는 일본 고전과 국학(國學)이라는 고대 일본인의 정신세계가 손짓하고 있었으며, '국체'의 온존자로서 자연 공동체도 어른거리고 있었다.

맑스주의에서 패배하였으나 그것에 대한 향수를 버리지 못하고 전향한 데서 오는 배반자 의식, 그리고 낭만주의자로서 반근대적 변혁 의지 등을 품고 있는 일본 낭만파의 심정적 세계는 '진무 위업(神武偉業)'의 조국 정신이라는 '팔굉위우'의 실천 논리로 '팔굉일우'의 '성전'을 선전한 군국주의 파시즘과 통하는 기반을 공유하고 있었던 것이다

(실제로는 지배와 굴복의 관계였지만 광신적인 일본 낭만파의 자발성으로 보면 이렇게 된다).

맑스주의 혁명보다 일본 제국주의가 이룩하는 세계 재편이 훨씬 웅대할지도 모르고, 또한 '성전'의 완수야말로 세계 문화 창조의 지름길일지도 모른다는 심정적인 내부 굴절은 일본 낭만파의 지적 모험을 가능하게 했다. 여기에서 일본 낭만파의 정치주의 아이러니가 시작되는 것이다. 그것은 우선 죽음에의 비약, 내셔널리즘에의 탐닉, '성전' 예찬 등 병적인 정신주의로 구체화된다. 그런 의미에서 일본 낭만파가 일본의 낭만주의는 '일본의 새로운 정신의 혼돈과 미래의 상태, 파괴와 건설을 동시에 확보하는 자유로운 일본의 아이러니, 나아가 아이러니로서의 일본'(保田與重郞, 1934: 40~41)을 의미한다고 한 발언은 다분히 암시적이다.

일본 낭만파는 파괴로서의 '성전'의 승리와 건설로서의 복고적 일본주의의 실현을 현실적으로 믿고 있었을까. 그러나 일본 낭만파에게는 동기가 환상의 탐닉과 악마적 인식이었으므로 결과는 아무래도 좋았다. 그 자체가 벌써 아이러니이며 패배의 예감이었기 때문이다. 패배를 전제로 하기 때문에 도전의 의지를 불태울 수 있었으며 정신적인 비약이 가능했던 것이다. 이러한 일본 낭만파의 정신적인 기저는 독일 나치즘이 '우리는 싸우지 않으면 안 된다.'는 끝없이 행동하지 않으면 안 되는 숙명(丸山眞男, 1988: 301)에서 나오는 허무주의인 것과 달리, '우리는 죽지 않으면 안 된다.'는 패배의 필연(橋本文三, 1978: 43)으로부터 오는 허무주의인 것이다.

또한 근대 일본 문학은 개인들이 절대주의 천황제의 주술과 속박으로 인해 그들의 근대적인 개인의식을 사회의식으로 고양해가는 과정을 차단당했기 때문에 일본 낭만파 스스로가 소리 높여 비판하고 있는 소시민적 왜소성, 향락적 탐미주의, 현실도피적 이상주의 등에 빠지게 되었는데, 일본 낭만파가 이러한 천황제에 대한 자성과 통찰이 없이 오히려 천황주의에 귀의함으로써 일본 문학의 무기력을 극복하려 했던 모순은 그 자체로 또한 아이러니컬하다.

결국 교토학파가 소위 '성전'의 이데올로기를 찾느라 분주했던 데 비해, 일본 낭만파는 '성전'의 파토스(Pathos)를 찾아 헤맸다. 이 일본 낭만파에 대하여 다음과 같은 비판이 있다.

> 우리는 우리의 힘으로, 우리의 손으로 야스다 요주로라든가, 아사노 아키라(淺野晃) 따위들, 참모본부가 싸고돌았던 공창(公娼)을 비롯하여 여기저기서 웃음을 팔았던 잡어(雜魚)들을 잡아들여 각각 올바르게 심판하고, 그리하여 어떤 놈은 다른 분야의 군국주의자들과 국민의 적들과 함께 궁성(宮城) 앞의 소나무 한 그루 한 그루에 곶감처럼 매달 것이다(杉浦明平, 1946).

아무리 일본 제국주의가 패망한 직후의 발언이라 해도 만강(滿腔)의 증오를 감추지 않는 것에서 일본 낭만파의 활동상이 어떠한 것이었나를 엿볼 수 있다.

다음으로 니시타니 게이지는 「근대의 초극 사론(私論)」을 썼다. 니시타니는 일본의 근대적인 것을 메이지유신 이후 이입된 유럽적인 것이라고 전제한 후, 그것을 상호 관련성이 없는 상태로 제각각 받아들여 통일성을 상실했다고 말한다. 그러나 그 원인이 일본에 있는 것이 아니라 유럽의 근대 이래 종교개혁과 자연과학, 르네상스의 세 가지 정신이 제각각 다른 길을 걸어 이미 통일적 수습이 불가능해진 유럽 문화의 분열 상태에 있다고 단정한다. 그는 이것이 메이지유신 이후의 일본에도 침윤되어 일본의 통일적 세계관의 구축 기반 자체가 붕괴될 위험이 있다고 경고한다. 그래서 니시타니는 세계와 국가 그리고 개인을 하나로 관통하는 통일적 정신으로 '주체적 무(無)'의 종교성을 주장한다.

> 주체적 무의 종교성이 일반적으로 동양적인 것이라고 한다면, 이 종교성이 현실 생활 속에 투입되어 국민의 윤리 의식과 맞는 길을 찾아낸 것은 일본의 특수성이라 할 수 있다. …… 우리나라가 직면해 있는 과제는 말할 것도 없이 세계 신질서의 수립과 대동아의 건설이다. 국가 총력의 집중, 특히 고도의 도덕적 에너지가 필요한 것도 이러한 과제를 실현하기 위한 것이다. 그러나 대동아의 건설이 우리나라가 식민지를 획득하는 것을 의미하지 않음은 물론이다. 왜냐하면 세계 신질서의 수립이란 정의의 질서를 세우는 것이기 때문이다. 이것은 어떤 의미에서는 세계사적으로 필연적이지만 동시에 그 필연성이 우리나라의 사명으로 짐 지워져 있다. 이 세계사적인 필연성은 일본이 유일하게 유럽이 아닌 아시아에서 강대국으로 성장하여 앵글로색슨의 지배와 대결할 수 있게 된 데에 있다(竹內好 外, 1983: 31~32).

니시타니는 세계와 국가 그리고 개인을 통일적으로 관통하는 도덕적 에너지로 '주체적 무'를 구비하고 있는 일본이야말로 세계사관에 입각하여 세계 신질서인 대동아 건설을 이룩할 세계사적 필연성을 지니고 있다고 역설한다. 니시타니의 발언은 교토학파의 '세계사관의 철학'에 기반을 두고 있다. 그러나 이것 역시 랑케(Leopold von Ranke)류의 '도덕적 에네르기(Moralische Energie)'를 흉내 낸 것에 불과하다.

랑케가 세계사의 원동력은 '도덕적 에네르기'이고 국가가 그것을 구현하는 주체라고 보아, 독일의 통일국가 형성과 국민 의식 고취에 몰두하여 국수주의로 흘러간 것은 잘 알려진 사실이다. 니시타니는 이것을 모방하여 일본적 세계사관의 윤리적 계기인 '주체적 무'로 개인을 없애[無], '만세 일계'의 천황에 대한 멸사봉공(滅死奉公)과 국가에 대한 절대적 충성을 요구한다. 교토학파의 세계사관은 랑케를 모방한 국가주의 내지 국수주의였고, '팔굉일우'의 한 단계인 '대동아공영권'을 확립한다는 '대동아전쟁'의 침략 논리였다. 그 속에는 독일 민족의 우월감을 모방하여 일본인의 우월성을 내세우며 아시아를 지도하고 지배한다는 일본 지식인의 교활하고 치졸한 시혜 의식이 자리 잡고 있었다.

그럼에도 불구하고 '근대의 초극' 심포지엄에서 초극의 대상, 초극의 방법과 정신 그리고 초극 후의 세계에 대한 비전 등의 제시라는 적극성으로는 교토학파가 가장 목적의식에 불타 있었고, 나름대로의 성실성을 가지고 논의에 임하고 있었다.

나카무라 미쓰오는 「근대에의 의혹」이라는 논문을 썼다. 그는 우선 '근대라는 단어를 서양적이라는 의미와 동일시하여 서양의 몰락과 일본의 자각'이라고 파악하는 기계적 역사주의를 비판한 후, '서양을 부정하는 데 서양의 개념을 빌려 오는 것 자체가 벌써 무분별한 모순'이라는 지적을 했다. 왜냐하면 '현대 문화의 과제를 근대의 초극이라는 말로 표현한 것은 다름 아닌 현대 서양의 일부 사상가였기 때문'이라며 입론 자체를 부정적으로 보고 있다.

모든 면에서 현대사회의 모태라고 할 수 있는 메이지의 문명개화 정책은 지금 그 반대편에 서서 우리에게 보복을 가하고 있다. 그리고 여기에 우리가 실제로 살아가고 있는 근대의 슬픈 자화상이 있다고 보면, 이 정신의 위기를 우리가 싸워야 할 내부의 적으로 명확히 의식하는 것에 초극의 착실한 제일보가 있을 것이다. 서양의 특수한 영향에 의해 이러한 혼란에 빠진 것이 진실로 우리의 책임이라고 한다면, 새삼스럽게 서양 문화를 배척해보았자 그 병폐의 근본을 치유할 수 없는 것이다. 반대로 메이지 이래의 우리나라가 겪어온 문화적 혼란이 주로 서양과 일본 사이에 존재한 힘의 불균형과 그로 인해 왜곡되고 불충분한 서양 이해에 기반을 두고 있다면, 그 불균형이 보기 좋게 회복되어 우리가 그 거추장스런 압박감을 더 이상 느끼지 않는 현대야말로 진실로 서양을 이해할 수 있는 절호의 기회가 아닐까. 우리가 어떤 사물이나 인간에 대한 쓸데없는 심취나 외경으로부터 완전히 벗어날 수 있는 계기는 그 대상의 진실한 모습을 명확히 꿰뚫어보았을 때이다. 이것은 개인 성숙의 논리임과 동시에 한 나라 문화 성숙의 현실적 과정일 것이다(竹內好 外, 1983: 164).

합리주의의 입장을 견지하며 일본 근대의 의미를 점검해간 나카무라는 일본 지식인의 서양 열등감 청산을 외치고 있다고 볼 수 있다. 나카무라의 발언은 빛났으나 이미 대세는 기울어 작은 목소리에 지나지 않았다.

좌담회에서 문학 평론가 고바야시 히데오는 '역사를 항상 변화 혹은 진보라고 보는 것은 매우 잘못된 것'이라며, 언제나 같은 것과 싸우는 인간이 영원하다고 했다. 그는 그것을 실천한 예로 러시아 작가 도스토옙스키를 들며, 도스토옙스키야말로 '시대를 표현한 작가가 아닌, 시대와 싸워 승리한 인간'이라고 말했다(竹內好 外, 1983: 220).

고바야시가 역사를 거부하고 절대화시킨 '같은 것'이란 무엇일까. 무릇 개인에게 부여된 현실이 시대라면, '같은 것'은 인간의 존재성인 보편성일 것이다. '같은 것'이라고 절대화시킨 현실 속에서 문학자 고바야시는 과연 인간의 보편성을 위해 싸워왔는가를 역사는 물을 수 있을 것이다. 고바야시는 1940년과 1943년에 식민지 한국에서 열린 '문예 총후(文藝銃後)' 강연회에 참가했다. 이 자리에서 고바야시는 한국 문학자의 '대동아전쟁' 참여를 독려했다. 또한 1942년, 1943년, 1944년에 열린 대동아 문학자대회를 위해 분주히 활동했다. 대동아 문학자대회는 일본 제국주의가 문화적으로 '대동아공영권'을 구축하려 한 문화 침략이었다. 이러한 고바야시의 일련의 활동들은 가해자의 얼굴을 한 전쟁 협력이었다. 고바야시는 '언제나 같은 것', 즉 인간의 보편성을 위해서 싸우지 않았던 것이다. 고바야시의 활동이 문화와 문학의 이름을 팔고 있었기 때문에 그의 발언은 더욱더 공허하고 위악적(僞惡的)이었다.

그는 다음과 같은 발언도 하고 있다.

서양의 문학은 비판과 분석 그리고 그 의미가 아주 재미있었다. 그래서 그러한 것을 따라서 갈 데까지 가 보았다. 적어도 나 자신은 그렇게 생각하고 있다. 그렇게 하니까 평계는 어떻게 해도 댈 수 있다는 생각이 들어 전부는 말하지 않게 되었다. 그러자 이번에는 문학이라든가 사상이라는 것을 머리로는 생각하지 않고 점점 몸으로 생각하게 되었다. 그렇게 되니까 써 있는 내용 혹은 사항이 발언을 중지하여 점점 문학이 하나의 형태로 관찰하고 만져 느끼는 미술품처럼 보이게 되었다. 결국 이와 같은 경지에 이르지 않으면 일본의 고전이라는 것을 아무리 해도 알 수가 없는 것이다. 절대적인 생명이란 하나뿐이어서 그것을 만져보는 것이 가장 중요하다. …… 몸으로 만지는 것이지 머리로 이해하는 것이 아니다. 이러한 경지까지 우리가 성숙하지 않으면 고전이라는 것을 알 수가 없는 것이다. 젊은이는 공상적이고 관념적이기 때문에 고전이 시시해 보이는 것은 당연하다. 고전에는 머리가 나빠서 이해할 수 없는 것은 써 있지 않다(竹內好 外, 1983: 246~247).

기지와 요설(饒舌)로 얼버무린 이 발언에는 문학에 대한 두 가지의 태도가 들어 있다. 서양 문학은 머리로 생각하는 것, 즉 관념론의 소산이요, 일본의 고전 문학은 몸으로 생각하는 것, 즉 감각의 소산이라는 것이다. 일본의 고전은 감각으로 느끼지 않는 한 이해할 수 없다고 본 것이다. 일본인이 아닌 이상 일본의 고전은 이해할 수 없다는 체질론을 암시하고 있다.

결국 고바야시 히데오는 서양 문학을 관념으로 이해했을 뿐 몸으로 체득한 것이 아님을 고백한 것이다. 고바야시 히데오에게 있어 서양 문학의 경험은 자신의 일본적인 혼(魂)과의 충돌을 의미하고 있었다. 일본 문학 내지는 일본의 고전은 혼으로 이해해야 한다는 선언은 일본 문화의 특수성론으로 흘러 문화적 국수주의를 주장하게 되며, 결국엔 일본 문화가 우월하다는 맹신으로 연결될 수밖에 없다.

고바야시 히데오의 경우 그것을 간신히 막고 있는 것은 역설적이게도 그의 서구적 지성이었고 민첩한 현실 감각과 특유의 영리함이었다. 고바야시가 감각적 한계, 즉 혼의 한계를 내포하면서도 전시 중 관념을 택해 「도스토옙스키의 생활」을 연구하고, 음악이라는 감각을 택해 「모차르트」를 쓸 수 있었던 것은 그가 서구적 지성인이었음을 의미하며, 전쟁 말기에는 침묵을 택해 최후까지 지성을 고갈시키는 우(愚)를 범하지 않았던 것은 그가 지적 민첩성도 겸한 지식인이라는 사실을 말해주고 있다.

또한 심포지엄의 좌담회에서는 다음과 같은 논의도 있었다.

(쓰무라 히데오): 기계문명은 절대로 피할 수는 없겠지만 그것을 역으로 이용하여 이쪽에서 조종하지 않으면 안 됩니다.

(가와카미 데쓰타로): 그러나 나에게 말하라면 기계문명이란 초극의 대상이 될 수가 없다고 생각합니다. 정신이 새기는 대상에 기계문명은 없는 겁니다. 정신에게 기계는 안중에 없으니까요.

(고바야시 히데오): 그 점은 동감합니다. 혼(魂)은 기계를 싫어하니까요. 싫으니까 그것을 상대로 싸우는 일도 없는 겁니다.

(가와카미 데쓰타로): 상대가 부족하니까요.

(하야시 후사오): 기계라는 것은 부하(部下)라고 생각합니다. 부하 이상으로 만들면 안 된다고 봅니다.

(시모무라 도라타로): 그래서는 안 됩니다. 기계도 정신이 만든 것이므로 기계를 만든 정신을 문제 삼지 않으면 안 된다고 봅니다.

(고바야시 히데오): 기계는 정신이 만들었어도 정신은 정신입니다.

(시모무라 도라타로): 기계를 만든 정신, 그 정신을 문제 삼지 않으면 안 된다는 말입니다.

(고바야시 히데오): 기계적 정신이란 것은 없습니다. 정신이 기계를 만들었을지는 모르지만, 기계를 만든 정신은 정신인 겁니다. 그것은 예술을 창조한 정신과 같은 겁니다.

(시모무라 도라타로): 기계를 만든 정신 그 자체의 성격이 문제라고 봅니다. 이것이 새로운 정신의 성격인 겁니다. 이 정신은 근대의 우리 속에 실제 사실로서 살아 있기 때문에 이것을 혐오하는 것만

으로는 문제를 회피하는 것에 불과합니다(竹內好 外, 1983: 260~261).

하야시 후사오는 기계문명을 경멸하고 있고, 가와카미 데쓰타로와 고바야시 히데오는 기계문명을 부정하기 이전에 처음부터 고려의 대상에도 넣지 않는 태도를 취하고 있다. 흡사 경험론자와 관념론자 혹은 유심론자와 유물론자의 언쟁을 방불케 하지만, 아메리카니즘이 발단이 된 논쟁임을 상기하면 '초극'의 대상과 실체의 허구성이 명확해진다.

'근대의 초극' 심포지엄은 근대 일본이 안고 있는 모순과 서양에 대한 부채감을 동양과 서양, 결국은 일본과 서양이라는 등식으로 입론하여 서양의 부정과 일본 문화의 부흥이라는 '부적'으로 대치시키려 했던, 근대 일본 지식인들의 지적 모험이었다. 그것은 근대 일본 지식인들이 태평양전쟁의 발발과 더불어 느낀 '지적 전율'을 현실의 차원으로 끌어내려 태평양전쟁을 추인하고, 소위 '성전'의 정신 전력을 담당하는 결과를 가져왔다. 그러함에도 '근대의 초극' 심포지엄에는 일시적인 효용성만으로 가벼이 넘길 수 없는, 근대 일본이 내포하고 있던 일본적 요소와 서양적 요소, 또한 미분화 상태의 상호 충돌과 갈등이 집약되어 있었다.

근대 일본은 초미의 급무로 부국강병과 식산흥업을 추진했다. 이러한 현실적인 목표를 추진할 국가 제도로서 메이지 정부는 고색창연하게도 '진무 창업(神武創業)의 초심에 의거'하여 왕정복고를 통해 소위 '국체'에 기반을 둔 군주 국가를 구축했다.

이윽고 일본은 제국헌법이 규정한 군주 주권의 절대주의 천황제 체제 아래 부국강병의 과제는 군국주의로, 식산흥업의 과제는 자본주의로 근대화를 추진해 제국주의 국가로 성장했다. 이것은 사쿠마 쇼잔(佐

久間象山)이 주장한 '화혼양재(和魂洋才)'의 연장선상에 있다고 할 수 있다. 그러나 문제는 이렇게 쌓아 올린 근대화가 일본적인 특수성으로 인해 근대와 전근대의 과도적인 성격을 띠고 있었다는 데에서 출발한다. 더구나 근대라는 역사적 개념의 진원지가 서양이라는 점을 성찰하면 일본의 근대화는 역사적 불연속성과 파행성(跛行性)을 동시에 내포하고 있었다.

다시 말해서 '화혼'을 의미하는 절대주의 천황제는 전근대, '양재'를 나타내는 제국주의와 자본주의는 초근대라고 할 수 있다. 여기서 '양재'로서의 제국주의는 '화혼'으로서의 절대주의 천황제와 표리의 관계로 서로 융합하고, '양재'로서의 자본주의는 절대주의 천황제의 비호를 받아 국가독점자본주의의 길을 걸었다. 이러한 상황에서 '근대의 초극론자들'이 일본적 자본주의와 일본적 제국주의를 준별할 여유도 없이 전근대적인 절대주의 천황제에 의지해 메이지유신 이후의 일본 근대를 서양화(西洋化)로 보아, 서양의 자본주의와 서양 제국주의 나아가 서양 문명 전체의 초극을 외쳐댄 것은 넌센스의 극치였던 것이다.

그리고 근본적인 문제 접근을 방해한 것은 일본 자본주의의 부정 혹은 초극이라는 것이 군국주의 파시즘에 의해 사회주의혁명으로 간주되어 철저한 탄압을 받고 있었다는 사실과 '양재'로서의 일본 제국주의 자체가 이미 '화혼'으로서의 절대주의 천황제로 무장하고 있었다는 사실일 것이다.

따라서 '근대의 초극론자들'이 '화혼'의 모색에 급급하여 일본적 정신 혹은 '주체적 무' 등 추상적인 관념의 유희로 일관하고 있었던 것은 '화혼'이 가장 안전하다는 귀소 본능의 무책임한 심정적 태도에서 나온 국수주의의 표현이었고, '양재'가 바로 서양이라는 도식으로 서양적 근대화를 획일적으로 부정한 것은 일본적 근대화에 대한 일본 지식인들의 의식적인 무지에 불과했다. 다시 말해 일본의 지식인들은 일본 근대 이전의 '화혼'은 '선옥'이요, 근대 이후의 '화혼'은 '악옥'이라는 '화혼'의 도식적인 독단에 떨어져 당연하게도 '화혼' 내부의 순환적 모순을 해결할 실마리를 잃어버렸고, 일본 근대 전부를 부정하는 역사의 단절 혹은 역사 공백을 선언할 수밖에 없는 자가당착에 빠져버렸던 것이다.

근대 일본의 '화혼양재'에서 '양재'를 갈구한 것은 '화혼'이지 '양재'가 '화혼'을 추구한 것이 아니었으므로 근대 일본의 문명개화 자체는 서양의 모방과 이식이라는 후진성을 벗어날 수가 없었다. 그 결과 근대 일본 사회의 모습은 '화혼양재'를 비롯해 '화혼화재(和魂和才)', '양혼화재(洋魂和才)', '양혼양재(洋魂洋才)'의 형태로 분리 불가능한 혼합 상태, 즉 현실화, 생활화, 보편화가 진행되고 있었다. 이러한 관점에서 '근대의 초극론자들'이 일본의 근대화의 모순을 파악하는 것을 게을리 한 채, '화혼'과 '양재'를 기계적으로 분해하여 서양 부정이 곧 '근대의 초극'이라는 등식을 편의적으로 들이대 암반과 같은 서양의 근대와 마주섰다는 것은 지적 모험이기 이전에 일본인의 유아적 애국심에서 나온 희화적 제스처에 불과했던 것이다.

근대의 초극이 이루어지는 당위는 근대가 종말에 다다라 근대 내부의 초극적 요인이 생성, 발전, 정착의 과정을 거치면서 나온다. 근대의 종말이 오면 여러 가지의 계기가 근대의 말기적 증상을 드러내면서 그것을 지양(止揚)하고 초극하려는 정합성(整合性)을 모색함으로써 총체적 가치관의 변화가 일어나는 것이다. 이러한 의미에서 근대 일본은 전근대적 제 요소가 뒤섞여 부유하고 있었으므로 근대의 총체적이고도 말기적인 제 현상의 정합성을 돌아볼 여유는커녕 피투성이의 제국주의 침략과 합리화를 반복하느라 여념이 없었던 것이다. 일본 근대의 내부 정지 작업이 이렇게 미비되어 있음을 의식하여 '근대의 초극'에 모인 지식인들은 비약의 논리로 서양과 동양을 대치시켰다. 그러나 근대 서양 각국이 서양적인 보편성을 견지하고 있었음에 반해, 동양의 일본은 동양적인 보편성을 가지고 있을 수가 없었다. 왜냐하면 일본은 근대 초입부터 서양에 대한 열등감의 이면에서 비굴한 제국주의적 모방과 접근 의식을 드러내면서 성급하게 '탈아(脫亞)'를 부르짖으며 '아서양(亞西洋)'을 자처했고, 동양에 대한 침략과 지배 의식을 시혜 의식과 지도자 의식으로 합리화하여, 일본 민족의 우월성과 특수 사명을 내세우며 하루라도 빨리 동양적인 것으로부터 빠져 나가려고 몸부림쳤기 때문이었다.

실로 로마제국의 부활을 꿈꾸었던 이탈리아나 게르만 민족의 우월성을 선전하며 제3제국 건설을 내세운 독일만이 서양일 수 없듯이, 야마토 민족의 우수성을 스스로 외친 일본만이 동양일 수는 없었다. 그렇기 때문에 '근대의 초극론자들'이 어쩔 수 없이 서양과 동양을 대치시키면서도 동양의 보편성을 내세우는 대신, 일본 문화의 특수성과 우수성을 소리 높이 외쳐댄 것은 양두구육의 임시변통으로서 스스로 불러들인 인과응보의 논리적 모순이었던 것이다. 따라서 '근대의 초극' 심포지엄은 결국 일본적 개별성과 서양적 보편성의 논의라는 파행으로 흐를 수밖에 없었다. 그리하여 지극히 당연하지만 '근대의 초극'은 동양으로부터도 고립되어 초라하기 짝이 없는 일본 지식인들의 곡학아세와 견강부회로 점철된 애국심의 소음만이 비장하고 뒤틀린 모습으로 나타날 수밖에 없었던 것이다.

개별성이 보편성에 대해 대타 의식 혹은 대결 의식을 발휘할 수 있는 유일한 수단은 개별성의 비약을 통한 비논리적 방법 이외에는 없다. 아니나 다를까, '근대의 초극론자'들은 궁여지책으로 죽음에의 비약, 주체적 무 등의 허무주의적 결단을 남발했지만, 그것은 이미 지적 탐구를 통한 '근대의 초극'을 포기한 채 맹목적이고도 심정적인 애국심으로의 화려고도 요란한 유아적 도피에 불과했던 것이다. 내로라하는 일본의 지식인들을 총동원한 '근대의 초극'은 결국 '근대의 포기'로 추락했다.

과연 '근대의 초극' 심포지엄이라는 입론은 타당했던가. 또한 '근대의 초극'은 가능했던가. 이러한 의미에서 '현대 문화의 과제를 근대의 초극이라는 말로 표현한 것은 다름 아닌 현대 서양의 일부 사상가들'이라는 현장 감각을 말하고, 소위 근대라는 실체가 유럽에서는 적어도 '국산품'인 데 비해 일본에서는 우선 무엇보다도 '수입품'이라는 원천성을 지적한 나카무라 미쓰오와, '메이지 이래의 일본 문학사는 서양 근대 문학 오해의 역사'라고 일갈하며 '근대인이 근대를 이기는 길은 근대에 의해서'라고 주장한 고바야시 히데오는 부분적으로나마 정곡을 찌른 발언을 했다.

다만 나카무라 미쓰오의 그러한 관점이 '서양의 영향이 일본인의 생활의 근저에까지 파고들어왔다.'는 일본 근대의 특수성에 대한 성찰에서 비롯되는 데 비해, 고바야시 히데오의 그것은 자신의 명제를 절대화하는 지성적 제스처와 현실에 대한 민첩성으로부터 온 것이라는 차이가 있다.

'근대의 초극' 심포지엄은 논의의 본질 면에서도 오류를 지적할 수 있다. 논의의 중심 주제 설정의 오류가 그것이다. 서양의 부정 혹은 서양 근대화의 부정은 서양 근대가 내포하고 있는 보편성의 '초극'을 통해서만 가능하다. 서양 근대의 보편성으로서 근대정신은 말할 것도 없이 자유, 평등, 박애이다. 서양의 근대는 이러한 근대정신을 성취하기 위한 혁명의 역사요, 피의 역사였다. 근대정신 그 자체가 곧 역사인 것이다. 그리하여 서양 근대는 그 보편성의 구현을 위한 이데올로기로서 삼권분립에 의한 민주주의와 자유 경쟁에 의한 자본주의를, 또한 그 방법론으로서 자유주의, 개인주의, 과학주의, 합리주의, 기계주의, 진보주의 등의 근대적인 사조를 창출해냈다. 따라서 서양 근대의 위기는 그 보편성의 위기가 아니라, 이데올로기 혹은 방법론의 위기를 의미할 수밖에 없다. 왜냐하면 서양 근대정신의 보편성인 자유, 평등, 박애는 인간의 보편성과도 통하는 가치이기 때문이다. '근대의 초극론자들'이 자유주의, 개인주의, 기계주의 등의 한계를 지적해 서양의 근대를 부정하고 초극을 부르짖어도 보편성으로서의 서양 근대는 그 존재 가치를 상실할 리가 없는 것이다.

'근대의 초극'을 통한 서양 근대의 부정은 그 보편성의 '초극'에 의해서만 가능하다. 과연 일본 민족은 이러한 보편성을 '초극'할 수 있는 인류 보편의 새로운 가치를 찾아냈던가. 그러기는커녕 서양의 근대정신인 자유, 평등, 박애를 쟁취하기 위한 투쟁의 역사를 가져본 적이 없는 일본은 이 보편성을 받아들일 때 피상적인 관념상의 수용에 머물렀고, 오히려 역설적이게도 그것에 대한 탄압에 열중하면서 방법론인 사조만을 파행적, 분산적으로 또한 실용적으로 모방하는 데 급급했다. 그리하여 그러한 방법론의 기본 축인 보편성을 결락한 채 절대주의 천황제를 복고적으로 대치시킴으로써 모처럼 받아들인 방법론마저도 그 가치의 시대성과 역사성을 상실하여 실효성이 무산되는 결과를 초래했다. 일본의 '근대의 초극론자들'이 자유주의, 개인주의, 기계주의 등 근대적 조류와 나아가서는 일본의 문명개화마저 부정한 것은 역설적이게도 일본의 근대가 이러한 방법론이 정착될 수 없는 전근대의 미개 상태라는 것을 의미한다. 일본 사회가 전근대라면 '초극'할 그 무엇도 없는 것이다.

따라서 '근대의 초극론자'들의 '초극'의 논리가 성립되기 위해서는 적어도 그 논리의 중심 주제로 인간의 보편성을 설정하지 않으면 안 되었다. '근대의 초극' 심포지엄은 그것이 없이 부분적인 방법론에 불과한 사조 비판에 급급했기 때문에 논자의 입장과 관점이 제멋대로 흘러가, 웅대한 규모로 요란뻑적지근했을 뿐 모든 것이 공허했던 것이다.

제국주의 지식인이 자기 체제의 우수성, 자민족의 우월성, 자기 정당성을 아무리 외쳐대도 그것은 이미 제국주의적 이기주의의 변호에 불과하다. 그것은 결국 제국주의 간의 세력 쟁패를 대변하는 정치 선전에 불과하고, 가해자들의 도토리 키 재기 놀음에서 더 나아갈 수가 없는 것이다. 심포지엄을 끝내면서 가와카미 데쓰타로가 '회의 전체를 지배한 이상한 혼돈과 결렬'을 의식해 심포지엄이 '과도기적인 탐구를 위한 이정표'에 불과했다고(竹內好 外, 1983: 166) 고백한 것은 오히려 정직한 발언일 것이다.

그러나 '근대의 초극' 심포지엄이 공허하게 끝났다고 하여 그 의미가 적었다고 할 수는 없다. 근대 동양에게 근대 서양이 아직도 하나의 아포리아(aporia)로 남아 있는 한 그 시효가 끝나는 일은 없을 것이다.

메이지유신 이래 전쟁으로 나날을 보낸 일본 제국주의가 미증유의 대전쟁에 돌입했을 때 지적 긴장감으로부터 촉발된 '근대의 초극' 심포지엄은 일본 지식인들의 지적 충격의 응결이며 비장감의 표현이었고, 서양에 대한 정신적인 선전포고이기도 했다. 어쩌면 그것보다 더 한 끝없는 정신적 갈증과 갈등의 표현이었을 것이다. 그것이 가지는 주술적 속박을 다음의 인용이 선명히 보여주고 있다.

10년이 지나버렸다. …… 10년 전 청년들은 그것[『문학계』에 게재된 '근대의 초극']을 허겁지겁 읽었다. 잡지라는 잡지는 [사상 통제와 물자 절약을 위해 폐간되어] 모조리 모습을 감추었던 시대였다. 더욱이 그 좌담회의 결론으로 다음 해 1월 같은 잡지에 '일본인의 신과 신앙에 대하여'라는 좌담회가 게재되었다. 그리고『문화 종합 회의—근대의 초극』이라는 단행본이 그 무렵 텅텅 빈 책방의 구석에 쌓였을 때 일본 전국의 문과계 학생들은 병영으로, 전장으로 가차 없이 끌려갔다. 학생들은 자신들을 전송하는 '학도 출진'의 깃발과 '근대의 초극'이란 유장한 좌담회 사이에는 아무런 관계도 없다고 믿었던 것임에 틀림없으리라. 혹은 '언제나 같은 것이 있어서 언제나 인간은 같은 것과 싸우고 있다—그러한 같은 것을 관철한 사람이 영원한 것이다.'라는 고바야시 히데오의 발언 등이 군복이 입혀진 학생들의 양심을 지탱해준 유일한 것이었는지도 모른다. …… 그러나 10년이 지나버린 것이다. 나는 살아 있다. 그러나 그 10년 사이에 얼마나 많은 학생이, 청년이 군복이 입혀진 채 전장에서 혹은 전후의 비참한 생활 속에서 희생되어 돌아오지 않는 사람이 되었을 것인가(仁奈眞, 1952: 37).

3. '세계사의 철학'

교토학파는 잡지『중앙공론(中央公論)』의 지상(誌上)을 통해 총 3회에 걸쳐 좌담회를 열었다. 좌담회는 '세계사적 입장과 일본'(1942년 1월호), '동아 공영권의 윤리성과 역사성'(1942년 4월호) 그리고 '총력전의 철학'(1943년 1월호)으로 진행되었다.

교토학파는 이 좌담회에서 일본 중심의 세계관을 창출하여 소위 '성전'의 이데올로기를 만들어내려고 시도했다. 좌담회의 목적은 서양 중심의 세계사관에 대항하여 일본 중심의 세계사관을 확립하는 데에 있었다. 참가자는 고사카 마사아키, 스즈키 시게타카, 고야마 이와오, 니시타니 게이지 네 사람이었다.

소위 교토학파의 '세계사의 철학'은 그 우두머리 니시다 기타로로부터 시작되었다. 니시다는 저서『작용하는 것으로부터 보는 것으로』의 서문에서 '형상(形相)을 유(有)로 보고 형성(形成)을 선(善)으로 보는 서양 문화'에 비해, '동양 문화의 근저에는 형태 없는 것의 형태를 보고 소리 없는 것의 소리를 듣는 것이 숨어 있다.'고 말했다(西田幾多郎, 1966a: 6).

또한「철학의 근본 문제·속편」에서 서양 문화를 '유(有)를 실재(實在)의 근저로 하는 문화 형태'라며 동양 문화를 '무(無)를 근저로 생각하는 문화 형태'로 규정했다(西田幾多郎, 1966b: 429~453). 그리고 그는 동양 문화 속에서 일본 문화의 의의를 다음과 같이 설명했다.

> 일본 문화의 특색은 주체로부터 환경으로라는 방향에서 어디까지나 자기 자신을 부정하고 물(物)이 된다. 물(物)이 되어 보고 사(事)가 되어 행하는 것이라 생각한다. …… 일본 정신의 정수는 물(物)과 사(事)에서 하나가 되는 실체가 아니면 안 된다. 원래부터 나[我]도 타인도 없었던 곳에서 하나가 된다는 것이다. 그것이 모순적 자기 동일로서 황실과 하나가 된다는 것이리라(西田幾多郎, 1966c: 346).

이러한 일본 황실과 일본인의 관계를 니시다는 천황 귀일이라고 보았다.

몇천 년 이래 황실을 중심으로 생생하게 발전해온 우리 문화의 발자취를 돌아보면, 전체를 아우르는 하나[황실]와 개체인 다수[국민]가 서로 모순되면서도 [황실을 통해] 자기동일성으로 합일되어 [하나와 다수로] 만들어진 것에서 [자기동일성을] 만드는 것으로 발전해왔으므로 어디까지나 만든다는 것이 황실 중심으로 이루어진 것이 아니었을까. 전체적인 하나로서 역사상 주체적인 것은 여러 가지로 변해왔다. …… 그러나 황실은 주체적인 것을 초월하여 전체적인 하나와 개체적인 다수와의 모순적인 자기 동일성으로 자기 자신을 한정하는 세계에 있었다고 생각한다(西田幾多郎, 1966c: 335~336).

이러한 일본인의 개인과 전체의 관계는 동일성에서 이루어진다고 본다.

나는 불교의 일즉다(一卽多), 다즉일(多卽一)을 보다 깊게 파악한다. 즉(卽)이라는 것에 대해 보통 오해가 있다. 즉이라는 것은 물(物)이 동일해진다, 하나가 된다가 아니다. 즉이라는 것은 어디까지나 하나가 되지 않는 것이 하나가 된다는 뜻이다. 즉이라는 말은 그렇게 사용하지 않으면 안 된다. 모순의 자기동일성이라는 것이 진실한 즉이다. 예를 들면 일본의 군민 일체(君民一體)도 그렇게 해석하고 싶다. 그저 가족주의를 말하는 것이 아니고, 역시 군과 신민이 어디까지나 [하나이면서 지켜야 할 본분은] 분리되지 않으면 안 된다. 그래서 합리성이라는 것이 거기에 들어가지 않으면 안 된다. 군과 신민과의 사이에는 의(義)라는 것이 들어간다. 그러나 단순히 들어가는 것이 아니라 그것이 하나가 된다. 거기에 나는 창조라는 것을 생각한다. 창조해간다, 발전해간다, 그것이 일즉다, 다즉일이다(西田幾多郞, 1939: 95).

이것이 니시다의 '개체 존재의 논리'이다. 그가 말하는 동양적 '무'라는 개념은 불교 등의 종교적 직관으로부터 체득된 것으로 사물의 생성 이전, 원초적 조화의 세계, 자아도 타자도 부정되는 순수 직관의 상태를 의미하여, 그러한 '무적 장소(無的場所)', 즉 '유즉무(有卽無), 무즉유(無卽有)'의 상호 부정 혹은 절대 부정의 경지에서 절대 자유의 의지에 의해 무로부터 유가 나온다는 것이다. 니시다의 일본 문화 해석에 따르면 전체적인 하나와 개체적인 다수의 조화, 즉 '일즉다'와 '다즉일'이 자유자재의 창조의 원리로 작용하여 '모순적 자기 동일성'을 매개로 하여 역사 속에 나타난다고 한다. 그리고 그 원리의 '초월적인 자기 한정성' 혹은 통일체로서 황실이 존재하고 있다고 한다. 황실의 이러한 당위성은 어디에 있는 것일까. 니시다는 「세계 신질서의 원리」에서 다음과 같이 말한다.

우리 일본의 국체는 단순히 소위 전체주의가 아니다. 황실은 과거와 미래를 포괄하는 절대 현재로서 황실이 우리의 시작이며 끝이다. 황실을 중심으로 하나의 역사적 세계를 형성하여온 곳에 만세일계라는 우리 국체의 정화가 있는 것이다. 우리나라의 황실은 단순히 하나의 민족국가의 중심만을 의미하지 않는다. 우리나라의 황실에는 팔굉일우라는 세계 형성의 원리가 포함되어 있다(西田幾多郞, 1966c: 430).

결국 니시다는 '개체 존재의 논리'를 천황주의와 열결시켜 '팔굉일우'를 합리화했다.

다나베 하지메는 니시다의 철학을 비판적으로 계승했다. 다나베는 '사회 존재의 원리'와 '종(種[생물학의 종의 개념을 인간 사회의 민족으로 파악한 것])의 원리'를 철학적으로 전개해 일본 민족과 절대주의 천황제를 미화했다. 다나베는 '문화 세계에서 종의 국가'를 추구하였다. 그는 인류 역사를 '현재적 무의 원환적(圓環的) 통일'로 정의하고, '역사 사회의 구조적 계기인 종족, 개인, 인류가 과거, 미래, 현재의 상호 매개를 통해 현재의 인류와 통일된다.'고 보아 그 연결 고리를 국가로 규정했다.

그는 '국가는 단순히 종족 사회가 아니라, 개인이 각각 있어야 할 곳을 찾아주는 국가, 즉 자기통일적인 존재가 아니면 안 된다.'고 했다. 또한 '종족의 입장에서는 대립하면서도 개체와의 조화와 통일을 통해 타 종족과 문화적으로 결합하는 국가 간의 집합'을 상정하여 그것을 '세계'로 규정했다(田邊元, 1964: 119~169). 이렇게 하여 다나베는 일본 문화의 세계성을 연역해냈다.

> 원래 천황의 지위는 단순히 민족의 지배자, 종족의 수장에 머무는 것이 아닙니다. 일군 만민, 군민 일체가 나타내듯이 개인은 통일된 국가에서 자발적인 생명을 발휘하도록 국가와의 불가분한 유기적 관계 속에서 살아가고 있습니다. 국가의 통제와 개인의 자발성이 직접적으로 결합되고 통합되어 있는 점이 우리 국가의 자랑스러운 특색이며, 그러한 국가의 이념을 체현하고 계신 분이 천황이라고 해석해도 좋지 않을까 사료됩니다. 또한 그러한 내부적인 조직의 조화는 대외적으로도 조화를 동반하는 법입니다. 그래서 일본 문화는 배타적, 폐쇄적인 것이 아니라, [천황에 의해 이루어지

는] 전체의 조화로운 통일이 곧 [천황이 부여하는] 개체의 자유로운 해방을 의미합니다. 그것이 여러 가지 어려운 해석이 있는 팔굉일우의 의미가 아닌가 생각합니다(田邊元, 1964: 160).

이렇게 니시다와 다나베의 철학으로부터 교토학파의 '세계사의 철학'이 나왔다. '세계사의 철학'이라는 명제를 깊이 의식하고 그것을 처음 구체적으로 제시한 사람은 미키 기요시였다. 미키는 1938년 쇼와연구회에 입회하여 1937년부터 시작된 중일전쟁을 '세계 전쟁'으로 규정하고, 유럽 중심의 역사관을 극복하는 동양 중심의 세계사 수립을 제창했다. 그는 중일전쟁을 통해 동양의 통일은 물론 세계의 통일을 실현해야 한다고 역설하며, '시간적으로는 자본주의의 모순을 해결하고 공간적으로는 동아의 통일'을 실현하는 것이 이 전쟁의 세계사적 의의라고 말했다(三木淸, 1968: 508~510).

미키는 세계사적 차원으로 나가는 중간 항으로 일본·만주·중국을 하나로 묶는 '동아 공동체'를 주장했고, 자본주의를 비롯한 근대주의의 초월 원리로 일본의 '국체'에 기반을 둔 '공동주의'를 제시했다. 그러나 '동아 공동체'는 당시 서양에서 구축되기 시작한 블록 경제권을 모방하여 아시아를 광역권으로 설정하고 서양의 그것과 대비시킨 것에 지나지 않았다. 또한 '공동주의'는 전체주의를 우선하면서도 개인과 민족을 존중하여 자유주의·민족주의·전체주의를 '지양(止揚)'하는 것이라고 미키가 강변했지만, 실제로는 기만적인 절충주의였고, 일본 민족 중심의 지도자 의식과 시혜 의식을 관념적으로 포장한 것에 지나지 않았다. 결국 미키의 '공동주의'는 다른 쪽 당사자인 중국으로부터 아무런 반향이 없었으므로 일본 제국주의가 상투적으로 남발하던 선전 문구 이상의 의미를 가질 수가 없었다.

> 일본 문화의 중요한 특색의 하나는 우선 세계에 비교할 대상이 없는 일군 만민의 국체에 기반을 둔 공동주의를 근저로 함에 있다. 이 공동주의는 보편적인 의의를 동아에 두루 미친 후 세계를 빛나게 할 것이다(三木淸, 1968: 530).

일본 제국주의에 야합하여 현실을 추수(追隨)하는 미키의 이러한 구상은 쇼와연구회를 통하여 정책에도 반영되어 1938년 11월 제1차 고노에 내각의 '동아 신질서' 성명으로 나타났다. 이후 '동아 신질서'는 '대동아공영권'으로 이름을 바꿔 아시아 침략 전쟁으로 그 마각을 드러냈고, '공동주의'는 아시아의 '지도'라는 시혜 의식으로 변해 침략 정신이 되었다.

미키는 이와 같이 시류에 편승해 활발한 활동을 벌이면서도 맑스주의로부터 전향한 지식인의 떳떳하지 못함과 맑스주의에 대한 미련으로 인해 자유주의 진영으로부터는 전쟁 협력자로, 전쟁 수행 진영으로부터는 비협력자로 낙인찍혀 끝까지 시달림을 받아야 했다(魚津郁夫, 1968: 上 375). 이러한 사실은 '세계사적 입장과 일본' 좌담회를 연 '교토학파'가 육군으로부터는 탄핵을 받은 반면에, 해군으로부터는 비호를 받았던 모순(黑田秀俊, 1966: 39)과 함께 일본 군국주의 파시즘 체제에서 지식인의 거취가 얼마나 어려웠던가를 대변해주고 있다. 결국 미키 기요시는 1945년 6월에 치안유지법 용의자를 도왔다는 혐의로 투옥되어 9월에 옥사했다.

교토학파의 '세계사의 철학'은 이러한 사상적 기반과 시대에 영합하는 현실 추수주의 위에서 진행되었다. '세계사적 입장과 일본' 좌담회에서 고사카 마사아키는 근대 일본의 역사철학을 3단계로 나누어 구분하고 있다.

처음은 리케르트(H. Rikert) 모방의 시기 …… 그다음이 딜타이(W. Dilthey)류의 생철학이랄까, 해석학 따위로부터 역사철학을 생각하려 했던 시기 …… 그러나 지금에 이르러서는 거기에서 다시 한 발 앞으로 더 나아가 역사철학이 세계사의 철학이다. …… 왜 그렇게 되었을까. 그것은 현재 일본의 세계사적 위치가 그렇게 시킨 것이라고 나는 생각한다(『中央公論』 1942년 1月號: 150).

제3단계의 필연성을 교토학파는 유럽의 위기와 일본의 세계 신질서 구축이라는 도식으로 풀고 있다. 유럽의 위기를 스즈키 시게타카는 다음과 같이 보고 있다.

나는 자본주의 혹은 기계문명이라는 것이 제1차 세계대전과 같은 제국주의 전쟁을 낳았고 또한 정신적으로도 유럽의 위기를 낳았다고 생각한다. …… 문명의 위기와 유럽의 위기가 불가분적이다 (『中央公論』 1942년 1月號: 157).

좌담회는 유럽 위기의 원인을 기계문명(환경)과 인간의 내부 정신과의 분열, 즉 인간소외로 파악한 후, 그것의 초월에 대한 논의를 시작한다.

(고사카 마사아키): 근대의 총력전이라는 것은 기계문명의 소산이라고도 말할 수 있습니다. …… 역사주의의 입장에서 혼의 문제를 해결하고자 한 것입니다. 이것은 동양적인 무(無)를 역사 속에서 살리는 것이고, 이것을 나는 역사적 상징주의라는 이름으로 불러 보고 싶습니다. ……

(고야마 이와오): 전체가 먼저다, 개체가 먼저다라는 논의보다는 전체와 개인의 상응 관계가 중요합니다. 국가를 위해서 사는 것은 자신을 위해서 사는 것이고, 자신을 위해 사는 것은 국가를 위해 사는 것입니다. …… 『일본서기』의 오진 천황(應神天皇) 이후 특히 긴메이 천황(欽明天皇)을 중심으로 기사를 끝까지 정성스레 읽으면 일본인의 역사의식이 세계사의 의식이었다는 것을 알 수 있습니다. …… 중국 당나라의 문화도 페르시아, 아라비아의 요소도 포함되어 있는, 말하자면 하나의 국제적인 문화였습니다. 그러므로 일본에 들어온 것들이 굳이 중국만의 문화라는 의미는 아닙니다. 세계 문화라는 의미가 있었던 것입니다(『中央公論』1942년 1월號: 164~180).

결국 근대 초월의 정신은 일본 고대 문화에 나타난 세계사적 인식과 일본 '국체'의 정신으로 집약된다. 이 정신을 현대에 실현하기 위한 수단은 전쟁이며, 전쟁을 지탱하는 세계사의 도덕으로 '도덕적 에네르기'를 내세운다.

(고야마 이와오): 랑케도 말하고 있듯이 전쟁 가운데 도덕적 에네르기가 있습니다. 형식화된 정의감, 다시 말해 구질서 혹은 현상을 유지하려는 정의감과 대결하는 건강한 생명의 반격, 그것이 도덕적 에네르기입니다. …… 도덕적 에네르기의 정체는 국민이라고 나는 생각합니다. 민족이라는 것은 19세기의 문화사적 개념이지만 오늘날에는 과거의 역사가 어떻든 '민족'의 개념으로는 세계사적인 힘을 발휘할 수 없습니다. 진정한 의미에서 '국민'이 일체를 해결하는 열쇠입니다. …… 민족의 혈통이라는 것은 어떻게 지도

하느냐의 문제, 즉 혈통 이외의 원리에 의해 혈통이 살기도 하고 죽기도 하는 것입니다(『中央公論』 1942年 1月號: 183~186).

여기에 이르러 교토학파는 민족 개념을 초월한 '국민' 의식을 대치시켜 그 '국민' 의식을 체현한 민족이 일본 민족이라고 호언하며 일본 중심의 세계사의 구축을 당연시한다. 그러나 교토학파는 게르만 민족의 순혈론을 내세워 유태인 학살로 치달은 독일 나치즘과 다르게 순혈론을 부정하고 다른 민족을 '지도'한다는 일본 민족의 시혜 의식을 전면에 내세운다. 그리하여 일본이 '세계사의 철학'을 창출해내야 하는 필연성을 다음과 같이 주장하고 있다.

(고야마 이와오): 요즈음 메이지 시대와 다이쇼 시대에 대해 여러 가지 비판이 나오고 있지만 메이지 시대와 다이쇼 시대에 일본이 세계사적인 의의를 명확히 한 것은 의논의 여지가 없습니다. 이 시대에 일본은 세계사 속으로 뛰어들었습니다. …… 그런데 오늘날에는 드넓은 동아의 전체에 그 지반을 가지고 있습니다. 그 지반은 중국에서부터 남방의 섬들에까지 확대되어 있습니다. 여기에 현실적인 도덕적 에네르기를 발현해 나아갈 지반이 있습니다. …… 물론 여기에는 새로운 원리(principle)가 필요합니다. …… 지금 전 세계가 그러한 새로운 힘을 가진 원리를 일본에게 요구하고 있습니다. …… 이 동란의 세계에서 어디가 세계사의 중심이 될 것인가. …… 일본은 지금 말한 것과 같은 의미에서도 또한 세계사적 의미로 보아서도 이런 원리의 창출을 요구받고 있습니다. 배후에서 아시아가 밀어주고 있으며 또한 세계사적 필연성도 뒷받침되고 있습니다(『中央公論』 1942年 1月號: 190).

교토학파는 메이지유신 이후의 일본 제국주의의 전쟁을 추인하며 일본 낭만파와는 다르게 일본의 문명개화를 부정하지 않는다. 일본 낭만파가 현실 부정으로부터 출발하여 일본 국학의 전통을 탐색하여 일본의 '국체'에 귀의하고자 했던 것과 달리, 교토학파는 현실을 추인하여 서양적인 지식을 가지고 '국체'의 이론화를 시도했기 때문일 것이다. 또 교토학파는 전쟁과 역사를 다음과 같이 본다.

> (고야마 이와오): 그렇습니다. 세계사는 죄악의 정화(淨化)입니다. 천국과 지옥과의 경계에 역사라는 것이 있습니다. 시간의 흐름 속에 있으면서 [그냥 사는 것이 아니라] 시간을 자기 것으로 하여 영원히 함께 살아가는 곳에 역사가 있습니다.
> (고사카 마사아키): 니시다 선생님도 말씀하셨습니다. 세계 역사는 인류 혼의 정화입니다. 곧 정죄계(淨罪界)입니다. 전쟁에는 그러한 의미가 있습니다. 단테(A. Dante)는 개인 혼의 정화를 그렸지만, 지금 대시인이 나타난다면 인류 혼을 심각하게 정화하기 위해 세계사를 노래할 것입니다. 인간은 분노할 때 온몸으로 분노합니다. 몸과 마음을 다 바쳐 분노합니다. 전쟁도 그러합니다. 하늘과 땅이 같이 분노하는 것입니다. 그렇게 해서 인류의 혼이 정화됩니다. 세계 역사의 중요한 전환점을 전쟁이 결정한 것은 그 때문입니다(『中央公論』 1942年 1月號: 192).

'세계사적 입장과 일본' 좌담회는 1941년 11월 26일에 열렸다. 태평양전쟁 발발 13일 전이라는 시기를 고려해본다면 태평양전쟁을 예언했다고도 볼 수 있다. 당시 세계의 비난이 일본에 집중되어 일본을 향한 포위망이 죄어들어오고 있었을 때, '온몸으로 분노할 것'을 선언한 교토학파의 입장은 그대로 미증유의 대전쟁에 대한 하나의 예감이었던 것이다.

다음의 좌담회가 『중앙공론』 1942년 4월호에 실린 '동아공영권의 윤리성과 역사성'이다. 이 좌담회에서 교토학파는 '대동아전쟁'의 의의를 '동양 도덕과 서양 도덕과의 싸움'으로 규정했다. 그러나 그들은 동양 도덕의 보편성 탐구에는 눈을 돌리지 않고 오직 일본 민족의 우수성만을 앞세웠다. 그 결과 동양에 대한 일본의 '지도적 지위'를 강조하며 일본 민족을 '세계사적 민족'(헤겔, 1992: 131)으로 설정했다.

> (스즈키 시게타카): 일본이 동아에서 지도성을 지니는 근거는 세계사적 사명을 자각하고 있다는 데에 있습니다. ……
> (니시타니 게이지): 로마인이라든가 게르만 민족을 보더라도 확실히 세계사적인 민족이었지만 세계사적 민족으로서의 자각, 세계에 대한 건설적 자각을 가지지 못했습니다. 그러나 일본은 지금 건설적 입장에 서서 거기에 세계사라는 것에 대한 자각을 가지게 되었습니다. 그것 자체가 매우 특이한 일이 아니겠습니까(『中央公論』 1942年 4月號: 127~128).

그러면서도 근대 이래의 중국에 대한 꺼림칙함을 흘리고 있다.

> (니시타니 게이지): 간단히 말하면 도덕적 에네르기가 구체적으로는 어떤 식으로 나타나느냐 하는 것이 제일 큰 문제입니다. 그것은 근본적으로 지나사변의 해결과 직결된다고 생각합니다. 즉 지나인의 중국 의식―어디까지나 자신들이 동아의 중심이고 일본 따위는 자신들의 문화적 혜택으로 성장했다는 의식이 가장 근본적

인 문제가 아닐까요. 이 경우 어떻게 해서든지 일본이 현재 대동아의 건설에 지도적이고 지도적이지 않으면 안 된다는 역사적 필연성을 그들에게 납득시키는 것이 근본이 아닐까요. 그렇게 하면 지금 말한 지나인의 중국 의식과 충돌하겠지만 지나가 열강의 식민지로 분할되지 않은 것은 결국 일본의 강국화, 즉 일본의 노력에 의해 가능했다는 것을 지나인에게 납득시켜야 합니다. 다시 말하면 세계사의 인식을 지나인에게 환기시키는 것, 그것이 그들의 중국 의식을 없애고 대동아 건설에 일본과 협력하게 하는 근본적인 길입니다(『中央公論』 1942年 4月號: 128).

교토학파는 중국을 침략했다는 역사적 사실을 중국에 대한 시혜 의식으로 숨기고 있다. 다음으로 '교토학파'는 '세계사의 광역권(廣域圈)'을 설정한다.

(스즈키 시게타카): 단순하게 이권을 옹호하기 위해서 우리 일본이 만주를 경영하고 만주국을 세운 것이 아니라 동양 보위를 위해 어쩔 수 없었던 점이 있었습니다. …… 일본에서도 역시 일·만·지 경제 블럭을 고려하고 있으나, 그것만으로는 자급할 수 없다고 생각되어 남방권의 문제가 제기된 것입니다. ……
(니시타니 게이지): 미국이나 유럽과 비교해볼 때 대동아권에서 가장 근본적인 문제가 되는 것은 역시 인간의 문제라고 생각합니다. 예를 들면 유럽을 구성하고 있는 민족과 국가는 하나하나가 매우 높은 수준에 달해 있습니다. 그에 비해 대동아권에서 같은 수준에 도달해 있는 나라는 대체로 일본뿐이고 다른 민족은 훨씬 수준이 낮습니다. …… 그래서 대동아권을 자발적이고도 주체적으로 감

당할 수 있는 역량을 키워주는 것이 일본의 특수한 사명이 될 수밖에 없습니다. ……

(고사카 마사아키): 대동아권의 다른 민족들은 유사 이래 이렇다 할 역사를 가지지 못했습니다. 설령 다소의 역사를 가졌다 해도 그건 다른 민족의 역사의 일부분이어서 자신의 역사는 아니었습니다. ……

(니시타니 게이지): 대동아권 속에서의 독립, 그 속에서의 공존을 위해서는 공동의 책임을 지지 않으면 안 됩니다. 한편으로는 주체로서의 철저한 독립성, 그와 동시에 그 철저한 독립의 밑바닥으로부터 올라오는 책임성 …… 그와 동시에 인간의 개발이 필요합니다. 즉 대동아권의 제 민족의 정신 개발이 필요한 것입니다. 그것은 아무래도 우리 일본이 하는 이외에는 방법이 없습니다. 이것이 일본에게 떠맡겨진 임무입니다(『中央公論』 1942年 4月號: 134~159).

여기에 이르러 교토학파는 미키 기요시가 주장한 '공동주의'에서 민족마다 서로 다른 문화의 다양성을 통일하기 위해 일본 민족의 우수성을 내세우며 아시아 제 민족에 대한 민족 개조론을 펼친다. 일본 제국주의가 말하는 '대동아공영권' 구축 원리인 '황국신민화'가 바로 모범답안인 것이다.

다음의 좌담회가 '총력전의 철학'(『中央公論』 1943年 1月號)이다. 이것은 '성전'을 논의한 것이다.

(스즈키 시게타카): 전쟁은 역사의 가장 생동하는 힘입니다. …… 총체적으로 근대가 막다른 골목에 다다랐을 때 총력전을 합니다. 즉 총력전은 근대의 초극입니다. ……

(고야마 이와오): 전쟁을 하면서 동아 공영권을 일보 일보 건설해 갑니다. 그러면 몇 년 몇십 년을 계속해도 절대 패하지 않습니다. …… 전쟁이라는 것은 물심일여(物心一如)의 경지에서, 즉 몸과 마음이 하나가 되어 창조하는 것입니다. …… 또한 이 전쟁을 통해서 남의 힘이 곧 우리 힘이라는 타력즉자력(他力卽自力)의 최고의 경지가 열립니다. …… 진실로 깊은 화(和)라는 것은 싸움의 반대 혹은 대립으로서의 화(和)가 아닙니다. 진정한 큰[大] 화(和)―'대화'입니다. 거기서 비로소 처음으로 대립적 화 혹은 투쟁이 조화를 이루어 자기 자리를 찾을 수 있습니다(『中央公論』1943年 1月號.: 55~56).

교토학파는 전쟁의 의미를 '성전은 나쁜 것은 죽이고 좋은 것은 살리는 입장', '총력전은 전쟁의 선험성을 파괴하는 곳에 있다.'며, '건설하면서 싸우는 전쟁'을 주장함으로써 전쟁이 전쟁을 낳는 순환 논리에 빠져 무한 전쟁과 전쟁 습관화의 관념론으로 들어갔다. 일본 제국주의의 총력전의 논리는 당연히 '공영권의 총력전' 논리가 되기 때문에 '공영권 내의 민족이 각자의 총력전을 분담'하는 '공영권과 민족의 철학'이 대두된다.

(고사카 마사아키): 좁은 민족 개념을 초월한 새로운 형태의 민족 논리가 필요한 시대가 되었습니다. …… 조선 민족도 광의의 일본 민족이 되어야 진정한 역사성이 되살아날 수 있습니다. …… 일본을 중심으로 하여 여러 공영권 국가가 대동아의 공영권을 조직할 경우, 종래 유럽류의 자신만의 고립적인 국가 개념을 버리지 않으면 안 됩니다. …… 이것이 옛날부터 바라온 동양적인 국가를 건

설하려는 초심으로 돌아가는 것입니다. …… 일본의 팔굉일우의 '우(宇)'가 결코 좁게 제한된 '집'이 아니라는 것은 말할 필요도 없습니다. 그것은 세계를 덮는 '집'입니다(『中央公論』 1943년 1월號: 79).

이것은 교토학파의 '대동아공영권' 내의 제 민족에 대한 '황국신민화' 논리이다. 거기에는 일본 제국주의를 '본가', '대동아공영권'의 여러 민족을 '분가'로 보는 가족주의 천황제의 논리 체계가 전제되어 있다. 또한 '조선 민족도 광의의 일본 민족'으로 보는 관점은 한국에 강요하고 있는 '내선일체'와 '황국신민화'에 대한 낙관주의를 드러낸 것이며, 교토학파가 말하는 '진정한 역사성'은 일본 제국주의의 '황국사관'에 의해 날조된 '식민지사관'을 의미한다. 나아가 '옛날부터 바라온 동양적인 국가를 건설하려는 초심으로 돌아가는 것'은 중국 대신 일본 제국주의가 동양의 패권을 장악하겠다는 침략 야욕의 표현이다.

더욱 큰 문제는 '팔굉일우'의 '우'가 제한된 의미의 '집'이 아니라는 주장이다. 이 발언의 역사적·철학적 근거는 어디에 있을까. 국내 평정의 각축전을 반복했던 일본의 고대에 '팔굉일우'가 과연 일본의 본토를 아득히 넘어서는 웅대한 세계관적인 구도를 가졌던 것이었을까. 말 그대로 와우각상(蝸牛角上)의 싸움에 불과했던 국내 통일의 비원을 팔굉일우로 확대 해석하여 세계를 향해 휘두르는 것은 지적인 만용을 넘어 정신병자의 시대착오적인 환상이다.

고대 이래로 일본은 아시아의 주변 국가로 전락하여 문화의 진원지 혹은 대륙에의 끊임없는 동경심을 주체할 길이 없어, 한국 및 중국, 나아가 아시아의 해변에서 소란을 떨었다. 그러던 일본이 어느 틈엔가 제국주의 국가로 성장해 한국을 식민지로 침략하고 아시아를 내려다보며 세계를 넘보게 되자, 일본인의 자부심과 애국심이 하늘을 찌를

듯 치솟아 올라 자민족의 자화자찬에 빠진 것은 당연한 일인지도 모른다. 그러나 고대 일본의 역사에서 일부분을 끌어내 침소봉대로 자민족을 절대시하고 신성시하여 타 민족을 침략 대상과 수단으로 삼는 교토학파의 반지성의 해독은 결코 당대 일대만으로 끝나는 문제가 아니다. 왜냐하면 그들이 말하는 소위 '대동아공영권'의 제 민족의 역사가 당대 일대로 끝나지 않음은 물론이요, 일본 제국주의의 황금기가 영원히 갈 리가 없기 때문이다. 그리하여 어느 민족이나 '그때'가 되면 '온몸으로 분노'할 수밖에 없는 것이다. 일본 제국주의의 '졸부 기질[成金根性]'이 그 마각을 드러내 교토학파에서 절정을 이루었다.

이어서 교토학파는 서양 근대의 한계성을 대표하는 사상이 자유주의라고 보아 그것의 초극을 주장한다.

> (고야마 이와오): 간단히 말해 처음부터 완성되어 있는 인격 혹은 민족을 전제로 하여 출발한 사상, 즉 개체주의적인 사상, 이것이 근본적인 오류입니다. 자유평등이라는 사상은 개인적이든 민족적이든 간에 이러한 전제로부터 출발합니다. 이러한 전제는 무릇 인간의 현실을 무시한 것입니다. 각자 있을 곳을 찾는다든지 찾게 한다는 것과 같은 것은 이러한 전제에는 전혀 포함되어 있지 않습니다. 뭐라고 할까, 머릿속에서 완성된 것을 생각하니까 처음부터 자기가 있을 곳을 찾은 것처럼 보입니다. 거기에다 그것이 평등이고 자아와 타자가 아무런 차별이 없다고 보니까 진정한 '있을 곳'이 없는 것이고, '있을 곳'의 의의를 찾지 않는 것입니다. 이런 사고가 무릇 역사를 고려하지 않는 사상이고, '때'뿐만 아니라 '있을 곳'도 생각하지 못하는 사상입니다. 여기에 원초적 오류가 있습니다. 이렇게 현실과 전혀 관계없는 전제에서 이상을 세우고 있으니

까, 이상이 전혀 현실을 지도할 도의적인 힘이 없는 것입니다. 논리와 권력, 사상과 현실이 대립된 채로 머물러 있는 것입니다. 그러므로 민족국가와 같은 개념을 생각해내서 이제까지 이러한 사고 위에서 국제 관계를 수립하려 했기 때문에 원래의 전제에 붙어 있던 추상성과 오류가 여기저기서 고개를 들게 되어 세계의 진정한 평화적인 질서가 불가능해진 것입니다. 이렇게 간단하기 짝이 없는 것도 깨닫지 못하는 앵글로색슨족의 머리도 어지간하다니까요(『中央公論』 1943년 1월號: 84).

서양을 대표하는 대상으로 자유주의와 앵글로색슨족을 조롱하는 가운데 흐뭇한 웃음을 참을 수 없을 정도로 화기애애한 분위기 속에서 좌담회는 계속되었다. 일본 제국주의의 선전 문구의 하나였던 '귀축미영(鬼畜米英[야만적이고 잔인한 미국과 영국])' 의식의 표출인 것이다. 겉마음대로라면 일본 제국주의는 아귀와 축생을 상대로 싸우고 있는 것이다.

여기에서도 근대 일본 지식인들이 서양 사상을 잘못 이해하고 있었음을 확인할 수가 있다. 서양 근대의 자유 개념은 존 로크(John Locke) 이래 주체적인 자유, 즉 자기 입법으로서의 자유이다. 동물적인 자유 혹은 무제한적인 자유로부터 자기 규범적인 자유로 진화된 개념인 것이다. 실로 일본인이 근대 계몽사상가, 선각자로 신줏단지처럼 떠받드는 후쿠자와 유키치(福澤諭吉)의 '개인의 독립'이라는 명제의 고뇌가 바로 이 점에 가로놓여 있었다. 서양 근대의 자유 개념과 '개인의 독립'이 내포하는 유기적인 관계를 알 길이 없었던 후쿠자와는 결국 '개인의 자유'를 자기 규범이 아니라 천황제라는 국가주의에 귀속시키고 말았다.

'개인의 독립'을 위해서는 개인이 어떻게 주체적인 개인이 되느냐가 중요한 문제이다. 어떻게 하여 주체적인 자유를 획득하느냐의 명제인 것이다. 일본인이 말하는 소위 '팔굉일우'에서 '있을 곳을 얻는다.'는 전제는 '만세 일계의 천황'으로부터 부여받는 가치이다. 자유의 개념으로 바꾸어 말하면 일본인의 자유란 천황으로부터 부여받는 자유가 된다. 자유를 부여하는 주체로서 천황의 필연성은 어디에 있을까. 결국은 일본 제국주의가 전가의 보도처럼 휘두르는 '국체'로 도피할 수밖에 없다. 자유의 획득이나 '개인의 독립'이 아니라, 오히려 '자유로부터의 도피'였던 것이다. 이러한 도피를 정당화하고 합리화하는 가장 편리한 방법은 자유를 구속하는 주체에게 종교적으로 귀의하는 길밖에 없다.

절대주의 천황제에서 천황은 '살아 있는 신'으로 모든 것을 초월하는 존재였다. 종교적 자유와 인격적 자유는 처음부터 서로 우월성의 논증 혹은 비판의 대상에서 초월한 곳에 서 있다. 이렇게 반격이 불가능한 곳에 앉아서 교토학파는 제멋대로 서양의 인격적 자유를 마음껏 비판했다. 여기에서 철학의 가면을 쓰고 철학을 값싸게 파는 교토학파의 행상(行商)의 면모를 엿볼 수 있다.

교토학파는 '성전'에서 '일본의 주체성과 지도성'을 다음과 같이 말한다.

> (고야마 이와오): 현대의 총력전의 지상명령을 충실히 실현하여가면 지도(指導)라는 경지에 도달합니다. '말의 힘으로 복종시켜 평정한다.' 즉 도의적 지도라는 경지에 도달하는 것입니다. …… 일본은 2600년이나 이어지고 있습니다―아니 신의 명령[神勅]으로 일본의 영원한 번영이 약속되어 있다는 것은 일본이 진실성을 보

유하고 있다는 것과 일본의 국체가 진리라는 것을 나타내고 있습니다. …… 일본적인 전쟁 지도 방법을 드높이면 이번 전쟁은 반드시 이깁니다.

(니시타니 게이지): 총력전의 정신이 일본에는 역사의 태초부터 일관되게 흐르고 있습니다. 원구(元寇[몽고의 침입])만 해도 그러했고, 다이세이 호칸(大政奉還[1867년의 왕정복고]) 또한 그러했습니다. …… 현재의 세계사가 일본을 부르고 있습니다. 어서 나와 맡으라고 불러내고 있습니다. 나는 '팔굉일우'를 그렇게 해석합니다.

(고야마 이와오): 천황 폐하 곁에서 죽을지언정 뒤돌아보지 않는다는 절대 충성의 태도는 바로 이러한 경지라고 생각합니다. 자신의 생사를 초월하여 전 책임을 지고 천황 폐하를 위하여 심신을 다 바친다. 그리고 결국에는 천황 폐하에 귀일한다. 주체적인 무라는 것은 그러한 정신이라고 나는 생각합니다(『中央公論』 1943年 1月號: 94~105).

전쟁에서 개인이 내리는 죽음에의 결단은 개인적인 가치관에서 나오는 것이 아니다. 전쟁에서 개인은 자신의 죽음의 의미를 자신의 생존욕을 초월한다고 믿는 어떤 가치에 의존할 수밖에는 없다. 인간 사회에서 개인적 가치관으로 전쟁을 수행하는 것이 불가능한 점에 전쟁의 비참함과 비극성이 증가된다. 개인의 가치관을 전쟁의 원인으로 하지 않는 이유 중 하나는 전쟁에서 개인의 죄악을 자신의 책임으로 인정하지 않으려는 인간의 비겁함으로부터 나온다. 이것을 합리화하여 뛰어넘으려는 회피 의식이 전쟁의 정당화이다. 이러한 전쟁의 무책임성과 죄악성과 비극성을 합리화하기 위해 교토학파는 일본인의 가치 의존을 '천황 귀일'과 '지도 의식'으로 정당화했다.

이 좌담회에서 고야마 이와오와 고사카 마사아키의 발언이 한층 두드러지고 주도권을 장악하고 있는 것은 고야마가 『세계사의 철학』을, 고사카가 『역사적 세계』라는 저서를 내는 등 일찍부터 '세계사의 철학'에 몰두했던 성과일 것이다.

교토학파가 서양어를 두루 섞어 순란한 철학적 지식을 과시하고 교묘한 논리를 끊임없이 펼쳐 연면히 이어간 좌담회, '세계사의 철학'을 통해 철학자의 정치주의 이데올로기를 확인할 수가 있다. 이와 더불어 '성전'에 주저 없이 편승하는 교토학파의 심리를 통해 배운 것밖에 사유할 줄 모르는 근대 일본 지식인의 유아적 '모범생 의식'도 확인할 수가 있다.

4. 근대 일본 지식인과 '모범생 의식'

앞에서도 말했듯이 메이지유신 이후 일본의 국가적 과제는 부국강병과 식산흥업이었다. 그리고 그것은 그대로 국가적 가치관이었고 동시에 개인의 가치관이기도 했다. 이러한 획일적 가치관은 절대적인 지상명령이 되었으며, 이것을 달성하기 위해 서양 문명의 수용, 즉 문명개화가 시대적인 필연성이 되었다. 그리고 문명개화의 담당자로서 기대를 모았던 계층이 바로 지식인이었다. 여기에서 일본 지식인의 과도한 시대적 사명 의식이 형성되었다. 근대 일본 지식인은 사명 의식에 불타 제국주의라는 이름의 무한궤도 열차에 자발적으로 승차해 초국가주의라는 이름의 종착역으로 치달았고, 끝내는 비극적으로 하차당할 수밖에 없었다.

근대 일본 지식인의 현실 참여는 개인과 국가가 유기적으로 결합되어 있는 가족주의 천황제하의 신민의 무한 책임과도 맞물려 있었다. 그 결과 천황과 연결되는 모든 것에 대한 몰가치적 충성, 다시 말해 타자에의 가치 의존이 만연하여 사회적 사유 양식에서 지적 융통성이 없고, 사상이 경직화되는 현상이 일반화되었다.

이러한 형태의 가치 의존은 의존 대상이 배후에 버티고 있을 때는 더할 수 없이 강한 자기주장과 자기표현이 가능하지만, 일단 가치 의존 대상이 사라졌을 때에는 오갈 데 없는 미아(迷兒)로 전락할 수밖에 없다. 일본 제국주의 사회에서 일본인이 전 민족적 차원에서 보여준 것은 과도한 애국심, 천황에의 유아적 귀의 그리고 무기력하게 권력에 편승, 굴복, 복종하고 이념과 사상을 손쉽게 포기하는 모습이었다.

일본 지식인의 편향적 가치관은 천황제 국가가 마련해준 일면적인 안정적 구도 속에서 순진한 '모범생 의식'을 일반화시켰다. 또한 근대 일본 지식인은 '모범생 의식'으로부터 나온 엘리트의 사명 의식과 민중에 대한 시혜 의식을 겸비하고 있었기 때문에 민중을 가르쳐야 한다는 발언욕을 주체하지 못했는데, 그러한 사실이 비극적 희화성을 증폭시켰다.

천황에 대한 신민의 무한 책임이 일반화되어 있던 국가 체제는 일본 지식인들게 '모범생'의 책임 의식을 더욱 강요했다. 그 결과 지식인의 발언 형태가 가치 의존 대상에 대한 맹목적 충성과 몰입의 과시로 나타났다. '모범생 의식'은 자기 결정 혹은 자기 필연성을 수반하지 않기 때문에 항상 가치 의존 대상에 대한 '모범 답안'의 작성을 강요당한다.

또한 '모범생 의식'은 가치 결정을 항상 타자가 하기 때문에 자기 융통성과 자기 창조성이 결여된 채 타자의 논리의 정당화와 합리화 및 구체화에 종사한다. 이러한 점은 근대 일본 사회에서 문명개화의 방법론인 서양 문명 수용에도 그대로 나타났다. 후진국인 일본의 당면 과제인 서양 문명의 수용은 당연히 근원적인 의미보다 실용적인 측면이 강할 수밖에 없었다. 따라서 근대 일본의 지식인들은 서양의 학문 혹은 사상을 그 역사성에 대한 총체적인 천착 없이 필요에 따라 좋아하는 것을 분산적으로 수용하기에 바빴던 것이다(丸山眞男, 1967: 132~134). 그러므로 근대 일본의 서양 문화의 수용에는 항상 모방과 무조건적 수용이라는 후진 사회가 갖는 한계가 내재되어 있을 수밖에 없었다.

근대 일본인은 일단 그들이 받아들인 서양적 사상, 사조 등이 일본적인 전통, 사회제도와의 충돌이 불가피하게 되면 그것을 철저하게 자기화하거나 대타 의식으로 발전시키는 과정을 밟는 대신, 일시적으로 활용한 후 효용성이 떨어지면 외래품으로 용도 폐기하였다. 서양적 문화, 사상, 학문 등 제 분야가 총체적인 보편성으로 성장하는 것이 아니라, 부분적 모방에 그치는 한편 자기 정당성의 주장과 합리화를 위한 타자 비판 혹은 타자 부정에 전용되어버리는 것이다. 필요할 때에는 언제든지 서양적 요소가 서양 부정에 동원된다는 의미이다. 이 경우에도 무엇을 하든 언제나 일면적 열성을 보이는 '모범생 의식'은 유감없이 발휘되었다. 가치 의존의 대상이 서양적 가치일 동안은 서양적 사상 혹은 사조에 전면적인 추종을 보이나, 가치 의존의 대상이 일본적 전통이나 사회제도로 바뀌면 서양적 가치나 사상은 반대로 서양 부정과 자기 정당화에 쓰이게 된다. 이 과정에서 가치의 불변성과 보편성이 자리 잡을 여지가 사라지고 항상 새로운 것의 무조건적 승리와 위기 탈출을 위한 재빠른 자기 변신이 되풀이된다.

'모범생 의식'의 지식인에게서는 본원적이고도 원천적인 원리의 추구나 사상의 보편성을 향한 헌신을 찾아볼 수가 없다. '모범생 의식'의 지식인은 대상이 무엇이든 다만 일면적인 자기 몰입에 매달릴 뿐이다. 여기에 일본 지식인의 유아적 순진성과 성실성이 숨어 있다. 그들은 무엇이든 열심히 한다는 심정적 자기 성실성에 가로막혀 자기 악의 발견이나 자기모순에 대한 자각이 사라진 채 가치 결정 주체에 대한 일관된 투신을 할 뿐이다. 일면적 가치관에 의한 자기 성실성에의 몰입, 사고의 확장성과 사유의 상대성을 결여한 의식의 경직화, 시키면 시키는 대로 따르고 일러주면 일러주는 대로 믿는 맹종성과 자유의지의 부재, 타인의 시선에 대한 끊임없는 의식과 이유 없는 두려움, 이것을 총체적으로 '바보의 진지함(馬鹿眞面目[바카마지메])'이라 부른다. 이것은 일본 민족 전체에도 적용된다. 일본인은 근면하고 성실하고 정직하나, 자기 혁명의 의지와 결단이 없기 때문에 개인이 사라져 획일적인 집단주의에 매몰되어 있다. 반항이 없는 개개인이 모여 획일적으로 조종하기 쉬운 집단이 되는 것이다. 그래서 일본에는 혁명의 역사가 없다.

소위 '근대의 초극'을 운운하며 서양에 대한 열등감과 적개심을 모순적으로 폭로한 지식인들의 추태와 교토학파가 서양철학을 악용하여 일본의 '국체'에 현란하게 봉사한 논리적인 왜곡 등은 근대 일본 지식인의 '모범생 의식'을 여지없이 드러내준다.

근대 일본 지식인의 '모범생 의식'은 지식인의 행동 양식을 가장 예민하게 보여주는 수많은 전향(轉向)에도 그대로 반영되었다. 근대 일본 지식인의 전향은 지식인 개개인의 자기 필연성과 자기 계기에 의한 사상의 변화가 아니라, 외부적 계기, 즉 의사 결정 주체의 변동에 따라서 가치 의존 대상을 위해 자기 신념을 전환했다는 성격을 띠고 있다.

사상이란 개인의 내면성에 사회의식 혹은 인간의 보편성에 대한 계기를 내재하고 있어, 인간의 역사성과 절대성을 전제로 하는 전인격적 지식이다. 따라서 사상은 전면적인 긍정이나 전면적인 부정이 불가능하며, 부분적 결함의 지적과 발전적 수정의 논리가 적용되는 세계이다.

근대 일본의 수많은 전향자가 사상의 전면적 부정을 시도하여 전향을 강요하는 권력과 의사 결정의 주체 혹은 가치 의존 대상에 전면적으로 자기 몰입한 것은 결국 그들이 품고 있던 사상이 자기 체질화와 보편성에 대한 자기 계기가 없는 학습적 신념에 불과했다는 사실을 증명해준다. 근대 일본 지식인의 전향은 사상적 취약성으로 인해 정치주의에 편승하여 이데올로기 비판으로 전락했고 그들의 사상이 사이비였음을 폭로했다. 전향이 하나의 처세술적 생존으로 일관되어 사상의 발전적 계기가 사라졌던 것이다. 근대 일본 역사에서 사상에 순사(殉死)한 지식인이 얼마나 있었던가. 살아남기 위해서라는 아포리아에 귀착할 수밖에 없는 이 처세술적 전향은 일본인이라는 아이덴티티를 상실하지 않는 한 자기 부정이 자아 상실로 자각되지 않는다. 이러한 상황에서 지식인들은 오히려 의사 결정 주체나 가치 의존 대상을 어이없게도 자기 구원자로 인식하여, 그러한 주체나 대상에 대해 끊임없이 헌신을 하게 된다. 그것이 전향한 자신의 결백을 증명한다고 믿기 때문이다.

수많은 근대 일본 지식인의 전향이 일본 '국체'에의 몰입과 조국에의 유아적 회귀와 광적인 애국의 제스처와 동의어로 인식되는 것은 이런 연유이다. 사상에 대한 치열한 성찰과 필연적이고 주체적인 자기 전환의 계기를 찾을 수가 없는 근대 일본 지식인들의 전향은 결국 개인의 비겁함에서 오는 재빠른 변신의 반복에 불과하기 때문에 이들의 전향을 탐구하는 것 자체가 무의미해지는 것이다.

일본 지식인 사회에서 볼 수 있는 전향의 이러한 특징은 일본인 스스로 '국가권력하에서 파생된 사상의 변화'(鶴見俊輔, 1978: 10)라는 꼬리표를 붙일 수밖에 없게 하였고, 전향자들은 한결같이 정치주의의 나팔수로 전락할 수밖에 없었다.

'모범생 의식'에 의한 '모범생'의 전향은 사상의 연속과 발전 혹은 개인의 성장을 의미하는 것이 아니었다. 그것은 오히려 사상의 단절, 개인의 자기부정과 재출발의 성격을 띠어 의사 결정 주체의 변경에 따라서 언제든지 역전향과 원점 회귀가 가능한 전향이었다. 의사 결정의 자기 필연성이 없으므로 지식인의 전향은 개인의 사상의 축적이나 연장선상의 확산이 아니라, 의사 결정 주체에 대한 단선적이고 직선적인 귀의를 의미할 수밖에 없었다. 여기에 전향 과정에서 근대 일본 지식인들이 보여준 정직성, 순진성, 성실성, 비겁함 등의 '모범생 의식'이 숨어 있었다.

근대 일본 사회의 이러한 '모범생 의식'의 구체적인 표현 형태가, '근대의 초극' 심포지엄과 교토학파의 '세계사의 철학' 좌담회에서 보았듯이, 국가적 위기의 처리 과정에서 드러난 희화적이고 지나친 애국적 제스처이다. 절대주의 천황제 아래 근대 일본 지식인의 자기 환상에서 나온 애국심은 일본 민족의 우월감으로만 커져가 무책임한 논리의 유희 속에서 자기 최면을 거듭하다 초국가주의의 파멸로 치달았다. 이 점은 일본인 스스로의 진단에서도 여실히 확인된다.

일본 낭만파가 언어의 비단으로 일본인을 매혹시켰다고 한다면 교토의 철학자 일파는 논리의 비단으로 매혹시켰다. 일본 낭만파가 전쟁을 감정적으로 긍정하는 방법을 엮어낸 데 비해, 교토학파는 같은 전쟁을 논리적으로 긍정하는 방법을 제공하였다. 일본 낭만파가 몸에 맞지 않는 외래 사상의 몸에 맞지 않는 부분을 역습하여 국수주의에 열중했다고 한다면, 교토학파는 생활과 체험과 전통에서 동떨어진, 어디에든지 적용할 수 있는 외래 논리의 편리함을 적극적으로 활용하여 어느 날 갑자기 소위 '세계사의 철학'을 날조해냈다. 일본의 지식인이 많든 적든 어쩔 수 없이 지닐 수밖에 없었던 사상의 외래성을 무릇 교토학파의 '세계사의 철학'만큼 극단적으로 과장하고 희화화하여 보여준 것은 없다. 여기에는 설익은 외래 사상과 외래 논리가 구체적인 일본의 현실과 만났을 때 나타날 수밖에 없는 사상의 철저한 사이비성과 논리 그 자체의 그럴듯함이 완전히 그리고 선명하게 대조적으로 드러나 있다(加藤周一, 1972: 345~346).

제4장
'야만'과 '문명': 식민지 시대의 심상지리

1. 역사적 관계의 상호 인식

한국과 일본이 서로를 인식하는 관점이 결정적으로 변화한 것은 근대에 이르러서다. 1910년 한일 병합은 한일 양국이 서로에 대한 관점을 전환하는 결정적인 계기였다. 주로 일본인에 의하여 자행된 한국인 멸시의 관점은 이후의 상호 인식을 고착시켰다.

역사적으로 한국과 일본은 이웃 나라라는 지리적 조건에서 좋은 의미든 나쁜 의미든 가깝고도 먼 나라, 일의대수, 순망치한, 보차순치의 관계로 표현되어왔다. 그러나 이러한 관계는 19세기 중반 서력동점의 제국주의 시대를 맞이하면서 급변하게 된다.

전통적으로 쇄국 체제를 고수하여왔던 한국과 일본이 서양 제국주의 국가의 집중적인 침략 대상이 되면서, 조선 말기의 한국은 문명개화와 국제 조류에 뒤떨어져 근대화에 실패하였으나 일본은 메이지유신을 통해 근대국가로의 출발을 서둘러 절대주의 천황제를 확립하였고, 19세기 말엽에는 동양에서 유일하게 제국주의 국가로 성장하게 되었다.

이렇게 되자 일본은 오래된 양국 관계를 파기하고 한국을 침략하고자 하는 야욕을 드러냈으며, 결국에는 한국과 일본의 관계를 피지배와 지배의 관계로 바꾸어버렸다. 일본의 한국에 대한 인식 변화는 1910년 한국을 식민지로 지배하면서 더욱더 고착되었고, 침략 의식이 지배 의식과 영토 의식으로 확대되면서 한국을 일본의 일부분으로 동화시키려는 민족말살정책으로까지 치닫게 되었다.

이러한 일본인의 한국에 대한 인식 변화는 반복적으로 일본의 침략을 받으면서도 선린 외교를 버리지 않았던 한국인의 일본에 대한 인식의 기본 틀을 결정적으로 파기하는 계기로 작용했다. 그래서 전통적으로 일본에 대해 왜이관(倭夷觀)을 고수하던 한국인의 일본에 대한 인식은 침략 국가관으로 고정되어갔다.

2. 식민지 시대 일본인의 한국 인식

1910년 이전 일본인의 시점 왜곡: 침략 대상국관

근대 일본의 대외 인식의 기조(基調)는 국권론이다. 에도막부 말기부터 일기 시작한 국권론은 외부, 즉 서양으로부터 받는 압박을 외부로 돌리는 억압 이양의 성격을 띠고 있었다.

대외적으로 국권론을 편 최초의 인물은 에도막부 말기의 존왕론자 요시다 쇼인이다. 앞에서 살펴보았듯이 요시다는 조선을 제압한 다음에 만주와 중국을 삼키고 인도까지도 침략해야 한다고 역설했다.

국권론의 실천적인 논의는 메이지유신 이후에 구체화되기 시작하였다. 요시다의 제자인 기도 다카요시는 1869년 조선의 외교 문서 거부 사건이 일어났을 때, 조선에 사절을 파견해 '무례함'을 꾸짖고, 만약 불복할 때에는 '그 죄를 따져 공격을 감행'할 것을 정부에 건의하며 조선 침략을 주장했다(日本史籍協會 編, 1967: 159~160). 이것이 결국은 정한론으로 발전하여 유신 정부 내의 권력투쟁으로 비화되고, 우선은 내치 우선파가 승리하나 일본의 조선에 대한 침략 야욕은 변함이 없었다.

1888년 근대 일본 육군의 기초를 닦은 야마가타 아리토모는 같은 요시다의 제자인 수상 이토 히로부미에게 군사 의견서를 냈다.

> 무릇 우리나라의 정략은 조선이 지나와의 관계를 완전히 끊고 자주독립국가가 되게 함으로써 서양의 열강이 자신들의 이익을 위해 조선을 침략하는 것을 방지하는 데 있다(大山梓 編, 1966: 175).

조선을 중국으로부터 분리하려는 야마가타의 의도는 앞에서 자세히 살펴보았듯이 1890년 '주권선', '이익선' 연설에서 명확히 드러났다. 조선은 일본 제국주의의 '주권선'을 지키기 위해 반드시 침략해야 하는 '이익선'이었다. 일본 제국주의의 '주권선'과 '이익선'은 침략 전쟁이 진행됨에 따라 조선과 대만에서 만주, 중국, 몽고, 시베리아를 거쳐서 결국은 동남아시아와 태평양으로 확대되어 영토 확장의 무한 전쟁의 바탕이 된다.

문명관의 왜곡: 야만국관

역사적으로 보면 한국인과 일본인은 근대를 기점으로 서로에 대한 우월감이 교차하는 양상을 보인다. 근대 이전에는 한국인이 일본에 대해 문화적 우월감을 가지고 있었고, 근대 이후에는 일본인이 근대 문명의 선진국임을 자부하며 한국에 대한 우월감을 품게 되었다. 그리하여 일본은 한국에 대한 문명국 의식을 노골적으로 드러내며 고착시켜 나갔다.

일본인의 문명국 의식은 앞에서 살펴보았듯이 후쿠자와 유키치가 선구적이다. 후쿠자와는 『서양사정(西洋事情)』(1868~1870), 『학문을 권함』, 『문명론의 개략』 등의 많은 저서에서 일관되게 서양을 문명국, 동양을 야만국으로 보는 이원론적인 관점을 반복하며, 한결같이 일본이 나아갈 길이 서양을 배우는 것에 있다고 주장했다.

후쿠자와의 이러한 아시아관은 조선에 대해서는 더욱 혹독하여, 1875년 정한론이 비등했을 때 조선 인식의 편향성을 숨기지 않았다.

> 조선은 아시아 주 중의 하나의 소야만국(小野蠻國)으로 그 문명의 정도는 우리 일본에 까마득히 미치지 못한다고 볼 수 있다. 이 나라와 무역해 이(利)를 얻을 수 없고, 이 나라와 통신하여 이로울[益] 리 없다. 그 학문이 취할 만한 것이 없고 그 병력 또한 두려워할 만한 것이 없으며, 그 위에 설사 그쪽에서 내조(來朝)하여 [우리의] 속국이 된다 할지라도 기뻐할 만한 것이 못 된다(福澤諭吉, 1875b).

후쿠자와의 목적은 오로지 일본이 서양을 배워 따라잡고, 서양과 '병렬의 관계'에 서는 것이었으므로 '소야만국'에 불과한 조선은 안중에도 없었던 것이다. 이것은 그대로 민중에게 전파되어 일본인의 국민적인 잠재의식에 뿌리 깊이 자리 잡게 된다. 그리하여 조선 및 조선인에 대한 야만관은 멈출 줄을 모르고 전 방위로 퍼져나갔다.

온돌의 축조는 이 조선의 가혹한 추위를 견뎌내기 위한 필요성에서 나온 발명품이다. 사방 몇 자의 온돌방에서 하릴없이 누워 있어야만 하는 고통을 벗어나기 위해서라도 조선인들은 무엇인가로 소일할 수밖에는 없다. [이러한 상황에서] 도박, 술타령, 황음, 게으름 등의 악습관이 생겨나는 것은 자연의 이치이다. 이미 이러한 악습관에 익숙해진 그들은 남이 일한 결과를 빼앗아 또다시 악습관에 만족하려 하는 성정을 갖게 된다. 이렇게 해서 교언, 음모, 술책, 절도, 기만, 비방이 성행하게 되고 국민의 원기가 쇠퇴해져서 강한 이웃 나라의 침략에 대항할 힘을 잃어버리고 사대주의로 흘러버린 것이다(白田二荒, 1911: 8).

일본인의 동양 및 조선에 대한 야만국관은 1894년의 청일전쟁 이후 중국에 대한 멸시 의식과 우월감에 편승해 더욱 확산되었다. 청일전쟁에서 승리한 일본은 종래의 중국관을 바꾸어버렸다. 더구나 조선을 중국의 속국 혹은 아류(亞流) 정도로 보아, 중국으로부터 분리하여 침략할 대상으로 관점을 고정시켜온 일본 제국주의는 조선에 대한 야만국관을 전략적 차원에서도 확산시킬 필요가 있었다. 일본인의 조선인에 대한 야만인관은 끝을 모르고 치달아 급기야 조선인을 박람회에 '학술 표본'으로 '전람(展覽)'하는 만행까지도 서슴지 않았다. 이는 정작 일본인 스스로가 후안무치의 '야만인'임을 증명하는 행위였다(『大阪朝日新聞』1903. 3. 1).[1]

---

[1] 1903년 3월부터 7월까지 오사카(大阪)에서 개최된 일본의 권업 박람회(勸業博覽會)에서는 학술 인류관(學術人類館)이 설치되어 살아 있는 실제의 아이누인, 오키나와인, 타이완 원주민, 조선인 등 32명을 '학술 표본(學術標本)'으로 '전람(展覽)'했다. 처음에는 청인도 '전람'할 예정이었으나, 청나라 공사관의 항의로 중단되었다. 재일 조선인의

이러한 한국관은 식민지 시대 각종 신문, 잡지, 저서, 공문서, 기록, 조사 등에서 통계, 체험담, 기행문, 사이비 학문의 형태로 널리 유포되어 일본인의 한국에 대한 고정관념으로 굳어져버렸다. 이것은 일본인의 한국인에 대한 인식을 대표하는 '조센징 의식(朝鮮人意識)'으로 집약되어갔다.

3·1독립운동 이후 조선총독부는 한국 지배를 원활하게 하기 위해 소위 문화 통치를 내세우며 한국에 대하여 체계적인 조사 사업을 벌인다. 이중에 조선총독부 조사 자료 제20집 『조선인의 사상과 성격』(조선총독부 촉탁 무라야마 지준村山智順 조사)은 한국인의 민족성을 방종, 사치, 낭비, 사행심, 표면적이고 형식적임, 부화뇌동, 모방성, 무기력, 겁나(怯懦)함, 회색, 보신적(保身的)이고 이기적임, 진지하지 않음, 감격성의 빈약, 의뢰심, 신의 부족, 독립심의 부족, 우둔, 성실성이 없음, 절실하게 느끼지 않으면 변하지 않는 민족, 자살이 많은 민족(姜東鎭, 1981: 42) 등 부정적으로 나열하며 헐뜯고 있다.

이것은 한국인의 민족성이 '야만'이므로 주체적으로 독립할 수 없다는 인식으로 흘러간다. 『조선인의 사상과 성격』은 결국 독립 불능론으로 결론을 맺고 있다.

> 조선은 삼천 년 역사를 통하여 어느 시대에나 어느 대국(大國)인가에 일관되게 복종해왔다. 그것이 조선에 고착되어온 사상이기 때문에 조선은 온전한 독립을 유지할 능력을 상실한 것이다(姜東

전람도 격렬히 항의하여 며칠 후 중단되었다. 오키나와인의 전람도 1개월간의 끈질긴 항의 끝에 중단되었으나, 아이누인과 타이완 원주민은 그들을 위해 항의해주는 사람이 없었다고 한다. 이것은 '인류관 사건'으로 불리어 외교 문제로 비화되었다.

鎭, 1981: 43).

1893년 다루이 도키치(樽井藤吉)는 『대동합방론(大東合邦論)』』[2]에서 다음과 같이 말했다.

> 일본의 황통(皇統)은 본래 만세 일계이며 국민들 또한 충성이 더할 나위 없이 깨끗하고 두텁다. 합방의 체제는 그 백성이 서로가 그 나라의 군주를 존봉(尊奉)하게 되어 있으므로 일한 합방을 하면 조선 왕은 조선 국민에게 존경받을 뿐만 아니라 일본 국민으로부터도 따뜻하게 옹호받을 것임에 틀림없다. …… 조선 왕으로서 이 이상 경사스러운 일이 있을 수 있을까. 그러므로 합방의 이익은 일본이 받는 것보다 조선이 받는 것이 훨씬 크다(樽井藤吉, 1983: 78~79).

'한일 합방'이 일본보다도 한국 쪽에 이익이 많다는 단언은 일본 제국주의의 한국에 대한 시혜 의식과 야만국관이 그 뿌리가 얼마나 깊은 것인가를 여실히 보여준다. 실제로 이 『대동합방론』은 당시 일진회(一進會)를 비롯한 친일파 부류에게 깊은 영향을 미쳐, 1909년 이용구(李容九)는 일진회 100만 회원의 이름으로 한국 황제[純宗]와 한국 통감[曾禰荒助] 그리고 내각총리대신 이완용(李完用)에게 합방 청원서를 올렸다. 이 시기 이토 히로부미를 따라서 한국에 들어와 이용구와 내통하며

---

2 『대동합방론』은 이미 1885년에 초고가 작성되었으나, 도중에 분실해 1893년 모리모토 도키치(森本藤吉)라는 필명으로 출판했다. 이 단행본은 한문으로 집필되어 일본인보다도 한국인과 중국인을 노리고 있었음을 알 수 있다.

일진회의 흑막(黑幕)으로 한일 병합에 암약했던 우치다 료헤이(內田良平)가 있다. 우치다는 소위 대륙 낭인(大陸浪人)들을 끌어 모아 '흑룡회(黑龍會)'를 조직함으로써 아시아 침략에 일익을 담당했던 일본 제국주의의 '무법자'의 한 사람이었다. 우치다는 일진회와 이완용 같은 부류들을 가리켜 '국가를 파는 인간'이라 했고, 자신과 같은 병합주의자는 '국가를 사는 인간'이라 호언했다(內田良平, 1930: 576). 우치다는 그후 이용구가 죽자(1912), 그의 아들(이석규李碩奎, 일본명 大東國男)을 일본으로 데려가 돌보아주며 친일 행각을 사주했다.

1906년 니토베 이나조(新渡戶稻造)는 한국을 여행하고 나서 「고사국 조선(枯死國朝鮮)」이라는 기행문을 썼다. 이 글에서 니토베는 한국인의 '야만성'을 강조하려다가 정신이 혼미해졌는지 한국의 현 실태를 원시 시대로 되돌려놓고 있다.

> 한국인의 생활은 옛 아르카디아[Arcadia, 고대 그리스의 이상향]처럼 질박하다. 나는 이들이 천 년 전의 옛날 신대(神代)로 되돌아가 생활하고 있다는 느낌을 받았다. 얼핏 보아 대부분의 얼굴은 신의 모습이 이러할까 할 정도로 염담(恬淡)하고 장엄(莊嚴)하고 또 단정(端正)하다. 그럼에도 표정이란 것이 털끝만큼도 없다. 이들 국민의 용모나 생활 상태를 보면 대단히 온화하고 소박하고 원시적이어서 20세기 혹은 10세기의 백성이 아니다. 아니, 1세기 인민의 수준에도 미치지 못하는 역사 이전 단계에 속한다(新渡戶稻造, 1907: 105).

내친 김에 니토베는 뼛속까지 들어찬 서양인 의식으로 서양적인 지식을 자랑스럽게 남발하며 한국인에 대한 '죽음의 향연'을 펼친다. 니토베는 한국인의 죽음 앞에서 '영국 기대기'로 서양의 인간 군상을 나열한 뒤 서양인의 '만가(輓歌)'를 연주한다.

> 내가 믿거니와 이 나라는 산 자와 죽은 자가 딱 붙어 있어서 무슨 행동이든 열심히 하려는 사람이 없다. 산과 들은 분묘(墳墓)로 가득 차서 내가 지금 지나는 길가에도 봉분(封墳)이 열을 지어 있고, 곧 매장할 관(棺)이 줄지어 있다. 그중의 많은 것이 이미 부패하여 속에 있는 시신이 밖으로 드러나 있다. 그러나 그곳을 지나쳐도 요리크[Yorick]의 두개골을 손에 들고 잠시 묵상하는[셰익스피어 햄릿 제5장 첫 장면] 햄릿[Hamlet]을 찾아볼 수가 없다. 마치 판테온[Pantheon, 르네상스 시대 무덤으로 사용] 신전(神殿)의 회랑(回廊)을 걷고 있는 느낌이나, 이곳에는 [영국의] '마을 사람 햄던[Hampden], 말없이 입을 다문 명예 없는 밀턴[Milton], 국민의 피를 뿌린 죄가 없는 크롬웰[Cromwell]'[로 볼 수도 있는 조선인]의 죽음을 대하고도 그들의 시신을 거침없이 매장하는 사람은 있으나, 고분 사이에 앉아 애가(哀歌)[3]를 읊어주는 그레이[Thomas Gray]가 없다(新渡戶稻造, 1907: 105~106).

마지막에 니토베는 이 글의 제목 그대로 한국을 '말라 비틀어져 죽

---

3 영국의 시인 토마스 그레이의 장시 「시골 묘지에서 쓴 만가(Elegy Written in a Country Churchyard」(1751) 제15연을 인용한 것이다.
   Some village Hampden that with dauntless breast
   The little tyrant of his fields withstood;
   Some mute inglorious Milton here may rest,
   Some Cromwell guiltless of his country's blood(Gray, 1884).

은[枯死] 나라'로 묘사하며 끝을 맺는다.

> 이 나라 인민에게는 아르카디아의 질박함은 있어도 원시시대 인민의 정열이 보이지 않는다. 또한 나는 그들의 풍속으로부터 호메로스[Homeros]의 노래, 혹은 타키투스[Tacitus]의 고대 독일사, 아니면 신선하고 상쾌한 일본의 고사기에 나타나는 야성적인 기백을 떠올릴 수가 없다. 한국인이 이제까지 살아온 풍습은 죽음의 풍습이다. 그들이 민족 단위로 사는 기한은 끝나가고 있다. 또한 그들이 국민으로서 살아가는 역사도 거의 다 지나갔다. 오로지 다름 아닌 죽음만이 이 반도를 지배하고 있다(新渡戶稻造, 1907: 107~108).

일본 제국주의 식민학의 창시자로 불리는 니토베 이나조는 일찍이 미국과 독일에 유학하였고 유학 중에 만난 미국 여성(M. Elkinton)과 결혼했다. 니토베는 1900년에 『무사도(武士道, Bushido: The Soul of Japan)』를 영어로 집필했다. 때마침 러일전쟁 이후 서양의 일본에 대한 관심이 고조되던 시기와 맞닿아 이 책은 일본 소개서로 유명해지면서 니토베의 이름을 서양인에게 알렸다. 이른바 '국제인(internationalist)'이라는 평판을 얻은 니토베는 1920년 국제연맹 사무차장 직위에 올라 1926년까지 재임했다.

그러나 니토베는 자신이 동양인이면서도 일본인의 우월감으로 서양에 '혼(魂)'을 팔아 서양인의 오리엔탈리즘에 봉사한 추악한 동양의 오리엔탈리스트(orientalist)에 불과했다. 한국에 대한 니토베의 시점은 시건방진 '탈아 의식'에서 나온 서양인 의식이었다. 니토베는 자신의 서양인 의식과, 서양적 소양과, 서양적 지식을 과시할 절호의 기회를 잠깐 들렀을 뿐인 한국에서 찾았다. 그리하여 니토베는 여행 중에 수

박 겉핥기식으로 관찰한 한국인의 생활상을 소재로 하여 서양에 기댄 악의적인 자기 만족감을 영문자를 두루 섞어 과시했던 것이다. 이름하여 '부처님 눈에는 부처님만 보이고, 돼지 눈에는 돼지만 보이는' 세계관이었다.

무릇 모든 인간에게 '죽음'은 보편적이다. 한 민족의 '죽음'을 공허한 서양 모방으로 희롱하는 만행은 인간의 보편성에 반역하는 가장 저열한 '야만'인 것이다. 과연 한국인은 일본 제국주의가 주장하는 '근대 문명'이라는 환영(幻影)에 홀려서 니토베 이나조라는 메피스토펠레스(Mephistopheles)에게 '혼'을 팔았던가. 그것에 대한 한국인의 대답은 그 후의 역사가 말해주고 있다.

1930년대 쇼와 유신을 부르짖은 청년 장교들의 정신적 지주였던 국가 개조론자 기타 이키(北一輝)의 한국에 대한 시점도 다른 일본인들과 다르지 않았다. 기타는 1919년 다음과 같은 발언을 했다.

> 일본에 합병되기 이전의 조선은 자결(自決)의 힘이 이미 쇠잔한 80세 노파와 같았고, 병합 이후에는 아직도 자결의 힘이 채 배양되지 못한 10세 소녀와 같다. …… 일본은 부형적(父兄的) 애정과 도덕적 사명으로 조선을 교육해야 한다(北一輝, 1963: 263~264).

일본인의 문명국 의식은 식민지 지배 전 기간을 통하여 한국인 차별의 정신적 근간이 되었고, 한국인에 대한 편견과 멸시 의식의 근거를 제공하는 역할을 했다.

일본인의 왜곡된 문명관은 일본 문화의 우월성을 스스로 내세우며 모든 한국 문화를 '미개'와 '야만'으로 폄하했다. 일본 제국주의는 그들 자신이 가장 야만적인 방법으로 문화 파괴를 자행하면서도 식민지 한국에 소위 근대 문명을 전파시켜 한국을 발전시키고 한국인을 문명인이 되도록 '지도'한다는 시혜 의식으로 일관하였다.

1909년에 한국과 만주를 여행한 문학자 나쓰메 소세키(夏目漱石)는 여행기「한만 소감(韓滿所感)」이라는 글을 남겼다. 이 글에서 소세키는 일본인의 '자기 확인'을 하고 있다. 일본인이 앓고 있던 비굴한 문명관의 자아 분열은 소세키도 예외가 아니었다.

> 유람을 하며 또 하나 느낀 것은 내가 일본인으로 태어나서 다행이라는 자각을 얻게 되었다는 사실이다. 내지에서 몸을 굽히고 조심스레 살고 있을 때는 일본인만큼 불쌍한 국민은 이 세상에 결코 없을 것이라는 생각으로 시종 압박을 받고 있었지만, 한국과 만주로 건너와 우리 동포가 문명 사업의 각 방면에서 활약하며 우월자가 되어 있는 모습을 보고는 일본인도 믿음직한 인종이라는 인상을 머릿속 깊이 새겨 넣었다. 동시에 나는 중국인이나 한국인으로 태어나지 않기를 잘했다고 생각했다. 그들을 눈앞에 두고 승리자가 되어 패기 있게 임무에 임하고 있는 우리 동포는 진실로 운명의 총아(寵兒)라 말하지 아니할 수 없다(夏目漱石, 1909).

페리 내항 이후 근대 일본인은 서양의 압박에 시달리며 서양에 대한 열등감을 내면화시켰다. 또한 일본인은 절대주의 천황제의 질곡에서 오는 내부적인 억압 속에서 울분의 돌파구를 외부로 돌렸다. 메이지유신을 거쳐 그리고 청일전쟁과 러일전쟁을 통해 일본이 소위 '일등국'이 되었다는 자기 환상에 젖은 일본인은 이러한 열등감과 억압에서 빠져나와 자기 우월감을 과시하기 위해 한국과 중국 및 동양에 대한 '야만국관'을 고착시켜나갔다. 일본을 서양과 동일시하여 '탈아 입구'를 지향한 일본인이—서양이 일본을 야만국으로 취급했던 것처럼—서양 이외의 세계에 대해 '야만국관'을 가지게 된 것은 뒤틀린 정신적 착란 상태를 해소하기 위한 '자기 확인'이요, '보상 작용'이었던 것이다.

이와 같은 이중성으로 더럽혀진 근대 일본인의 심상지리는 한국인은 물론 중국인, 나아가 아시아인을 혼란시키고, 당사자인 일본인까지도 자기모순과 자가당착에 빠져 헤어날 길이 없는 미로를 헤매게 했다.

일본인의 서양인 의식: 일본인의 부하 의식

서양 제국주의 국가가 아시아 및 서양 이외의 세계를 식민지로 지배할 때, 서양인의 기본적인 인식의 틀은 인종 우월주의였다. 백인종 우월감은 고정관념으로 굳어져, 소위 「백인의 부하(負荷) 의식(The White Man's Burden)」[4]으로 서양인의 잠재의식 내면에 뿌리 깊이 각인되었다. 18세기 이후 대외 침략에 분주했던 서양인에게 서양 이외의 세계란 '미개의 지역'이었고 '야만의 땅'이었다. 황인종 및 흑인종에게 소위

---

4 영국의 시인이며 소설가인 키플링(Rudyard Kipling, 1907년 노벨 문학상 수상)이 1899년에 쓴 시(詩). 'The United States & The Philippine Islands'라는 부제(副題)가 붙어 있다. 이 시는 1899년 미국의 *McClure's Magazine*(2월 12일)에 발표되었다. 다음은 제1연이다.
Take up the White Man's Burden
Send forth the best ye breed
Go bind your sons to exile
To serve your captives' need;
To wait in heavy harness
On fluttered folk and wild
Your new-caught, sullen peoples,
Half devil and half child(Kipling, 1929).
키플링은 이 시를 당시 미국의 대통령 시어도어 루스벨트에게 보내 영국의 경험을 교훈 삼아 필리핀을 점령, 지배하라고 충고했다고 한다.

복음(福音)을 전파하여 '하느님의 세계[天國]'로 인도하고 문명인으로 개화시키는 것이 백인종의 당연한 '의무'요 '짐[負荷]'이라고 인식하였다. 서양인은 기독교를 앞장 세워서 식민지를 침략하고 도덕의식으로 지배를 포장하였던 것이다.

서양의 동양관은 19세기 제국주의 시대에 와서는 문명 의식과 결합하여 침략으로 구체화되었고, 오리엔탈리즘은 식민지를 침략하고 지배하는 수단이 되었다. 서양인의 오리엔탈리즘은 끊임없이 재생산되고 확대를 거듭해 서양 제국주의 국가의 침략과 지배를 합리화하고 정당화하는 근거를 제공했다. 이러한 인식의 모순과 왜곡이 결정적으로 노출되어 전쟁으로 폭발한 것이 제1, 2차 세계대전이었다. 결국 서양에게 동양은 침략과 지배의 대상에 불과했다.

에드워드 사이드(Edward W. Said)의 발언이다.

> 곧 한편에 서양인, 다른 편에 동양인이 존재한다. 전자는 지배하고 후자는 지배되어야 한다. 지배된다고 하는 것은 보통 자기 나라를 점령당하는 것, 내정을 엄격히 관리받는 것 그리고 피와 재산을 이곳저곳의 서양 열강의 처분에 맡긴다는 것이다(사이드, 2003: 76).

오랜 기간에 걸쳐 서양이 동양을 식민지로 지배하는 근거에는 무력에 의한 군사적 지배 이외에도 뿌리 깊은 문명론이 자리 잡고 있었다.

> 어떤 지역을 현재의 야만 상태에서 구출하고, 그것에 과거의 고전적인 위대함을 회복시키는 것. 근대 서양의 방식을 통하여 동양을 (그 이익을 위하여) 가르친다는 것. 동양을 정치적으로 지배하는 과

정에서 얻은 빛나는 지식에 근거하여 사업을 확대하기 위하여 군사력을 종속적인 위치에 두거나 그 행사를 자제한다는 것. 동양의 정식화 곧 기억 속의 위치나 제국적 전략의 중요성, 유럽의 부속물로서 그 '필연적 역할'을 충분히 고려하여 그것을 위하여 필요한 형태, 아이덴티티, 정의를 동양에 부여하는 것. …… 이러한 것들이야말로 오리엔탈리즘이 투사(projection)된 여러 모습이며 ……(사이드, 2003: 163).

이러한 문명론은 그대로 동양인의 '독립 불능론'으로 연결되어 동양에 대한 서양인의 식민지 지배의 필연성으로 합리화된다. 유태인과 아랍인을 동시에 기만한 밸푸어선언(1917)으로 유명한 밸푸어(Athur James Balpour)가 1910년 6월 영국 하원에서 행한 연설이 그것을 말해준다.

> 무엇보다도 먼저 이 문제에 관한 사실을 살펴봅시다. 서양의 여러 국민은 역사에 그 모습을 나타내자마자 곧 자치의 능력이 있음을 보여주었습니다. …… 그리고 그것으로써 스스로의 진가를 발휘했습니다. …… 당신은 광의의 이른바 동양과 동양인들의 역사 전체를 관찰해볼 수 있을 것입니다. 그러면 그곳에서는 자치가 존재했던 흔적을 전혀 볼 수가 없을 것입니다. 그들의 저 위대한 여러 세기는—오늘날의 우리의 눈으로 보아도 참으로 위대한 것이었음에 틀림없으나—전체주의 곧 절대 정부하에서 지나간 것이었습니다. 문명에 대한 그들의 위대한 공헌은—오늘날까지 아직도 그것이 위대한 것임에 틀림없으나—그러한 정부의 형태 아래에서 만들어졌습니다. 정복자는 정복에 성공했으며, 지배 집단은 교체되었습니다. 그러나 운명이 변하는 어떠한 경우에도 우리가 서

양적 관점에서 자치라고 부를 수 있는 것들을 스스로의 노력으로 확립할 수 있었던 동양의 민족이라고는 단 하나의 민족도 당신은 찾아볼 수 없을 것입니다(사이드, 2003: 71).

메이지유신 이후 일본인의 동양에 대한 인식의 틀은 서양인의 '부하 의식'을 모방한 것이었다.[5] 서양인의 인종 우월주의는 일본인의 동양에 대한 민족 우월주의로 치환되었고, 서양인의 부하 의식은 아시아에 대한 일본의 '지도 의식'과 일본 민족에 의한 '아시아 해방'으로 합리화되었다.

동양에 대한 야만관으로 시작된 후쿠자와 유키치의 사상적 흐름은 이를 잘 대변해준다. 후쿠자와는 이미 1881년 동양에서 일본의 우월성을 역설하여 '동양 열국' 중에 '서양 제국(諸國)을 당할 수 있는 나라는 일본뿐'이므로 '아시아 동방의 보호는 일본의 책임'이라며 일본이 '아시아의 맹주(盟主)'임을 자처했다(福澤諭吉, 1984: 271). 이윽고 아시아에 절망한 후쿠자와의 사상적 귀결점은 1885년 「탈아론」으로 마무리된다.

'탈아 입구'는 근대 일본의 숙원이었다. 일본인은 메이지유신 이후 서양과의 국제 관계에서 수많은 불평등을 강요당하면서도 서양인의 눈에 비친 자신의 모습에 대하여 철저한 열등감을 국민적 잠재의식으로 내면화시켰다. 이렇게 내면화된 열등감을 일본인은 동양에 대한 민족적 우월감과 천황제의 특수성을 합리화하여 해소하려 하였다. 자기를 서양화하여 동양의 서양으로 군림하려 했던 일본인은 자연히 자기

---

[5] 1911년 대일본문명협회(大日本文明協會)는 크로머(Evelyn Baring Cromer)의 저서 *Modern Egypt*를 『최근의 이집트(最近埃及)』란 제목으로 번역하여 간행했다. 그 서문에서 협회 회장 오오쿠마 시게노부(大隈重信)는 '영국의 이집트 경영은 우리의 한국 통치에 참고가 되는 점이 많다.'고 적고 있다. 이러한 인식은 일본인 전반에 확산되어 있었다.

정체성(identity)을 부정하기에 이르렀던 것이다. 이러한 일본인의 열등감은 억압 이양의 무대를 한국, 중국과 동양으로 설정하여 침략으로 표출되었다.

아시아에 대한 침략을 합리화하는 방법의 하나로 국가주의자 도쿠토미 소호(德富蘇峰)는 키플링의 「백인의 부하 의식」을 모방하여 '일본인의 부하 의식'을 자처했다.

> 우리 야마토 민족은 참칭하여 황인종의 수장(首長)이 된 것이 아니다. 야마토 민족의 눈에는 인류는 있지만 인종은 없다. 백인종이나 황인종 같은 피상적인 차별은 입에조차 담지 않는다. 그러나 스스로 원하지 않더라도 세계 2대 인종의 하나인 황인종은 그 누구라도 우리 야마토 민족을 숭배하지 않는 자가 없다. 단지 지나, 조선, 샴[타이] 등의 황인종뿐만 아니라 인도, 페르시아, 아라비아, 이집트, 터키 등 백인종에 가깝거나 그렇지 않거나를 막론하고 각 인종들이 한결같이 야마토 민족에 희망을 맡기려 하고 있다. 나는 일로전쟁이 세계의 표면에 흩어져 있는 백인종 이외의 각 인종에게 엄청난 감화를 주었음을 무시할 수가 없다(德富蘇峰, 1906: 891).

일본인은 동양에서 서양인 역할을 해야 한다는 철저한 서양인 의식 위에서 국제 정세를 파악하고 있었다.

> 일본 민족은 세계의 민족 역사 전람회에서 최우등상을 탈 만한 자격을 갖춘 민족이다. 그 강대한 섭취력에서, 특히 황실을 중심으로 결합할 수 있는 유기체적인 탁월성에서 최고로 존귀한 명예와 권위를 가진 민족이다(後藤新平, 1924: 162~163).

일본 민족 우월론은 동양에 대한 '침략과 지배'를 '지도와 해방'으로 포장하고, 아시아 침략이 일본의 사명이 된다.

> 현재의 세계에는 지나, 인도의 고대 문명이 쇠퇴하고 겨우 유교, 불교가 남아 있을 뿐이다. 그리스, 로마의 고대 문명도 물질문명에 의해 없어졌고, 물질적 서양 문명도 또한 스스로의 결함으로 인해 세계를 풍미했던 위력이 드디어 종말을 고해 단말마의 형상으로 떨어지려 하고 있다. 이러한 때에 신문명을 일으켜 세계 전 인류를 구제하고 영원한 평화를 수립할 수 있는 나라는 일본 황국(日本皇國) 이외에 달리 있을 수 없다. 이러한 중대 임무를 띤 일본은 개벽 이래 안으로 세계에 유례가 없는 문명을 비장(秘藏)함과 동시에 모든 외래 문명을 섭취하면서 서서히 기운이 무르익기를 고대하여왔다. 드디어 때가 왔다. 일본 국민이라면 굉원(宏遠)한 건국의 황모(皇謨)를 떠올려 선천적으로 부여된 대사명을 수행해야 한다(內田良平, 1932: 2).

이것은 시간이 흐를수록 일체의 합리화를 생략하고 국권론을 전면에 내세워 아시아 침략론으로 나타난다. 도쿠토미 소호는 다음과 같이 말했다.

> 아시아는 고루하다. …… 지나의 정치가가 원대한 견식이 없고 분별도 없이 눈앞의 소아(小我)에 매달려서 소리(小理)에 급급하고 있으니 참으로 통탄의 마음을 금할 수가 없다. 지나가 이 지경에 빠지게 된 것에 대해 우리 일본인도 선진국의 일인(一人)으로서 책임을 느끼지 않으면 안 된다. …… 일본이 스스로 하려 하지 않

아도 현재의 정세를 보면 일본 이외에는 대아시아의 맹주가 될 수 있는 나라가 없다. 자연의 힘이 일본으로 하여금 대아시아의 맹주가 되도록 한 것이다(德富蘇峰, 1933: 58~59).

도쿠토미에 이르면 일본이 '아시아의 맹주'가 되는 것은 시혜 의식을 뛰어 넘어 '자연의 섭리'로 둔갑해버린다.

개항 후의 일본은 서양 열강으로부터 수많은 불평등조약을 강요당했고, 그것에 의해 형성된 서양에 대한 열등감과 초조감이 일본인의 심리적인 기저가 되었다. 그것의 만회를 위해 일본은 철저한 서양 모방으로 근대화를 추진하였고, 그 근대화의 과정에서 서양의 방법론을 채용하고 제국주의에 봉사하여 '극동의 헌병' 내지는 '극동의 파수꾼'이라는 역할까지 부여받았다.

그러나 1930년대에 서양 모방과 추수주의(追隨主義)에도 불구하고 서양과 동렬(同列)에 설 수가 없음을 깨달았을 때, 일본 제국주의는 서양에 대한 증오심을 불태우며 일찍이 탈출을 시도했던 아시아로의 회귀를 부르짖었다. 그러나 아무리 '아시아의 해방'을 외쳐도 아시아에는 이미 일본이 들어설 자리가 없었다. 일본 제국주의가 자신을 받아주지 않는 아시아로 다시 돌아올 수 있는 유일한 길은 아시아를 침략하는 것뿐이었다. 그리하여 오도된 궤도에 들어선 일본 제국주의는 '아시아의 해방'을 선전하면서도 아시아와 싸워야 하는 모순을 해결할 길이 없어 1941년 태평양전쟁에 돌입했다. 일본 제국주의의 무한 전쟁, 그것은 일본 제국주의가 스스로 불러들인 자업자득의 외로운 길이었다. 이와 같은 일본 제국주의의 근본적인 모순의 내부에는 항상 이것저것이 뒤섞인 일본인의 정신적 이중성이 내재되어 있었다. 이를 정신분석학자 기시다 슈(岸田秀)는 다음과 같이 말했다.

일본인은 조선인과의 관계 설정에서 자신을 무서운 공격자인 서양인과 동일시하여 일본을 서양화하고 조선을 일본화함으로써 서양과 일본의 관계를 일본과 조선의 관계로 대치하여 재현하려고 시도했다. 서양인과의 관계에서 자기동일성이 위험해진 일본인은 조선인의 자기동일성을 빼앗아 자신의 자기동일성을 재건하려 했던 것이다(岸田秀, 1993: 19).

일본 민족 우월주의에서 나온 일본인의 서양인 의식은 서양인이 비서양인에 대해 가지고 있던 '백인의 부하' 의식을 그대로 모방하여 동양에 옮겨놓은 일본적 오리엔탈리즘의 결과물이었다. 일본인의 동양에 대한 '부하 의식'은 아시아인에 대한 우월 의식으로 고착되었고, 아시아 침략을 '아시아 해방'으로 위장하고 합리화하여 아시아에 대한 침략과 전쟁에 대한 죄의식을 마비시켰다. 일본인의 서양인 의식은 서양인이 선전했던 문명 전파론과 인종차별 의식을 그대로 아시아에 적용하고 강요했다.

근대 문명이라는 '사다리'에 매달려 근대국가가 되자 일본은 아시아에서 서양이 되고 싶었고, 일본인은 동양인이면서 서양인이 되고 싶었다. 일본이 문명국이고 일본인이 문명인이라는 우월감은 이러한 염원을 고착시키고 왜곡시켜 아시아에 대한 심상지리를 형성하여갔던 것이다.

지정학적 관계의 갈등과 보복: 식민지사관

일본은 지정학적으로 변방의 섬나라였기 때문에 역사적으로 한국과 중국으로부터 많은 문화를 받아들였다. 동아시아의 문화적 흐름에서 일본은 항상 한국과 대륙을 향한 지향 의식을 나타냈다. 이것은 일본인에게 긍정적으로는 향일성(向日性)의 문화 지향으로 나타났고, 부정적으로는 침략 야욕으로 구체화되었다.

이 과정에서 쓰루미 순스케(鶴見俊輔)가 지적하듯이 한국 및 중국으로부터 들어온 외래문화는 '현시적(顯示的) 문화'가 되고 일본의 전통적인 문화는 '묵시적(默示的) 문화'가 되었다. 그리하여 현시적인 것은 열등감으로 고착되고, 묵시적인 것은 국수적이고 배타적인 정신이 되어 일본인의 내면성을 형성하였다(鶴見俊輔, 1984: 27~30). 일본인의 열등감과 국수주의의 결합은 외부적 문화 지향성과 동시에 침략주의를 겸비하는 이중성을 형성하게 되었다.

메이지유신 이후 일본은 제국주의 국가로 성장하면서 이 두 가지 양상의 잠재의식이 외부 표출을 구체화하기 시작하였다. 한반도 및 중국 대륙을 향한 지향 의식과 열등감은 서양에 대한 모방 의식과 열등감으로 대체되었고, 이것이 다시 동양을 향할 때에는 침략 야욕과 우월감으로 현실화되었다.[6]

---

6 일본인의 열등감은 정신적인 면만이 아니라, 육체적인 면에서도 뿌리 깊이 각인되어 있었다. 다음의 인용이 말해준다.
'서양이나 중국과 한국에 대한 열등감은 문명뿐만이 아니라, 육체적인 면도 뒤섞여 있었다. 당시 평균적인 '일본인'의 체격은 서양인은 물론 타이완의 한족이나 한국인보다도 작았다. 타이완총독부 민정국장이던 미즈노 준(水野遵)은 1899년 중국과 한국을 돌아보고 '체격으로는 도저히 한국인을 당하지 못한다.'고 인정한 후 '일본인이 전승국의 문명인이라고 몹시도 거들먹거리는 것이 부끄럽다. …… 조그만 남자가 헌팅캡[鳥打帽子] 같은 것을 쓰고 의기양양 걸어가고 있는 모습을 보면 우리 일본인이 보더라도 가소로운데 하물며 외국인이 보면 열등 동물이 기어가는 것 같을 것이다.'라고 실토했다(水野遵, 1900, 「支那朝鮮漫遊談」, 『臺灣教會會報』 19號: 4, 8).
또한 동화 노선에 비판적이었던 니토베 이나조도 의화단사건 진압을 위해 출병한 서양 열강의 병사들과 비교하여 '우리 병사들이 다리는 짝달막하고 윗몸은 긴데 머리통만 큼지막해 정말로 볼품이 없지만 전쟁에 이기기만 하면 다리가 짧아도 상관없다.'고 말했다(新渡戶稻造, 1901, 「教育雜感」, 『臺灣教育會雜誌』 2號: 10).
미즈노와 니토베는 육체적인 면에서 뒤떨어지는 것을 인정하면서도 일본 정신과 천황

식민지 시대에 한국에 대한 일본인의 이중성은 역사적 관계에서 오는 열등감의 보상 의식과 복수 의식으로 구체화되었다. 문화 전수자로서의 한국의 역할은 '문화적 교량(橋梁)'으로 폄하되고, 한국의 역사는 중국과 일본의 역사에 부수적이고 추수적인 비주체적 역사로 왜곡되었다. 이것이 한국의 역사를 전면적으로 재구성하고 왜곡하고 날조한 식민지 사관이다. 한국에 대한 일본인의 이러한 인식은 한국인에게 일본인에 대한 뿌리 깊은 배신감과 불신감을 각인시켰다.

일본이 아시아 연구를 위하여 학회와 조사 기관을 조직하기 시작한 것은 1900년대 초반이었다. 1903년에 타이완총독부에 있다가 귀국한 니토베 이나조가 교토제국대학(京都帝國大學) 교수가 되어 법과대학에 식민지론 강좌를 개설한 것을 시작으로, 1907년 도호쿠제국대학(東北帝國大學) 농과대학, 1909년 도쿄제국대학(東京帝國大學) 법과대학에 식민지학 강좌가 개설되었고, 1910년에 식민지학회가 설립되어 아시아 식민지 각국에 대한 연구가 성행했다. 이러한 연구가 유행한 배경에는 '아시아의 후진성'과 '야만성'을 날조하여, 상대적으로 일본 문화의 우수성과 민족적인 우월성을 입증하고 선전하려는 제국주의적 목적이 있었다.

에 대한 충성심에서는 일본인이 뛰어나다고 주장하고 있다. 그러나 문명이나 체격에 대한 열등감은 거꾸로 드러내놓고 군사력과 폭력에 의존하는 심리를 가속시켰다. 니토베가 '전쟁에 이기기만 하면 다리가 짧아도 상관없다.'고 말한 것에 대해서 미즈노는 더욱 노골적이어서 육체적인 면에서는 한국인에게 뒤떨어진다는 것을 인정한 후 '한국인에 대해서는 …… 강간적(强姦的)으로 하면 성공할 것이나 화간적(和姦的)으로 하면 만사에 실패한다.'고 주장하고 있다. 문명의 혜택이나 경제개발이라는 '화간적'인 형태로 지배를 해서는 권위가 서지 않는다는 초조감은 폭력에 의지하여 일본 정신과 충성심을 강요하는 '강간적'인 노선으로 선회하게 했던 것이다.'(小熊英二, 2003: 90). 이와 같은 일본인의 심상지리는 일본 제국주의의 한국에 대한 식민지 지배야말로 프란츠 파농(Frantz Fanon)이 말한 '강간'(ファノン, 1969: 147)이었음을 말해준다.

일본인의 한국에 대한 식민지학 연구는 더욱더 열성을 보여, 1908년 남만주철도주식회사에 아시아 각국의 경제 사정과 세계정세를 조사할 목적으로 동아경제조사국이 설치되었다. 이때 시라토리 구라키치(白鳥庫吉)는 만철 총재 고토 신페이(後藤新平)를 설득하여 만철 도쿄 지사에 만선(滿鮮) 역사지리 조사실을 만들었다. 여기서 시라토리 구라키치를 중심으로 『조선 역사지리』, 『만주 역사지리』 등의 서적을 발간했는데, 소위 '만선사(滿鮮史)'를 날조해 한국 역사를 타율성의 역사로 깎아내렸다. 이때 동원된 일본인 학자는 야나이 와타리(箭內亘), 이케우치 히로시(池內宏), 마쓰이 히토시(松井等), 쓰다 소키치(津田左右吉), 이나바 이와키치(稻葉岩吉) 등이다. 이러한 작업들은 1924년에 설립된 경성제국대학(京城帝國大學)[7]으로 이관되어, 이후 이 대학은 한국인에 대한 '황국신민'의 식민지 교육과 식민지 한국 연구의 총본산으로 자리

---

[7] 경성제국대학의 성격에 대해서는 이 학교 출신 일본인의 다음과 같은 회고로 짐작이 간다.
'조선은 말할 것도 없이 고대의 옛적부터 일본보다 선진국이었고, 일본보다 일찍부터 국가 체제를 정비하여 전통적인 민족문화를 지켜왔다. 그것이 어쩌다 일본의 지배 아래에 들어갔으므로 민족적 저항이 격렬하여 식민지로 일본이 지배하는 것은 곤란하기 짝이 없었음은 말할 것도 없다. 그러므로 일본의 지배를 정당화하기 위해서는 적어도 '일선 일체(日鮮一體)', '일선 동조(日鮮同祖)'론과 같은 지배 이데올로기가 필요했다. 이 점은 교육정책에서도 확실한 선을 그어놓자는 것이 일본 정부의 방침이었다. 경성제국대학 설립은 타이완과 비교할 때 정책적으로 급속하게 진행되었다고 보아야 할 것이다. 이렇게 설립된 경성제국대학이 조선에서 민족운동의 모체가 되는 것을 두려워 한 조선총독부는 대학의 규모가 커지는 것을 엄격하게 제한함과 동시에, 별도의 대학 규정을 정해 대학령(大學令)보다도 강한 규제를 이 대학에 가하고 있었음은 학칙 제1조에 확실하게 나타나 있다.'(泉靖一, 1970: 153)
경성제국대학 학칙 제1조는 이 대학의 목적을 '국가에 필요한 학술의 이론 및 응용을 교수(敎授)하고, 이와 더불어 그 온오(蘊奧)를 공구(攻究)하여 특히 황국의 도(道)에 기반을 둔 국가사상의 함양 및 인격의 도야에 유의함으로써 국가의 주석(柱石)이 되기에 충분한 충량 유위(忠良有爲)의 황국신민을 연성(鍊成)하는 데 힘쓴다.'로 규정하고 있다. 결국 경성제국대학의 목적은 '황국신민'의 양성에 있었다.

잡게 된다.

이러한 활동들은 나름대로의 성과를 거두어 1907년 아사미 린타로(淺見倫太郎)가 『삼국사』와 『고려사』를 출판했고, 또한 도쿄제국대학에서 『삼국유사』, 『교정 삼국사기』를 간행했다. 1911년 조선잡지사가 고서간행회를 조직하여 『조선 전적 대계(朝鮮典籍大系)』의 간행을 추진했다. 조선사학회는 『조선사 대계』를 출판했고, 조선총독부는 한국의 고문헌을 모아 『조선 도서 해제』를 간행했으며, 경성제국대학이 『이조실록』을 영인 출판했다.

이 외에도 아오야기 쓰나타로(靑柳綱太郎)의 『조선 종교사』(1911)와 이마무라 도모(今村鞆)의 『조선 풍속집』(1914)이 출판되었다. 그리고 그 후 무라야마 지준의 『조선의 귀신』(1929), 『조선의 풍수』(1931), 『조선의 점복(占卜)과 예언』(1933)이 출판되었으며, 한국과 한국인에 대한 식민지 지배와 대륙 침략 정책의 수행을 위한 민속 조사도 자행되었다. 학문의 허울을 쓴 이러한 문화 침략에 대해 중국인이 탄식한 것도 결코 우연이 아니었다.

> 생각해보면 청일전쟁 전에는 '조선학'이 있었고 결국 조선은 멸망했다. 러일전쟁 전에는 '만선학(滿鮮學)'이 일어나 랴오둥(遼東)을 잃어버렸다. 9·18[만주사변] 이전에는 '만몽학(滿蒙學)'이 있어 동북4성(東北四省)이 멸망했다. 오늘날 일본인은 또다시 '동양학'을 소리 높이 외치고 있다. 아아, 위기는 눈앞에 다가와 있다. 내일의 동아는 누구의 수중에 떨어질 것인가 살펴보라. 원컨대 우리 국민이 깨어나기를(馮家昇, 1936: 6).

일본 제국주의는 한국 역사를 재구성하여 식민지 사관을 구축하려는 음모를 1910년 한일 병합 직후부터 조선총독부를 중심으로 정부 차원에서 획책하였다. 한일 병합으로 한국 통감에서 조선 총독으로 자리를 옮긴 데라우치 마사타케(寺內正毅)는 취임 초 '조선에 가장 적절한 시정(施政)을 베푼다.'(朝鮮總督府朝鮮史編修會, 1938: 1)는 명목으로 총독부 산하에 조사국[取調局]을 설치하여 한국의 구관 제도(舊慣制度)를 조사하게 하였고 아울러 조선사의 편찬을 계획했다.

1915년 상하이임시정부에서 박은식(朴殷植)이 『한국 통사(韓國痛史)』를 발간하여 한국인 사이에 엄청난 반향을 일으키게 되자, 이에 당황한 조선총독부는 조선사의 편찬을 서둘러 소관 업무를 중추원(中樞院)으로 이관하고 조선사 편찬과(編纂課)를 설치했다. 그러나 이것으로도 편찬 작업이 순조롭지 못하자 조선총독부는 1922년 12월 총독부 훈령 제64호로 조선사 편찬위원회 규정을 공포하여 아리요시 주이치(有吉忠一) 정무총감을 위원장으로, 이완용, 박영효, 권중현을 고문으로 하는 조선사 편찬위원회를 구성하였다.

처음부터 조선사 편찬 작업을 주관하며 체계를 세운 사람은 구로이타 가쓰미(黑板勝美)였다. 구로이타는 도쿄제국대학에서 1896년부터 20년 동안 『대일본 사료』와 『대일본 고문서』를 편찬한 경험이 있어 이 방면의 권위자로 알려진 인물이다. 구로이타가 수립한 편찬 방침에 따라 실제로 편찬 작업을 주도한 인물은 간사인 이나바 이와키치였다. 이나바는 만선사관(滿鮮史觀)을 날조해낸 대표적인 인물이다.

조선사 편찬위원회는 다시 '인재의 동원과 재정의 확보'를 위해 일본 제국주의 정부가 직접 관할하여 1925년에 칙령(勅令) 제218호로 조선사 편수회로 확대 개편되었다. 이때 도쿄제국대학 교수 구로이타와 하토리 우노키치(服部宇之吉), 교토제국대학 교수 내이토 도라지로(內藤虎次郎) 등이 고문으로 위촉되어 편찬을 지휘하게 되었다. 이윽고 조선사 편수회는 1931년 인쇄를 시작하여 1937년 35권의 『조선사』와 3권의 『조선 사료 집진(朝鮮史料集眞)』을 출판했다.

1910년부터 시작하여 1937년에 완결되기까지 27년간에 걸친 일본 제국주의의 조선사 편찬의 목적은 「조선 반도사 편찬 요지」에 그대로 드러나 있다.

> 백반(百般)의 제도를 쇄신하여 혼돈된 구태를 개혁하고 각종 산업을 진흥시켜 빈약한 민중을 구제하는 일은 조선의 시정상(施政上) 당면한 급무라 할 수 있다. 또한 이러한 물질적인 경영에 노력함과 동시에 교화(敎化), 풍기(風紀), 자선(慈善), 의료(醫療)에도 적절하게 조치를 취하고 조선 백성의 지능과 덕성을 계발하여 이들을 충량한 제국 신민으로서 부끄럽지 않은 지위로 이끌도록 해야 할 것이다. 이번에 중추원에 명하여 조선 반도사를 편찬한 것도 민심 훈육(民心薰育)의 일단(一端)에 부응하기 위한 취지와 다름이 없다. 일반적으로 식민지 통치를 논하여 말하는 사람들은 걸핏하면 식민지 인민을 교육하고 식견을 높여주는 것은 모국에 대한 충순한 사상을 함양시키기보다는 오히려 불평과 반항의 기풍을 조장하는 결과로 끝나고 마는 것이 상례라고 주장한다. 또한 지금 그들에게 옛날부터 지금까지의 조선의 역사를 펼쳐보도록 편의를 제공하는 것은 그로 인해 구태를 회상할 자료를 제공해주는 일에 불과한 것이라고도 말한다.
> 그러나 이러한 견해는 과거 구미(歐美)의 일반적인 식민지에서나 볼 수 있었던 사례를 들어 조선의 경우를 논하려는 편견일 뿐이다. 저들의 경우 모국과 식민지는 지세가 멀리 떨어져 있고, 인종 또한 근본적으로 상이하여 영구히 종주국과 속국으로 나뉘어 도

저히 동화 융합할 수 없는 사정에 있는 것이다. 그러므로 모국은 식민지의 이익을 거두어들이는 것에 급급해, 식민지의 행복을 도모하는 일에는 여유가 없었다. 식민지 또한 모국[지배국]과 경조화복(慶弔禍福)을 함께하고 싶은 친밀감이 생겨날 리가 없는 것은 자연의 이치이다. 이에 반하여 제국 일본과 조선은 강역이 서로 인접하여 있고 인종이 서로 같으며, 제도 또한 쌍방이 서로 떼어놓을 수 없을 정도로 비슷해 서로 섞여 하나의 영토(領土)를 구성하고 상호 간에 이해 휴척(利害休戚)을 함께하여왔다. 그러므로 조선인을 방치하여 그들이 하루가 다르게 새롭게 변해가는 세계의 대열에서 낙오하는 것을 돌아보지 않음은 원래부터 국가의 기초를 공고히 하는 소이(所以)가 아닌 것이다. 하물며 그들을 무지몽매의 지경에 묶어놓으려 하는 것은 오늘날과 같은 시대에는 전혀 불가능한 일이다.

오히려 어디까지나 그들을 교화하여 인문의 영역으로 나아가게 하고 일치 합동의 단합된 힘으로 제국의 전도(前途)에 융성을 도모하게 함은 만세(萬世)의 양책(良策)으로, 병합(倂合)의 큰 뜻이 실로 여기에 있다 할 것이다. 그러므로 이미 조선의 인민을 교화함을 목적으로 하는 이상 처음부터 그들의 이목을 가리는 계책으로 나가서는 안 될 뿐만 아니라, 더욱더 교화의 본뜻이 어디에 있는가를 분명하게 밝혀두지 않으면 안 될 것이다.

조선인은 여타 식민지의 야만 반개(野蠻半開)한 민족과 달라서 독서와 문장에서 조금도 문명인에 뒤지는 것이 없다. 고래로 사서(史書)가 많고 또 새로이 저작에 착수된 것도 적지 않다. 그러나 전자는 독립 시대의 저술로 현대와의 관계를 빠뜨리고 있어 헛되이 독립국 시절의 옛꿈을 추상(追想)하게 하는 폐단이 있다. 또한 후자는 조선 말기의 일청·일로 간 세력 경쟁을 서술하며 조선의 나아갈 바를 주장하는 것들이거나, 혹은 『한국 통사』라고 일컫는 한 재외 조선인[朴殷植]의 저서와 같이 진상(眞相)은 규명하지 않고 함부로 망설(妄說)을 드러내고 있는 것들뿐이다. 이러한 사적(史籍)들이 인심을 현혹시키는 해독은 실로 말로써 이루 다할 수 없다.

그렇다고 하여 이를 절멸(絶滅)시킬 방책만을 강구하는 것은 헛되이 힘은 들고 성과는 없는 것이 될 뿐만 아니라, 오히려 그 책이 널리 퍼져나가도록 장려하는 일이 될지도 모른다는 점을 헤아리지 않으면 안 된다. 오히려 구사(舊史)의 금압(禁壓) 대신 공명 적확(公明的確)한 사서(史書)로 대처하는 것이 보다 빠른 길이고 또한 그 효과가 현저할 것임은 말할 것도 없다. 이것이 조선 반도사 편찬이 필요한 주된 이유이다. 만약 이러한 서적의 편찬이 없다면, 조선인은 무심코 병합과 관련 없는 고사(古史) 또는 병합을 저주하는 서적만을 읽는 일에 그칠 것이다. 그러한 세월이 점점 길어져 눈앞에 다가오는 새로운 세계를 외면한다면, 오늘의 밝은 세상이 첫째로 오로지 병합의 은혜에서 비롯된 것임을 망각하고 부질없이 구태만을 회상하여 도리어 진보의 기력을 상실할 우려가 없지 않은 것이다. 이와 같이 된다면 어찌 조선인 동화의 목적을 달성할 수가 있을 것인가(朝鮮總督府朝鮮史編修會, 1938: 4~6).

일본 제국주의의 『조선사』 편찬은 한국인으로 하여금 '병합의 은혜'를 깨닫게 하여 한국인을 일본인에 동화시키는 데에 목적이 있었다. 한국의 역사를 날조하고 재구성하여 한국인의 주체적인 역사관을 부정함으로써 한국인의 독립 의지를 말살하려 한 것이다. 이것은 일본 제국주의의 한국 역사에 대한 열등감의 발로였으며, 학문의 이름으로 자행한 문화 파괴였다.

일본 제국주의의 식민지 사관 구축은 문화 전수자인 한국인의 '은혜'에 대해 일본인이 '망은'으로 되돌려준 문화적인 배신 행위였다. 이것이야말로 제국주의 국가가 한 나라를 침략할 때 물리적 힘에 의한 군사적 지배 이외에도 문화적인 침략이 얼마나 사악한가를 증명하는 대표적인 사례인 것이다. 또한 문명인을 자칭하는 지배 민족이 자행하는 야만적인 문화 파괴가 피지배 민족에게 얼마나 많은 정신적 고통과 상흔을 남기는가를 기록으로 보여주는 만행인 것이다. 결국 한국 역사에 대해 식민지 사관을 구축한 것은 일본 제국주의 스스로가 '야만국'임을 폭로한 증거로 남을 수밖에 없다. 그러나 식민지 사관의 폐해는 실로 그 뿌리가 깊어, 독립 후의 한국 사회에 그 잔재가 남아 오늘날까지도 식민지 근대화론의 형태로 존속되고 있다.

일본인의 민족적 우월감: '황국신민화'와 '내선일체'

일본 제국주의의 한국에 대한 식민지 지배 정책은 동화정책과 내지 연장 정책이었다. 이것은 한국인을 일본인으로 만든다는 한민족 말살의 의미와 한국을 일본의 영토로 한다는 의미였다. 이 두 가지 목표의 달성을 위해 일본 제국주의는 '황민화'와 '내선일체'를 지배 이념으로 채택했다. 이 과정에서 일본인은 한국에 대한 식민지 지배가 일본인이라는 '우수한 민족'이 한국인이라는 '열등한 민족'에게 베푸는 은혜라는 시혜 의식을 내재화했다.

일본 제국주의의 한국 통치의 소위 '대정신(大精神)'은 1910년 8월 29일(한국에서는 국치일이라 부른다)의 한일 병합 직후 천황의 이름으로 나온 「병합(倂合)의 조서(詔書)」에 나타나 있다.

> 민중은 직접 짐의 수무(綏撫)하에서 그 강복을 증진할 것이며
> …… 짐은 특히 조선 총독을 두어 짐의 명령에 따라 육해군을 통
> 솔하게 할 것이며, 또한 제반 정무(政務)를 통할하게 할 것이다(朝
> 鮮總督府, 1924: 1).

라고 하여 한국인을 일본 천황의 직접 통치를 받는 소위 '황국신민'으로 자리매김한다는 방침을 선언했다. 1919년 3·1운동 이후에 나온 「제도 개정의 조서」에는 이것이 더 구체적으로 나타난다.

> 짐은 일찍부터 조선의 강녕(康寧)을 염두에 두어 그 민중을 애무
> 하기를 일시동인(一視同仁)하고, 짐의 신민으로서 추호의 차이를
> 두지 않았으니, 조선 민중은 각자 그 있는 바를 얻어서 평안함을
> 누리고 한결같이 휴명(休明)의 혜택이 있기를 바란다(朝鮮總督府,
> 1924: 2).

 3·1독립운동이라는 한국인의 민족적 저항에 부닥친 일본 제국주의가 완화책으로 내세운 것이 '일시동인', 즉 '내선일체'였다. 이후 역대 총독들은 이 두 개의 조서에 나타난 소위 '성지'를 받들어 동화정책의 다른 이름인 '황국신민화'와 '내선일체'를 강력하게 추진해갔다.
 지배 이데올로기로서의 '황민화'와 '내선일체'는 그 근저에 일본 민족의 우월성을 전면에 내세워 식민지 한국을 지배하는 데 어디나 통하는 권위와, 한국인을 정치·경제·사회·문화 전반에 걸쳐서 규정하는 억압 기조(抑壓基調)로서 행동 규범이 되었다.
 '황국신민화'와 '내선일체'는 동화정책의 가장 중요한 두 기둥으로 이 둘은 혼연일체(渾然一體)를 이룬다. '황국신민화'가 주로 도덕적 규

범으로 정신면을 강조하여 한국인의 충성을 강요한 것이라면, '내선일체'는 한국인과 일본인이 '동조동근(同祖同根)'이라는 미명으로 역사적인 혈연관계를 합리화하여 한국 지배를 정당화한 것이다.

즉 '황국신민화'란 '조선 민족 이천오백만 전부가 국체의 본의(本義)를 투철히 하여 철저하게 황국신민적 수양 연성(修養鍊成)을 실천 궁행하는 것'이며, '내선일체'란 '선조대(先祖代)의 혈연적 연계성에 기반을 둔 필연적이고도 발전적인 환원'(朝鮮總督府, 1944: 15~25)이라고 선전했다. '황국신민화'가 도덕적·정신적 지배 논리인 반면, '내선일체'는 역사적 정당성을 주장하는 지배 논리였다. 그리고 이 두 가지 지배 이데올로기는 천황에게 귀일함으로써 완결된다고 했다. 그러나 '황국신민화'는 '팔굉일우의 현현(顯現)'으로 무한 확대를 계속하면서, 자기 방어와 자기 폐쇄성을 내포한 '국체의 명징'을 내세워서 이민족에 대한 배타성을 노골적으로 드러냈다. 또한 '내선일체'는 '동조동근'의 이면에 순혈론을 내포하여 일본 민족의 우월성을 명백히 했다.

그리고 '황국신민화'와 '내선일체'의 논리는 원인과 결과의 인과관계와 상호 보완의 대응 관계를 구축하여 형식과 내용을 형성해갔다. 소위 '황국신민화'의 논리는 '황국신민의 서사(誓詞)'[8]와 '창씨개명(創氏

---

[8] 1937년 10월 조선총독부 학무국장 시오하라 도키사부로(鹽原時三郎)의 발안으로 제정된 것으로 1과 2가 있었다. 1은 소학교용, 2는 상급학교 및 일반인용이었다.
황국신민의 서사 1
1. 우리는 대일본 제국의 신민입니다.
1. 우리는 서로 마음을 합쳐 천황 폐하에 충성을 다하겠습니다.
1. 우리는 힘든 것을 참고 단련하여 훌륭하고 강한 국민이 되겠습니다.
황국신민의 서사 2
1. 우리는 황국신민으로 군국에 충성을 다한다.
1. 우리 황국신민은 서로 사랑하고 협력하여 굳게 단결한다.
1. 우리 황국신민은 힘든 것을 참고 단련하여 힘을 길러서 황도를 드높인다.

改名)'⁹이 상징하듯이 한국 민중에게 '황국신민'의 의무와 충성을 무한대로 강요했고, '내선일체'의 논리는 악명 높은 식민지 사관의 구축이 보여주듯이 한국 역사의 날조와 부정을 통해 한국인의 민족적 열등감과 민족 패배주의와 허무주의를 조성했다.

결국 '황국신민화'란 일본 제국주의가 내세우는 '황도(皇道)'의 잡거성(雜居性)을 뜻하는 것이고, '내선일체'는 한국 역사에 대한 부채감과 열등감을 표출한 것이라 할 수 있다.

이러한 '황국신민화'와 '내선일체'의 기반을 구축한 것이 3·1운동 이후의 문화 통치이다. 문화 통치는 전국적 규모로 일어난 3·1운동에 대한 대응책의 성격을 가지는 것으로, 이전의 군사적 지배로 일관하던 무단통치를 보다 세련된 통치 방식으로 바꾼 우회 전술이었다. 이것을 조선총독부는 다음과 같이 말하고 있다.

> 정부가 다시금 민력 발전의 실황에 부응하고, 나아가 제반 개혁을 시행하고자 각종 계획을 수립하고 있을 때에 돌연히 다이쇼(大正) 8년[1919] 조선 각지에서 소요(騷擾)가 일어나 이것을 진무하는 데 수개월을 소비함으로써 제도의 개혁은 일시적 좌절을 맛보지 않을 수 없었으나, 드디어 다이쇼 8년 8월 관제를 개혁하여 총독 및 정무총감을 경질하게 되었다. 관제 개혁의 취지는 당시 하사된 금

---

9 1940년 2월 11일(일본의 기원절)부터 접수를 시작했다. '창씨개명'이란 단순히 한국인의 이름을 일본식으로 바꾼다는 의미뿐만 아니라, 일본인에게는 특별한 뜻이 있었다. '창씨(創氏)'는 천황이 베풀어주는 은혜로서 천황의 '적자'인 일본인에게만 허용된 특혜였다. 따라서 이러한 특혜를 한국인에게도 베풀어준다는 것이 '창씨개명'의 명분이었다. 일본인으로서는 한국인에게 주는 시혜였던 것이다. 일본 제국주의가 '창씨개명'을 '내선일체'와 '황국신민화'의 결정체라고 선전한 이유도 여기에 있다. 당시 '창씨개명'을 앞다투어 환영했던 친일파들의 행태가 이를 반영한다.

상 폐하의 성지에 명확히 드러나 있듯이 내선(內鮮)을 대우함에 일시동인하고 문화적 통치를 확립하여 반도의 민생이 각자 그 자리를 얻어 생활의 편안함과 휴명의 혜택을 누리게 하는 데 있다 (朝鮮總督府, 1920: 2).

일본 제국주의가 '문화 통치'를 표방하지 않을 수 없었던 이면에는 위기의식이 숨어 있었다. 군사적 강권 통치만으로는 한국 지배 자체가 불가능하다는 것을 자각하여 보다 고차원적인 지배 전략으로 바꾼 것이 '문화 통치'였다. 3·1운동에서 한국 민중이 명확히 보여준 것은 무엇보다도 독립에의 강렬한 의지와 민족의식이었다. 식민지 한국의 지배에서 일본 제국주의가 가장 경계했던 것은 한국인의 독립 의욕과 단결된 민족정신이었다. 문화 통치는 한국인의 독립 의욕과 민족정신을 마비시켜 순종적인 '황국신민'으로 개조하려 한 계산된 통치 전략이었다.

1919년 조선 총독으로 부임한 사이토 마코토(齋藤實)는 '민의 창달(民意暢達)'을 시정 목표로 표방하며, 한편에서는 한국인의 문화 활동을 부분적으로 허용하면서, 다른 한편에서는 한국인에 대한 회유책과 분할 정책을 치밀하게 전개해나갔다. 문화 통치의 표면에 떠오르는 한국인의 문화 활동으로부터 민심을 면밀히 파악하고, 제도 개정이라는 기만책으로 헌병 경찰 제도를 보통 경찰 제도로 개편하여 억압 구조를 전국적으로 확충해나갔으며, 이에 맞추어 '치안유지법'(1925년)을 실시하여 법률적 장치를 완비해나갔다.

소위 문화 통치는 그 기만성에도 불구하고 가는 곳마다 효과를 거두어 한국인의 의식을 좀먹어 들어갔다. 식민지 사관이 구축되어 한국인이 점점 세뇌되어갔고, 친일파로 불리는 일부의 지식인 사이에서는 대일 타협의 점진론(漸進論)이 대두되어 민족의식이 일대 위기를 맞게 되었다. 이 시기에 참정권과 자치 문제가 지배 권력에 의해 하나의 '미끼'로 자주 이용되었던 것은 특기할 만한 사실이다. 일본 제국주의의 한국 지배 목표는 '내지 연장주의'로서의 동화주의를 관철하여 한국을 일본의 일부분으로 편입하는 데 있었다. 그러므로 참정권 혹은 자치의 문제도 한국의 독립을 전제로 하는 것이 아니었음은 물론이다. 식민지 지배 전 기간을 통하여 한국의 독립이라는 말 자체는 물론, 그것을 암시하는 일체의 행동과 의식 내용이 일본 제국주의에게는 하나의 터부였다. 참정권 혹은 자치 문제는 한국인에 대한 '황국신민'의 의무를 강요하기 위한 희석제로 한국인에게 식민지 지배를 수용하게 하기 위한 방편책이었다. 따라서 이 문제도 이 시기 이후에는 거론되지 않았고, 식민지 한국 지배의 이데올로기는 '황국신민화'와 '내선일체'로 수렴되어갔다.

그러나 이와 같이 맹위를 휘두른 '황국신민화'와 '내선일체'의 논리도 실제에 있어서는 정체성의 애매함과 무한 확대성에 의해 한국인에게 명확한 해답과 약속을 주지 못했다. 다만 지배 정책으로 강행함에 따라 한국인의 책임과 의무가 커져갔을 뿐이다. 조선총독부는 이에 대해 다음과 같이 말했다.

> 새삼스럽게 말할 필요도 없지만 내선일체의 문제는 단순한 형식이 아니라 어디까지나 본질이며, 더구나 그 기저는 국체의 본의에 바탕을 둔 도의(道義)이다. 그러므로 이천오백만 조선 동포는 진실로 황국신민으로서 자신을 고양하고 완성시키기 위해 끊임없는 노력을 계속하여 ……(朝鮮總督府, 1920: 16).

일본 제국주의는 한국인에게 '내선일체'와 '황국신민화'의 조건으로 '국체의 명징'을 요구했다. 일본에서는 1935년 그때까지 학계는 물론 법조계에서도 정설로 되어 있던 미노베 다쓰키치(美濃部達吉)의 '천황기관설(天皇機關說[천황도 정부 기관이므로 헌법의 적용을 받는다는 학설. 이것에 대해서는 5장을 참조하기 바란다])'을 배격하는 과정에서 '국체의 명징' 운동이 일어났다. 그 결과 정부의 공식 견해로 나온 것이 문부성(文部省) 발행의 『국체의 본의』이다. 이후 '국체의 명징'은 국민도덕의 기준으로 맹위를 떨치게 된다. 여기에 따르면 '만세 일계의 천황이 황조(皇祖)의 신칙(神勅)을 받들어', '대일본 제국을 영원히 통치하는 것'이 '만고불역(萬古不易)의 국체'(文部省 編, 1937: 9)라고 되어 있다.

일본 제국주의는 지배 정책인 '황국신민화'와 '내선일체' 속에 '국체의 명징'이라는 억압 기조와 차별 구조를 설정하여 자기 폐쇄성과 배타성 그리고 자기 우월성을 드러냈다. '국체의 명징'은 결국 한국인에게 '황국신민화'를 무한히 요구하면서도 '내선일체'를 실현하지 않아도 되는 구실과 탈출구로서의 순환 논리를 제공했다.

일본 제국주의는 한국인이 일본인과 동등하게 될 수 있는 날은 '조선 동포 스스로가 완전한 황국신민이 되는 그날부터'라고 했다(朝鮮總督府, 1944: 82). 그러나 '국체의 명징'에 숨어 있는 순환 논리가 장애물이 되어 한국인이 '완전한 황국신민'이 되는 것은 불가능하다. 아니, 일본인 자신에게도 그것은 마찬가지일 것이다. 그것은 오로지 한국인에게 무한한 책임과 의무만을 요구할 뿐이다. 일본 제국주의는 이러한 요구의 '미끼'로 '대동아의 중핵적 지도자의 지위'를 약속하는 간계를 부렸다. 이 약속하에 한국인이 소위 '대동아전쟁'에 명분 없이 동원되어 더욱 큰 희생을 강요당했다. 그뿐만 아니라 어느 사이에 연합국에 의해 전쟁 당사자로 간주되어 148명의 한국인이 전쟁범죄자로 단죄되었다.

일본 제국주의는 최후의 순간까지 무책임했던 것이다.

3. 식민지 시대 한국인의 일본 인식

신채호, 독립운동으로서의 민중 혁명: 강도 국가관

독립운동가 신채호(申采浩)는 1931년 『조선 상고사(朝鮮上古史)』에서 역사를 '인류 사회의 아(我)와 비아(非我)'의 투쟁'(申采浩, 1982a: 31)으로 보아, 일본 제국주의를 '강도 국가'로 규정하였다. 철저한 비타협의 반제국주의 직접 투쟁론자요, 민중혁명론자인 신채호는 1923년에 선포한 「조선 혁명 선언(朝鮮革命宣言)」에서 다음과 같이 천명했다.

강도 일본이 우리의 국호를 없이하며, 우리의 정권을 빼앗으며, 우리의 생존의 필요조건을 다 박탈하였다. 경제의 생명인 산림·천택(川澤)·철도·광산·어장 내지 소공업(小工業) 원료까지 다 빼앗아 일체의 생산 기능을 칼로 베이며 도끼로 끊고, 토지세·가옥세·인구세(人口稅)·가축세·백일세(百一稅)·지방세·주초세(酒草稅)·비료세·종자세·영업세·청결세·소득세—기타 각종 잡세가 날로 증가하여 혈액은 있는 대로 다 빨아가고, 어지간한 상업가들은 일본의 제조품을 조선인에게 매개(媒介)하는 중간인이 되어 차차 자본 집중의 원칙하에서 멸망할 뿐이오, 대다수 인민 곧 일반 농민들은 피땀을 흘리어 토지를 갈아 그 일 년 소득으로 일신(一身)과 처자의 호구거리도 남기지 못하고, 우리를 잡아먹으려는 일본 강도에게 갖다 바치어[進供] 그 살을 찌워주는 영원한 우마(牛馬)가 될 뿐이오, 끝내 우마의 생활도 못하게 일본 이민의 수입(輸入)이 해마다 높은 비율로 증가하여 '딸깍발이' 등쌀에 우리 민족은 발 디딜 땅이 없어 산으로 물로, 서간도(西間島)로 시베리아(西比利亞)의 황야로 몰리어가 배고픈 귀신[餓鬼]이 아니면 정처 없이 떠돌아다니는 귀신[流鬼]이 될 뿐이며, 강도 일본이 헌병정치·경찰정치를 힘써 행[勵行]하여 우리 민족이 한 발자국[寸步]의 행동도 임의로 못하고, 언론·출판·결사·집회의 일체 자유가 없어, 고통의 울분과 원한이 있어도 벙어리의 가슴이나 만질 뿐이오, 행복과 자유의 세계에는 눈 뜬 소경이 되고, 자녀가 나면 '일어(日語)를 국어(國語)라, 일문(日文)을 국문(國文)이라.' 하는 노예 양성소—학교로 보내고, 조선 사람으로 혹 조선사를 읽게 된다 하면 '단군을 속여 소잔오존(素盞嗚尊[일본 건국 신화상의 신])의 형제'라 하며 '삼한 시대 한강 이남을 일본 영지(領地)'라 한 일본 놈들이 적은 대로 읽게 되며, 신문이나 잡지를 본다 하면 강도정치를 찬미하는 반일본화(半日本化)한 노예적 문자뿐이며, 똑똑한 자제가 난다 하면 환경의 압박에서 염세 절망(厭世絶望)의 타락자가 되거나 그렇지 않으면 '음모 사건(陰謀事件)'의 명칭하에 감옥에 구류되어, 주뢰(周牢)·족쇄(枷鎖)·단근질·채찍질·전기질·바늘로 손톱 밑과 발톱 밑을 쑤시는, 수족을 달아매는, 콧구멍에 물 붓는, 생식기에 심지를 박는 모든 악형 곧 야만(野蠻) 전제국(專制國)의 형률 사전(刑律辭典)에도 없는 갖은 악형을 다 당하고 죽거나, 요행히 살아서 옥문을 나온대야 종신(終身) 불구의 폐질자(廢疾者)가 될 뿐이다. 그렇지 않을지라도 발명 창작의 본능은 생활의 곤란에서 단절하며, 진취 활발의 기상은 경우(境遇)의 압박에서 소멸되어 '찍도 쩍도' 못하게 각 방면의 속박·채찍질(鞭笞)·구박(驅迫)·압제를 받아, 환해 삼천리(環海三千里)가 일개 대감옥(大監獄)이 되어,

우리 민족은 아주 인류의 자각을 잃을 뿐 아니라, 곧 자동적(自動的) 본능까지 잃어 노예로부터 기계가 되어 강도 수중의 사용품(使用品)이 되고 말 뿐이다.

강도 일본이 우리의 생명을 초개(草芥)로 보아 을사(乙巳) 이후 13도의 의병이 나던 각 지방에서 일본 군대가 행한 폭행도 이루 다 적을 수 없거니와, 즉 최근 3·1운동 이후 수원(水原), 선천(宣川) 등의 국내 각지부터 북간도, 서간도, 노령 연해주 각지까지 도처에 거민(居民)을 도륙(屠戮)한다, 촌락을 불지른다[燒火], 재산을 약탈한다, 부녀를 욕보인다[汚辱], 목을 끊는다, 산 채로 묻는다, 불에 사른다, 혹 일신(一身)을 두 동가리·세 동가리로 내어 죽인다, 아동을 악형(惡刑)한다, 부녀의 생식기를 파괴한다 하여 할 수 있는 데까지 참혹한 수단을 써서 공포와 전율로 우리 민족을 압박하여 인간의 '산송장'을 만들려 하는도다.

이상의 사실에 의거하여 우리는 일본 강도정치(强盜政治) 곧 이족통치(異族統治)가 우리 조선 민족 생존의 적(敵)임을 선언하는 동시에, 우리는 혁명 수단으로 우리 생존의 적인 강도 일본을 살벌(殺伐)함이 곧 우리의 정당한 수단임을 선언하노라(申采浩, 1982b: 35~37).

신채호에게 한국을 강점한 일본 제국주의는 '강도 국가'에 불과하였다. 이러한 '강도 국가'의 성격을 신채호는 세 가지로 규정하였다.

일본은 한국의 주권을 박탈하여 '생존의 필요조건'을 빼앗고, 한국인을 '배고픈 귀신이 아니면 정처 없이 떠돌아다니는 귀신'이 될 수밖에 없는 '유랑민'으로 전락시켰다.

일본은 한국인의 자유를 박탈하여 한국을 '일개 대감옥'으로 만들었고, 한국인은 일본인 '수중의 사용품'이 되었다.

일본은 한국인의 생명권을 박탈하여 온갖 폭행과 악행을 자행하였고, '참혹한 수단'을 써서 한국인을 '산송장'으로 만들었다.

그러므로 한국인은 '일본 강도정치 곧 이족 통치'가 한국 민족 '생존의 적'임을 천명하고 '강도 일본을 살벌함'이 '정당한 수단'임을 선언한다.

신채호는 '강도 일본을 살벌'하기 위해 '민중은 우리 혁명의 대본영(大本營)'이며, '폭력은 우리 혁명의 유일 무기(唯一武器)'(申采浩, 1982b: 45)임을 선언하고, 민중에 의한 직접 혁명을 주장하며 그 폭력(암살, 파괴, 폭동)의 대상으로 다음을 열거했다.

1. 조선 총독 및 각 관공리(官公吏)
2. 일본 천황 및 각 관공리(官公吏)
3. 정탐노(偵探奴), 매국적(賣國賊)
4. 적의 일체 시설물(施設物)

이 외에 각 지방의 신사(紳士)나 부호(富豪)가 비록 현저히 혁명운동을 방해한 죄가 없을지라도 만일 언어 혹(或) 행동으로 우리의 운동을 지연시키고 중상(中傷)하는 자는 우리의 폭력으로써 마주할지니라. 일본인 이주민은 일본 강도정치의 기계가 되어 조선 민족의 생존을 위협하는 선봉(先鋒)이 되어 있은즉 또한 우리의 폭력으로 쫓아낼지니라(申采浩, 1982b: 43).

그리고 파괴의 대상으로 다섯 가지를 들었다.

제일(第一)은 이족 통치를 파괴하자 함이다.

제이(第二)는 특권 계급을 파괴하자 함이다.

제삼(第三)은 경제 약탈 제도를 파괴하자 함이다.

제사(第四)는 사회적 불균형을 파괴하자 함이다.

제오(第五)는 노예적 문화 사상을 파괴하자 함이다(申采浩, 1982b: 44).

그리하여 '조선 민중이 한편이 되고 일본 강도가 한편이 되어, 네가 망(亡)하지 아니하면 내가 망(亡)하게 된 외나무다리 위에 선 줄을 알진대, 우리 이천만 민중은 일치(一致)로 폭력 파괴의 길로 나아갈 것'(申采浩, 1982b: 45)을 선언한다.

신채호는 민중 직접 혁명의 목적을 '고유적 조선의, 자유적 조선 민중의, 민중적 경제의, 민중적 사회의, 민중적 문화의 조선'을 건설하여, '인류로써 인류를 압박치 못하며, 사회로써 사회를 수탈하지 못하는 이상적 조선'(申采浩, 1982b: 45~46)을 건설하는 것으로 규정했다. 명확준열(明確峻烈)한 민족주의자 신채호의 일본관은 '강도 국가관(强盜國家觀)' 바로 그것이었다.

신채호가 일본 제국주의를 '강도'로 규정한 이상, '폭력'으로 적을 제거하는 직접 투쟁의 방법론 이외에는 대안이 있을 수 없었던 것이다. 신채호에게는 '폭력'은 목적이 아니라, '아(我)'의 생존을 위한 수단이었다. 신채호의 목적이 '민중의 이상적 조선'에 있었기 때문에 '폭력'은 아름다웠던 것이다. 민중의 아름다운 '폭력' 그것이 신채호의 혁명이었다.

이광수, 친일파의 근대 문명 지상주의: 문명국관

이광수는 14세 때인 1905년 일진회의 2차 유학생으로 선발되어 일본 유학길에 올랐다. 한국의 궁핍화와 우민화 정책을 편 일본 제국주의의 민족 차별에도 불구하고 무엇이 한국의 젊은이들을 일본 유학으로 내몰았던 것일까.

> 예술 학문 움직일 수 없는 진리……
> 그의 꿈꾸는 사상이 높다랗게 굽이치는 동경(東京)
> 모든 것을 배워 모든 것을 익혀
> 다시 이 바다물결 위에 올랐을 때
> 나는 슬픈 고향의 한 밤
> 해보다도 밝게 타는 별이 되리라
> 청년의 가슴은 바다보다 더 설레었다(林和, 1947: 25~26).

망국민으로서 적국(敵國) 일본에 들어가는 것에 대해 '두려움보다 용기가 앞섰다.'(林和, 1947: 69)고 호언하던 청년들은 식민지 시대 한국인의 애환이 서려 있는 소위 '현해탄(玄海灘)'을 건너갔다. 그들의 젊은 가슴은 일본이라는 '신천지(新天地)'가 가져다주리라고 확신한 신학문, 신기술, 신지식에의 향학열에 불탄 나머지 '아서양(亞西洋)' 일본 제국주의의 이기주의에 거의 무방비 상태로 열려 있었다. 이것은 소위 '현해탄 콤플렉스'(金允植, 1973: 580)를 형성하여 몇 겹으로 굴절된 다음 일본 제국주의에 마비된 지성으로 구체화된다.

미처 인격이 형성되기도 전인 14세에 일본에 유학한 이광수도 마비된 지성의 대표적인 인물이라 할 수 있다. 일본 제국주의의 모든 것을 근대 문명으로 받아들이고, 이것을 자민족에게 강요한 이광수의 근대 문명 지상주의는 일본 제국주의의 한국 식민지 지배 이념인 '황국신민화'를 수용하는 것으로부터 시작된다. 이광수는 1916년 도쿄 기행문

「도쿄 잡신(東京雜信)」을 썼다.

> 이제는 조선은 내지인(內地人)과 조선인이 잡거(雜居)하는 처지라. 조선인의 지식 정도가 내지인과 상비(相比)할 만한 수평선상에 달(達)하지 아니하면 지극히 상호 간에 이해가 무(無)할지며, 이해가 무한 처(處)에 종종(種種)의 오해와 시의(猜疑)가 생(生)할지라. 그뿐 아니라 조선인이 완전한 일본 신민이 되기 위해서도 완전한 문명인됨이 제일 요건이니 조선인이 만일 문명 정도로 내지인을 수(隨)하지 못하면 황화(皇化)를 배반하는 타이완의 생번(生蕃)과 이(異)함이 하유(何有)하리오(李光洙, 1916).

1916년 당시 이광수는 벌써 '황국신민화'를 수용하고 있었다고 볼 수 있다. 이 '황국신민화'의 논리에 입각하여 이광수는 일본을 '문명국'으로 받아들이고 한국을 '야만국'으로 보는 일본인의 관점을 자기 동일시한다. 이광수는 1922년 「민족 개조론(民族改造論)」에서 야만성의 근본 원인이 한국인의 민족성에 있다고 주장했다.

> 조선 민족 쇠퇴의 근본적 원인이 도덕적인 것이 더욱 분명하지 아니합니까. 곧 허위, 비사회적 이기심, 나태, 무신(無信), 겁유(怯愞), 사회성의 결핍―이것이 조선 민족으로 하여금 금일의 쇠퇴에 빠지게 한 원인이 아닙니까. 영·미 민족의 흥왕(興旺)도 그 민족성이 원인이요, 우리 민족의 쇠퇴도 그 민족성이 원인이니 민족의 성쇠 흥망(盛衰興亡)이 실로 그 민족성에 달린 것이외다. 그러므로 일민족(一民族)을 개조함에는 그 민족성의 근저인 도덕에서부터 시(始)하여야 한다 함이외다(李光洙, 1922: 18).

그리고 이 야만성이 역사 속에서 형성되었다고 보았다. 이광수는 문제의 논문 「민족 개조론」에서 다음과 같이 계속한다.

> 민족적으로 보더라도 조선 민족은 적어도 과거 오백 년간은 공상과 공론의 민족이었습니다. 그 증거는 오백 년 민족 생활에 아무 것도 남겨놓은 것이 없음을 보아도 알 것이외다. 과학을 남겼나, 부(富)를 남겼나, 철학, 문학, 예술을 남겼나, 무슨 자랑할 만한 건축을 남겼나, 또 영토를 남겼나, 그네의 생활의 결과에는 남은 것이 하나도 없고 오직 송충이 모양으로 산의 삼림을 말짱 벗겨 먹고, 하천의 물을 말끔히 들어마시고, 탕자(蕩子) 모양으로 선대의 정신적 물질적 유산을 다 팔아 먹었을 뿐이외다. 의주에서 부산, 회령에서 목포에 이르는 동안의 벌거벗은 산, 마른 하천, 무너진 제방과 도로, 쓰러져가는 성루(城樓)와 도회, 게딱지 같고 돼지우리 같은 가옥, 이것이 오백 년 나타(懶惰)한 생활의 산 증거가 아니고 무엇입니까. 진실로 근대 조선 오백 년사는 민족적 사업의 기록이 아니오 공상과 공론의 기록이외다(李光洙, 1922: 60~61).

이광수는 모멸과 굴욕으로 가득 차서 한국 역사를 전면적으로 부정한다. 자국(自國) 역사에 대한 이러한 부정론은 당시 일본인 사이에서 일세를 풍미한 식민지 사관 그대로라고 할 수 있다. 1922년에 쓴 「예술과 인생」이라는 글에서도 '우리 조선 사람 같이 행복을 가지지 못한 백성은 드물 것입니다. 제일 못나고 제일 가난하고, 산천도 남만 못하게 되고, 시가지(市街地)도, 가옥도, 의복도, 과학도, 발명도, 철학도, 예술도 없고, 일을 할 줄도 모르거니와 일할 곳도 없습니다.'라고 거침없이 외친다(李光洙, 1976: 29). 이러한 태도는 조국의 현 실태 인식에서도 그대로 나타난다.

과거에만 그러한 것이 아니라 현재의 조선인도 그러합니다. 우리가 보는 전등, 수도, 전신, 철도, 윤선(輪船), 학교 같은 것 중에 조선인이 손수 한 것이 무엇무엇입니까. 교육을 떠들고 산업을 떠들지만 교육기관 중에 조선인의 손으로 된 것이 삼, 사의 고등보통학교가 있을 뿐이오, 산업 기관이라고 자본을 총합하여도 일천만 원도 못되는 구멍가게 같은 은행 몇 개가 있을 뿐이외다(李光洙, 1922: 61).

이광수의 조국에 대한 파산 선고는 과거와 현재를 관통하여 미래에 이르러서도 '나는 차라리 조선 민족의 운명을 비관하는 자(者)'(李光洙, 1922: 71)라고 말했다. 이러한 조국 인식은 당연히 독립 불능론으로 흘러간다.

설사 조선인의 생활의 행복이 정치적 독립에 달렸다 하더라도, 정치적 독립을 국제연맹이나 태평양회(太平洋會)가 소포 우편으로 부송(附送)할 것이 아니외다. 정치적인 독립은 일종의 법률상 수속이니, 이는 독립의 실력이 있고 시세가 있을 때에 일종의 국제상의 수속으로 승인되는 것이지 운동으로만 될 것이 아니외다. …… 근본으로 할 일은 정경 대도(正逕大道)를 취한 민족 개조요 실력 양성이외다. 조선인이 각 개인으로, 또 일민족으로 문명한 생활을 경영할 만한 실력을 가지게 된 후에야 비로소 그네의 운명을 그네의 의사대로 결정할 자격과 능력이 생길 것이니 그때에야 …… 그러므로 조선인의 운명 개선에는 결코 민족 개조를 제(除)한 외에 아무 지름길도 없는 것이외다. 다시 말하면 유일한 지름길이 곧 민족 개조외다. 부질없이 다른 요행의 지름길을 찾다가는 한갓 세월만 허비하고 힘만 더 낭비할 뿐이외다(李光洙, 1922: 46~47).

이광수는 조국의 독립을 민족자결권으로 보지 않고 타율적·의타적, 나아가 타국의 허가에 의한 것으로 보고 있다. 한국인의 독립 능력을 부정하면 자연히 일본 제국주의가 말하는 '황국신민화'를 달성하여 '내선일체'를 실현하는 길밖에 없다. 이광수는 '내선일체'의 논리에도 야만관을 내포시켜 한국인의 '자성(自省)'을 촉구한다. 1940년 이광수는 「심적 신체제와 조선 문화의 진로」라는 글을 썼다.

내지인 측에서 조선인에 대하여 우월감을 가지는 것을 책하거니와 그것은 차라리 자연스런 일이 아닌가. 그야 개인으로 보면 혹 어떤 일개 조선인이 어떤 일개 내지인보다 모든 점에서 우월한 경우도 있을 수 있지만 일반적으로 조선인이 내지인에 비겨서 충성과 문화의 수준이 낮은즉, 내지인의 우월감은 자연스런 일이니 이에 대하여서 조선인은 항상 일보 매진하여 일단으로 더 경(敬)하는 태도를 가지는 것이 옳다고 믿는다. 내지인은 그 조상적부터 많은 피를 흘려서 황운(皇運)에 부익(扶翼)하여 오지 않았는가. 조선인은 금일의 비상시에 있어서 피[血]로나 지(知)로나 재(財)로나 내지인만한 봉공(奉公)을 못하고 있지 아니한가. 그러므로 조선인이 경(敬)과 찬(讚)과 감사(感謝)로 내지인을 대하면 지극히 원만히 갈 것이라고 믿거니와, 이와 반대로 불평과 대립의 태도를 취한다면 그것이 아무리 개인의 일이라 하더라도 내선일체의 대목적을 저해하는 일이라 아니할 수 없는 것이다(李光洙, 1940a).

이광수는 일본 천황을 불변 가치로 설정하여 천황에의 헌신도와 거리에 의해 양 민족의 우열을 판단한 다음, 일본 민족의 우월성을 당연한 것으로 받아들였다. 또한 자기와 자민족의 부족함을 나무라며 더욱 더 가열한 각고면려(刻苦勉勵)를 권하고 있는 것이다. 이러한 이광수의 천황에 대한 오체투지(五體投地)의 자세는 언뜻 보기에 성자(聖者)의 모습으로 보일 수도 있다. 그러나 그것은 성자의 모습이 아니다. 적을 사랑하고 포용하여 진리의 세계로 이끄는 것은 당연히 성자의 길이지만, 적에게 굴복하고 복종하여 적에게 모든 것을 바치는 것은 비굴한 노예의 길이다. 이광수는 노예의 길에 충실하다. 자민족에게 노예의 길을 권하면서도 태연히 도덕적 설교를 그치지 않는 이광수의 자기 파탄은 그대로 그의 백치성을 의미한다.

이 백치성은 그로 하여금 그가 처한 어떠한 상황에 대해서도 언제나 같은 반응을 보이게 한다. 이것에 의해 이광수는 자기가 처한 현실을 있는 그대로 받아들이고 백치 같은 일관성으로 현실 상황을 이상화(理想化)한다. 즉 식민지라는 시대 상황을 이상화시키는 것이 일본과의 동화(同化) 곧 '내선일체'와 '황국신민화'를 실천하는 것이고, 그것의 한국적 행동화(行動化)가 '친일(親日)'인 것이다. 대상을 이상화하는 경우, 언제나 부족한 것은 자기 자신이기 때문에 이광수는 자기 및 자민족의 부족함이 마음에 걸려 안심할 수가 없는 것이다. 이렇게 하여 이광수의 백치성은 '민족을 위해서'라는 자기 최면에 걸려 멈출 줄을 모르고 계속되었다.

많은 한국인이 이광수의 다면성이 갖는 기만과 위선을 비판하였지만, 결국 그러한 비판은 이 백치성의 일면성을 다양하게 해석한 것에 불과하다. 근대 일본 지식인 공통의 '모범생 의식'이 근대 한국의 일본 유학생 이광수에게 그대로 투영되어 나타난 것이다.

앞에서 말했듯이 이광수는 일본의 문예잡지 『문학계』에 '황국신민화'와 '내선일체'를 찬양하는 「행자」라는 글을 썼다. 이 글은 이광수가 '야마토숙(大和塾)'에서 일본 정신을 수련받는 과정을 고바야시 히데오에게 보내는 편지(일본어) 형식으로 쓰고 있다. '야마토숙'은 1940년 12월에 설립된 사상 보국 단체로 일본인화 교육 시설이었다. 이광수는 1940년 경성(京城)에 들른 고바야시 히데오로부터 자서전을 써보라는 권유를 받고 일단 승낙은 하고나서 '지나가는 말'이라고 생각하여 망설였으나, 재삼 재촉을 받고 고바야시가 '진짜 일본인'이고 '일본인은 취중에서조차 절대 거짓말을 안 하고 책임을 진다.'는 사실을 깨닫고 붓을 들었다는 일본인 예찬으로 시작한다.

> 수업이라고 말씀드렸습니다만 그건 일본 정신의 수업입니다. 다만 일본 정신의 수업이라고 들으신 것만으로는 원래부터 일본인인 당신에게는 선뜻 납득이 가지 않을지도 모르겠습니다. 그러나 구한국인이었던 조선인이 일본인이 되기 위해서는 많은 수업이 필요하다는 것을 통감했습니다. 단지 법적으로 일본 신민이 되는 것뿐만이 아니라 혼의 밑바닥에서부터 일본인이 되기 위해서는 보통의 수업으로는 어림도 없는 것입니다. …… 이들 젊은이 중 한 사람은 이렇게 말했습니다. '내지의 작은 어린애까지도 우리 조선인의 선생님이다. 이렇게 작은 아이라도 우리보다 더욱더 일본인이기 때문이다.' 하고 말입니다. 그리고 또한 이렇게도 말했습니다. '우리는 구한국인이었기에 조상으로부터 물려받은 모든 것을 잊어버리자. 그래서 일본인으로 다시 태어나자.'고. 또한 이렇게도 말했습니다. '이미 일본식의 이름을 얻었으니까 옛날의 조선식 이름은 잊어버리자.' …… 조선인을 황국신민으로 하는 것은

천황 폐하의 원대하신 뜻[皇謨]입니다. …… 그러므로 조선인이 일본인이 되는 것을 이러쿵저러쿵 새삼스럽게 문제 삼아서는 안 됩니다. 무슨 일이 있어도 하나가 되지 않으면 안 되는 것입니다. 칠생보국(七生報國[일곱 번 다시 태어나도 나라의 은혜에 보답한다])이 아니라 백생(百生), 천생(千生)이라도, 다시 태어나고 다시 죽어도 이 대사업을 이루지 않으면 안 되는 것입니다. …… 조선인이 일본인이 되기 위해서는, 진짜 일본인이 되기 위해서는 우선 종래의 조선적인 마음을 뿌리째 버리지 않으면 안 됩니다. …… 그래서 어린아이의 마음이 되어, 백지 상태로 돌아가 천황 폐하를 받들지 않으면 안 되는 것입니다. 그리하여 이천삼백만과 그 자손들이 완전히 일본인이 되지 않으면 안 됩니다. 그렇게 해서 대동아공영권과 팔굉일우의 대이상을 실현하는 데에 익찬(翼贊)하게 된다면 이 어찌 기쁜 일이 아니겠습니까(李光洙, 1941b: 81~85).

조국 관념의 전환에 의한 일본인에의 접근 의식과 자성적인 자민족 부정에 의한 '황국신민화'의 수용, 여기에서 이광수의 '내선일체' 논리가 나타난다.

조선인은 쉽게 말하면 제가 조선인인 것을 잊어야 한다. 기억할 필요가 없는 것이다. 나는 일찍 조선인의 동화는 일본 신민이 되기에 넉넉한 정도면 그만이라는 생각을 가진 일이 있었다. 그러나 나는 지금에 와서는 이러한 신념을 가진다. 즉 조선인은 전혀 조선인인 것을 잊어야 한다고. 아주 피와 살과 뼈가 일본인이 되어 버려야 한다고. 이것에 진정으로 조선인의 영생의 유일로(唯一路)가 있다고(李光洙, 1940b).

이광수에게 '내선일체'란 가치의 준거 집단인 일본 민족에 무한히 접근하여 '피와 살과 뼈'가 일본인이 되어버리는 순간 완성되는 것이다. 실재하는 양 민족 사이에서 과연 이러한 절대 명제(絶對命題)가 실현 가능한 것인가는 이광수에게 중요한 것이 아니다. 이광수는 종교적 귀의(歸依)의 형태로 한국 민족의 완전한 소멸을 주장하고 있는 것이다. 이광수는 자신이 천황에 귀의한 것과 같은 차원에서 한국인의 '동화'를 생각하고 있다. 그에게는 최고 가치의 근원인 천황에 귀의할 때 민족 문제 따위는 한 조각의 가치도 없는 것이다. 오로지 한국인의 천황에 대한 무한한 헌신만이 중요했다.

이광수의 행적에서 확인할 수 있는 것은 스스로 설정한 가치에 대하여 끊임없이 불타오르는 헌신적 향상심이다. 그중에서도 이광수에게 일관되게 보이는 것은 자기가 일방적으로 생각하고 있는 자민족에 대한 헌신이었다. 망국과 개화기가 겹쳐진 그의 소년 시대는 그로 하여금 민족을 구한다는 명목으로 설익은 문명개화를 주장하게 했다. 일본 유학의 전 기간을 통하여 그에게서 보이는 것은 근대 문명의 예찬이었다. 근대 문명 예찬의 이면에는 그의 민족에의 헌신 의욕이 있었던 것이다. 그가 언제나 보여주고 있는 사명감, 교사 의식, 지도자 의식도 이 헌신 의욕의 표현이다. 일본을 통해 근대 의식에 눈뜬 이광수는 근대 문명과 일본을 동일시한다. 이것이 일본에의 몰입을 깊게 하여 마침내 '내선일체'의 논리에까지 다다르는 것이다.

이광수의 생애를 관통하는 것은 민족에 대한 헌신 의욕이다. 이 기본 노선 위에 실천하는 방법론이 변할 뿐이다. 일본 유학기에는 문명개화, 수양동우회(修養同友會)를 조직(1926년)한 국내 활동기에는 '민족개조', 1930년대 '신체제' 시기에는 실천의 방법론으로 '내선일체'를 선택한다. 한국 민족을 일본 민족으로 해소할 것을 주장하는 '내선일체'

의 논리에 이르면, 민족에의 헌신 의욕이 반민족적 성격을 노골적으로 드러내 '친일'로 흐른다. 이광수의 민족을 향한 헌신 의욕은 어떤 때에는 민족주의적 성격을, 어떤 때에는 반민족적 성격을 띨 수밖에 없었지만 이광수 자신은 항상 '민족을 위해서'라는 자기 환상의 일관성을 품고 있었다. 그리고 그 환상의 밑바탕에는 근대 문명 지상주의에서 나온 왜곡된 문명관이 자리 잡고 있었다.

앞에서도 살펴보았지만 원래부터 일본 제국주의는 한국인에게 '황국신민화'와 '내선일체'를 선전하면서도 민족 차별을 자행했다. 결국 이 문제는 일본 민족의 우월감에서 나온 '순혈론'으로 귀착된다. 이광수도 이것을 인식하고 있었다. 1이광수는 이 불안을 해소하기 위해 '역사의 환상'을 끄집어낸다. 곧 양 민족의 '원천성'을 검색하는 것이다.

내선일체 문제에서 조선인은 야마토 민족과 조선인의 피가 다르다고 해서, 즉 혈통이 다른 민족이라고 해서 내심으로 환영하지 않는 분자(分子)가 있는 듯싶다. 그러나 내선 양 민족은 피를 함께 한 민족이다. 이천 년 전에는 한 민족이었으며, 그후에도 천이백 년 전경에 백제로부터 일본에 건너간 백제의 자손들이 내지(內地) 사이타마(崎玉)의 고마촌(高麗村)에서 일본인과 결혼하여 그 후손은 혼혈한 완전한 일본인이 되었으며 천팔백만 명이나 산(算)하게 [헤아리게] 된다. 그리고 더욱 황송한 말씀이나 황실에도 두 번이나 조선의 피가 섞이셨던 것이다. 이 말은 총독부에서 해도 좋다 해서 나는 기쁜 마음으로 근기(謹記)하는 바인데, 첫 번째는 역사에도 분명히 기록되어 있는 진구 황후께옵서는 신라 아마노히보코(天日槍)의 후예시다. 그때 처음으로 일본 황실에 신라의 피가 섞이셨고, 그후 간무(桓武) 천황께옵서 교토(京都)에 서울을 어정(御

定)하옵신 헤이안조(平安朝) 초에 간무 천황의 어모후(御母后)께서는 백제의 성왕(聖王)의 증손녀였다. 이렇게 황송하옵게도 황실을 비롯하여 신민에 이르기까지 내지인과 조선인의 피는 하나로 되어 있으며 ……(李光洙, 1941a: 479).

이광수의 한국인과 일본인의 대비는 항상 자기 패배주의에서 출발하여 민족 패배주의로 흘러가는 일관성을 보여준다. 이것은 이광수의 일본에 대한 열등감의 발로이다. 이 열등감 형성의 기본 인식 틀에는 한국을 '야만국'으로, 일본을 '문명국'으로 보는 이광수의 근대 문명 지상주의가 자리하고 있었다.

4. 역사와 문명관의 갈등

근대 이후 형성된 일본인의 한국관의 기본 틀은 문명관에 의한 관점과 서양인 의식의 차용에 의한 관점, 역사적 관계에 의한 관점과 민족적 우월감에 의한 관점으로 나눌 수 있다.

문명관에 의한 한국 인식은 메이지유신 이후 절대주의 천황제를 성립시켜 제국주의 국가로 성장한 일본이 근대 문명의 차이를 구실로 일본을 '문명국'으로, 한국을 '야만국'으로 파악하는 관점을 고정시켰다.

또한 서양인 의식을 차용한 일본인의 한국 인식은 서양인이 전파한 오리엔탈리즘을 모방하여 '일본적 오리엔탈리즘'의 형태로 나타난다. 일본의 사상적 편향성은 한국에 대한 인식에 그치지 않고, 아시아 전체로 확대되어 아시아에 대한 지도자 의식과 아시아 패권주의로 나타났다. 이것은 '대동아공영권'으로 구체화되어 침략 전쟁으로 치닫는다.

역사적 관계에서의 일본인의 한국 인식은 역사에 대한 열등감과 우월감이 교차되어 복잡한 형태로 나타남으로써 결국에는 한국의 역사를 왜곡시키는 식민지 사관을 만들어냈다.

그리고 일본 민족의 우월감에서 나온 한국관은 한국에 대한 식민지 지배 정책으로 한국인에 대한 동화정책과 한반도에 대한 '내지 연장주의'를 채택하게 했다. 이러한 정책의 구체적인 지배 이데올로기가 소위 '황국신민화'와 '내선일체'이다.

식민지 시대 한국인의 일본관은 일본인의 한국 인식과 식민지 지배 논리에 대한 대항과 수용의 논리로 형성되었다.

그 하나의 측면이 대항 논리로, 저항과 극복 사상인 민족주의이다. 이것을 구체적인 실천으로 투쟁한 행동이 독립운동이었다. 신채호의 일본 인식은 민중혁명론에 입각한 '강도 국가관'이었다. 신채호에게 일본 제국주의는 한국을 강점한 '강도'에 불과하므로 민중혁명에 의한 전면적 파괴와 폭력 투쟁은 당연한 것이었다.

다른 또 하나의 측면이 수용의 논리로, 패배와 굴복인 '친일'이다. 이광수의 일본 인식은 근대 문명 지상주의에 의해 일본 제국주의에 매몰된 '문명국관'으로 나타났다. 이광수의 근대 문명 지상주의는 일본에 대한 자기 동일시와 수혜 의식으로 귀결되어, 일본 제국주의의 지배 이념인 '황국신민화'와 '내선일체'를 받아들이고 실천하여 이윽고는 민족적인 정체성마저 상실하기에 이르렀다.

제5장
군국주의 파시즘: 식민지 총동원 통치 시대

1. 일본 군국주의 파시즘과 총동원 통치

일본 제국주의의 군국주의 파시즘은 1930년대 후반부터 식민지 한국에도 그대로 적용되었다. 일본 제국주의는 이미 군대와 경찰력을 기반으로 한 무단통치를 통해 식민지 한국의 전국을 장악한 위에 소위 문화 통치를 통해 행정적 조직 체계를 물샐틈없이 펼쳐놓고 있었다. 일본 제국주의는 식민지 한국에 대해 유례없는 직접 통치를 자행하고 있었던 것이다. 이러한 기반 위에 일본 제국주의는 '신체제'라는 이름으로 총동원 통치 시대를 열어 한국에 대한 인적·물적 착취와 동원을 최후까지 자행했다.

이 모든 것을 일본 제국주의는 '황국신민화'와 '내선일체'라는 지배 이데올로기를 무기로 하여 강요하고 합리화했다. 그런 의미에서 일본 제국주의의 군국주의 파시즘의 식민지적 적용 실태를 조명하는 것은 일본 제국주의의 식민지 지배의 특징을 파악하는 것으로 직결된다.

2. 시대적 배경: '신체제 운동'

　소위 '신체제 운동'이란 일본 제국주의가 1930년대 후반 중일전쟁의 장기화와 서양 열강의 압력에 의하여 고립화의 길을 강요받던 국제 정세 속에서, 나름대로 살아남기 위해 국가의 체제 변화를 시도하며 전개했던 사회운동이다. 이 운동은 '제국헌법의 개정 내지 그것의 탄력적 운용을 포함하는 정치·경제·사회체제의 전면적 변혁'이 목적이었다(伊藤隆, 1983: 214). 이 운동은 1940년 7월 일본 국민의 중망(衆望)을 등에 업고 등장한 제2차 고노에 내각이 주도하였다.

　고노에 내각은 중일전쟁(1937)의 장기화, 유럽에서 제2차 세계대전의 발발(1938) 등 국내 외의 수많은 난제를 안고 출발했다. 고노에 내각은 이의 타개를 위해 1940년 10월 정당, 노동조합 등 자주적인 조직을 해체하여 '대정익찬회'에 흡수했다. 또한 일본 제국주의는 민중을 일사불란하게 통제하기 위해 전 민중을 농촌의 부락회(部落會)와 도시의 마을회(町內會) 등의 지역 조직과 산업보국회(産業報國會) 등의 직역 조직(職域組織)에 편입시켰다.

　이렇게 파쇼 체제의 재편성에 즈음하여, 정치·경제·사회·문화 전반에 걸쳐서 전쟁 수행 체제의 확립을 노리는 일본 정부와 군부는 '신체제 운동'을 주도하며 국민의 무비판적인 순종과 참여를 강요했다. 이와 같이 일본 국민은 물론 식민지 민중에 이르기까지 특정한 사상과 태도를 강요한 관제 민중 통제 체제는, 파시즘 정당이 주체가 되어 운동을 일으킨 독일이나 이탈리아의 상향식 파시즘과는 판이한 하향식 파시즘으로 불리어 일본 군국주의 파시즘의 특징으로 지적되고 있다.

　소위 '신체제'의 성립은 당연히 한국에 대한 식민지 통치 정책에도 영향을 끼쳤다. 1930~1940년대 일본의 식민지 지배 정책의 특색은 한국을 일본 제국주의의 침략 전쟁에 동원하기 위해 '총동원 통치 시대'를 열어, 갖가지 형태로 민중을 조직화한 데에 있다. 1938년 7월 일본 제국주의는 조선총독부를 정점으로 하고 '애국반(愛國班[일본의 부락회, 마을회에 해당함])'을 최말단으로 하는 '국민정신총동원조선연맹'을 조직했다. 이것은 다시 1940년 10월 '국민총력조선연맹'으로 개편되었고 1945년 7월에는 '조선국민의용대'로 확대되었다. 이 조직을 기반으로 한국인의 전쟁 동원이 강요되었다.

'국민정신총동원조선연맹'은 1937년 7월 일본 국민의 동원을 위해 발족시킨 '국민정신총동원중앙연맹'을 식민지 한국에 그대로 적용하여 1938년 7월에 조직되었다. 이 단체는 식민지 한국에 총동원 체제를 강화하기 위해 기존의 식민지 지배 체제를 정비하고, 한국인의 전 생활 영역을 철저하게 통제했다.

'국민정신총동원조선연맹'의 인적 구성으로는 명예 총재에 조선총독부 정무총감인 오노 료쿠이치로(大野綠一郎), 전임 총재(專任總裁)에 조선군 사령관 가와시마 요시유키(川島義之), 전임 이사(專任理事)에 제20사단장 육군 중장 가와기시 후미조(川岸文三)를 임명하는 등 중앙 부서와 요직에는 총독부와 조선 주둔군 고관 및 지주, 자본가가 모두 들어가 있다.

이 단체는 중앙에서 지방에 이르는 방대한 조직을 체계화했다. 지도 기관으로는 '국민정신총동원위원회'와 간사회, 하부 조직으로는 각도에 도연맹, 경성부(京城府)와 군(郡)에는 부·군 연맹, 읍(邑)과 면(面)에는 읍·면 연맹, 정(町)·동(洞)·리(里)에는 정·동·리 연맹을 조직하여 도지사와 부윤(府尹, 경성시장), 군수, 도사(島司), 읍·면장, 총대(總代), 구장(區長)을 회장이나 이사장으로 임명했다. 또한 공장이나 기업, 회사, 은행, 상업기관, 그 밖의 관공소와 학교 등도 빠짐없이 '국민정신총동원조선연맹'의 산하 조직으로 재편하였다. 지방 연맹의 최말단에는 10~20가구를 단위로 애국반을 조직하여, 1942년 당시에 43만여 개의 애국반이 편성되었다.

조선총독부가 '국민정신총동원조선연맹'을 조직한 것은 중일전쟁 발발 이후, 중국 대륙 침략 전쟁이 확대됨에 따라 총독부만의 지배 체제로는 '대륙 병참기지'인 식민지 한국의 동원에 한계가 있다는 것을 자각했기 때문이었다. 조선 총독과 '국민정신총동원위원회'의 군부(軍部)는 매월 정례적인 위원회와 이사회를 열어 한국인의 총동원을 위한 대책을 협의하고, 그 실천 사항들을 결정하여 각급 산하 조직에 하달하고 실천을 강요하였다. 이를테면 '국민정신총동원 총후(銃後) 보국 강조 주간', '일본 정신 발양 주간', '근로 보국 주간' 등의 강조 기간을 만들어 한국인이 정신 무장을 하고 평소의 일상생활에서 이를 실천하도록 간계를 부렸다.

나아가서 1940년 10월 조선 총독 미나미 지로(南次郎)는 식민지 한국의 '신체제 운동' 총괄을 위해 '국민정신총동원조선연맹'을 모체로 한 '국민총력조선연맹'을 조직하였다. 이 단체의 총재는 조선 총독, 부총재는 정무총감이었는데, 활동 기간 6년 동안 '반도 신체제 운동'의 최고 조직으로서 한국 민중의 '내선일체'와 '황국신민화'를 추진하기 위해 최후의 발악을 했던 악명 높은 단체였다.

당시 조선총독부는 이러한 국민 총력 운동을 다음과 같이 선전하고 있다.

총독부의 시책과 표리일체(表裏一體)가 된, 끓어오르는 반도의 애국심으로 조선의 이천육백만 관민의 애국적 국민운동을 강력하게 추진하는 것이 국민총력조선연맹이다. 이 운동은 1938년 7월

7일 지나사변 1주년 기념일을 맞이해서 거국일치(擧國一致), 견인지구(堅忍持久), 진충보국(盡忠保國)의 3대 강령과 내선일체의 구현과 촉진을 목표로 발족한 국민정신총동원조선연맹의 활동에서부터 시작되어, 그후 지나사변의 진전과 세계정세의 중대 변화에 대응하기 위하여 내지의 대정 익찬 운동에 호응하여 1940년 7월 국민총력조선연맹으로 개조·강화됨과 동시에, 물심양면으로 전시 국민 생활의 실천에 나선 것이다. 특히 대동아전쟁 발발 후에는 전쟁 의식의 앙양(昻揚)과 전력 증강에 초점을 맞추어, 황국신민의 도의의 실천과 수양 연성의 강화, 국어 보급과 상용(常用), 통제 경제의 운영, 저축의 증강, 국채 소화, 폐품 회수 등 모든 국민운동을 추진하고 실천하는 기관으로서 총독부의 행정과 일체가 되어 활동을 계속하고 있다.

이것이 내지의 대정 익찬 운동과 다른 제1의 특징은, 절대로 정치적 성격을 띠지 않고 어디까지나 황국신민의 도의의 실천과 직역봉공(職域奉公)을 목표로 하는 국민 생활의 실천 운동이라는 점이다. …… 특히 매일 아침 정해진 시간에 거행하는 궁성 요배(宮城遙拜)와 정오의 묵도(默禱)는 내지에서는 여간해서 볼 수 없는 엄숙한 풍경으로 라디오와 사이렌을 신호로, 가정에서 혹은 거리에서, 전원(田園)에서, 기차와 전차 속에서, 그 밖에 모든 직장에서 조선의 전 국민이 궁성을 요배하고, 혹은 호국 영령에게 경건한 묵도를 올리는 것이다(朝鮮總督府, 1944: 42~43).

이 '국민총력조선연맹'은 1945년 7월 '조선국민의용대'를 결성하면서 발전적으로 해체된다. 이러한 행정 조직을 비롯해 '치안유지법', '조선 사상범 보호관찰령', '조선 사상범 예방구금령' 등 각종 법률의 개

악(改惡)도 차례차례 주도면밀하게 행해졌다. 일본 제국주의는 1925년 제정된 '치안유지법'을 1928년에는 '신치안유지법'으로 개정하여, 식민지 한국 민중 탄압의 대표적인 악법으로 활용하였다. 나아가 일본 제국주의는 사상운동의 형태와 방법이 정세의 변화에 따라 다양화된다는 사실을 자각하여, 이제까지의 법률 규정이 가지는 한계를 극복하기 위해 1941년 3월 '개정 치안유지법'을 공포하여 5월 시행에 들어갔다(京城日報社, 1944a: 288).

새로이 제정된 '개정 치안유지법'은 종래의 '치안유지법'에 비해 그 적용 범위가 무제한적으로 확대되었다. 제1장 제1조에 '국체를 변혁할 목적으로 결사를 조직한 사람 또는 결사의 조직원, 그 지도자의 임무를 맡은 사람은 사형 또는 무기 혹은 7년 이상의 징역에 처하며, 정에 이끌려 결사에 가입한 사람 또는 결사의 목적 수행을 위해 일한 사람은 2년 이하의 징역에 처한다.'로 되어 있다. 제2조 이하 제9조, 제11조부터 제13조까지는 이 법에 따르지 않는 사람에 대한 처벌 조문으로, 규정이 지극히 추상적이고 애매하여 집행관의 자의적 재량권이 무제한적으로 인정되고 있다. 또한 '개정 치안유지법'은 예방구금 제도를 규정하여 석방 혹은 보호관찰 중의 인물에 대하여 위험성이 인정되는 경우 언제든지 구금이 가능하다고 규정하고 있어, '위험 사상'과 '불온 사상'을 품었다고 생각되는 인물에 대해서는 제한 없이 법적 구속이 가능했으며, 출옥한 사람에 대해서도 '범죄의 예방'과 '치안유지'를 구실 삼아 자유자재로 체포와 구금이 가능했다. 이렇게 개악한 법률 규정을 적용하여 군부와 헌병 및 경찰은 한국인의 모든 행동을 감시했던 것이다.

나아가서 일본 제국주의는 1938년 '국가총동원법'을 제정하여 중일전쟁 및 이후의 전쟁을 수행하기 위한 식민지 한국에서의 인적·물적 동원을 강요했다. '국가총동원법'을 실행하기 위한 각종 하위법들이 제정됨으로써 '국가총동원법'은 일본 제국주의 파시즘 체제의 근원적인 법률이 되었다.

이 법에 의해 일본 제국주의는 식민지 한국의 인적·물적 자원의 동원을 위해 각종 동원령, 지원병제, 징병제, 징용(徵用), 강제 연행을 자행했고, 나아가 여성을 '군대 위안부(軍隊慰安婦)'로 삼기 위한 강제 연행까지도 마다하지 않았다. 그리고 이것들을 가능하게 하기 위한 통치 방침으로 '내선일체'와 '황국신민화' 정책을 일관되게 추진했다. 일본 제국주의는 지배 이데올로기 및 문화와 정신 면에서도 강력하게 한국 민중에게 일본인 의식을 주입시켜 국책에의 협력과 참여를 이끌어내려 했다.

이렇게 한일 병합 이래의 기본 지배 정책인 '황국신민화'와 '내선일체'의 기존 노선을 기반으로 총동원 체제를 갖춘 후, 1940년 10월 당시의 총독 미나미 지로는 '국민총력조선연맹'의 조직을 시작으로 식민지 한국에 '신체제 운동'를 선언했던 것이다.

이와 같이 식민지 한국에서 일본 제국주의가 전개한 '신체제 운동'이란 결국 한국인에 대하여 '황국신민화'와 '내선일체'를 한 단계 높게 강요한 착취 구조의 강화였으며, 일본 제국주의의 침략 전쟁 수행을 위한 총동원 체제의 완비였다.

3. '대륙 병참기지'에서 '대동아 병참기지'로

일본 제국주의의 식민지 한국에 대한 물자 동원 정책은 중일전쟁의 장기화에 따라 소위 '대륙 병참기지'로서의 역할을 강조하며, 1938년

'조선총독부 시국대책조사회'를 발족시켜 제1차 생산력 확충 계획을 강행, 식민지 한국의 생산력 증강을 강화했다. 태평양전쟁이 발발하자 일본 제국주의는 군수물자를 확고하게 확보하기 위해 제2차 생산력 확충 계획을 수립하고, 식민지 한국이 소위 '대동아 병참기지'로서의 역할을 할 수 있도록 식민지 한국의 경제를 자립적 경제로 전환했다.

일본 제국주의는 침략 전쟁의 확대에 따라 제공권과 제해권의 확보를 위해 선박, 항공기, 철강, 석탄, 경금속 등 중공업 분야의 육성에 전력을 기울였다. 식민지 한국에서는 이들 군수산업을 육성하기 위한 자원 생산을 증대하는 것이 중요한 목표였다.

'국가총동원법'을 공포하여 식민지 한국의 인적·물적 착취를 강화한 일본 제국주의는 태평양전쟁을 계기로 식민지 한국을 이른바 '대륙 병참기지'에서 '대동아 병참기지'로 전환하기로 하였다. 이에 1941년 12월 '물자통제령'을 발표하여 일반 물자 및 생활필수품에 대한 배급 통제를 확대하였고, 1943년 이후에는 배급 통제마저 한계에 부딪치면서 생활필수품의 소비를 철저하게 규제하고, 전쟁 수행에 도움이 되는 물품의 소비를 금지시키기에 이르렀다.

이러한 전쟁 열기 속에서 식민지 한국은 선택의 여지도 없이 전시체제로 돌입했던 것이다. 일본 제국주의는 전시체제하의 국민 생활 일체에 대한 통제도 게을리하지 않아 내각 정보국이 만든 '전시 국민 생활 십계'를 발표하기도 했다.

    1. 예복은 일체 폐지하고 평상복을 입을 것이며, 외출 시에도 화려한 옷을 입지 말 것.
    2. 한 푼의 돈을 쓸 때에도 나라를 위하여 쓴다는 마음으로 낭비하지 말 것.

3. 혼례 피로연, 팔월대보름, 정초의 선물은 단호히 폐지할 것.

4. 유행하는 의복, 가구를 구하지 말고 조금이라도 아끼고 저축하여 국가에 봉사할 것.

5. 밖에서의 환락을 추구하지 말고 가정생활을 안락하게 할 것.

6. 한 개의 못이라도, 한 조각의 종이라도 아끼는 미풍을 양성할 것.

7. 식탁은 간소하게 차릴 것이며 당근의 잎, 채소의 뿌리까지도 조리하도록 궁리할 것.

8. 집 안팎의 빈터에는 채소를 가꿀 것이며, 토끼나 닭을 사육하여 최대한 이용할 것.

9. 일찍 자고 일찍 일어나, 일분일초라도 충분히 사용하여 규칙적인 생활을 할 것.

10. 술과 담배는 끊지 못하면 절주, 절연을 실천할 것(『總動員』第1卷 3號, 1939: 21).

이렇게 전시 동원 체제를 확립한 조선총독부는 식민지 한국의 성격과 사명을 선전한다.

전쟁의 승패를 결정하는 중요한 요건이 전선에 보내는 보급의 확보에 있음은 예나 지금이나 변함이 없다. 그것을 위해서는 자활할 수 있는 능력이 있고, 전선에서 가장 가까우면서도 보급을 확보할 수 있는 병참기지의 건설이 가장 이상적이라 할 수 있다. 그런 의미에서 조선 반도가 대륙 병참기지로 불리는 이유가 있다 할 것이다.

우선 지리적 조건은 말할 것도 없이, 시정(施政) 30여 년의 노력 위에 쌓아 올린 조선의 능력이 산업·경제·식량·교통 그 밖의 모든 부문에서 자활 능력을 확보했다. 나아가 전선에 보내는 보급력도 막강해져 거의 무한대로 매장된 지하자원은 대동아공영권 내에서는 얻을 수 없는 것들이다. 또한 그것을 증산하여 공업화할 수 있는 저렴한 전력과 비교적 여유가 있는 노동력도 지니고 있다. 그 위에 타오르는 애국심과 대동아 건설의 성업(聖業)에 그 중핵적 지도자로서 참여할 수 있다는 영광스런 희망에 불타, 지금이야말로 성은(聖恩)에 보답을 맹서하는 이천오백만의 조선 동포가 있다. 만주사변이 조선을 병참기지로 전환하는 계기가 되었다면, 지나사변이야말로 그것의 성격과 사명을 명확히 결정한 역사의 한 페이지였다. 나아가 대동아전쟁으로의 새로운 발전과 공영권 건설의 진전은 조선의 병참기지로서의 사명을 더욱더 강화시켜야 할 필요성을 요청하기에 이르렀다.

즉 당면한 우리나라의 결전을 위한 전력(戰力) 증강에 즈음하여, 남방 점령지의 풍부한 자원도 선박 및 기타 사정으로 지금 당장 국내 생산에 기여할 수 없는 이때에, 조선이 가진 특수 물자와 노동력의 중요성이 점점 더 커져 병참기지 조선은 소위 대륙 병참기지에서 더 나아가 대동아 병참기지로 새로운 사명을 짊어지게 되었다(朝鮮總督府, 1944: 27~28).

일본 제국주의는 식민지 한국의 전시체제 확립과 더불어 한국인의 동원과 경제적 착취를 강행하면서도 한국인에게 그 동기 유발로 '대동아의 중핵적 지도자로서의 지위'(朝鮮總督府, 1944: 82)를 약속하는 감언이설을 계속했다.

4. 징병제 실시와 강제 연행

일본은 1938년 3월 '조선인 육군 특별 지원병령'을 공포하여 4월부터 실시했다. 이 법령을 공포하면서 조선총독부는 도지사 회의를 소집하여 '통치의 목표는 반도의 일본화, 즉 내선일체의 구현에 있다.'며, '지원병 제도의 실시는 지금 그 목표에 도달했다는 것을 의미한다.'(朝鮮總督府, 1940: 803)고 선전했다.

태평양전쟁의 발발로 전선이 중국 둥베이지방(東北地方)에서 중국 본토, 동남아시아, 태평양으로 확대되자, 병력의 보충을 위하여 일본 제국주의는 1942년 7월 '해군 특별 지원병 제도'를 공포하고, '조선총독부 해군지원자 훈련소'를 설치하여 한국인 지원자를 수용, 훈련시켰다. 1942년 5월에는 일본 각의가 식민지 한국에 대한 징병제도의 실시를 결정하였고, 동년 10월에는 이에 호응하여 조선총독부가 그 예비단계로 '조선 청년 특별 연성령'을 발표했다.

이 법령은 제1조에 '본령(本令)은 조선인 남자 청년에 대하여 심신의 연성(練成)과 훈련을 실시하여 장래 군무에 복무할 때 필요한 자질을 키우는 데 목적이 있으며, 또한 근로에 적응할 수 있는 소질을 연성하는 데 그 목적이 있다.'(京城日報社, 1944a: 64)는 것을 명확히 하여 징병제 실시를 위한 포석을 다졌다. 한국인의 병력 동원이 확대된 전선 유지에 중요한 요소로 등장함에 따라, 일본 제국주의는 소위 '연성령' 제18조에 '연성을 받을 의무가 있는 사람이 정당한 사유 없이 연성을 거부할 경우, 구류 또는 과태료를 부과한다.'(京城日報社, 1944a: 64)라고 규정함으로써 강제 동원을 자행했다.

이윽고 1943년 8월 징병령을 공포, 1944년 4월부터 특별 연성소에서 훈련을 받은 청년들을 포함하여 징병 대상자에 대한 징병이 강행되었다. 징병제의 실시에 즈음하여 일본 제국주의는 '병역의 의무는 선량한 황국신민만이 누릴 수 있는 지고(至高)의 명예이며, 동시에 지상(至上)의 특권이다. 병역 의무를 다할 수 있는 천재일우의 특권을 확보하고, 나아가 성전에 참가할 수 있는 기회가 왔다.'(京城日報社, 1944b: 75~76)고 선전했다.

징병제 실시에 임하여 조선총독부는 '징병제도 실시에 이르러 내선일체의 정책은 그 절정에 다다랐다. 과거의 모든 노력은 이것을 위한 것이었다.'는 정치 선전을 계속했다.

1942년 5월 9일 드디어 2년 후의 1944년도 적령자(適齡者)부터 조선에 대망의 징병제 실시를 결정했다. 이러한 발표가 떨어지자마자 전 반도가 일찍이 경험하지 못한 감격에 빠졌다. 이날 조선 전국 방방곡곡(坊坊曲曲)은 물론, 만주, 중국 등의 조선 동포는 일제히 신사로 달려가 보고제(報告祭)를 올렸으며, 그 자리에서 발신된 감사와 결의를 표명하는 전보가 총독의 책상 위에 산처럼 쌓였다. 특히 이 빛나는 영예를 먼저 누리게 될 학도들과 청소년들은 '이것으로 우리도 드디어 나라의 방패가 되어 국가에 봉공(奉公)을 다하게 되었다.'며 벅찬 희망에 불타, 장래의 강건한 병사가 되기 위하여 주야로 심신을 단련하며 자신들을 불러줄 날만을 학수고대하고 있다(朝鮮總督府, 1944: 50~51).

일본 제국주의는 식민지 한국의 지배에서도 한국인에 대한 시혜 의식과 강제성을 합리화하기 위하여 자발성을 위장하고 있었다. 자발성 선전의 이면에서 일본 제국주의는 강제징병을 통하여 일본과 동남아시아 방면에 30여만 명, 한국 국내에 71만 3,700여 명, 그 밖에 군속(軍

屬)으로 3만여 명, 합계 104만 3,700여 명을 강제 동원하려는 계획을 수립했으며, 일본 제국주의가 패망한 1945년 8월까지 지원병, 학도병, 징병 등으로 강제 연행한 한국인은 육군 18만 6,980명, 해군 2만 2,299명 합계 20만 9,279명이었고, 군속이 15만 4,907명에 달했다(精神文化硏究院, 1995: 81~82).

그러나 이 모든 징병과 징집, 나아가 강제 연행에 대하여 전후의 일본 정부는 성의 있는 실태 조사와 피해 보상의 책임을 이행하지 않고 있다.[1] 그뿐 아니라 이러한 희생자들이 일본 정부를 상대로 제소하는 모든 소송에 대해 일본의 사법부도 패소와 기각으로 일관하고 있어 일본 정부와 동일한 시각임을 보여주고 있다. 전쟁범죄에 대한 무책임성은 일본의 행정부, 입법부, 사법부를 망라하여 공통의 공감대를 형성하고 있는 것이다.

특히 일본 제국주의 군대, 소위 '황군'의 저열함을 극명하게 폭로하고 있는 것이 '군대 위안부' 제도이다. 일본 제국주의 군대의 성노예로 강제 연행된 군대 위안부 문제는 일본 제국주의가 철저하게 증거를 인멸한 데다가, 당사자가 전면에 나서기를 꺼려하는 문제의 성격상 정확한 숫자조차 파악되지 않고 있는 실정이다.

일본 제국주의는 강제 연행한 한국인을 차별하고 학대하며 철저한 분리 관리를 엄격하게 했다. 한국인의 집단행동을 방지하기 위하여 면밀한 분산 입대와 분산 배치의 원칙을 세워, 집단적 반항과 탈주와 정보 교환을 봉쇄하였으며, 위험한 전투에서는 항상 첨병의 역할과 선두

---

[1] 1945년 10월 일본 정부가 연합군 총사령부(GHQ)에 보고한 「한국인 강제 연행자 실태 보고서」에 따르면 강제 연행자는 166만 8,000명에 달했다고 한다(『東亞日報』 1994. 5. 18).

행동을 강요했다.

> 이들 식민지 출신의 병사들은 많은 수가 도망을 기도했던 데에서도 드러나듯이 언어와 생활 습관 등의 차이에서 오는 차별과 개인적인 폭력에 시달리는 비인간적 상황에 처해 있었다. 이러한 민족적 편견과 차별 감정은 일본인 병사들에게 공통적으로 널리 퍼져 있어 그들은 조선인 지휘관에 대한 비판적인 언동도 서슴지 않았다(大濱徹也, 小澤郁郎, 1984: 17).

일본 제국주의는 '양병 양민(良兵良民)'의 관점에서 군대를 '국민교육의 장(場)', 나아가 '국민의 학교'로 간주했다. 군대를 사회교육의 원점에 놓으려는 시도는 당연히 천황제 가족주의와 맞물려 '황군'의 가족주의 정신교육으로 이어졌다. 가는 곳마다 맹위를 떨친 '황군'의 정신주의는 복잡한 구조를 형성하여 한국인 강제 연행자들을 철저하게 차별하고 억압했다. 일본 제국주의의 식민지 지배 기간 동안 한국인은 어디를 가든 차별 구조와 억압 구조 속에 놓여 있었던 것이다.

5. 일본적 정신주의의 식민지 이식

앞에서도 언급했듯이 1935년 일본에서는 헌법 학자 미노베 다쓰키치의 '천황 기관설'을 배격하는 과정에서 '국체의 명징' 운동이 일어났다. '천황 기관설'은 미노베가 국가 법인설을 채용하여 천황과 국가의 위상을 설정하면서 통치권을 가지는 것은 법인인 국가이고, '천황은 국가 최고 기관'에 속하므로 헌법에 따라 통치권을 행사한다고 보아,

천황이 헌법에 종속된다고 주장한 학설이다. 이것은 천황의 절대 권력을 규정한 일본 제국주의의 제국헌법하에서도 그때까지 정설로 통용되고 있었다.

그러나 1935년 우에스기 신키치(上杉慎吉)를 비롯해 국수주의자와 군부가 '천황 주권설'을 들고 나와 미노베의 학설은 일본의 '국체'를 위반하는 것이라고 공격하였다. 이것은 당시의 오카다 게이스케(岡田啓介) 내각을 뒤흔들어, 정부가 공식적인 정의를 내린 것이 1937년에 문부성이 발행한 『국체의 본의』이다. 이후 '국체의 명징'은 국민도덕의 기준으로 자리 잡아 일본인의 정신세계를 규정하는 억압 기제(抑壓機制)로 맹위를 떨치게 된다.

> 대일본 제국은 만세 일계의 천황이 황조의 신칙을 받들어 영원히 이를 통치한다. 이것이 우리나라 만고불역의 국체인 것이다. 이 대의에 기반을 두고 일대 가족 국가를 이룬 일본인은 모두 한마음으로 성지를 받들어 능히 충효의 미덕을 발휘하는 것이다. 이러한 국체는 우리나라의 영원불변의 대본(大本)이며, 우리나라의 역사를 관통하여 광채를 발하고 있다(文部省 編, 1937: 9).

여기에는 천황 주권과 '국체'의 신수설(神授說)을 비롯해, 천황제의 절대성과 가족주의관이 나타나 있다. 절대주의 천황제의 정신주의가 총체적으로 집약되어 있는 것이다. 이것은 식민지 한국에도 그대로 이식되어 한국인의 정신세계를 억압하고 규정하는 최고의 도덕률로서 확대재생산되었다. 당시 조선총독부 정보과 조사관이었던 이시모토 세이시로(石本淸四郞)는 「도의 조선(道義朝鮮)」을 강요하며 다음과 같이 말하고 있다.

원래부터 팔굉일우의 팔굉이란 전 세계를 의미하는 것이고, 일우란 일가족이라는 뜻이다. 그러므로 우리나라가 목표로 하는 것은 대동아 내지는 전 세계를 한데 묶어 하나의 커다란 가족 사회를 건설하는 데 있다. 다시 말하면 일본이 건설하고 있는 신질서는 세계 전 인류를 우리의 가족으로 포용하여 우리의 자식과 형제로 삼아서 각각 행복하게 살게 하자는 것이다. …… 즉 황실과 국민, 황실과 국토, 국민과 국토의 관계는 부자 형제와 같은 가족 관계이며, 원래부터 일체이므로 단지 인간관계에서뿐만이 아니라, 인간과 산천초목까지도 우리의 가족이고 일체라고 볼 수 있다. …… 그러므로 황도(皇道) 문화권의 한 가족인 조선인을 도의적인 수련을 통해 정화하고, 반도의 천지에 순연한 도의를 확립해 조선을 대동아공영권 내의 모범적인 지역으로 성장시키는 것이 도의 조선 확립의 근본이념이다(石本淸四郞, 1942: 27~29).

절대주의 천황제 가족주의의 상투적인 겉마음은 이민족에 대한 무한 포용성을 내세우고 있으나, 속마음에서는 자기 폐쇄성과 배타성을 내포하고 있었다. 그것이 '국체의 명징'이다. 그럴듯한 조건이 붙지 않는 시혜는 없는 것이다.

국민도덕의 대본(大本)은 국체 관념의 명징에 있다. 특히 반도에서 이것은 …… 조선 동포가 …… 제국 신민의 지위를 확보하는 기본 조건이며 광명과 이상을 키우는 심적 근원이다. …… 조선은 거듭되는 역성 개조(易姓改朝)의 변천을 거치는 동안에 국체와 국민이 항상 동요하고 인심이 혼미해져 일단 외환이 일어나면 순식간에 자주독립의 의기를 상실해왔다. 특히 19세기에 이르러 조선 반도는 열강 세력의 각축장으로 변해 드디어는 수습할 수 없는 지경에 빠졌다. …… 이때 이것을 광구(匡救)하고 해결한 것이 일한병합이었다. 즉 조선 민중이 우리 일본의 만고불역인 국체 정신의 대산하(大傘下)로 들어와 …… 다 함께 제국의 구성 분자로 국체 관념을 파지(把持)하는 것이야말로 참으로 조선의 이천만 민초를 구하고 번영하게 하는 유일한 길이다(梁村奇智城, 1939: 75~78).

일본 제국주의가 한국인에게 소위 '국체의 명징'을 도덕 기준으로 요구한 것은 한국인의 내면성까지 규정하여 동화시키려는 데 목적이 있었다. 군사력에 의한 지배와 피지배라는 힘의 논리를 도덕적 실천 논리로 포장한 것이다. 그러나 한국인이 세계에 유례가 없는 일본 제국주의의 '국체'를 실천하는 것은 불가능하다. 이러한 모순은 앞에서 자세히 살펴본 '황국신민화'와 '내선일체'에도 숨어 있다.

6. 일본 제국주의의 무책임성: 전후 처리

연합국의 전쟁범죄 정책은 1945년 7월 런던회의에서 확정되었는데, 전쟁범죄를 A, B, C급으로 정했다(이에 대한 자세한 내용은 6장을 참조하기 바란다).

A급 전쟁범죄자가 '특정의 지리적 제한을 두지 않으며, 또한 연합국 정부의 공동 결정에 의해 처형된 범죄인'이었던 것에 대해, B·C급 전쟁범죄자는 일본 제국주의가 점령한 '대동아공영권'의 각지에서 열린 전쟁범죄자 재판 법정에서 처벌된 사람들을 가리킨다. B·C급 전쟁범죄자에 대한 재판은 일본을 포함하여 아시아 49개국에서 열려, 용의자

로 체포된 사람은 2만 5,000명 이상에 달했다. 5,700명이 유죄판결을 받았고, 이중 984명이 사형 판결을 받았다. 한국인은 148명이 전쟁범죄자로 지목되어 23명이 사형을 당했다. 타이완인의 경우 26명이 사형 당했다. 한국인 전쟁범죄자 148명 중에 군인은 3명뿐이었으며(필리핀 포로수용소장 홍사익洪思翊 중장 사형, 지원병 2명 유기형), 통역으로 징용되었던 16명(사형 8명, 유기형 8명)과 나머지 129명은 전원이 포로수용소 포로 감시원으로 징집되었던 군속(軍屬)이었다(內海愛子, 1982: はじめに ii).

이들 한국인 포로 감시원들은 재판정에서 문자 그대로 서양인 포로들의 지목(指目)을 받아 한마디 변호의 기회마저도 박탈당한 채, 그야말로 한국인이 '일본인으로 간주되어' 사형과 유죄판결을 받았다. 그러나 식민지 전 기간을 통하여 한국인은 단 한 번도 일본 제국주의의 국적법의 적용을 받은 적이 없었다. 이들은 간교한 일본 제국주의의 희생양이 되어 고립무원의 이국땅에서 손가락을 들어 가리킬 어느 하늘 하나도 가질 수가 없는 원혼이 되었던 것이다. 여기에도 일본 제국주의의 약한 자에 강하고, 강한 자에 약한 억압 이양의 비열함과 편리할 때에 잡아떼고 망각이라는 개구멍을 따라 도피하는 무책임성이 내재되어 있었다.

이번 전쟁 중에 중국이나 필리핀에서 일본군의 포악한 만행—만행의 책임 소재가 어디에 있든 간에—의 직접적인 하수인은 일반 병사들이라는 처참한 사실에 눈을 돌려서는 안 된다. 국내에서는 '별 볼 일 없는' 인민이며, 군대에서는 가장 밑바닥의 이등병이더라도 일단 외국에 나가면 그들은 황군으로 구극적(究極的) 가치와 연결됨으로써 한없이 우월한 지위에 서려 했다. 시민 생활에서나 군대 생활에서나 자신이 당한 압박을 해소할 데가 없었던 대중이 일단 우월한 지위에 서게 되면, 자신에게 가해지는 모든 중압감을 단번에 풀어버리려는 폭발적인 충동에 사로잡힌다는 것은 이상한 일이 아니다(丸山眞男, 1988: 26).

식민지 피지배 전 기간 동안 한국인은 일본인에 의한 차별과 억압에 시달렸다. 이 차별과 억압의 또 다른 희생자들이 한국인 전쟁범죄자들이었다. 한국인 포로 감시원들은 일본군의 명령에 따라서 서양인 포로들을 직접 접촉하는 감시 임무를 담당했다. 일본군은 상투적으로 서양인 포로들을 학대(특히 굶기기와 폭력)하고 모욕(특히 항복에 대한 경멸과 이지메いじめ)했다. 일본군은 제네바협약을 위반하는 이러한 불법 행위 등 궂은일을 일상생활에서 포로들을 직접 상대하는 한국인 포로 감시원이 대신하도록 강요했다. 그 결과 일본군에 대한 서양인 포로들의 불만과 증오와 원한이 한국인 포로 감시원에게 그대로 투영될 수밖에 없었다. 한국인 전쟁범죄자는 일본 제국주의가 수없이 자행했던 억압 이양의 희생양들이었던 것이다.

이 억압 이양은 또 다른 곳에서는 언제나처럼 상투적인 시혜 의식으로 가치 전도된다. 이것이 도쿄재판의 법정에서 또다시 되풀이되었다.

황국신민화 시기 조선 총독 중에서 미나미 지로와 고이소 구니아키(小磯國昭) 2명이 도쿄재판에서 A급 전범으로 기소되었다. 그러나 그것은 두 사람이 조선 총독으로 행한 것에 대한 단죄가 아니었다. 미나미 지로는 1931년 만주사변 당시의 육군 대신, 1934년에는 관동군 사령관이었던 것이 문제시되었다. 고이소 구니아키도 육군 군무국장, 육군 차관, 척무 대신 시기의 일과, 1944~1945년 수상으로서의 활동이 문제시되었다. 검사 논고에서 조선 총독 시기의 두 사람의 범죄로 거론된 것은 미국과 영국의 포로를 조선에 데려와 학대하고 모욕했다는 것뿐이었다. 조선인에 대해서 그들이 행한 일은 일체 묻지 않았다. 그뿐만 아니라 오히려 그들이 조선인에게 행한 것은 일본인 변호사가 그들을 변호하는 자료로 이용했다.

두 사람의 변호를 맡은 사람은 두 사람이 조선 총독 재임 시절 사설 고문 변호사였던 산몬지 쇼헤이(三文字正平)였다. 산몬지가 고이소 구니아키를 변론한 자료 중에 「조선의 학병 문제에 관하여」라는 문서가 있다. 그 속에서 산몬지는 조선인 학생에 대한 특별지원병제를 실시할 때, 고이소 총독이 내선일체의 이상(理想) 도달을 목표로 '특히 강제성을 배제하고', '자발적 분기(奮起)'를 근본적인 지도 방침으로 했다고 강조했다.

'고이소 총독이 학병을 징집했던 뜻은 학병의 경험을 통해 이들이 장래에 반도의 지도자층이 되어 진정한 내선일체의 선구자가 되게 하겠다는 절절한 어버이의 마음에서 우러나온 것이었다. 패전 후의 오늘에 와서는 모든 것이 하나같이 수포로 돌아가 학도의 진심에서 나온 지원까지도 강제에 의한 것으로 왜곡되고 있다. 심지어는 총독부 관리까지도 이 제도를 임시방편이었고, 조선인을 속이는 시책이었다고 비난하고 있는 것에 대해서는 뭐라 할 말이 없다.'

'고이소 총독은 항상 조선 민중을 참된 일본인으로 지도 육성하여 내선(內鮮) 간의 처우에 조금의 차이도 없는 날이 하루빨리 오기를 염원했다. 이러한 고이소 총독의 염원은 후일 총독이 내각의 수반이 되었을 때 많은 반대를 물리치고 조선인 및 대만인에 대한 참정권 부여와 기타 일반 처우 개선의 실행으로 결실을 맺었다.

고이소 총독이 행한 제반 사항은 하나같이 조선을 사랑해 조선인에 대한 자애심에서 나온 것이었다. 학병 문제도 또한 예외가 아님을 확언한다.'(和田春樹, 1982: 10~11)

산몬지 변호사가 최종 개인 변론을 한 것은 1948년 3월이었다. 일본 제국주의가 패망한 후에도 이러한 인식이 가능했다는 것은 한국에 대한 식민지 지배의 타성과 시혜 의식을 일본인이 여전히 청산하지 못했다는 것을 말해준다.

승전국의 승전 축제인 도쿄재판에서 한국인이 끼어들 자리는 없었다. 따라서 한국인에 대한 전쟁범죄는 처음부터 고려의 대상이 아니었다. 승전국의 눈에는 한국은 다만 일본 제국주의의 식민지였고, 또다시 미국과 소련의 군사 지배를 받아야 하는 동양의 일개 '야만'의 나라에 지나지 않았던 것이다. 한국에 대한 관점은 일본 제국주의와 서양 제국주의 간에 차이가 없었다. 식민지 지배에 관한 한, 서양 제국주의의 동양관은 일본 제국주의의 모조품인 '일본인의 부하(負荷)'를 끝까지 따라 올라가면 당연히 만나게 되는 '백인의 부하'였던 것이다. 결국 미나미와 고이소의 변호를 맡은 산몬지 쇼헤이는 '일본인의 부하'를 주장하여, '백인의 부하'와 대등하게 서려 했을 뿐이었던 것이다.

1951년 9월에 체결된 샌프란시스코 강화조약으로 일본의 전쟁범죄자 처벌은 종료되었지만 한국인 전쟁범죄 희생자에 대한 문제는 국제사회 어디에도 추궁할 근거조차 없다. 일본 제국주의는 최후까지 무책임했고, 승전국인 연합국은 승리에 취해―전리품 챙기기에 바빠―인간의 보편성에는 무지했다.

일본인의 전쟁 책임 망각 현상은 원폭이 투하된 히로시마와 나가사키에 소위 '평화 공원'을 만들어놓고, 제2차 세계대전에서 자신들이 오히려 원폭 피해자라는 가치 전도 현상을 확산시켰다. 전후 일본은 일본인 스스로에 의한 전쟁범죄자의 처벌과 전쟁 책임 추궁을 망각한 채, 전쟁에 대한 피해자 의식만을 증식시키고 있다.

7. 식민지 지배 후에 남은 것

1930년대에 이른바 '신체제 운동'을 전개하여 군국주의 파시즘을 구축한 일본 제국주의는, 식민지 한국을 일본 제국주의의 침략 전쟁에 동원하기 위해 '국가총동원법'을 공포하여 '총동원 통치 시대'를 열고, 갖가지 형태로 민중을 조직하여 한국인에 대한 인적 동원과 경제적 착취를 자행했다. 그리하여 식민지 한국은 '대륙 병참기지'에서 나아가 '대동아 병참기지' 역할을 강요당했다.

특히 일본 제국주의의 침략 전쟁이 태평양전쟁으로 이어져 전선이 중국의 둥베이지방에서 중국 본토, 동남아시아, 태평양으로 확대되자, 일본 제국주의는 징병령을 공포하고 특별 연성소에서 훈련을 받은 청년들을 포함하여 징병 대상자에 대한 징병을 강행했다.

또한 일본 군국주의 파시즘은 일본인의 도덕률인 소위 '국체의 명징'을 식민지 한국에 그대로 이식하여 군사력에 의한 지배와 피지배라는 힘의 논리를 도덕적 합리화로 포장하여 한국인의 정신 내면까지 동화시키려 했고, 이것을 위한 통치 방침인 '내선일체'와 '황국신민화' 정책을 일관되게 추진했다.

일본 제국주의가 식민지 한국에 강요한 각종 동원령, 지원병제, 징병제, 징용령, 강제 연행으로 동원된 한국인들은 아시아 각국에서 열린 전쟁범죄 재판에서 B·C급 전쟁범죄자로 몰려 148명이 재판을 받았고, 23명이 사형을 당했다. 한국인 전쟁범죄자는 대부분 포로수용소 감시원으로 징집된 군속이었다. 그러나 전후 일본은 한국에 대한 식민지 지배 및 전쟁 책임과 전후 책임은 아랑곳하지 않고 원폭 피해를 앞장세워 전쟁에 대한 피해자 의식을 키워나가며 유리하고 편리한 것만 기억하는 역사 망각의 세월을 보내고 있다.

제6장
일본 리저널리즘: 반성 없는 가장(假裝)의 시간

1. 패전과 천황제의 향방

1945년 8월 15일 일본 제국주의의 '무조건 항복' 이후에 전개된 전후의 정치과정에서 일본의 천황제[1]는 소위 상징 천황제로 변모했다. 미

---

[1] '천황제'라는 용어는 일본 공산당 강령에서 쓰기 시작했다. 1922년 창립된 일본 공산당은 처음부터 '군주제 폐지'를 운동의 목표로 내세웠다. 1927년 코민테른(Comintern) 테제에서도 '군주제 폐지'를 확인하고 있다. 그러나 맑스주의 입장에서 '천황제'의 성격을 사회과학적으로 자리매김하여 이의 타도를 선명하게 제시한 것은 '32년 테제'부터였다. 최초의 검토회에는 가타야마 센(片山潛), 노사카 산조(野坂參三), 야마모토 겐조(山本懸藏) 등 일본 대표가 참가하였고, 최종적으로는 핀란드의 쿠시넨(O. Kuusinen)의 보고를 기반으로 코민테른 중앙 위원회에서 결정되었다. 이것이 코민테른의 지령으로 하달되자 일본 공산당의 가와카미 하지메(河上肇) 등이 번역하여 1932년 7월 기관지 『적기(赤旗)』에 「일본의 정세와 일본 공산당의 임무에 관한 테제」라는 제목으로 게재하였다. '32년테제' 이래 '천황제'라는 번역어가 일본의 지식층 사이에 정착되어 갔다(井崎正敏, 2003: 50~51). 따라서 '천황제'라는 용어는 처음부터 부정적인 의미를 담고 있었다. 본래 이 용어는 독일어 'Monarchie(군주제)'를 번역한 조어(造語)이다. 일본 제국주의는 패망 전까지 이 용어 사용을 금지시켰고, 그 대신 '황실(皇室)'이라는 용어

국은 일본에 대한 군사점령과 더불어 미소 냉전이 본격적으로 전개되는 와중에 정치적 판단으로 천황제 유지를 결정했다. 일본으로서는 필사적으로 지키려 했던 '국체의 호지'를 달성한 것이다.

이와 더불어 히로히토(裕仁) 천황은 소위 '인간 선언(人間宣言)'을 통하여 신격을 박탈당했고, 일본국 헌법(평화 헌법)의 규정에 따라서 '일본 국가와 국민 통합의 상징'으로 자리 잡게 되었다. 또한 전후 일본은 사회주의 중국의 탄생과 한국전쟁에 대응하여 수립된 미국의 세계 전략 및 극동 정책에 의해 '아시아의 방어선'으로 자리매김하여 국제사회에 복귀했다.

전후 처리의 첫 단계로 미국은 도쿄재판에서 히로히토의 기소 면제를 결정했다. 천황에 대한 미국의 면죄부는 일본인 스스로의 손으로 천황의 전쟁 책임을 추궁하는 것을 불가능하게 했다. 이것은 동시에 천황에 대한 가치 동일시에 길들여진 일본인에게 여타의 전쟁범죄자에 대한 전쟁 책임을 추궁하는 것도 불가능하게 했다. 결국 이러한 일련의 사태는 일본인의 전쟁 책임 망각증을 고착시켜 오히려 전쟁에 대한 피해 의식을 확산시켜나갔다. 천황이 전쟁 책임이 없는 곳에서 일본인 어느 누가 스스로 전쟁 책임을 자처할 수 있을 것인가.

전후 상징 천황제하의 일본인은 천황의 지배자로서의 신성성을 박탈하지 못했고, 이 가공의 신성성에 의지해 세계 어느 지역보다 평화와 안정을 누리고 외칠 자격이 있다고 착각하는 세월을 보내고 있다. 이러한 일본인 특유의 기정사실에 대한 의식의 화석화 현상들은 제국주의 시대의 천황에 대한 무한 책임성(丸山眞男, 1967: 31~33)[2]을 전후에

를 썼다. '천황제'라는 말이 일반적인 용어로 정착한 것은 전후이다. 현재의 일본 정부[宮內廳]는 '황실 제도(皇室制度)'라는 호칭을 쓰고 있다.

이르러서는 침략을 당했던 아시아, 나아가 세계에 대한 무책임성으로 치환한 결과이다.

일본은 천황의 상징성으로 위장한 신성성을 잠재의식화하여 외면적으로는 항상 주어진 현실의 민주주의에 지지와 신뢰를 보내는 현대성을 가장하면서도, 내면적으로는 언제든 천황과 결부된 전근대적 신화와 신성성에 편승하여 한번 실패한 내셔널리즘의 회복을 추구하고 있는 특이한 리저널리즘[3]의 국가이다. 전근대성과 현대성의 공존, 이것이 상징 천황제의 비밀이다.

---

2 마루야마 마사오는 1932년 난바 다이스케(難波大助)가 섭정 히로히토를 저격한 대역 사건(大逆事件, 虎の門事件) 당시에 일본인이 보여준 황당무계한 하향식 연대 책임의 양상을 목격하고 레더러(Emil Lederer) 도쿄제국대학 경제학부 교수가 쓴 일본 비판과, 같은 해 간토대지진(關東大地震) 때 천황 사진[御眞影]을 구하려고 불 속에 뛰어들다 불타 죽은 학교장들의 예를 들어 천황에 대한 '신민'의 무한 책임성을 설명하고 있다.
일본 제국주의 시대에 대역 사건은 네 번 있었다. 첫 번째가 1910년의 고토쿠 슈스이(幸德事件) 사건. 아나키스트 고토쿠 등이 메이지 천황 폭살을 모의했다는 사건이다. 이때 아나키스트와 사회주의자 24명이 사형, 2명이 유기형을 선고받아 고토쿠 등 12명의 사형이 집행되었다. 두 번째가 1923년의 도라노몬 사건(난바 다이스케 사건). 난바 다이스케가 섭정 히로히토를 저격했으나 실패했다. 난바에 대한 사형이 집행되었다. 세 번째가 1925년의 박열(朴烈)·가네코 후미코(金子文子) 사건. 1923년 간토대지진 직후 박열과 가네코가 보호 검속으로 검거되었으나, 1925년 쇼와 천황 폭살 모의 사건으로 기소되어 사형선고 후에 무기징역으로 감형되었다. 1926년 가네코가 옥중에서 의문의 죽음을 당했다. 박열 의사는 1945년 10월 출옥했다. 네 번째가 1932년의 사쿠라다몬 사건(櫻田門事件). 이봉창 사건(李奉昌事件)이라고도 한다. 이봉창 의사가 천황의 마차에 폭탄을 던졌으나 실패. 이봉창 의사에 대한 사형이 집행되었다.

3 일반적으로 세계 통합주의(globalism)와 대비되는 의미로 지역 협력주의(regionalism)가 사용되고 있으나, 여기서는 일본의 역사에 기반을 둔 갈등 관계의 지역주의라는 의미로 리저널리즘을 사용하였다.

2. 상징 천황제로 살아남다

1945년 7월 28일의 포츠담선언은 미국·영국·중국의 이름으로 선포되었다(소련은 뒤에 추인함). 포츠담선언은 13개 조항으로 되어 있다. 일본 군국주의 세력의 완전 제거, 전쟁 능력의 소멸이 확인될 때까지 연합국의 군사점령, 카이로선언에 따른 일본 영토의 한정, 일본군의 무장해제, 전쟁범죄자의 처벌과 민주화 추진, 배상 의무의 이행과 평화적 생산 활동의 재건, 일본 국민의 자유의지에 의한 평화적 정부 수립 후 점령군의 철수, 일본의 무조건 항복과 불응 시 신속하고도 완전한 괴멸이 있을 뿐이라는 내용이 담겨 있었다(外務省 編, 1988b: 626~627).

연합국의 일본에 대한 군사점령의 근거는 포츠담선언 제7조에 있다. 연합국을 대표하여 미국이 주도적으로 실행했다. 미국은 일본 정부를 존속시킨 채 일본 점령에 대한 정책과 방침을 총사령부(GHQ)를 통해 지령으로 하달하고 감독하는 간접적 군사 지배 체제를 채택했다.

일본은 패전 직후인 1945년 8월 17일 히가시구니 나루히코(東久邇稔彥) 내각을 출범시켰다. 황족을 수상으로 임명한 것은 황족의 권위를 이용해 점령군의 위세를 누그러뜨리고 패전 처리를 유리하게 진행하겠다는 의도였다. 또한 천황과 황족의 평화주의자로서의 면모를 과시하여 전쟁범죄자 재판을 피해가자는 계산도 숨어 있었다.

일본의 '무조건 항복'에 대한 조인식은 1945년 9월 2일 도쿄 만에 정박한 미국의 전함 미주리(Missouri)호[4]의 갑판에서 열렸다. 조인식은 연

---

[4] 미주리호는 4척의 아이오와(Iowa) 급 전함의 3번 함(USS Missouri BB-63)으로 1944년 1월에 진수되었다. 함명은 트루먼 대통령(당시에는 상원의원이었다)의 딸 매리 트루먼(Mary M. Truman)이 명명했다고 한다. 자매함으로 아이오와(BB-61), 뉴저지(New Jersey, BB-62), 위스콘신(Wisconsin, BB-64)호가 있었다. 원래는 항복 조인식 장소로 해전에서 기함 역

합군을 대표해 최고사령관 맥아더(Douglas MacArther)와 미국, 영국, 중국, 소련, 오스트레일리아, 뉴질랜드, 네덜란드, 캐나다, 프랑스 등의 연합국 대표가 서명했다. 일본 제국주의 대표로는 외무 대신 시게미쓰 마모루(重光葵)와 대본영 전권(大本營全權) 우메즈 요시지로(梅津美治郎) 육군 참모총장이 서명했다.

이때의 미주리호는 1854년 2차로 내항하여 미일 화친조약을 체결한 페리 함대의 기함 포하탄호가 닻을 내렸던 곳과 똑같은 위도(緯度)와 경도(經度)의 해상에 자리를 잡았다. 또한 이날 미주리호의 갑판에는 두 개의 미국 국기가 장식되어 있었다. 31개 주의 별이 그려진 낡아빠진 성조기는 1854년 당시의 기함 포하탄호에 게양되었던 것으로 미국의 메릴랜드(Maryland) 주 아나폴리스(Annapolis) 시의 해군 사관학교에 전시된 것을 공수한 것이라고 한다. 48개 주의 별이 그려져 있는 또 하나의 성조기는 1941년 12월 8일 일본 제국주의가 진주만을 기습 폭격할 당시 백악관에 게양되었던 것이라고 한다. 저 멀리 92년의 세월을 건너뛰어 일본의 굴욕이 상징적으로 재현된 것이다. 역사는 돌고 돌아 실로 일본 제국주의의 항복 조인식은 미국에 의한 '제2의 개국' 의식이었던 것이다.[5]

할을 했던 뉴저지호가 예정되어 있었으나, 트루먼 대통령 출신 주의 이름인 미주리호로 결정되었다. 또한 연합군 최고사령관으로는 육군은 남서 태평양 사령관인 맥아더를 주장했고, 해군은 태평양함대 사령관 니미츠(Chester W. Nimitz)를 주장했으나, 트루먼 대통령은 식민지 필리핀의 중요성을 고려하여 1945년 8월 13일 맥아더를 임명했다. 이에 해군은 연합군을 대표하는 맥아더 외에 미국을 대표하여 니미츠가 서명에 참가하고 항복 조인 장소도 육지가 아니라 안전한 해상의 군함에서 개최할 것을 주장하여 그대로 실현되었다(神田文人, 1983: 58). 미주리호는 1950년 한국전쟁과 1991년 걸프전(Gulf War) 참전 후, 1992년 3월 퇴역하여 현재는 하와이의 진주만에서 박물관으로 공개되고 있다.

5 이에 대해 존 다워(John W. Dower)는 다음과 같이 말하고 있다.

또한 이날 미주리호에는 미국의 깃발 이외의 그 어느 연합국의 깃발도 보이지 않았다. 조인식 후 도쿄 만 상공을 미국의 B29 폭격기 400대와 항공모함 탑재기 1,500대가 축하 비행을 했다. 미국의 국력과 군사력을 과시하기 위해 주도면밀하게 연출된 항복 조인식은 단지 미국을 위한 축제였던 것이다.

그리고 미국을 비롯한 연합국 대표들과 군사들이 도열하여 지켜보는 가운데, 지팡이에 의지해 미주리호의 갑판을 가로질러 걸어오는 일본 대표 시게미쓰는 오른쪽 다리를 심하게 절뚝거리고 있었다. 이것은 1932년 4월 29일 주중 공사(駐中公使)로서 상하이 홍커우 공원(虹口公園)에서 거행된 일본 제국주의의 천장절(天長節) 축하식장에 참석하여 윤봉길(尹奉吉) 의사가 던진 폭탄에도 목숨을 건진 대가(代價)였다. 일본 제국주의가 항복을 하던 그 순간까지도 한국 독립 투쟁의 그림자가 어른거리고 있었던 것이다. 그러나 항복 조인식을 비롯하여 도쿄재판은 물론, 이후에 전개되는 일본 제국주의의 전후 처리 과정 그 어디에서도 한국인이 들어설 자리는 찾을 수 없었다. 다만 거기에는 미국과 소련의 분할 점령이 가져온 한반도 분단과 희생만이 약속되어 있었다.

항복 조인식이 끝난 후 맥아더는 방송을 통하여 미국인에게 연설을 했다.

오늘 우리는 92년 전 우리의 동포인 페리 제독과 같은 모습으로

'1853년 석탄 연료로 검은 연기를 뿜으며 '흑선(黑船)'과 범선의 작은 함대가 나타났다. 이것이 피로 피를 씻는 서양 열강과의 세계적인 규모의 경쟁으로 일본을 내모는 계기가 되었다. 그리고 100년의 세월이 흘러 페리가 상상도 못할 과학기술과 과학 입국을 상징하는 거대한 해군과 육군 그리고 공군을 거느리고 미국인들은 다시 돌아왔다. 페리의 고색창연한 깃발을 일본인을 향한 질책처럼 흔들면서.'(ダワー, 2001: 32)

도쿄에 섰다. 그의 목적은 일본의 고립의 장막을 걷어 올리고 예지와 진보의 시대를 열어 일본을 세계의 우호와 무역과 통상의 길로 인도하는 것이었다. 아, 그러나 그렇게 해서 서양의 과학으로부터 배운 지식은 억압과 인간 노예화 구축의 수단이 되고 말았다. 일본은 표현의 자유, 행동의 자유, 사상의 자유, 교육의 자유까지도 미신에 얽매여 폭력에 의존함으로써 부정하였다. 우리는 포츠담선언의 원칙에 따라 일본인을 지금의 노예 상태에서 해방시키는 데에 전념할 것이다. 나의 목적은 신속히 일본의 무장 병력을 해체하고 그 외의 전쟁 잠재력을 완전히 소멸시키는 과정을 밟는 것이다(Kase, 1950: 11~12).

이렇게 1854년과 1945년, 92년이라는 세월을 사이에 두고 무력을 앞세운 두 사람의 미국인이 일본 근대의 막을 열고 또한 근대의 문을 닫았던 것이다.

제2차 세계대전에서 미국 대통령 프랭클린 루스벨트(Franklin Roosevelt)의 전후 아시아 구상은 '일본을 타도하고, 극동의 평화 유지를 위해 중국을 우호적인 강대국으로 육성시켜 지도적인 역할을 하게 한다.'는 전략이었다(Spanier, 1998: 69). 루스벨트의 세계 전략은 미국·영국·소련에 중국을 더하여 이들 국가가 전후 세계 질서 유지의 '경찰국가' 역할을 담당한다는 구상이었던 것이다. 이러한 이유로 미국은 1943년 11월 카이로회담에 중국의 참여를 적극 유도했고, 중국의 대일전 지원을 위해 15억 달러 이상의 군사원조를 단행했으며, 전후에도 중국의 경제 부흥을 위해 20억 달러에 달하는 경제원조를 했다. 그러나 이후의 국제 정세는 미국의 의도대로 진행되지 않았다.

일본에 대한 미국의 군사점령 정책은 국제정치 환경의 변화에 따라

많은 변화를 겪게 된다. 태평양전쟁이 전개되던 1943년 7월 21일 미국 국무부 경제 조사과가 작성한 '전후 일본의 경제적 고찰'이라는 문서가 있다. 이 문서에는 일본의 비군사화 구상 제1안으로 일본의 모든 근대산업을 폐기하고 에도시대 단계의 농업경제로 되돌리는 극단적인 안, 제2안으로 경공업을 허용하고 중공업과 해운업을 박탈하는 안, 제3안으로 비무장화를 전제로 극히 일부의 예외를 제외한 주요 산업을 통한 경제 부흥을 시키는 안 등이 제시되었다(五百旗頭眞, 1987: 251).

이것은 트루먼(Harry S. Truman) 대통령의 지시로 수정 과정을 거쳐 1945년 9월 22일 '초기 대일 방침'으로 발표되었다. 점령 초기 미국의 대일 정책은 일본의 비무장 및 비군사화, 민주화, 자본의 집중 방지에 있었다. 이를 위해 육해군 해체, 전쟁범죄자 체포, 군국주의자의 공직 추방, 군국주의 교육의 폐지, 군국주의 금지, 재벌 해체, 농지개혁, 노동 기본법 보장, 여성 참정권을 포함하는 헌법 개정을 추진하는 것으로 되어 있었다(外務省特別資料部 編, 1949: 91~108).

이러한 방침이 구체적인 실천 항목을 명기하여 최고사령관 맥아더에게 '초기 기본 지령'으로 하달된 것은 1945년 11월이었다. 이 지령에 의하여 정치·사회·문화적인 민주화를 추진하는 한편, 전쟁 능력의 제거를 위해 군수공업을 해체했고, 군국주의 발생의 근원을 제거하기 위해 재벌 해체, 농지개혁, 노동 개혁을 실시했다. 또한 연합국은 1947년 4월에 포츠담선언 제11조의 배상 의무에 따라 중국, 필리핀, 네덜란드(식민지용), 영국(식민지용) 등 4개국에 배상을 결정하여 일본의 군수산업 시설 30%를 철거하여 이들 국가로 반출하였다. 1947년 12월에는 무기 제조와 관계되는 시설의 파괴와 더불어 군수 제조창과 항공기 공장 등 군 시설과 민간 군수공장도 철거해 스크랩 처리했다(三和良一, 2002: 28~29).

이와 더불어 미국은 전후 일본의 민주화가 천황 문제를 근본적으로 해결해야 시작될 수 있다는 사실을 명확히 인식하고 있었다. 제2차 세계대전 말기부터 미국 정부는 일본의 민주화 수립 후 천황제를 존속시켜 이를 점령 통치에 이용한다는 기본 정책을 수립하고 있었다.

그러나 이러한 미국의 일본 점령 기본 원칙은 당시 미국 국민의 정서와는 배치되는 것이었다. 1945년 여름 갤럽 조사에 의하면 전후 천황 문제 처리 방안에 대한 질문에 '처형'을 주장하는 응답이 33%로 가장 많았고, '무죄'라고 응답한 사람은 4%에 불과했다(竹前榮治, 1980: 94). 또한 연합국 중에도 소련을 비롯해 여러 나라가 천황의 전쟁범죄자 기소와 천황제 폐지를 강력하게 주장하고 있었다.

이러한 분위기 속에서 미국은 '초기 대일 방침'으로 '일본 국민의 자유의사에 따라서 지지를 받지 못하는 어떠한 정치형태도 강요하지 않는다.'(辻淸明 編, 1966: 19~20)는 원칙을 표명했다. 이러한 미국 정부의 지침이 없더라도 태평양전쟁 중 일본인의 천황에 대한 맹목적인 복종과 충성심을 직접 체험한 연합군 총사령부로서는 점령 초기부터 천황제 폐지로 초래될 일본 국민의 엄청난 혼란을 염려하고 있었다. 또한 점령 정책의 수행에 천황제를 민주적으로 개편하여 유지시키는 것이 일본 국민의 지지를 얻는 가장 빠른 방법이라는 사실을 인식하고 있었다.

천황제 존폐 문제는 당시의 일본 정부에게도 당면한 초미의 중대사였다. 1945년 7월 포츠담선언을 접하고도 '국체의 호지'가 보장되지 않았다는 이유로 '무조건 항복'[6]을 지연시켰던 일본 정부로서는 천황제

---

6 1945년 8월 15일 일본의 무조건 항복은 1945년 7월의 포츠담선언의 수락을 의미하며, 이것을 일본은 천황제의 유지라는 소위 '국체의 호지'로 억지 해석을 했다. 이때까지

유지야말로 지상 과제였던 것이다. 그러나 일본은 이 문제를 결정할 아무런 권한도 부여받지 못했다.

1945년 9월 6일 미국의 '기본 지령'과 함께 총사령부의 맥아더에게 '연합군 최고사령관 권한에 관한 시달'이 하달되었다.

> 천황 및 일본 정부의 국가 통치 권한은 연합국 최고사령관에게 종속된다. …… 연합국과 일본과의 관계는 계약적 기초 위에 있는 것이 아니고, 무조건 항복을 기초로 한 것이다. 귀관의 권한은 최고의 것이므로, 그 범위에 관해 일본 측으로부터 어떠한 이의(異議) 제기도 받지 않는다(辻清明 編, 1966: 23).

당시 천황제 유지 여부에 관해 아무런 발언도 할 수 없었던 일본 정부는 맥아더가 '나는 천황의 지위를 변경할 생각이 전혀 없다.'(圭本利男, 1952: 136)는 간접적인 언급을 확인했을 뿐이었다. 이와 더불어 일본 정부는 일본 국민의 천황에 대한 민심의 동향도 주시하지 않을 수 없었다. 1945년 11월 이세 신궁과 메이지 천황릉[桃山陵]을 순행할 때 히로히토를 수행한 기도 고이치(木戸幸一, 內大臣)는 연도에 몰려 나온 환영객의 엄숙한 태도를 보고, '참으로 일본인의 진실한 모습을 다시 보는 것 같아 마음을 굳게 먹었다.'며, '신민의 태도야말로 수용하지 않을

일본은 포츠담선언이 '국체의 호지'를 보장하지 않았다는 이유로 이의 보장을 요구하며 항복을 거부하다가, 8월 6일 히로시마, 8월 9일 나가사키에 원폭이 투하되고 8월 8일 소련이 참전하자, 8월 14일 '어전회의(御前會議)'에서 포츠담선언 수락을 결정했다. 일본인은 이때의 결정을 소위 '성단(聖斷)'이라 하여 히로히토의 결단력과 평화주의자로서의 면모를 강조하는 '성단 신화'를 날조하게 된다. 이것은 새로운 천황제 신화가 되어 히로히토를 침략자로부터 평화주의자로 전환시키는 이미지 조작에 결정적인 역할을 했다.

수 없어 참으로 안심이 된다.'(木戶日記硏究會, 1966: 1250)는 안도감을 드러내고 있다.

일본인의 천황에 대한 충성심은 패전 직후에도 변함이 없었다. 1945년 11월부터 12월까지 미국 전략 폭격 조사단이 실시한 일본인에 대한 면접 조사 결과 천황제 찬성이 95%, 히로히토의 계속 재위 찬성이 63%, 퇴위 주장은 불과 3%에 불과했다(竹前榮治, 1980: 94). 천황 및 천황제에 대해 책임을 추궁하는 것은 일본 민족에게는 처음부터 불가능한 명제였던 것이다.

1945년 9월 27일 연합군 총사령부 최고사령관 맥아더와 히로히토의 첫 회견은 맥아더의 대일 정책 방향의 암시와 천황제 유지를 기정사실화하는 기초적인 연출로 상징적인 의미를 띠고 있었다. 이 회견은 천황 자신은 물론 향후 일본의 행방을 확인하는 의미를 띠고 있었다. 회견은 히로히토가 미국 대사관으로 맥아더를 방문해 이루어졌다. 이 자리에는 통역으로 오쿠무라 가쓰조(奧村勝藏, 외무성 참사관)만이 참석했다. 천황의 발언 내용은 『맥아더 회상기』에 묘사되어 있다.

> 내가 미국제 담배를 내어밀자 천황은 예의를 지키며 받아들었다. 담배에 불을 붙여주었을 때, 나는 천황의 손이 떨리고 있다는 것을 눈치챘다. 나는 될 수 있는 대로 천황의 기분을 편안하게 해주려고 노력했으나, 한편으로 천황이 느끼고 있는 굴욕감의 고통이 얼마나 깊은 것인가를 잘 알고 있었다.
> 나는 천황이 전쟁범죄자로 기소당하지 않도록 자신의 입장을 호소하기 시작하지 않을까 하는 불안감을 억제할 수가 없었다. 연합국의 일부, 특히 소련과 영국으로부터 천황을 전쟁범죄자에 포함시키라는 목소리가 높아지고 있었다. 실제로 이런 나라들이 제출

한 최초 전쟁범죄자 목록에는 천황이 맨 첫머리에 놓여 있었다. 나는 그와 같이 불공정한 행위가 얼마나 비극적인 결과를 초래하는가를 너무나도 잘 알고 있었기 때문에 그러한 행동에 대해서는 강력하게 저항했다.

워싱턴이 영국의 주장에 동조하려 할 때 나는 만약 그런 일이 일어난다면 적어도 100만 명의 장병이 필요하다고 경고했다. 천황이 전쟁범죄자로 기소되어 교수형에 처해진다면 일본에 군정을 펴지 않으면 안 될 것이며, 틀림없이 전국에서 게릴라전이 시작될 것으로 나는 보고 있었다. 결국 천황의 이름은 전범 리스트에서 제외되었고, 이러한 경위를 천황은 전혀 모르고 있었던 것이다.

그러나 이러한 나의 불안은 근거가 없는 것이었다. 천황의 입에서 떨어진 첫마디는 다음과 같은 말이었다.

'나는 우리 국민이 전쟁을 수행하며 정치·군사의 양면에서 행한 모든 결정과 행동에 대해 전적으로 책임을 지는 사람으로서, 나 자신을 당신이 대표하는 여러 나라의 결정에 맡기기 위해 방문했다.'

나는 커다란 감동으로 몸이 떨렸다. 죽음을 동반할지도 모르는 책임, 그것도 내가 이미 두루 알고 있는 여러 가지 사실에 비추어서 명확하게 천황에게 돌릴 수 없는 책임을 짊어지려는 용기에 가득 찬 태도는 나의 뼛속까지 감동시켰다. 나는 그 순간 나의 앞에 있는 천황이 개인 자격에서도 일본 최고의 신사라고 느꼈다(マッカーサー, 1964: 142).

히로히토는 항복 직후 자신에 대한 전쟁범죄자 재판에 대비하여 자신의 입장을 변명하는 대필의 독백록을 남겼다(寺崎英成, 1991). 이 글에서 히로히토는 중요 사항에 대해 전쟁 책임을 회피하며 '불가피성'을 강조하고 있다. 이러한 히로히토의 태도와 생존 중 전쟁 책임을 명확하게 언급하지 않았던 처세술을 감안하면 히로히토가 스스로 전쟁 책임을 인정했다는 맥아더의 회고에 대한 신뢰성이 논란의 대상이 될 수 있다.[7]

그러나 첫 대면의 회견에서 맥아더의 천황에 대한 처분은 다시 한번 확인되었다고 볼 수 있다. 천황에게 마음속으로부터 깊은 감동을 받았다는 맥아더의 발언과는 정반대로, 이 회견의 사진이 당시의 일본인들에게 엄청난 충격과 연합국, 특히 미국에 대한 자신들의 위상을 절감하는 계기가 되기도 했다.[8] 결국 히가시쿠니 내각의 내무성 산하 내각 정보국이 맥아더와 천황의 사진이 게재된 9월 29일자 신문을 검열하여 발매 금지 처분을 내렸다. 이에 총사령부는 같은 날 즉시 발매 금지 해제를 명령하고, '신문과 언론의 자유에 관한 신조치' 지령을 일본 정부에 하달해 일본 언론에 대한 통제를 가동하기 시작했다. 패전 후에도 천황에 대한 일본인의 터부는 여전히 위력을 발휘하고 있었던 것이다. 총사령부의 일본 언론 통제는 일본이 자초한 것이었다.

---

[7] 이 『맥아더 회상기』에 대해 신빙성을 의심하는 비판적 견해도 많다. 지모토 히데키(千本秀樹)는 『맥아더 회상기』는 자기 찬미와 과장, 나아가 사실의 날조, 시간적 사실 관계를 거꾸로 배치시키는 모순에 가득 찬 책'이며, '히로히토와 맥아더의 제1회 회견의 역사적 의의는 히로히토가 자신의 전쟁 책임을 부인하고 맥아더가 그것을 승인해 히로히토를 맥아더에 종속시켜 공동의 통치자로 임명한 것'이라고 주장했다(千本秀樹, 1990: 170, 177).

[8] 당시 천황을 수행했던 시종장(侍從長) 후지타 나오노리(藤田尚德)는 '이때의 기념 촬영에서 더없이 느긋하게 손을 허리에 대고 있는 맥아더 원수와 예복에 바른 자세를 취하고 있는 폐하를 대조시켜서, 승리자인 맥아더 원수에 대해 패자인 폐하가 그야말로 압도된 것처럼 해석하려는 경향이 있는데, 결코 그러한 분위기가 아니었다는 것을 덧붙이고 싶다.'(藤田尚德, 1961: 174)고 회상했다. 이것이야말로 역으로 일본인의 충격을 증명하는 것이라 할 수 있다.

천황과의 회견 후에 맥아더는 천황에 대한 답방(答訪) 문제를 언급했다.

> 평화조약이 조인되어 점령 통치가 끝날 때까지 나는 천황을 방문하지 않을 것이다. 천황을 찾아가면 천황의 지위와 연합국을 대표하는 나의 지위가 동등하다는 것을 인정하는 것으로 해석될 것이다. 원래부터 동등한 것이 아니다(Whitney, 1955: 286).

그러나 실제로는 이후에도 회견은 계속되어 1951년 4월 맥아더가 해임되어 일본을 떠날 때까지 천황이 맥아더를 방문하는 형식으로 총 11회에 걸쳐 회견이 이루어졌다. 맥아더와 천황의 많은 회견은 둘 사이의 친밀감과 정치적인 교감을 대변하여, 천황의 전쟁범죄자 기소 면제와 천황제 존속에 이르기까지 맥아더의 점령 정책에 많은 영향을 미쳤다고 할 수 있다.

전후 미국의 일본 통치의 시급한 과제는 민주화의 추진이었다. 그러나 이것을 일본 정부가 순순히 받아들인 것은 아니었다. 전후 처리를 위해 1945년 8월 17일 성립된 히가시구니 내각의 히가시구니 수상은 8월 28일의 기자회견과 9월 5일의 국회 시정방침 연설에서 천황에 대한 일본 '신민'의 '일억 총참회(一億總懺悔)'를 주장하여 언론 검열에 이어 또다시 총사령부의 노여움을 샀다.

9월 26일에는 철학자 미키 기요시가 치안유지법 위반 혐의로 투옥 중 옥사한 사건이 일어났다. 일본 제국주의는 패망 이후에도 여전히 사상 통제를 계속하고 있었던 것이다. 사건이 서양 언론에 알려져 비난 여론이 일자, 10월 4일 총사령부로부터 '자유의 지령'이 내려왔다. 이에 불복한 히가시구니 내각이 총사퇴하고, 이어서 10월 5일 출범한 시데하라 기주로(幣原喜重郎) 내각이 지령을 실천하게 된다. '자유의 지령'의 중요 내용은 내무성 폐지, 특별 고등경찰[特高] 폐지, 치안유지법 폐지, 정치범 석방, 언론 규제법 폐지, 천황제 비판 자유화 등 악법과 규제의 철폐를 담고 있었다.

또한 10월 11일에는 시데하라 수상에게 '5대 개혁 지령'이 통보되었다. 이것은 여성해방, 모든 억압적 제도의 폐지, 교육의 민주화, 노동조합 활동 자유화, 경제민주화의 내용으로 되어 있다. 특히 경제민주화로 토지조사가 실시되어 고질적인 소작제도가 폐지되었고, 경제계 지도자의 추방과 재벌의 해체가 이루어져 기업 활동이 자유화되었다. 민주화 지령은 천황 숭배의 거점인 신사 제도에도 미쳐 12월 15일의 '신사 지령'으로 국가 신도가 폐지되었다.

1946년 1월 1일 히로히토는 총사령부의 각본과 일본 정부의 합작으로「신일본(新日本) 건설에 관한 조서(詔書)」, 즉 매스컴이 윤색하여 '인간 선언'이라고 이름을 붙인 문건을 발표했다. 이 정치적 연출에는 함축된 의미가 있다.

소위 '인간 선언'은 서두에 1868년 메이지 천황이 내세운 '5개조의 서문(誓文)'[9]을 인용하여 '메이지 천황의 예지(叡智)'를 강조하고 있다. 쇼와 천황은 자신의 신격은 부정되었으나 전후 일본 민주주의의 원점

---

[9] 1868년 3월 14일 메이지 천황이 교토(京都)에서 문무백관을 이끌고 천지신명(天地神明)에게 서약(誓約)한다는 형식으로 발표한 메이지유신 정권의 기본 방침. 5개조(五個條)로 되어 있다.
1. 널리 회의(會議)를 일으켜 만기(萬機)를 공론(公論)으로 결정한다.
1. 상하(上下) 마음을 하나로 합쳐 활발히 경륜(經綸)을 행한다.
1. 모든 관리와 무사와 서민이 하나가 되어 그 뜻을 이루어 인심에 게으름이 없도록 한다.
1. 구래(舊來)의 누습(陋習)을 타파하고 천지의 공도(公道)에 기반을 둔다.
1. 지식을 세계로부터 구해 황기(皇基)를 크게 떨친다.

은 '메이지 천황의 예지'에 있으며, 그 황위는 아마테라스 오미카미 이하 '황조 황종'으로부터 계승되었다는 것을 메이지 천황과 자신을 결부시켜 주장하고 있는 것이다. 외면적 신격을 정치적으로 부정하면서도 내면적으로는 천황제 자체의 연속성을 주장하고 있다. '인간 선언'의 어디에도 천황의 신격을 명확히 부정한 부분은 없다.

> 짐과 너희 국민 사이의 유대는 시종 상호 신뢰에 의해 맺어져 단지 신화와 전설에 의해 생겨난 것이 아니다. 천황은 살아 있는 신이고, 일본 국민은 다른 민족보다 우월하여 결국 세계를 지배할 운명을 지닌다는 가공(架空)의 관념에 기반을 둔 것이 아니다(『朝日新聞』 1946. 1. 1).

이 문서는 천황이 '신민'에게 내리는 '조서'의 형식을 취하고 있다. 내용상으로는 건국 신화와 전설의 부정을 암시하여 천황의 '신격'과 일본 민족의 우월성을 청산하는 것으로 되어 있다. 그러나 신화와 전설을 천황과 일본인 사이의 '상호 신뢰'로 대치하여, 천황은 변함없이 신성한 존재로 국민 위에 군림한다는 군신 관계를 용의주도하게 감추고 있다.

따라서 전후의 민주주의도 미국으로부터 부여된 것이 아니라 메이지 시대의 연속이며, 천황제 역시 역사상의 당연한 절차로 계승되어 정당한 것이고 자신도 정통(正統)이라는 의미인 것이다. 외면적 신격을 역학 관계에 밀려 정치적으로 애매모호하게 부정하면서도 내면적으로는 천황제 자체의 연속성을 주장하여 천황의 혈통에 감추어져 있는 일본적 신성성을 국민과의 유대와 결합시키고 있다. 여기에는 침략 전쟁에 대한 반성이나 전쟁 책임에 대한 일체의 의식이 결여된 채 오로지

'국체'의 유지에만 매달려 있는 전후 일본의 자화상이 투영되어 있다.

실제로 1977년 8월 23일의 기자회견에서 히로히토는 '인간 선언'에 '5개조의 서문'을 인용한 것은 자신의 의지였다고 밝혔다. 그리고 이 '인간 선언'의 목적은 '5개조의 서문' 부분에 있었고, '신격의 부정은 그다음의 문제'일 뿐이었으며, '일본의 민주주의가 결코 수입된 것이 아니라는 점'을 강조하고 싶었다고 말했다(高橋紘 編, 1989: 240~241).

쇼와 천황의 '인간 선언' 직후 『타임(Time)』지 기자와의 가두 인터뷰에서 일본인들의 반응은 '천황이 인간이라는 사실은 이전부터 알고 있었다.'고 답해, 그야말로 '수수께끼의 일본인'이라는 평판을 얻었다(文藝春秋 編, 1995: 20). 히로히토의 '인간 선언'이 한편의 정치적 코미디였음을 증명한 것이다. 미국에 의해 연출된 천황의 '인간 선언'은 일본인의 이중성에 의해 순조롭게 결실을 맺었다. 미국으로서는 히로히토에게 면죄부를 부여하기 위한 통과의례였던 것이다.

이 선언에 의해 외면상으로는 '신격'으로부터 '인격'으로 강등당한 천황은 이전과 달라진 모습과 민중에 가까이 다가가는 천황상을 정립하는 방안으로 지방 순행을 빈번히 행하게 된다. 이러한 제스처는 민중 사이에 천황에 대한 친밀감을 심어주고 황실이 항상 민중과 같이 있다는 이미지를 조작하는 데 결정적인 역할을 하게 된다. 이러한 천황의 모습을 선전하기 위해 매스컴이 총동원되었음은 물론이다.

이후 총사령부의 명제는 천황제의 민주화였다. 민주화된 천황제의 실체는 일본국 헌법의 개정 과정에서 구체화된다. 권력을 박탈한 천황제 구상이 이미 1942년에 당시 하버드대학 소장 학자 라이샤워(Edwin O. Reischauer)에 의해 제안되었다는 사실은 흥미로운 일이다. 라이샤워 구상은 괴뢰 천황제(Puppet Emperor System)였다.

독일과 이탈리아에서 우리는 나치와 파시스트 통치에 대한 자연스러운 혐오감을 기대할 수 있다. 그리고 그 혐오감은 너무나도 강력해서 인구의 대다수를 연합국의 정책에 협력하도록 유도할 수 있을 것이다. 이와는 대조적으로 일본에서는 전후의 승리를 보장할 손쉬운 방도를 찾을 수가 없다. 따라서 우리는 사려 깊게 계획된 전략을 가지고 사상전(思想戰)에서 승리를 거두어야 한다. 사상전의 첫걸음은 우리에게 기꺼이 협력할 집단을 우리 편으로 끌어들이는 일이 될 수밖에 없다. 만일 그 집단이 일본 국민 가운데 소수만를 대변한다면, 이것은 어떤 의미에서 괴뢰정권(puppet regime)이 될 것이다. 일본은 괴뢰정권 수립 전략을 광범위하게 이용해왔다. 그렇지만 괴뢰가 부적절했기 때문에 그다지 큰 성과를 거두지는 못했다. 그러나 일본인 자신은 우리의 목적에 딱 들어맞는 괴뢰를 창조하여놓았다. 그 괴뢰는 우리 편으로 끌어들일 수 있을 뿐만 아니라—중국의 괴뢰들이 언제나 결여하고 있던—엄청난 권위를 가지고 있다. 물론 내가 지목하는 괴뢰는 바로 천황이다(후지타니 다카하시, 2001: 377).

라이샤워 구상이 실제 미국의 대일 정책에 얼마나 반영되었는가는 별개의 문제라 하더라도,[10] 그의 구상은 전 국민이 맹목적인 충성심으로 천황에 대한 가치 의존 현상을 보이고 있는 상황에서 무엇이 일본을 효과적으로 통치하는 방법인가를 정확하게 파악한 제안이라 할 수

---

[10] 라이샤워 메모의 발굴자인 후지타니는 '라이샤워는 자서전에서 잠깐 에둘러서 이 메모를 언급하긴 했지만, 내용에 대해서는 아무런 단서도 남기지 않았다.'면서, 이 메모가 '정책 결정에 상당한 영향력을 행사했다고 믿을 만한 근거는 충분히 있다.'는 지적을 하고 있다(후지타니 다카하시, 2001: 361).

있다.

미국 및 총사령부는 헌법 개정 과정에서 괴뢰(puppet)의 개념을 상징(symbol)으로 바꾸었다. 본래 군주제의 성격에 상징이라는 말이 사용된 것은 영국에서부터 유래한다. 1931년 영국 본국과 자치령의 관계를 규정한 웨스트민스터 헌장[11]은 영국 왕이 쓰는 왕관(Crown)을 '구성국 간의 자유로운 결합의 상징'으로 규정하고 있다.

천황제 유지를 일본 정부에 통보한 것은 1946년 1월 3일 연합군 총사령부에서 내려온 맥아더 3원칙을 통해서였다. 일본의 민주화를 추진하는 세 가지 원칙을 제시한 맥아더 3원칙은 천황제의 존속, 전쟁의 포기, 봉건적인 제도의 폐지를 강조하고 있다. 첫 번째의 천황제에 대한 언급에서 천황은 국가원수의 지위를 가지며 황위는 세습되고, 천황의 권한은 헌법 규정에 따라 행사하며, 헌법이 정한 국민의 의사에 따라야 한다고 되어 있다(芦部信喜, 1993: 24).

1월 13일 천황 주권과 신격을 명문화했던 제국헌법을 거의 그대로 답습한 마쓰모토위원회(松本憲法改正委員會) 헌법 초안을 거부하고, 총사령부가 헌법 초안을 제시하여 협의에 들어가면서 상징 천황제가 결

---

[11] 웨스트민스터 헌장(Statute of Westminster)은 영국 본국과 자치령과의 관계를 규정한 법률이다. 영국의 자치령은 제1차 세계대전 중 군사 협력을 통해 영국에 대한 지위를 향상시켜 양자의 관계를 식민지적인 종속 관계가 아니라 대등한 입장에서 결합되는 연합 체제로 발전시켰다. 1926년 영국 의회는 '본국과 자치령은 각각 그 지위가 평등한 자치 사회이며, 왕관(Crown)에 대한 공동의 충성에 의해 자유로이 연합되어 있다.'고 정의한 밸푸어 보고를 채택했다. 1930년에는 영국 정부가 파견하는 자치령 총독을 상징적 존재로 결의했다. 이러한 결정들을 1931년 영국 의회가 입법화한 것이 웨스트민스터 헌장으로 영국 연방의 근본 규정이다. 여기에는 왕관이 '구성국의 자유로운 결합의 상징'으로 정의되어 있다. 이에 따라 자치령인 캐나다, 오스트레일리아, 뉴질랜드, 남아프리카연방, 아일랜드, 뉴펀들랜드(1949년 캐나다에 합병) 등이 본국 의회에 대해 완전한 자주적인 입법 기능을 획득했다.

정되었다. 이것을 통보받은 천황은 '그쪽의 의사가 그렇다면 인정해도 좋지 않겠는가. 제1조는 영국처럼 상징으로 바꾸어도 좋다고 본다. 백성의 마음을 내 마음으로 하라, 그것이 조종(祖宗)의 정신이었다.'(松村謙三, 1964: 290)는 반응을 보였다고 한다.

신헌법은 1946년 11월에 제정되었고 1947년 5월부터 시행에 들어갔다. 맥아더 3원칙은 일본국 헌법, 소위 평화 헌법에 반영되었다. 제1조는 '천황은 일본국의 상징으로 국민 통합의 상징이며, 이 지위는 주권을 가지는 국민의 총의에 기반을 둔다.'고 되어 있다. 제2조에 황위는 '세습하는 것으로 국회가 의결한 황실 전범(皇室典範)에 의해 계승된다.'로 규정했다. 또한 제3조는 '천황의 국사(國事)에 관한 행위는 내각의 조언과 승인을 필요로 하며 내각이 책임을 진다.'로 되어 있다. 이것은 다시 제4조에 '천황은 헌법이 정한 국사 행위만 행하며 국정(國政)에 관한 기능은 갖지 않는다.'는 확인 조항을 넣어 천황의 정치적 행위는 없는 것으로 규정하고 있다. 그리고 제5조에 황실 전범의 규정에 따르는 섭정 조항을 넣었다. 제6조에 천황의 내각 총리 대신과 최고재판소장 임명권을 규정하고, 제7조에 천황의 구체적인 국사 행위 10가지를 별도로 정하고 있다.[12] 제8조에 황실에 대한 재산의 양도와 수용 및 사여(賜與)는 국회의 의결을 거쳐야 한다는 조항을 넣었다. 전쟁의 영

---

[12] 제7조(천황의 국사 행위): 천황은 내각의 조언과 승인에 의해, 국민을 위해 다음의 국사(國事)에 관한 행위를 한다. 1. 헌법 개정, 법률, 정령(政令) 및 조약의 공포. 2. 국회의 소집. 3. 중의원(衆議院)의 해산 공시. 4. 국회의원 총선거 시행 공시(公示). 5. 국무대신(國務大臣) 및 법률이 정하는 그 밖의 관리의 임면(任免)과 전권 위임장(全權委任狀) 및 대사(大使)와 공사(公使)의 신임장 인증(認證). 6. 대사면(大赦免), 특별사면, 감형, 형 집행의 면제 및 복권(復權)의 인증. 7. 영전(榮典)의 수여. 8. 비준서 및 법률이 정하는 그 밖의 외교 문서의 인증. 9. 외국의 대사(大使) 및 공사(公使)의 접수(接受). 10. 의식(儀式)을 행하는 일.

구 포기, 전력(戰力) 불보유, 교전권 부정 등은 제9조에 명시하였고, 나머지 봉건제도의 폐지는 민주화 추진 과정과 헌법의 규정에 의해 외견상으로는 해소된 것으로 되었다.

제국헌법과 일본국 헌법은 그 내용면에서 주권의 변경이라는 혁명적인 변화가 있었다. 그러나 맥아더 초안을 강압에 의해 수용하면서도 일본 정부는 '국체의 호지'라는 최후의 보루를 사수하기 위해 두 헌법 사이의 연속성을 용의주도하게 짜 맞추었다.

일본국 헌법은 모두(冒頭)인 제1장을 제국헌법과 동일하게 천황으로 설정했다. 그리고 제1조에 천황의 지위를 규정하고 있다. 일반적으로 정체(政體)와 주권을 규정하는 헌법 제1조는 주권자인 국민이 우선이다. 그러나 일본국 헌법은 '대일본 제국은 만세 일계의 천황이 통치한다.'로 규정하고 있는 제국헌법 제1조와의 연속성을 유지하기 위해, 천황을 주어로 하여 맨 앞에 내세우고 주권자 국민을 맨 뒤로 밀어내 '주권재민(主權在民)'을 의식적으로 숨기고 있다. 주권자인 국민이 주어가 아닌 수식어로 조작된 것이다. 상징 천황제가 절대주의 천황제와 마찬가지로 일본 국민을 얼마나 '우민'으로 보고 있으며, 또한 얼마나 경계하고 있는가를 여실히 보여주는 실례인 것이다.

그리고 제국헌법의 규정에 의해 천황 스스로 정하는 가법(家法)인 황실 전범이 일본국 헌법에는 국회의 동의를 거치도록 개정되어 존속됨으로써 소위 '황실'은 국가기관으로 여전히 남아 있다. 천황을 규정한 조항의 수는 제국헌법이 17개조인 데 비해, 일본국 헌법은 8개조로 줄었을 뿐이다. 이것은 전후의 일본 정부가 미국이 부여한 헌법과 민주주의를 수용하면서도, 일본 제국주의와의 연속성을 유지하기 위해 얼마나 노심초사했는가를 여실히 보여주고 있다.

전후 일본의 천황제는 미국의 시혜로 유지되었고 미국이 제시한 평화 헌법에 의해 보장되었다. 이것으로 일본 국민은 천황제 곧 '국체의 호지'가 이루어진 것으로 보았다. 이 과정에서 일본인이 자유의사로 선택할 수 있었던 것은 없었으며, 따라서 천황제에 대한 일본인의 자유의지에 의한 '총의'는 그 어디에서도 실현될 수가 없었다. 일본 국민은 언제나 강한 자에게 복종해왔듯이 잠자코 상위자인 미국이 '입법자'로서 일방적으로 부여한 민주주의로 전후를 맞이했다.

전후 일본의 천황제가 미국에 의하여 기사회생하는 사이 제2차 세계대전 이후의 국제 정세는 더욱 긴박하게 돌아갔다. 1946년부터 1947년에 걸쳐 미국과 소련의 대립이 격화되어 미소 냉전의 막이 올라가고 있었다. 1945년 7월에 폴란드에는 소련의 영향력 아래 사회주의 정권이 수립되었고, 친소 정권은 동유럽 각국으로 확산되었다. 소련은 동유럽에 사회주의 블럭을 형성한 것이다.

1946년 3월 영국 수상 처칠(Winston Churchill)은 미국 미주리 주 풀턴 웨스트민스터대학에서 '발트 해의 슈체친(Szczecin)에서 아드리아 해의 트리에스테(Trieste)까지 철의 장막이 대륙을 가로질러 드리워지고 있다.'라는 '철의 장막' 연설을 했다(Paterson, 1974: 14). 처칠은 냉전을 예고한 것이다. 소련은 1946년 8월 터키와 그리스에도 손을 뻗쳤다. 터키에는 다르다넬스해협의 공동 관리와 국경 지역의 영토를 요구했다. 그리고 그리스에서는 공산 세력이 내전을 벌였다. 1947년 2월에 이들 국가에 대한 원조가 불가능하다는 영국의 통보를 받은 미국은 터키와 그리스에 경제원조를 결정했다. '팩스 브리타니카'에서 '팩스 아메리카나'로의 이동이 본격화된 것이다.

이를 계기로 미국 대통령 트루먼은 1947년 3월 상하원 합동회의에서 소련의 팽창주의에 대항해 사회주의국가의 확산을 막기 위하여 터키와 그리스에 대한 군사원조 법안의 승인을 요청하는 연설을 했다.

'트루먼 독트린(Truman Doctrine)'이 선언된 것이다. '트루먼 독트린'은 냉전 초기의 정책 입안자 케넌(George F. Kennan)이 발안한 것으로 '미국은 정당한 확신을 가지고 소련이 세계 평화와 안정을 해치려 할 때마다 예외 없이 군사적인 반격에 나선다.'는 '봉쇄(containment)' 전략이었다(Kennan, 2013: 277). 냉전 시대 미국의 가장 중요한 외교정책이 탄생한 것이다.

'트루먼 독트린'은 미국이 세계에 대해 냉전을 공식적으로 선언하는 것이었다(ドイッチャー, 1968: 255). 이후 미국은 소련의 압력이 있는 곳이면 어디든지 군사력을 동원하는 힘의 논리로 외교 노선을 전환했다. '트루먼 독트린'은 미국이 초강대국으로 등장한 연합국 소련과의 우호적인 관계를 끊고 적대 관계로 돌아섰다는 것을 의미했다.

터키와 그리스는 미국의 4억 달러 규모의 군사원조 덕택으로 위기를 모면했다. 두 나라에는 군사정부가 들어섰다. 그러나 미국은 자국에 우호적인 정부이면 어느 정권이든 상관이 없었다.

1947년 6월 5일 미국은 '트루먼 독트린'의 일환으로 유럽에 대한 '마셜 프랜(Marshall Plan)'을 공포했다. 유럽의 전후 부흥 계획인 '마셜 플랜'은 1951년까지 총액 130억 달러의 경제원조를 통해 유럽 전후 복구에 결정적인 역할을 하였다. 그러나 미국과 소련의 대립은 4개국이 분할 점령한 독일에서 더욱 첨예하게 나타나, 1948년 6월 소련은 미국·영국·프랑스가 점령지에 대한 경제통합 조치를 취하자 이에 맞서 베를린을 봉쇄해버렸다. 소련이 거꾸로 '봉쇄'를 단행한 것이다. 미국과 영국은 11개월 동안이나 공수작전을 펼쳐 서베를린의 위기를 넘겼다. 결국 독일은 1948년 5월 서독이 수립되고 10월에는 동독이 수립되었다. 독일도 한반도와 마찬가지로 미소의 점령 지역이 그대로 굳어져 분단국가가 된 것이다. 유럽에서의 미소 대립은 집단 방위 체제로 확대되어 1949년 4월 대공산권에 대항하는 북대서양조약기구(NATO)가 출범했고, 이에 맞서 공산권도 1955년 3월 바르샤바조약기구를 출범시켰다.

'마셜 플랜'으로 유럽에 대한 미국의 전후 전략은 순조롭게 전개되고 있었으나, 극동에서 가장 중시하던 중국은 혼미에 혼미를 거듭하고 있었다. 전후 20억 달러 이상의 엄청난 경제원조에도 불구하고 중국은 여전히 내전 상태에 있었다. 중국 국민당과 공산당 사이에서 조정을 하기 위하여 트루먼 대통령 특사로 1945년 12월 파견되었던 마셜(George C. Marshall)이 조정에 실패하고 1947년 1월 귀국하게 되자 사실상 중국에 사용할 수 있는 미국의 수단이 막혀버렸다. 유럽에서의 냉전의 격화와 미국의 대중국 전략 실패는 일본 점령 정책의 전환을 의미했다.

1947년 3월 17일 연합국 최고사령관 재임 중 단 한번 가졌던 기자회견에서 맥아더는 일본의 군사력 해체와 비군사화는 완료되었고, 정치적 민주화도 달성되고 있으므로 앞으로 남은 점령 정책의 과제는 경제 부흥에 있다고 발언했다.

> 대일 점령 제1단계는 일본 군사력의 해체와 비군사화이다. 이 단계는 '실로 기적적'으로 이미 끝났다. 제2단계로 일본의 정치 재건, 즉 민주화도 성공리에 끝나가고 있다. 제3단계에 들어선 현재의 과제는 일본의 경제 부흥이다. 일본에 무역의 재개와 경제활동의 회복을 허용하기 위해서도 강화조약의 조기 체결이 이루어지지 않으면 안 된다(細谷千博, 1984: 11).

맥아더의 발언은 일본의 민주화를 기정사실로 보고, 경제 부흥을 통해 극동의 대공산권 방파제 역할을 일본이 맡도록 해야 한다는 뜻이다. 맥아더는 계속해서 3월 18일 총사령부 이름으로 '경제 안정 9원칙'을 발표하여 미국의 일본 점령 정책은 일본의 경제 부흥과 정치 안정화로 전환되었다.

미국은 1947년 11월 카이로선언 규정에 따라 한반도 독립 문제를 논의하기 위해 유엔에 '한국임시위원회'를 설치하였고 1948년 2월 남북한의 동시 총선거를 결의했다. 그러나 소련과 북한이 이를 거부했다. 결국 남한만의 단독 선거로 1948년 8월 15일 대한민국 정부가 수립되고, 9월 9일 북한에 김일성(金日成) 정권이 수립되어 한반도 분단은 고착되었다. 너무도 안이하고 무성의하게 처리된 한반도에 대한 미국의 인식을 트루먼이 대변하고 있다.

> 제2차 세계대전 전까지 한국이 멀리 떨어진 아시아의 낯설고 이상한 땅이라는 생각 이상의 지식이나 인식을 가지고 있었던 미국인은 아마도 없었을 것이다. 우리가 1945년 늦은 여름에 점령군으로 그 땅을 밟기 전까지 가끔씩 찾아가는 선교사 이외에는 '조용한 아침의 나라'에 대해 미국인이 알 수 있는 기회가 없었던 것이다(Truman, 1956: 316).

중국에서는 1949년 4월 마오쩌둥(毛澤東)의 공산당에 패배한 국민당의 장제스가 대만으로 패퇴하고, 10월 1일 중화인민공화국이 수립되었다. 미국으로서는 또 하나의 강력하고 낯선 적대 세력이 아시아에 탄생한 것이다.

1950년 1월 12일 미국의 국무장관 애치슨(Dean G. Acheson)이 극동 정책에 대한 연설을 했다. 미국의 '아시아 방어선'은 알류샨열도로부터 일본, 오키나와, 필리핀까지라는 내용이었다. '애치슨 라인(Acheson

Line)'이 설정된 것이다. 한반도와 대만은 미국의 군사 방어선에서 제외되었다. 한국은 1882년의 조미수호통상조약을 휴지로 만들었던 1905년 7월의 가쓰라·태프트 협정에 이어 또다시 미국에게 버림을 받았다.

중화인민공화국의 탄생과 소련의 원폭 실험 성공 등 미소 냉전이 본격화됨에 따라 미국에서는 공산주의에 대한 공포감이 확산되어 1950년 2월부터 12월까지 매카시즘(McCarthyism)의 광풍이 불었다. 소위 '빨갱이 사냥(red purge)'은 일본에도 불어닥쳐 1950년 5월 맥아더의 지령으로 1만 명 이상의 일본인이 공산당원과 지지자로 지목되어 공직에서 추방당했다. 이것은 일본의 민주화에 대한 '역행(逆行)'이었다. 그리하여 전후에도 일본 사회는 천황제의 생래적인 반공주의와 맞물려 여전히 공산주의에 대한 배척 운동이 만연하게 되었던 것이다.

1950년 6월 25일 한국전쟁이 발발했다. 미국은 6월 27일 유엔안전보장이사회를 통해 북한의 행위를 '평화의 파괴'로 규정하고 북한군의 철수를 요구하는 정전 결의안을 채택했다. 6월 27일과 6월 30일 트루먼은 주일 미군의 한반도 출동을 명령했다. 7월 7일 안전보장이사회는 유엔군의 결성을 결의하고 유엔군 총사령관으로 맥아더를 임명했다. 미국이 한국전쟁에 즉시 군사 개입을 한 것은 '중국을 잃은 타격에 더해 한국까지 잃는 것을 두려워한 것'과 '동맹국에 대한 신뢰와 위신'(Spanier, 1998: 61) 때문이었다.

1950년 7월 8일 맥아더는 일본 주둔 미군을 한반도에 투입하면서 군사적 공백을 메우기 위해 일본 정부에 7만 5,000명의 '경찰 예비대' 창설을 명령했다. 일본의 재군비가 시작된 것이다. 일본의 무장해제와 비군사화를 집행했던 맥아더가 일본 재무장의 지령을 내린 것은 역사의 아이러니였다.

한국전쟁은 미국의 일본 점령 정책을 전면적으로 전환하게 했다. 미국으로서는 일본 내 군사기지를 계속 사용할 필요성이 있었고, 일본의 주권을 회복시켜 협력 관계를 구축할 필요성이 더 커졌다. 이에 따라 미국은 강화조약의 체결을 서둘러 1951년 9월 8일 당시 수상 요시다 시게루(吉田茂)와 48개국과의 사이에 샌프란시스코 강화조약이 성립되었다. 강화회의에 참가한 52개국 중 일본을 포함하여 49개국이 서명하고, 소련을 비롯한 사회주의국가 3개국이 서명을 거부했다. 같은 날 미일안전보장조약도 체결되었다. 샌프란시스코 강화조약은 다음 해 1952년 4월 28일부터 발효되었다. 일본은 주권을 되찾아 독립을 이루고 자유주의 진영에 편입되어 다시 국제 무대에 복귀했다.

한국전쟁이 한반도를 초토화시키며 밀고 밀리는 공방전을 거듭하는 동안 일본은 유엔군의 병참기지가 되었다. 일본은 소위 '한국전쟁 특수(特需)'로 어부지리를 얻었다. 일본은 1950년 7월부터 1958년까지 8년 6개월 동안 특수 효과로 22억 5,000만 달러, 광의의 특수 효과를 합쳐 51억 5,300만 달러의 경제적 이익을 얻었다(永野愼一郞, 2008: 187). 이것을 일본인은 '가미카제', '천우(天佑)', '가문 하늘의 단비(干天の慈雨)'라고 환호했다. 일본은 한국전쟁 덕분에 특수가 일어남으로써 다시 태평양전쟁 이전의 경제력을 회복하는 전후 복구를 했다. 한국전쟁은 일본에게 행운이었고, 모순의 한국 역사가 일본에게 베푼 시혜였다.

연합군 최고사령관 맥아더는 1945년 8월 30일 '지배자'로 일본에 왔다. 맥아더는 전후 일본의 '건국자'로서 일본인의 '자유의사'를 앞질러 가로채 상징 천황제를 '일반 의사'로 만들었고, 천황을 이용하여, 즉 '신의 권위'를 빌려 루소(Jean J. Rousseau)가 말하는 '결과를 원인으로 바꾸어버리는 입법자'(루소, 1999: 57)가 됨으로써 자신의 역할을 다했다. 소임을 마친 맥아더는 루소가 말한 '입법자'의 운명을 가듯 1951년 4월 한국전쟁이 치열하게 전개되는 와중에 트루먼 대통령에 의해 유엔군 총사령관직에서 해임당해 일본을 떠났다.[13]

천황을 능가하는 절대자로 군림해 절대 권력을 휘두르며 전후 일본의 운명을 좌우했던 맥아더, 그는 1853년 내항하여 일본 근대의 출발점을 끊었던 페리와 더불어 일본의 근대와 현대를 각각 '상징'하는 미국인이었다.

3. 극동국제군사재판

제1차 세계대전에서 승리한 연합국은 패전국 독일의 재군비를 막기

---

[13] 트루먼 대통령과 맥아더의 첫 만남은 1950년 10월 15일 웨이크 섬(Wake Island) 회담에서였다. 이 회담은 유엔군이 북위 38°선 이북으로 진격할 경우에 중국이 참전할 것이라는 10월 1일 주은래(周恩來)의 경고(朱建榮, 2004: 242)가 나온 이후 열려 중국의 참전 여부가 중요한 안건으로 논의되었다. 이 회담에서 맥아더는 10월 1일에 이미 한국군과 유엔군이 북위 38°선을 돌파했으며, 이 상황에서도 중국의 개입은 없을 것임을 강조하며, '전쟁은 추수감사절까지면 끝나고, 미군은 크리스마스를 도쿄에서 맞이할 것'이라고 호언했다. 그러나 회담 과정에서 맥아더가 보인 안하무인의 무례한 태도에 분노하여 '진실과 거짓의 차이를 모르는 인간'이라는 트루먼의 불신감이 극에 달해 맥아더는 트루먼의 신임을 완전히 잃었다(袖井林二郎, 1976: 325).
1950년 10월 19일 중국 인민지원군이 참전하자 맥아더는 만주 폭격, 핵무기의 사용 등 중국에 대한 강력한 대응을 주장하여 소련의 개입과 전쟁의 확대를 우려하는 트루먼 대통령과 대립했다. 맥아더는 1951년 3월 24일 발표한 그의 단독 성명이 결정적인 원인이 되어 4월 11일 유엔군 총사령관직에서 해임당했으며, 4월 16일 일본을 떠나 귀국길에 올랐다. 이때 도쿄 국제 공항 연도에 20여만 명의 일본인이 나와 환송했다고 한다. 4월 19일 미국 상하원 합동 회의에 참석해 '노병들은 결코 죽지 않는다. 그들은 다만 사라질 뿐이다(Old soldiers never die; they just fade away).'라는 유명한 고별 연설을 했다. 연설 도중에 50번의 기립 박수를 받았다. 연설 후 퍼레이드에 50여만 명의 환영객이 모였다. 4월 20일 뉴욕 맨해튼 퍼레이드에는 700여만 명의 시민이 환영했다. 이는 전무후무한 기록이라고 한다.

위해 천문학적인 배상금을 부과했다(1,320억 마르크, 330억 달러). 그러나 독일에 대한 과다한 경제제재는 연합국이 세운 명분과는 반대로 바이마르공화국의 붕괴를 초래하여 히틀러의 등장을 가능하게 했다. 결과적으로 배상금 부과는 오히려 더 비극적인 제2차 세계대전이 발발하는 원인을 제공했던 것이다. 이러한 역사의 경험을 교훈 삼아 제2차 세계대전에서 연합국은 전쟁범죄자의 처벌과 민주적인 제도를 수립하여 전쟁을 근절한다는 명분을 내세웠다.

제2차 세계대전에서 연합국은 전쟁 목표로 '추축국의 침략과 잔학행위에 대한 자위와 제재'를 내걸었다. 전쟁 목표의 달성을 위해 연합국은 추축국에 대한 '무조건 항복'을 결정하게 된다. 연합국의 '무조건 항복' 원칙은 1943년 1월 카사블랑카회담에서 미국 대통령 루스벨트와 영국 수상 처칠과의 합의로 구체화된다(후에 소련의 스탈린도 동의). 이 회담에서 루스벨트는 세계의 평화는 '독일, 이탈리아, 일본에서 전쟁 세력의 완전한 제거'로 이루어지고, '독일, 이탈리아, 일본에서 전쟁 세력의 배제'는 '독일, 이탈리아, 일본의 무조건 항복'을 뜻하며, '독일, 이탈리아, 일본 국민의 박멸'을 의미하는 것이 아니라고 천명했다(栗屋憲太郎, 1994: 28).

제2차 세계대전에서 연합국의 전쟁범죄 정책의 특징은 전쟁 도발국의 국민에 대한 책임(국민 책임론) 추궁이 아니라, 전쟁 지도자에 대한 책임(지도자 책임론)을 추궁하여 전쟁 세력의 박멸을 시도했다는 점에 있다. 연합국의 전쟁범죄 정책은 독일 패망 후 1945년 7월의 포츠담회담과 병행하여 열린 런던회의에서 확정되었다. 1945년 8월 미국, 영국, 프랑스, 소련의 정부 대표가 모인 런던회의는 '유럽 추축국의 주요 전쟁범죄자의 소추 및 처벌에 관한 협정'을 체결하였다.

이 협정의 일환으로 채택된 '국제군사재판소 헌장'은 전쟁범죄자의 개념과 범위를 명확히 정의하고 있다. 종래의 '통상적인 전쟁범죄 (B급)' 이외에도 전쟁범죄의 개념을 확대하여 침략 전쟁 계획, 준비, 개시, 수행 행위를 전쟁범죄로 규정하는 '평화에 대한 전쟁범죄(A급)'와 전쟁 전 혹은 전쟁 중 일반인에 대한 살해, 학대 등 비인도적 행위를 처벌하는 '인도(人道)에 대한 전쟁범죄(C급)'를 추가하여 국제군사재판의 법적 근거를 마련하였다(栗屋憲太郎, 1994: 26~27).

미국의 주도로 진행된 국제군사재판의 기본 목적은 연합국의 '정의'와 추축국의 '불의'을 명백히 드러내는 데 있었다. 제2차 세계대전이 연합국의 '성전'이었음을 제시하고, 재판 중 추축국의 정치 선전의 기회를 박탈함으로써 전쟁 중에 일어난 연합국의 모든 행위는 정당화되며 재판의 법적 근거는 국제법과 형법, 역사적 관례에 어긋남이 없어야 했다. 또한 이것을 위해 채택된 기본 헌장들은 연합국의 행위를 구속하지 않아야 했다. 그러나 바야흐로 미소 냉전의 서막을 여는 시대적 조건으로 인해 강대국들의 정치적 이해관계와 주도권의 갈등이 선행되어 헌장은 그 내용 자체에 있어서는 인류의 보편성을 표방하고 있었지만 일반적인 정의의 구현을 목표로 할 수가 없었다. 따라서 국제군사재판은 패전국의 '과거'에서 '침략 전쟁'의 증거를 채택하는 것에 매달려 승전국의 '과거'에 대한 동등한 심판과 모든 일반 국가의 '미래'를 보장할 수가 없었던 것이다. 모든 전쟁에서와 마찬가지로 제2차 세계대전에서도 모든 권한은 승리자의 몫이었다.

협정에 따라 유럽에서는 1945년 11월부터 1946년 10월까지 뉘른베르크재판이 열렸고, 극동에서는 1946년 5월부터 1948년 11월까지 도쿄재판이 열렸다.

도쿄재판의 가장 중요한 핵심은 천황의 전쟁범죄자 기소 여부였다. 도쿄재판에서 천황의 전범 소추를 면제한 결정적인 요인은 연합국의 일본 점령에서 주도권을 장악한 미국의 정책에 있었다.

미국 정부는 1945년 10월 국무·육군·해군부 조정위원회(SWNCC)에서 천황의 전쟁범죄자 기소 여부는 연합군 최고사령관 맥아더의 판단에 맡기기로 결정하였다. 이것을 판단하기 위해 맥아더에게 증거 자료의 수집을 명령했고, 또한 자료에 따라 결론을 내리도록 지령했다. 그러나 1945년 9월 27일 천황과의 회견에서 맥아더는 이미 천황을 점령 통치에 최대한 이용하며, 따라서 전쟁범죄자 기소를 면제하기로 결정하고 있었다. 그후 맥아더는 1946년 1월 24일 육군 참모총장 아이젠하워(D. Eisenhower)에게 전문을 보냈다.

> 지령을 받은 이래 천황의 범죄행위에 대하여 비밀리에 가능한 모든 조사를 했다. 과거 10년간 일본의 정치 결정에 천황이 참여했다는 특별하고도 명백한 증거를 발견하지 못했다. 가능한 한 완전한 조사에 의해 나는 전쟁이 끝날 때까지 천황의 국사 관련 행위가 거의 전부 대신들과 추밀원 고문관들의 자동적인 책임이라는 강한 인상을 받았다.
> 만약 천황을 전쟁범죄자로 처벌한다면 점령 계획의 중요한 변경이 필요하게 되고 그것을 위한 준비가 필요하게 된다. 천황의 기소는 일본인에게 커다란 충격을 주어 그 파급되는 악영향은 헤아릴 수 없이 클 것이다. 천황은 일본 국민 통합의 상징이며 그를 파괴하면 일본 국민은 와해될 것이다. 사실 모든 일본인은 천황을 국가원수로서 숭배하고 있고, 옳고 그르고는 별도로 포츠담 선언은 천황의 존속을 의도하고 있다고 믿고 있다. 그러므로 만약 연합국이 천황을 처벌하면 일본인은 이 행위를 사상 최대의 배신이라 받아들여 오랫동안 연합국에 대한 분노와 증오심을 품을 것

이다. 그 결과 수세기에 걸쳐 상호 복수의 연쇄 반응이 일어날 것이다.

내 생각으로는 모든 일본인이 절반은 소극적으로, 절반은 적극적으로 저항하여 행정 활동은 정지될 것이고 지하활동과 게릴라전에 의해 혼란이 일어날 것이다. 근대적·민주적 방법의 도입은 소멸되고 군사적 통제가 불가능해졌을 때 공산주의의 조직적인 활동이 분열된 민중 사이에서 발생할 것이다. 이러한 상태에 대처하는 점령의 문제는 이제까지와는 완전히 다를 것이다. 여기에는 적어도 100만 명의 군대와 수십만의 행정 관리와 전시 보급 체제의 확립이 필요할 것이다. 만약 천황을 전쟁범죄자 재판에 회부하면 이와 같은 준비가 불가피하다고 권고하는 바이다(竹前榮治, 1980: 82~83).

천황의 전쟁범죄행위 증거가 없다는 맥아더의 발언은 거짓이다. 맥아더는 천황의 전쟁범죄행위에 대하여 조사하지 않았다. 조사할 필요가 없었던 것이다. 맥아더는 하달된 지령에 지연작전으로 대응하여 적절한 시기에 이미 일방적으로 결정한 사실을 보고만 했을 뿐이다. 일본의 모든 전쟁이 천황의 이름으로 행해졌고, 천황의 이름으로 종결된 사실이 명확함에도 '특별하고도 명백한 증거'를 발견하지 못했다는 맥아더의 발언은 그래서 공허하다. 또한 천황을 전쟁범죄자 재판에 회부하면 '100만 명의 군대'와 '수십만의 행정 관리'가 더 필요하다는 발언도 근거가 없다. 패전 직후 일본에 파견된 연합국 점령군은 최대 43만 명이었다. 패전국 일본, 더구나 무장해제된 상황에서 100만 명의 군사력에 상응하는 세력이 결집하여 출몰할 가능성은 없는 것이다.

연합군 최고사령관 맥아더에게 천황의 전쟁 책임은 진실이 진실이 아닌 것으로 되고 사실이 사실이 아닌 것으로 되어버려, 마치 뫼비우스의 띠(Möbius strip) 혹은 클라인의 항아리(Klein's bottle)처럼 무한 회전하는 환상의 고리가 더 현실적이고 정당할 수도 있었던 것이다. 절대주의 천황제 시대 천황은 '살아 있는 신'으로 군림했다. 문자 그대로 인간이 '신'을 심판할 수는 없다. 맥아더는 천황을 '인간'으로 끌어내리는 것은 실행했지만 심판하는 것은 유기했고 더 나가지 않았다.

맥아더는 1945년 9월 11일 도조 히데키를 비롯해 39명의 A급 전쟁범죄 지명자 체포령을 하달했다. 12월 6일까지 A급 전쟁범죄 체포자는 103명이었다(4명은 체포 이전 자살). 이와 더불어 포츠담선언 제6조 '일본을 세계 정복으로 이끈 세력의 제거'에 따라 1946년 1월 4일 공직 추방자 지령이 떨어졌다. 1948년 5월까지 진행된 공직 추방자는 전쟁범죄자, 직업군인, 초국가주의자, 정치가, 경제인, 식민지와 점령지의 고급 관료, 기타 사회 전반의 군국주의자 등이 망라되어 총 20만 명 이상이 추방되었다(歷史學硏究會 編, 1997: 164).

1946년 1월 19일 맥아더가 공포한 도쿄재판소 헌장에는 뉘른베르크 재판소 헌장 제7조에 있는 '국가원수' 부분이 빠져 있다. 이에 따라 도쿄재판은 일본 제국주의의 모든 전쟁이 '국가원수'인 천황의 이름으로 행해졌고 천황의 이름으로 종결된 역사적 사실들을 은폐했다. 그리고 '국가원수'의 자리에 '공동모의(共同謀議)'라는 급조 대용품을 앉혔다. 대용품으로 선정된 일본 군국주의 파시스트들은 항상 전쟁이 전쟁을 부르는 자각 없는 전쟁 습관화에 찌들어 있었으므로 천황에게 돌려서는 안 되는 전쟁 책임에 대해 지루한 변명으로 일관했다. 뉘른베르크 재판에 비해 도쿄재판이 엄청난 시간과 경비가 소요된 것은 그만큼 일본의 전쟁 지도자들이 전쟁범죄 책임에 대해 명확한 자각이 없었다는 증거이다. 자각이 없었으므로 당연히 자신이 짊어지고 가야 하는 책임으로부터 도피하는 돌발 사태가 자주 연출되었고, 미국은 처음의 의도에 맞게 각본을 다시 꾸며야 했다. 그러나 지루하지만 연극은 계속되어야 했으므로 모든 것은 정해진 통로를 따라 제 갈 길을 갔다.

뉘른베르크재판에서 나치 지도자들이 보여준 자각된 악의 당당함과는 완전히 대조적으로, 도쿄재판 전 과정을 통해 일본 군국주의 파시즘 지도자들이 폭로해 보여준 것은 그야말로 책임 회피와 우둔함과 비겁함으로 가득 찬 일본 제국주의의 적나라한 '왜소성'이었다. 이것은 천황에의 가치 의존과 천황과의 자기 동일시에 의해 단선적 가치관으로 일관했던 일본인이, 미국 연출의 재판정에서 천황이 사라짐에 따라 갑자기 의지할 데 없는 미아가 되어버렸기 때문에 벌어진 일이었다. 이들은 천황의 이름을 팔며 자국민과 지배 민족 앞에 설 때에는 더없이 단호하고 확신에 가득 찬 독재자로 행세했지만, 천황이 허수아비가 된 현실에서는 아무런 능동적 의사 결정도 할 수 없는 범부(凡夫)로 돌아갔던 것이다. 또한 이것은 미국의 점령 기간 중에 일본인들이 공통적으로 보여준 모습으로, 일본인 특유의 주체적 가치관 부재 현상을 증명하는 것 이외에 아무것도 아니다. 전쟁 수행의 최정점인 천황이 전쟁범죄자가 아닌 것으로 간주된 이상 여타의 전쟁범죄자들은 잘 짜인 각본의 허수아비에 불과했다. 천황이 제외된 법정에서 일본 제국주의 지도자 어느 누가 자신의 전쟁범죄 책임에 대해 명확한 자각을 가질 수 있을 것인가. 또한 재판 기간 동안 이들을 지켜본 일본 국민 어느 누가 자신의 전쟁 책임을 성찰할 수 있을 것인가. 전쟁 책임을 전혀 못 느끼고 망각하는 것은 일본인의 공통적인 자세였다. 일본인은 단지 일본 제국주의의 패배만이 억울했던 것이다.

이 재판에서 '평화에 대한 전쟁범죄(A급)' 대상자로 28명이 기소되어 재판 도중에 옥사한 2명과 정신 이상자 1명을 제외한 전원에게 유죄—교수형 7명, 종신형 16명, 유기형(20년, 7년) 2명 등—가 선고되었다. 도쿄재판에 참가한 연합국은 미국, 영국, 중화민국, 프랑스, 네덜란드, 캐나다, 소련, 오스트레일리아, 뉴질랜드 등의 9개국과 영국령 인도, 미국령 필리핀 등 총 11개국이었다. 이중에서 검찰국에 천황의 기소를 제기한 국가는 오로지 오스트레일리아뿐이었다.[14] 도쿄재판은 결국 천황을 기소 면제한 가운데 주도적인 '국가원수'가 없는 천황 예하 국가주의자들의 '공동모의'라는 각본에 의해 진행되었다.

일본인에 대한 전쟁범죄자 재판에서 연합국의 전쟁을 '성전화'하려는 의도는 미국이 예외를 인정함으로써 색이 바랬다. 국제군사재판 헌장이 부르짖고 있는 인류 보편성을 연합국 스스로를 부정하는 모순을 낳았다. 그리하여 두 번에 걸쳐 열렸던 국제군사재판은 미소 냉전의 개막과 더불어 정치 논리로 진행되어 인류 역사상 승전국에 의해 흔해빠지게 자행되었던 패전국에 대한 복수극의 일반성을 벗어나지 못했다.

도쿄재판 도중에 천황의 소극적인 전쟁 책임 추궁 방법으로 히로히토의 퇴위(退位)가 논의된 적도 있으나,[15] 이러한 시도도 천황 자신의 전쟁 책임 몰인식과 미국의 이해관계 및 일본인의 천황에 대한 가치 의존성에 의해 실현되지 않았다.

이와 더불어 도쿄재판에서 악명 높은 731부대의 전쟁범죄도 추궁되지 않았다. 1936년 일본 제국주의는 관동군 산하에 만주 하얼빈에 본

---

14 오스트레일리아가 제출한 전범 목록에는 7번째에 히로히토가 올라 있다(栗屋憲太郎, 1994: 201).

15 쇼와 천황의 퇴위 논의는 세 번 있었다. 첫 번째는 1945년 패전 직후, 두 번째는 1948년 도쿄재판 판결 직전, 세 번째는 1951년 강화조약 조인 직전이다(井崎正敏, 2003: 131~133).

부를 둔 731부대를 창설했다. 731부대는 당시 최고 수준의 의학자들과 과학자들이 가담하여 인간을 실험 대상[丸太(마루타)]으로 생체 실험을 자행했던 일본 제국주의의 세균전 부대이다. 이른바 '특별 취급'이라는 이름으로 송치되어 '마루타'로 희생된 한국인, 중국인, 몽골인, 러시아인, 서양인 포로들이 3,000명이 넘었다고 한다. 일본 제국주의가 패망하기 이전에 이미 731부대에 대한 정보를 파악하고 있던 미국은 731부대 부대장 이시이 시로(石井四郞) 중장과 부대원들의 심문―1945년 11월(Sanders Report)과 1946년 5월(Tompson Report) 2차례―을 마친 상태였다. 전쟁범죄 기소 면제를 조건으로 벌인 두 번의 조사를 통해 이시이 등은 인간에 대한 생체 실험 사실은 은폐하고 '가축'을 대상으로 한 실험이었다고 거짓 진술을 했다. 그러나 1945년 만주에서 시베리아로 연행한 57만여 명의 관동군 속에서 731부대원을 색출해내, 천황의 승인하에 국가적 차원에서 자행된 생체 실험의 범죄를 밝혀낸 소련이 1947년 1월 이시이 등 3명의 심문을 미국에 요구하였다. 이에 당황한 미국은 다시 1947년 6월(Fell Report)과 12월(Hill Report) 이시이와 나이토 료이치(內藤良一) 등에 대한 3차와 4차에 걸친 재조사를 통해 생체 실험의 모든 정보를 손에 넣게 되었다. 미국 조사단의 입회하에 1947년 5월부터 6월까지 이루어진 소련 검찰관 스미르노프(Leon N. Smirnov)의 심문에 대해, 이시이 이하 731부대원들은 미국이 사주한 각본에 따라 모든 실험은 '가축'을 사용한 것이라는 진술을 거듭했다. 도쿄재판의 주도권을 장악했던 미국의 집요한 방해로 결국 소련은 731부대의 생체 실험의 전쟁범죄 입증에 실패했다(松村高夫 編, 1994). 이렇게 하여 이름조차도 알 길이 없는 3,000여 명의 희생자 중 400여 명의 생체 실험의 결과에 관한 모든 정보는 미국의 국가적 이익을 위한 흥정의 대상이 되어 미국의 손으로 넘어갔다. 그에 대한 보상으로 미국은 731부대 및 100부대 등 일본 제국주의 세균전 부대의 인류 역사상 전례가 없는 전쟁범죄를 은폐하였고, 당연하다는 듯이 도쿄재판에서 기소를 면제하였다.

도쿄재판에서 미국의 방해로 731부대의 전쟁범죄 추궁에 실패한 소련은 1949년 12월 25일부터 12월 30일까지 하바로프스크 군사재판을 열었다. 이 재판에서 소련은 관동군의 소련 침공을 위한 '관동군 특별 대연습' 음모 및 731부대와 100부대의 세균전 전쟁범죄를 단죄하여 관동군 사령관 야마다 오토조(山田乙三) 대장을 포함하여 12명에게 장기 25년부터 단기 2년까지의 강제 노동을 선고하였다(牛島秀彦 解說, 1982). 1950년 1월 소련은 재판 결과를 미국에 통보하고 서방 세계에 죄악상을 폭로했으나, 미소 냉전의 대립 속에서 미국은 하바로프스크 군사재판이 오히려 소련이 일본군을 시베리아로 강제 연행한 전후 범죄행위를 '위장(camouflage)'하기 위한 정치 공세라고 역선전하며 묵살했다. 이들 하바로프스크 군사재판의 전쟁범죄자들도 1956년의 일소 공동선언으로 일본과 소련이 국교를 회복함에 따라 병사한 1명, 자살한 1명을 제외하고 전원이 일본으로 귀국했다.

이들 731부대원들과 세균전 관계자들은 전후 일본 사회에 복귀해 의과대학 교수와 의사, 의학 연구소 임원, 제약 회사 임원, 병원장, 약사, 자위대의 장교, 고급 관료로 의학 관계의 직업에 종사하며 아무런 제약 없이 활동했다(日韓關係を記錄する會 編, 1979).[16]

---

16 그중에서 초대 731부대 부대장 이시이 시로는 증거 인멸을 위해 부대원들로부터 자살을 강요받았다고 하며 도쿄에서 병원을 개업했다. 말년에는 기독교에 귀의하여 1959년 사망했다. 이시이의 오른팔이라고 불렸던 나이토 료이치는 옛 부하들을 끌어모아 1950년에 혈액은행을 설립해(1964년 ミドリ十字[미도리주지]로 개칭) 회장이 되었다. 제2대 부대장이었던 기타노 마사지(北野政次)는 나이토의 혈액은행 이사로 도

한국전쟁 발발은 미국의 일본 점령 정책을 근본적으로 전환시켰다. '빨갱이 사냥'이 만연했고 일본 정부는 이에 편승하여 1950년 8월 제1차 공직 추방자 해제를 하고 이어서 1951년 8월 공직 추방자 추가 해제를 했다. 이에 따라 공직 추방자 대부분이 사회에 복귀했다.

샌프란시스코 강화조약에서 일본은 미국이 설정한 전쟁범죄에 관한 규정[17]을 수락했다. 이 규정에는 도쿄재판과 아시아 각지에서 열렸던 전범 재판의 판결을 일본 정부가 승인하는 것으로 되어 있다. 이 조약에 의해 일본의 전쟁범죄자 처벌은 국제적으로도 인정되었고 일본인에 대한 전쟁범죄자 처벌은 종료되었다.

샌프란시스코 강화조약이 발효됨과 동시에 일본 정부는 도쿄재판으로 사망한 A급 전쟁범죄자를 '공무사(公務死)'로, 체포자를 '억류 또는 피체포자'로 해석하여 일본 국내법 용어로 일반화시켜 연합국의 강제성을 부각시켰다. 또한 공직 추방령 폐지법(1952년 법률 94호)을 공포해 공직 추방자 전원이 전후 사회에 복귀함으로써 사실상 제국주의 시대로 되돌아갔다.

쿄 공장장이 되었다. 주식회사 미도리주지는 1980년대에 일본에서 혈우병 치료 혈액을 사용한 1,800여 명의 혈우병 환자가 에이즈에 감염되어 600명 이상이 사망함에 따라 각종 소송을 당하는 약해(藥害) 사건에 휘말렸다. 이 외에도 731부대원들은 일본의 전국에 흩어져 과거를 숨긴 채 의료 관계 직종에 종사했다.

17 일본 정부의 공식 발표는 「日本國との平和條約(Treaty of Peace with Japan)」(1952년 4월 28일 내각 고시 1)이다.
샌프란시스코 강화조약 제11조(전쟁범죄): 일본국은 극동국제군사재판 및 일본 국내외의 다른 연합국 전쟁범죄 법정의 재판을 수락하며, 또한 일본국에 구금되어 있는 일본 국민에게 이러한 법정에서 부과한 형을 집행한다. 이러한 구금자에 대한 사면, 감형, 가출옥의 권한은 각 사건에 대하여 형을 부과한 하나 또는 둘 이상의 정부 결정 및 일본국의 권고에 의하지 않고는 행사할 수 없다. 극동국제군사재판소가 형을 선고한 사람에 대한 이 권한은 재판소에 대표자를 보낸 정부의 과반수의 결정 및 일본국의 권고에 의하지 않고는 행사할 수 없다(이석우, 2003: 112).

이와 더불어 전쟁범죄자에 대한 석방 청원 운동이 전국으로 확산되어 지방자치단체가 2,000만 명, 각종 단체가 2,000만 명의 서명을 받아 모두 4,000만 명이 전쟁범죄자 석방 청원에 서명했다. 또한 각국 대표부와 국회, 정부, 정당 등에도 진정서가 엄청나게 쏟아졌다고 한다(江藤淳, 小堀桂一郎 編, 1986: 112~113). 이에 호응하여 일본 중의원은 1953년 8월 3일 '전쟁범죄에 의한 수형자의 사면에 관한 결의안'을 가결했고, 1955년 7월 19일 '전쟁 수형자의 즉시 석방 요청에 관한 결의안'을 가결했다. 그 결과 A급 전범은 1956년 3월 31일까지 각국 정부의 동의를 얻어서 석방되었고, B, C급 전범은 1958년 5월 30일 전원 출소하여 자유의 몸이 되었다.

일본인의 전쟁 책임 망각 현상은 제2차 세계대전에서 오히려 자신들이 원폭 피해자라는 가치의 전도 현상을 확산시켰다. 일본은 원폭이 투하된 히로시마와 나가사키를 '평화의 성지'로 신성화하며, 일본인이야말로 평화를 외칠 수 있는 유일한 국민이라는 도착 의식을 잠재의식화하기에 이른다.

이와 같은 가치 전도 현상은 일본인으로 하여금 1978년 10월 야스쿠니신사(靖國神社)에 도조 히데키 외 교수형 처형자 7명 전원, 마쓰오카 요스케 외 미결 병사자 2명, 히라누마 기이치로(平沼騏一郞) 외 옥사자 5명 등 총 14명의 A급 전쟁범죄자를 '제신(祭神)'으로 합사(合祀)하게 하는 역사의식의 망각과 부재를 가능하게 했다.

국가기관 혹은 지방자치단체 등 공적인 기관에서는 전범 사형자란 용어를 쓰지 않고 전부 법무 사망자(法務死亡者)와 법무 관계 유족이라는 용어를 쓰고 있다. 1952년 4월 28일의 강화조약 발효 다음 해 제16대 국회 의결로 원호법이 개정되어 연합군이 정한

A·B·C급 등의 구분과는 전혀 관계없이 법무 관계 사망자, 본 신사의 호칭으로는 쇼와 순난자(昭和殉難者)와 그 유족이 한결같이 전몰자와 전몰 유족과 똑같은 처우를 국가로부터 받을 수 있게 되었다는 점을 확실하게 인식할 필요가 있다. 원호(援護)의 실시는 거슬러 올라가 1953년 4월 1일부로 결정되었다. 따라서 소위 A·B·C급 전범으로 사형당한 분들은 그 시점에서 법적인 복권이 실현되었고, 이것을 반영하여 야스쿠니신사는 당연히 합사(合祀)하여 모시지 않으면 안 되는 책임을 지고 있다(靖國神社, 1986).

종교의 자유가 보장된 일본 실정법상 신사(神社)는 종교 법인이므로 국가 행위로 규정할 수는 없겠지만 신사가 전범들을 합사하는 파렴치한 행위는 일본인의 전쟁 책임 의식의 실상을 보여주는 실례이다.

명목상 종교 법인으로 되어 있는 야스쿠니신사의 춘추 제례에는 1951년 요시다 시게루 수상이 참배한 이래, 이시바시 탄잔(石橋堪山)을 제외한 역대 수상이 참배했으며, 1985년 나카소네 야스히로(中曾根康弘)는 전후 총결산을 선언하며 공식 참배를 감행했다. 이후 일본 수상의 공식 참배 여부가 국제적인 관심사로 떠오르는 이유는 샌프란시스코 강화조약에서 일본이 국제적으로 인정한 '전쟁범죄' 조항(11조)을 위반하고 있기 때문이다. 한편 정치가의 신사 참배 행위는 정치와 종교를 분리한 일본국 헌법 제20조의 종교의 특권 및 정치권력 행사 금지 조항과 제89조의 공금(公金)과 공공재산의 종교적 사용 금지 조항을 위반하고 있는 것이다.

1970년 12월 7일 폴란드 수도 바르샤바의 유태인 위령탑 앞에서 서독 총리 빌리 브란트(Willy Brandt)[18]가 헌화 도중에 갑자기 무릎을 꿇고 오랫동안 묵념을 올렸다. 제2차 세계대전 중 나치 독일에 희생된 유태인에 대한 사죄의 표현이었던 것이다. 브란트의 진심어린 행동은 전쟁 범죄 국가 독일에 대한 전 세계의 인식을 바꾸어놓았다. '인간이 말로써 표현할 수 없을 때에 할 수 있는 행동을 했을 뿐이다.'라는 그의 말 한마디는 세계인을 감동시켰다. 세계 언론들은 '무릎을 꿇은 것은 한 사람이었지만 일어선 것은 독일 전체였다.'고 평가했다(김정미, 2011: 15).

일본인의 전쟁범죄에 대한 책임 의식 부재는 독일인의 그것과 좋은 대조가 되어 더욱 분명히 드러난다. 서독은 뉘른베르크재판 이후에도 나치스 전쟁범죄자에 대한 재판을 자국의 형법에 의해 계속 진행했고, 나치스 전쟁범죄자에 대한 시효를 두 번이나 연장했다. 이윽고 1979년 서독 연방 의회는 나치스의 살인 이외에도 일반인에 대한 살인을 비롯해 모든 살인 범죄에 대한 공소시효를 폐지하여 전쟁범죄자 추적을 계속하고 있다.[19]

이렇게 악을 자각한 것과 자각하지 못한 것의 차이는 그대로 침략 전쟁의 악을 자각한 민족과 자각하지 못한 민족의 차이로 전후에도 변함없이 이어져 전쟁 책임의 수용과 거부라는 행동 양상으로 나타나고 있다. 악을 자각한 민족의 자성은 속죄와 정화의 길을 걸어 신뢰와 구

---

18 빌리 브란트(Willy Brandt)는 1969년부터 1974년까지 서독 총리를 역임했다. 브란트는 총리로 재임할 동안 할슈타인(Walter Hallstein) 원칙을 파기하고 동방 정책을 추진했다. 동독을 비롯하여 소련, 폴란드, 체코슬로바키아 등 동유럽 사회주의국가와도 외교 관계를 맺어 독일 통일(1990)의 기초를 닦았다는 평가를 받는다. 1971년 노벨 평화상을 수상했다. 1970년 12월 브란트가 헌화한 유태인 위령탑은 1943년 4월 19일부터 5월 16일까지 나치 독일 치하에 저항했던 바르샤바 유태인 봉기를 기념하여 세운 것이다. 이때 바르샤바 게토(Ghetto, 유태인 거주 지역)의 유태인 1만 3,000명이 학살되고 5만 명이 수용소로 잡혀갔다고 한다. 제2차 세계대전 중에 일어난 가장 큰 유태인 봉기였다.
19 전후 독일은 9만 명 이상의 나치스 관계자 재판에서 7,000명 이상에 대해 유죄판결을 선고했다(望田幸男 外, 1995: 7).

원의 문을 열지만, 악을 자각하지 못한 민족의 몽매성은 은폐와 부정의 길을 걸어 불신과 원죄의 가시밭길을 열어갈 수밖에 없다.

도쿄재판은 미국에 의해 주도되어 미국의 의도대로 진행되었다. 이 과정에서 일본은 천황제 유지를 선물로 얻었고 불완전한 재판 덕분에 전쟁범죄에 대한 면죄부를 얻었다. 일본인은 전쟁범죄자의 처벌과 전쟁 책임의 추궁을 스스로 회피하고 망각함으로써 전쟁으로 인한 피해자 의식만을 증폭시키는 전후를 보내고 있다.

4. 반성과 망언의 리저널리즘

일본 제국주의가 패망한 직후 유행했던 말에 '일억 총참회'가 있다. 1945년 8월 17일에 출범한 히가시쿠니 내각의 히가시쿠니 수상은 8월 28일 기자회견에서 '국체의 유지야말로 우리의 신앙'이며, 이것을 지키기 위해 '군관민 모두의 일억 총참회'를 역설했다.[20] 이 말의 진정한 뜻은 '전 국민이 나라를 지키지 못한 잘못을 천황에게 사죄하자.'는 의미였다. 침략 전쟁에 대한 '참회'가 아니라, 천황에 대한 '신민의 참회'인 것이다.[21] 이와 동시에 매스컴에서는 일제히 입을 맞추어 천황의

---

[20] 히가시쿠니 나루히코 수상은 1946년 8월 28일 기자회견에서 '군관민 일억 총참회'를 주장했고, 8월 30일자 아사히신문(朝日新聞)은 사설에서 '일억 총참회론'을 펼쳤다. 히가시쿠니 수상의 '일억 총참회' 발언은 9월 5일 국회에서 행한 시정방침 연설에서도 계속되었다. 그러나 총사령부의 전쟁범죄자 군사재판 방침과 연속되는 민주화 명령에 불복하여 10월 5일 히가시쿠니 내각은 총사직했다. 역대 최단명(54일) 내각이다. .

[21] 이것에 대해서는 와다 하루키(和田春樹)의 다음과 같은 지적이 있다.
'총참회하는 내용은 7,000만 일본인과 3,000만 조선인인 셈입니다. 그런 말도 안 되는 소리가 있습니까? 조선인, 한국인에게 8·15는 그들의 광복, 해방의 날이었습니다.

'성단'에 의하여 전쟁이 끝났으므로 '패전(敗戰)'이 아니라 '종전(終戰)'이며, '점령군(占領軍)'이 아닌 '진주군(進駐軍)'이란 용어를 사용하여 일본 제국주의가 패망한 직후의 상황을 보도하기 시작하였다. 이것이야말로 일본인이 천황에 대한 '무한 책임성'을 자신들과 세계에 대한 무책임성으로 치환하는 전 국민적 전향 의식(轉向儀式)이었으며, 전후 천황제의 연속성을 선언한 최초의 발언이었던 것이다.

패전 직후 일본인 스스로가 천황의 전쟁 책임을 추궁하는 것은 일본인에게는 새로운 내셔널리즘을 추구하는 주체성 확립의 기회였고, 진정한 민주주의와 애국을 찾아가는 길이기도 했다(小熊英二, 2002: 122). 히가시구니 수상의 '일억 총참회' 발언은 일본인이 천황에게 전쟁 책임을 추궁할 가능성을 정부가 미리 선수(先手)를 쳐 가로막음으로써 천황은 물론이고 일본인에게도 전쟁 책임으로부터 도피할 탈출구를 마련해주었다.

한번 실패한 내셔널리즘을 반성하는 것이 아니라 오히려 과거 역사에 대한 정당성을 찾으려는 이러한 인식은 전후 일본인에게 내재화된다. 이렇게 하여 일본의 민주주의의 내면에는 항상 과거의 내셔널리즘을 회복하려는 잠재의식이 공존하는 이중성의 원형이 형성된다.

소위 '국체'인 천황제의 유지는 전후 일본인에게 우월감에 바탕을 둔 근대와 민주주의를 표방한 전후를 연결해주는 매개체의 역할을 하였다. 전후 일본인의 정신적 기저(基底)는 아시아의 가해자로서 침략과 지배를 자행한 일본 제국주의와 단절하는 것이 아니라, 오히려 천황제

여기서부터 확실하게 갈라집니다. 그러나 이 갈라진다는 사실을 심각하게 새기지 않기 때문에 이러한 역사, 즉 자기들의 침략 전쟁에 조선인을 끌어들였다는 역사가 일본인의 전후의 반성에서 빠져버리는 것입니다.'(加藤典洋, 1998: 280)

를 통해 근대를 재생하려는 역사의식의 내면적 욕구를 말해주고 있다.

1953년 9월 제3차 한일회담 석상에서 구보타 간이치로(久保田貫一郎)는 '36년간에 걸친 일본의 한국 식민 통치는 한국민에게 유익했다.'는 발언을 했다(『朝日新聞』 1953. 9. 22). 이른바 '구보타 망언(妄言)'이다. 일본인의 한국에 대한 우월감과 시혜 의식이 패전 이후에도 변함이 없다는 것을 여실히 보여준 이 '구보타 망언'은 전후 한국 및 아시아에 대한 '망언'의 원형이 된다. 일본인의 정신적 원형으로서 과거 정당화는 제국주의 시대의 '영광'으로 돌아가려는 회귀성으로 나타난다.

> 일본이 메이지 이래 강대한 서구 제국주의의 위협으로부터 아시아를 지키고 일본의 독립을 유지하기 위해 타이완을 경영하고 조선을 병합하고 만주에 오족 협화의 꿈을 펼친 것이 일본 제국주의라 한다면, 그것은 영광스런 제국주의이며 고토 신페이는 아시아 해방의 파이오니어일 것이다(椎名悅三郎, 1963: 59).

일본 제국주의를 예찬하는 뿌리에는 여전히 천황주의가 자리 잡고 있다. 이것이 천황제의 연속성과 결합해 과거 정당화로 이어지는 것이다. 전후 A급 전쟁범죄자로 체포되었다가 불기소 처분으로 석방되어 사면된 후 1957년 수상직에 올라 '쇼와의 요괴(妖怪)'로 불린 기시 노부스케(岸信介)는 '대동아공영권은 많은 비판을 받고 있지만 근본적인 생각만큼은 틀리지 않았다.'는 망상을 끝까지 버리지 않았다(田尻育三, 1979: 167).

기시의 친동생이며 1965년 한일기본조약 체결 당시 수상이었던 사토 에이사쿠(佐藤榮作)의 인식도 이와 다르지 않았다. 사토가 1962년에 발언한 내용이다.

전후에는 이 팔굉일우가 제국주의의 표현이라든가 혹은 침략주의의 다른 이름이라고 말하는 사람들이 있지만, 나는 아무래도 …… 세계 일가(世界一家)나 인류애 사상과 연결되는 숭고한 정신이 아닌가 생각한다(高崎宗司, 1996: 217).

이 '대동아공영권'이나 '팔굉일우'가 아시아 및 세계 제패를 노린 침략주의의 다른 이름이었음은 재론할 여지가 없다. 그러나 침략의 자각이 사라지고 시혜 의식만 남을 때, 근대 일본 제국주의의 '황도주의'와 짝을 이룬 '팔굉일우'에 대해서도 가치 지향이 지속될 수밖에 없다. 그렇기 때문에 사토 에이사쿠는 한일 병합이 '대등한 입장에서 자유로운 의사로 체결된 것'(高崎宗司, 1996: 217)이라는 발언을 할 수가 있었던 것이다. 전후 일본인은 변함없이 한국을 '팔굉일우'의 연장선상의 한 지점으로 인식하는 고정관념을 버리지 않고 있는 것이다.

이른바 '헤이세이(平成)의 요괴'로 불리는 나카소네 야스히로 수상이 1987년 8월 자민당(自民黨) 연수회에서 발언한 '천황이야말로 창공에 빛나는 태양과 같은 존재'이므로 '국가는 천황을 중심으로 단결해야 한다.'(『朝日新聞』1987. 8. 30 朝刊)는 찬양도 결코 우연히 나온 것이 아니었다. 일본인의 의식 내면에는 국가와 천황의 합일론이 근대의 일본 제국주의와 천황 귀일 사상으로 연결되어 자리 잡고 있는 것이다.

전후 일본인의 역사 인식의 연속성과 마찬가지로 천황 자신도 전쟁책임 및 전후 책임에 대해 적극적인 자각이 없었다. 1984년 9월 한국인에 대한 히로히토의 발언은 '금세기의 한 시기 양국 사이에 불행한 과거가 있어 진실로 유감(遺憾)'(『朝日新聞』1984. 9. 7 朝刊)이라는 의례적 언급에 지나지 않았다. 이에 대하여 '불행했던 것은 한국인이지 가해자인 일본인이 아니었다.'(宋健鎬,『朝日新聞』1984. 9. 7 朝刊)는 한국인의 반응은 그대로 한국인과 일본인의 역사 인식의 격차를 대변하는 것이었다. 일본 제국주의의 한국 식민지 지배의 당사자였던 히로히토가 한국인에게 남긴 말은 이것이 전부였다.

1990년 5월 헤이세이 천황(平成天皇) 아키히토(明仁)의 '불행한 시기에 귀국의 사람들이 받은 고통을 생각하며 통석(痛惜)의 염(念)을 금할 수 없다.'(『朝日新聞』 1990. 5. 24 朝刊)는 발언도 한국인이 바라는 것과는 거리가 멀었다. '통석의 염'이란 '신민'의 불행에 대하여 '군주'가 내뱉는 위무(慰撫)의 말에 지나지 않으며, 식민지 시대 한국인에 대한 '황국 신민화'의 망령이 스며 있는 수식어에 불과하다.

전후 일본인의 과거 역사에 대한 '망언'은 일일이 대응할 수 없을 정도로 많다. 그중에서도 일본 제국주의 군대의 야만성을 폭로해주는 '군대 위안부' 제도는 세계인의 공분을 사고 있다. 731부대의 전쟁범죄와 더불어 '군대 위안부' 제도는 도쿄재판에서 단죄되지 않았다. 일본 정부는 그것을 기회로 삼아 '군대 위안부' 제도를 완전 부정하고 회피하다가 국가적인 차원에서 관여했다는 증거가 속속 드러나게 되자, 1993년 8월 4일 미야자와 기이치(宮澤喜一) 내각의 관방 장관이던 고노 요헤이(河野洋平)가 소위 '고노 담화'를 발표했다. '고노 담화'를 통해 일본 정부는 '군대 위안소' 제도가 '군(軍)과 관헌(官憲)이 관여한 것'이었으며, '위안부의 징집 및 사역(使役)이 강제에 의한 것'이었음을 인정했다. 또한 '이 문제의 본질이 중대한 인권 침해'라는 사실도 받아들였다. 그러나 동시에 '군대 위안소' 제도가 '군의 요청을 받은 업자(業者)'에 의하여 모집, 운용, 관리되었다는 것을 부각시켜 군부의 관여가 '간접적'이었음을 암시하였다. 이것은 국가의 개입을 부분적으로는 인정하나 모든 직접적인 책임은 '업자'에 떠넘기려는 의도를 감춘 것이었다(尹明淑, 2003: 35).

그럼에도 '고노 담화'는 많은 정치가의 반발을 사 이를 둘러싼 '망언'이 줄을 이었다. 1996년 6월 4일 전 법무 대신 오쿠노 세이스케(奧野誠亮)는 기자회견에서 '종군 위안부는 상행위(商行爲)에 참가한 여성들이며, 강제 연행된 사람이 아니다.'라고 주장했다(尹明淑, 2003: 49).

이후 일본 정치가의 '군대 위안부'에 대한 '망언'은 끊임없이 이어져,[22] 2013년 5월 '위안부는 필요했으며, 다른 나라 군대도 마찬가지였다.'는 일본 유신회 공동 대표 하시모토 도오루(橋下徹) 오사카 시장의 발언이 나왔다(『朝日新聞』 2013. 5. 13 朝刊). 이들의 한결같은 주장은 공창 제도가 있었던 일본의 전통을 내세워 '군대 위안부'를 '상행위'로 몰아가 강제성을 부정하고, 여성 인권유린의 전쟁범죄를 은폐하려는

---

[22] '군대 위안부' 희생자인 재일 동포 송신도(宋神道, 1922년생)가 국가(대표: 법무 대신 保岡興治)를 상대로 명예훼손에 대한 사죄를 요구한 도쿄 고등법원 항소심 판결문이 있다. 여기에는 '군대 위안부'에 대한 망언이 나열되어 있다.
1994년 5월 4일 나가노 시게카도(永野茂門) 법무 대신은 교도통신과의 인터뷰에서 '종군 위안부는 당시의 공창이었다.'고 발언했다. 1996년 6월 4일 오쿠노 세이스케 중의원 의원은 기자회견에서 '상행위에 참가한 사람들이다.'라고 발언했다. 1997년 1월 13일 에토 타카미(江藤隆美) 중의원 의원은 역사 교과서의 종군 위안부 기술에 대해 '언제 어디서 일본의 관헌이 강제 연행했다는 명확한 사실이 나왔는가.' 하며 강제 연행이 없었다고 발언했다. 1997년 1월 25일 가지야마 세이로쿠(梶山靜六) 내각 관방 장관은 '지금 종군 위안부 문제로 소란을 피우고 있는 사람들은 당시의 공창 제도도 모르면서 떠들고 있다. 당시에는 공창 제도가 엄연히 있었다.'고 말해 '종군 위안부'가 공창이라는 발언을 했다. 1997년 2월 6일 시마무라 요시노부(島村宜伸) 중의원 의원은 '대체로 현지의 뚜쟁이[女衒(제겐), 에도시대 매춘업자]들이 앞장서서 중국인이나 한국인을 모집했다. 본인의 의사로 원해서 그런 길을 선택한 사람들이다.'라고 말했다. 1998년 8월 나카가와 쇼이치(中川 昭一) 농림수산 대신은 '총체적으로 강제'라는 정부 담화에 대해 '사실이 아닐 가능성이 높은데도 정치·외교적으로 농락당하고 있다. 당시는 강제 연행도 없었고, 종군 위안부라는 말도 없었다.'고 말했다. 이러한 발언들에 대해 재판부는 정치적인 논의의 개인적인 역사 인식이라고 보아, 명예훼손의 근거가 없다는 기각 판결을 내렸다(文獻番號: 28060993, 謝罪等請求控訴事件, 東京高裁1999년 [추] 第5333號). 이런 판결은 일본 사법부도 '망언'을 되풀이하는 정치가들과 마찬가지로 전쟁범죄에 대해 무책임하다는 것을 증명하고 있다.

일본 절대주의 천황제의 저열한 성(性) 인식과 야만성을 대변하는 것이다.

이것은 근본적으로 일본인이 천황의 군대는 언제 무슨 짓을 해도 다 통한다는 절대주의 천황제 시대 '황군'의 선민의식에 찌들어 전후의 현재에 이르기까지도 의식의 전환을 이루지 못하고 있다는 것을 말해 준다. 해마다 일본 제국주의가 항복한 그날(8월 15일)이 오면 수상의 참배 여부가 정치적 이슈로 등장하는 한편에서 '욱일승천기'를 앞세우고 후줄근한 구(舊)군복 차림의 늙다리 '황군' 찌꺼기들이 야스쿠니신사로 행진해 들어가는 꼴불견의 의식 내면에는 인류 역사상 가장 저질적인 전쟁 책임 불감증이 숨어 있다.

일본 제국주의의 침략과 식민지 지배에 대한 한국과 일본의 정치·외교적인 청산은 1965년 한일 협정(한일기본조약 및 부속 협정)의 체결로 일단 정리된 것으로 되어 있다. 그러나 졸속으로 체결된 불완전한 조약은 일본의 침략 전쟁 책임 망각증을 더욱더 부채질하였고, 한국과 일본의 역사에 대한 과거사 청산 문제는 끊임없는 갈등을 되풀이하는 요인이 되었다. 거부와 회피와 무관심으로 일관하던 일본 정부가 침략 전쟁을 공식적으로 인정한 것은 1993년에 성립된 호소카와 모리히로(細川護熙) 내각에서였다. 호소카와는 제국주의 시대 세 번(1937, 1940, 1941)에 걸쳐 수상을 역임한 고노에 후미마로의 외손자이다.

1993년 7월의 중의원 총선거에서 자민당이 과반수 의석 획득에 실패함으로써 38년 동안 계속된 자민당 장기 집권의 '55년 체제'가 붕괴되고, 호소카와 모리히로(일본신당)의 비자민당(非自民黨) 연립내각이 등장했다. 호소카와 내각은 정·경·관(政經官) 유착 근절, 선거제도 개선, 부정부패 척결 등 고질화된 일본 정치의 개혁을 최대의 공약으로 내세웠다. 호소카와 수상은 1993년 8월 15일 '전몰자 추도식'에서 수상으로서는 처음으로 '일본의 아시아에 대한 가해 책임'을 표명하여 '침략 전쟁'을 인정했다(『경향신문』 1993. 8. 17). 또한 호소카와 수상은 1993년 11월 6일 한국의 김영삼(金泳三) 대통령과의 경주 정상 회담에서 '한국인에게 견디기 어려운 고통을 강요한 것에 대해 가해자로서 깊은 반성과 진사(陳謝)'를 표명하여 식민지 지배를 사과했다(『경향신문』 1993. 11. 7).

이어서 1994년 성립된 무라야마 도미이치(村山富市, 사회당) 내각의 각의(閣議) 의결로 1995년 8월 15일 무라야마 수상이 특별 담화를 발표하여 '일본의 전쟁이 침략 전쟁'이었음을 공식적으로 인정하고, '식민지 지배와 침략으로 많은 나라, 특히 아시아 여러 나라에 다대(多大)한 손해와 고통'을 준 역사적인 사실에 대하여 '통절(痛切)한 반성과 마음으로부터의 사죄(謝罪)'를 표명했다. 또한 무라야마 수상은 같은 날 '전후 50년 과거·현재·미래 시민 모임'에 참석하여 '군대 위안부' 문제를 언급하며, '여성으로서의 명예와 존엄을 범하고 심신에 견디기 어려운 굴욕과 고통을 준 사실은 무엇으로도 보상할 수 없다.'고 직접적인 '사죄'를 했다(『경향신문』 1995. 8. 16).

과거 역사의 청산 문제는 결국 1998년 10월 김대중(金大中) 대통령과 오부치 게이조(小淵惠三) 일본 수상 사이에 교환된 공동선언에서 '가해자 일본'과 '피해자 한국'을 명시해 '일본이 과거의 한 시기에 한국을 식민지로 지배하여 한국 국민에게 다대한 손해와 고통을 주었던 역사적 사실을 겸허하게 받아들이고, 이에 대해 통절한 반성과 마음으로부터의 사죄를 한다.'(『한국일보』 1998. 10. 8)고 명확히 표명함으로써 매듭을 지은 것으로 되어 있다.

이러한 전후 일본의 정치적인 역사 청산이 의례적인 회피와 현실 호도의 습관성이 되어가는 것은 그 이면에 항상 근대 일본 제국주의로 회귀하기를 갈망하는 시도들이 공식적 과거 부정과 짝을 이루어 이중성으로 자리 잡고 있기 때문이다.[23] 일본 정부의 선언적 과거 청산과 이른바 '망언'이라 불리는 정치가들의 과거사 정당화는 일본적인 이중성으로 '다테마에'와 '혼네'를 형성하고 있다. 일본인의 이중성은 상호 보완적인 역할 분담을 통해 정치적으로는 과거사에 대한 '반성'과 '사죄'를 표방하면서도, 매년 천황주의와 결부된 일본적 내셔널리즘의 원천인 야스쿠니신사에 대한 수상의 참배를 공식·비공식적으로 되풀이하고 있다. 일본인의 이러한 이웃 국가 '건드려 보기'는 리트머스시험지를 적셔보듯 잊을 만하면 떠올리는 제국주의에 대한 미련의 표출이다. 과거의 역사에 대해 아시아 각국과의 갈등이 강해질수록 과거의 일본으로 돌아가, 과거 '영광'의 재현을 열망하는 일본의 리저널리즘은 천황주의로 회귀하는 내셔널리즘의 길을 걸었던 것이다.

1989년에 고시되고 1992년도부터 초등학교에서 실시된(1993년부터 중학교도 실시) 문부성의 학습지도 요령은 전후 교육의 '점령군' 색깔을 벗어버리고, 일본의 전통으로 돌아가자는 보수파의 외침을 반영하여 국수주의를 부활시키고 있다. 검인정 제도를 통한 역사 교과서 왜곡과 더불어 교육계가 '전후 교육의 총결산'을 내세우며 내셔널리즘을 강화하고 있는 것이다. 또한 학습지도 요령의 주요 내용의 하나로 전통 문

---

23 1993년 8월 호소카와 모리히로 내각 발족 후 일본의 전쟁을 전례가 없을 만큼 명확하게 침략 전쟁으로 인정한 호소카와의 발언(1993년 8월)에 대해 나카니시 게이스케(中西啓介) 방위청 장관이 헌법 재검토 발언으로 사임했고, 그 뒤 1994년 5월 하타 쓰토무(羽田孜) 내각 발족 직후 나가노 시게카토 법무 대신이 1937년의 난징 대학살(南京大虐殺)은 날조라는 발언으로 비난을 받고 발언을 철회한 후 사임했으며, 1994년 8월에는 발족 직후의 무라야마 도미이치 내각에서 사쿠라이 신(櫻井新) 환경청 장관이 '대동아전쟁'에 침략 의도는 없었다고 발언하여 각국의 비난을 받고 발언을 취소한 후 사임했다(加藤典洋, 1998: 57).

화의 존중과 국제 이해의 증진을 강조하고 있는데, 이는 국제화의 시대성에 발맞추어 대외적으로도 내셔널리즘을 적극적으로 표출하겠다는 시도인 것이다.

또한 '천황에 대한 이해와 경애'를 기르고, 이를 통해 국제사회에서 일본인으로서의 자각을 일깨운다는 명목으로 '국기[日の丸]와 국가[君ガ代]'에 대한 지도와 실천이 강화되고 있다. 새로운 학습지도 요령은 입학식과 졸업식에서는 '국기를 게양하고 국가를 제창하도록 한다.'는 강제 규정을 설정하여, 실행되지 않거나 따르지 않을 경우에는 학습지도 요령 위반으로 처분의 대상이 된다고 문부성은 경고하고 있다(『朝日新聞』1989. 2. 11 朝刊). 천황에 대한 의식화가 강화되어 제국주의 시대의 국민교육이 부활하고 있는 것이다.

이러한 내셔널리즘의 다른 이름인 국수주의의 움직임은 역사학계에도 나타나, 1997년 후지오카 노부카쓰(藤岡信勝)와 니시오 간지(西尾幹二)를 중심으로 '새역사를 만드는 모임'이 발족되었다. 이들은 '자유사관(自由史觀)에 입각한 민족주의'를 표방하며, 전승국에 의해 진행된 일본의 전후 개혁을 '자학 사관(自虐史觀)'으로 규정했다. 소위 '자유 사관'은 일본의 식민지 지배와 침략 전쟁 등 과거 일본의 역사를 정당화하고, 좌익적 시각을 철저히 배제한다는 것이 특징이다. 특히 이들은 일본의 식민지 지배를 일반화하여 서양 제국주의 국가의 식민지 지배와 동일시한다.

> 식민지 지배가 행해졌던 곳에서는 현지인들이 쥐 죽은 듯이 아무 말도 하지 않고 있으며, 잔혹함과 강압적이고 습관적인 억압의 지배 방식에 대한 공포만이 기억에 남아 있다. 서양이 지구 표면의 85%를 지배했던 식민지 경영 실태의 모든 것은 닮아 있었다. 철

저한 모욕과 탄압에 인간은 공포에 질려 어찌할 도리도 없었다. 단지 움추려들 뿐이었다. 가혹한 공포정치는 사람을 무기력하게 만들었다. 인간으로부터 우러나오는 용기를 빼앗았다. 이렇게 하는 것이 통치에 편리하다는 것이다. 페루를 지배했던 스페인뿐만이 아니고, 영국은 인도인에게, 네덜란드는 인도네시아인에게, 프랑스는 베트남인에게 같은 짓을 했다. 아니, 우리나라에 원폭까지 떨어뜨린 미국의 방식도 마찬가지였다. 일본인이 공포에 질려 미국에게 아무 말도 못하고 있는 모습을 보면, 그러한 공포정치가 지구상에서 식민지인들의 최후 저항의 숨통을 끊어놓으려고 한 적의(敵意)의 귀결이었는지도 모른다(西尾幹二, 1999: 714~715).

'새역모'의 민족주의는 일본인 스스로가 탈출해야 할 '황국사관'으로 회귀하면서도 그 일반성을 서양에서 찾는 '탈아 입구'의 변형이다. 일본적 민족주의가 또 다른 서양 모방을 낳은 것이다. 서양 제국주의의 식민지 지배의 악적 부분을 일반화시켜 일본적 식민지 지배의 우월성을 강조함으로써 일본 제국주의의 아시아 침략이 아시아를 위한 것이었다는 논리적 귀결이 도출되는 것이다. 결국 '새역모'의 '자유 사관'은 근대 일본 제국주의의 국권론의 재생산인 것이다.

전후 일본인은 외면적으로는 미국의 지배에 순응하면서도 내면적으로는 근대 일본으로의 회귀 본능을 잠재의식으로 가지고 있었다. 이러한 이중성의 파열을 막는 제어 기능을 전후의 경제 부흥에 대한 압박감이 담당하고 있었다. 일본 제국주의의 패망으로 인한 피해 의식과 그것을 경제 부흥으로 보상받고자 하는 열망 사이에 전쟁 책임과 전후 책임의 자각이 비집고 들어갈 공간은 처음부터 없었던 것이다. 그러면서도 일본은 경제 발전의 모순과 외부적 갈등의 위기의식이 표면화되면 의례히 제어 기능을 상실하여 내면성의 천황제를 불러내서 근대의 역사로 회귀하는 전형적인 양상을 보여왔다.

　근대 제국주의의 역사로 회귀하고자 하는 일본인의 내면성의 모순은 아키히토의 발언에서도 나타난다. 2001년 12월 아키히토는 '나 자신과 관련해서, 간무(桓武) 천황의 생모가 백제 무령왕(武寧王)의 후손이라고 『속일본기(續日本紀)』에 적혀 있어 한국과의 연(緣)을 느낀다.'(『중앙일보』2001. 12. 24)는 발언을 했다. 외면적 표상[建前]은 한국과의 친밀성과 혈연성을 강조하고 있지만, 잠재되어 있는 내면성[本音]의 모순은 그대로 식민지 한국의 식민지 사관인 '일선 동조론'을 드러내고 있는 것이다.

　전후 일본 사회의 이중성은 항상 천황제와 결부되어 정치적으로는 천황의 권력을 박제화시켜놓았으면서도 정신적으로는 천황제에 대한 향일성을 내재화시켰다. 이것이 일본인의 일상생활에서 천황은 신성하다는 신성성의 허울을 쓰고 가치 의존과 페티시즘(fetishism)을 횡행시키는 일본적 사회 현실을 가능하게 했다. 그 결과 헌법이 변화해도 혹은 정치적인 상황이 아무리 달라져도 의식 속에 내재화된 천황에 대한 주술과 속박으로 인해 일본인은 천황제의 연속성으로부터 헤어날 길이 없었던 것이다. 일본인의 역사 회귀는 결국 천황제의 연속성 확인이었던 것이다.

　1989년 쇼와 천황의 죽음은 전후의 한 시대가 끝났음을 의미한다. 그러나 천황제라는 사회질서의 정점에 천황이라는 성스러운 존재가 있는 한, 천황에 대한 일본인의 의식은 자유로울 수가 없을 것이다. 문제는 민족과 국민이 동일 관념인 일본인의 정체성을 확인시켜주는 천황이 언제까지나 역사 속에서 신성한 존재로 고정되어 있다는 것이다. 그러므로 일본인은 천황의 인력(引力)에 의해 객관적 자기 성찰이 불가능하게 되어 있다.

전후 일본은 패전으로 아시아로 되돌아와 아시아를 향한 국민적 객관화의 기회를 부여받았다. 그러나 일본은 천황제를 연속성으로 고정시킴으로써 전쟁 책임을 타율적으로 처리한 미완의 유산을 끌어안고 아시아와 마주할 수밖에 없었다. 이 내재적 결함 때문에 '대동아공영권'의 악몽에 시달린 아시아는 결코 일본의 리저널리즘의 대상이 아니었다. 일본은 자신이 저지른 야만의 역사로 인해 더 이상 손을 잡아주지 않는 아시아를 뒤로 한 채, 1885년 선언한 '탈아 입구'의 미련을 버리지 못하면서도 다시 일본 속으로 환원할 수밖에 없었다.[24]

---

24 후쿠자와 유키치가 「탈아론」을 주장한 것은 1885년이었다. 그로부터 130년, 일본은 과연 '입구(入歐)'에 성공하여 서양인이 되었던가. 1961년 1월 19일부터 남아프리카공화국은 이전부터 경제 교류가 세계에서 가장 많았던 일본인에게 '명예 백인(Honorary Whites)'의 지위를 부여했다(伊藤正孝, 1992: 27). 남아프리카공화국은 1948년 이래 인종 분리 정책(apartheid)을 실시해 백인 이외의 인종을 차별했다. 이러한 인종차별 정책은 1960년대부터 국제적인 비난을 받았다. 국제사회는 유엔의 주도로 감시와 제재를 계속하다가 1987년에는 국제사회가 문화 교류를 단절하고 경제제재에 들어갔다. 그러나 일본은 이 당시에 남아프리카공화국의 최대 교역국이 되었다. 이러한 대가로 일본인은 '명예 백인'으로 승격되었다. 그러나 이것은 백인 전용 호텔, 레스토랑 등의 이용이 허용된 것에 불과하여 영주권, 부동산 취득 등은 인정되지 않았다. 특히 백인과의 성적인 관계는 배덕법의 처벌 대상이었다(伊藤正孝, 1992: 27, 59). 일본의 이기적인 경제행위는 당연히 국제사회의 비난을 샀다. 이윽고 유엔은 1988년 2월 5일 유엔 반아파르트헤이트 특별위원회 갈바(Joseph N. Garba, 나이제리아) 위원장 성명으로 다음과 같이 일본을 명시하여 직접적으로 비난했다(갈바 성명).
'다른 나라들이 문화 교류를 금지하고 경제 교역을 삭감하여 제재에 동참하고 있음에도 불구하고, 일본은 무역량을 증가시켜 남아프리카공화국의 아파르트헤이트 체제를 지원하고 있다. 이러한 일본의 자세는 유엔의 결의 사항을 위반하는 것이다. 일본은 인류에 대한 범죄행위인 아파르트헤이트를 종결시키기 위해 남아프리카공화국과의 교역을 중지해야 한다.'(『朝日新聞』 1988. 2. 6 夕刊)
결국 1994년 4월 전 인종 총선거 결과 만델라(Nelson Mandela) 대통령이 취임하면서 모든 인종차별은 폐지되었다. 경제력으로 얻어진 일본인의 '백인'의 꿈은 일장춘몽이었던 것이다.

전후 아시아에는 근대 일본의 상투적 수단이었던 내부적 모순의 외부적 발산이라는 억압 이양의 대상이 더 이상 존재할 수 없다. 따라서 일본은 역사의 필연적 결과인 내부적 모순을 내부적으로 해결할 수밖에 없어 일본 속의 일본이라는 리저널리즘으로 서서히 이행하고 있다. 한때 일본은 세계 제2위의 경제 대국, 세계 제2위의 방위비 지출을 자랑하며 외면적으로는 성장해왔다. 그러나 세계로부터 비난받을 수밖에 없는 일본은 제국주의의 유산을 끌어안은 채 갈등의 시대를 겪고 있다. 그러면서도 일본인이 보여주는 시대감각과 역사의식의 망각 현상은 그 병근(病根)이 깊어 무관심과 기억상실증의 악화 일로를 걷고 있다. 그리고 그 근원에는 항상 천황제가 자리 잡고 있다. 일본인에게 천황은 과거 회귀의 문을 열어주는 자기 확인의 대상이면서도 미래로 향하는 통로를 막는 억압 기제로 작용하는 존재이기 때문이다.

5. 잊혀져가는 전쟁 책임

근대 일본의 정치적 특징으로 거론할 수 있는 것은 메이지유신으로 비롯된 절대주의 천황제의 확립이다. 근대 시민혁명의 과정을 거치지 않은 일본은 위로부터의 근대화 및 국민 통합의 구심체로서 절대주의 천황제를 강요하는 부국강병으로 일본적 근대국가를 이룩하게 된다. 이것은 결과적으로 국민 통합이라는 초근대성과 왕정복고라는 전근대성의 공존을 초래하여 천황에 대한 전 국민의 신민화와 가치 의존을 낳았다. 전통적으로 사적 개념보다도 공적 개념이 우세했던 일본은 근대국가 형성 과정에서 근대적 시민사회의 기반이 결여되어 있었기 때문에 위로부터의 이데올로기 요구가 강요되어 국가적 가치, 국민적 이익을 우선시했다. 이러한 가치 의존과 현실을 있는 그대로 받아들이는 현실주의는 개인의 자유를 존중하기보다 멸사봉공의 하향식 가치 강요를 낳았다.

하향식 가치 강요에 길들여져 항상 부여된 가치를 따르는 성실성에 익숙한 일본인에게 패전은 하나의 충격이었고 시련이었으며 또한 모든 것의 붕괴였고 또 하나의 시작이기도 했다. 제2차 세계대전을 종결시킨 원자폭탄이 전쟁 무기화하여 일본에서 처음 실험된 것은 일본인에게 엄청난 공포였으며, 가공의 정신적 신화가 무너지는 절망이었고 기존 가치의 허무적 종결이었다. 이것은 일본인에게 미국이라는 초강대국에게는 이길 수가 없으므로 따를 수밖에 없다는 복종 의식을 심어줌으로써 결과적으로 일본인의 피해 의식을 낳았다. 이러한 피해 의식은 전쟁의 가해자가 가져야 하는 전쟁에 대한 책임 의식을 망각시켜, 평화의 교란자가 오히려 평화의 실천자로 돌변하는 의식의 도착 증세를 야기했다.

또한 '무조건 항복'이라는 모습으로 맞이한 패배는 일본인으로 하여금 '소인국(Lilliput)'에서 갑자기 '거인국(Brobdingnag)'으로 돌아온 '걸리버(Gulliver)'의 약자 의식과 열등감을 되살아나게 했다. 다시 '거인' 앞에 선 일본인은 새로운 '천황'으로 등장한 미국의 점령 정책에 고스란히 순종하는 모범생으로 돌아갔다. 일본인에게 익숙한 현실주의가 강자에 대한 가치 의존을 되풀이하게 한 것이다. 일본인의 이런 모습을 지적해 맥아더는 '12살의 일본인'[25]으로 야유했다. 모범생 의식의

---

25 1951년 5월 5일 미국 상원 군사외교위원회에서 맥아더가 한 발언이다. 롱(Russell B. Long) 상원의원이 작성한 '일본과 독일 점령의 차이점'이란 질문에, '앵글로색슨족이 예를 들어 과학·예술·신학·문화 발달이라는 점에서 45세라고 한다면, 독일인은 충분히 성숙되어 있다. 그러나 일본은 …… 현대 문명이라는 척도로 측정하면 45세

몰주체적 변신은 그대로 미국에 대한 신뢰로도 연결되어 미국적 가치의 모방과 자기화를 당연한 것으로 받아들였다. 미국이 부여한 평화를 당연한 듯 자신들의 것으로 받아들여 일본인이야말로 평화를 사랑한 민족이며, 누릴 자격이 있다고 믿는 의식의 화석화 현상이 만연하고 있는 것이다.

거인국의 주민인 미국은 실제로 소인국의 '신민'에 불과한 일본인에게 천황의 전쟁범죄 소추를 면제해주었으며, 일본인이 그토록 노심초사하던 천황제라는 '국체'도 유지시켜주었다. 미소 냉전 초기의 세계 전략과 극동 정책이라는 이름하에 내려진 이러한 미국의 시혜는 일본인에게 깊은 수혜 의식을 심어주어 일본의 서구 지향주의는 더욱 심화되었다.

일본인은 원자폭탄의 피폭을 전쟁에 대한 피해 의식으로 전환시켜 전쟁 책임 자체를 희석시켰다. 또한 천황제의 유지를 기회로 삼아 침략 전쟁의 당사자로서의 원죄인 책임 추궁을 자율적 준엄성이 아닌, 타율적 요식 행위(도쿄재판)로 처리하여 오늘에 이르고 있다. 일본 국민은 현상을 기정사실화하는 일본 특유의 현실주의에 안주해 전후의 세월을 보내고 있는 것이다.

전후 일본은 천황의 정치적인 권력이 박탈된 추상적이고 가공적 상징 천황제를 수용했다. 그리고 천황은 전쟁범죄자 소추를 면제받았다.

인 우리의 발달 단계와 비교하여 12살의 어린애와 같다.'고 답변했다. 후일 맥아더는 '앞으로 이룩할 가능성을 안고 있는 일본인은 이미 성장이 멈춘 45세의 국민과는 매우 다르다.'고 부연했다고 한다(フィン, 1993: 152).
5월 16일 이 발언이 일본에 알려지자, 일본인 사이에 맥아더의 인기와 열풍이 급속히 냉각되었다. 일본 정부는 '종신 국빈 대우 헌정'과 '맥아더 기념관' 건립 계획을 취소했다.

결과적으로 이것은 천황에게 가치를 의존했던 일본인에게 전쟁 책임에 대한 면제부를 주었다. 그리하여 일본인의 전후 인식은 가해자라는 원죄 의식이 서서히 사라지고 시대적 상황에 어쩔 수 없이 순응했을 뿐이라는 자기 변명을 일반화시켜, 전쟁의 비참함과 비극성을 강조하는 피해 의식만을 강조하게 되었다.

전쟁 책임을 타율적으로 심판(뉘른베르크재판)한 이후에도 자율적으로 전쟁 책임을 다하기 위해 지속적인 노력을 계속하고 있는 독일과 달리, 일본은 고도의 정치적 판단으로 일관했던 불완전하고 타율적인 전쟁 책임 심판(도쿄재판)을 기회로 삼아 자율적으로 전쟁 책임을 다하려는 노력을 원천적으로 회피하고 있다. 일본은 아시아 각국으로부터 터져 나오는 전쟁 책임 요구마저 외면하며 합리화와 무관심과 망각으로 일관하고 있다.

전후 일본은 아시아 지역에서 아시아에 위치하고 있으면서도 아시아에 속하려 하지 않았던 근대 일본과의 연속성을 한번 실패한 내셔널리즘의 회복을 통하여 다시 이으려는 이중성을 보이고 있다. 그리하여 일본은 이러한 이중성으로 인한 아시아와의 갈등으로 서양 지향성을 보이면서도 일본 속의 일본으로 서서히 이행해가는 리저널리즘을 드러내고 있다.

제7장
부끄러운 가공(架空)의 공동체: 연속되는 현대 천황제

1. 천황이 바뀌다

1989년 11월 아키히토가 헤이세이 천황으로 즉위함으로써 일본은 전쟁으로 일관한 소위 '쇼와 시대'를 마감하고 또 다른 시대를 맞이했다고 볼 수 있다. 어쩌면 일본인에게는 침략 전쟁이라는 원죄 의식을 털어버릴 수 있는 전환점이라고도 볼 수 있다. 제국주의, 아시아 침략, 군국주의 파시즘, 미국의 원자폭탄 투하, 무조건 항복, 미국의 군사점령과 지배 등 근대 천황제가 겪어온 온갖 부정적 역사를 뒤로 하고 천황제의 새로운 지평을 여는 기로에 서 있는 것이다.

헤이세이 천황에 이르러 '민중과 가까이 있는 황실'을 표방하면서도 왕가는 여전히 알 수 없는 베일에 쌓인 듯 비밀투성이의 존재로 남아 있다. 그러면서도 천황과 관계된 모든 행사와 일상의 잡다한 일들이 국민적 관심과 모방을 낳아 자기 동일시와 자기화의 대상이 되고 있다.

소위 '평화 헌법'의 개정이 이제는 정치권의 관심사가 되고 있으며, 1990년대 이래의 장기 경제 침체로 인한 우경화의 경향이 현재의 일본을 제국주의 시대로 되돌리고 있다는 주변국의 우려도 어제오늘의 일이 아니다. 근대 일본은 언제나 내부 문제를 외부 대상에 돌림으로써 문제를 해결하는 기만적이고 야만적인 방식을 써왔는데, 현대 일본도 여전히 그런 잘못된 방식을 되풀이하고 있다. 오늘날도 여전히 문제가 되고 있는 교과서 문제, 영토 문제, 정신대 문제, 야스쿠니신사 참배 문제 등에서 일본이 보이고 있는 반성 없는 태도가 대표적인 예라고 할 수 있다.

일본인의 잠재의식에 뿌리를 내린 소위 '국체 의식'은 이미 천황제 수용 여부의 판단 기준 자체를 무의미하게 만들어 각종 여론조사에서 80% 이상의 압도적인 다수가 천황제에 찬성하는 것으로 나타나고 있다. 일어난 일에 대한 무비판적 수용에서 나오는 현실주의와 국가적 이기주의에서 연원하는 섬나라 의식의 배타성이 결합해, '국체 의식'을 내면화하는 과정에서 일본은 아직도 세계에 마음의 문을 열지 않는 나라, 이웃이 받은 고통에 무관심한 나라, 그리고 역사에 대한 책임을 망각한 나라가 되어 주변국의 신뢰를 받지 못하고 있다.

아시아와 결별한 지 130년(1885년에 「탈아론」이 나옴), 일본은 과연 아시아로 돌아올 수 있을까. 일본은 과연 아시아의 신뢰를 받을 수 있는 나라가 될 수 있을 것인가. 이 모든 것의 해답이 천황제의 향방에서 비롯된다고 볼 수 있다.

21세기 현대에 일본인의 의식 속에 잠재하고 있는 아시아의 선진국이라는 설익은 우월감이 근대 절대주의 천황제의 '팔굉일우'와 '황도주의'에 연결될 수도 있고, 아시아의 경제적 리더라는 입에 발린 사명의식이 악명 높은 '대동아공영권' 구상의 연장에서 나온 것일 수도 있다는 주변국의 인식은 천황제의 심상지리로 보면 여전히 유효하다고 할 수 있다. 아시아가 필연적으로 일본을 수용할 수 없는 이유는 일본의 천황제가 저지른 역사에 있는 것이다. 이러한 천황제의 과제를 일본인 스스로 풀지 않는 한 이제는 아시아가 일본을 사절할 차례인 것이다.

역사의 무거운 원죄 청산을 거부한 채 국제정치의 역학 관계와 일본 국민의 단죄 의식 부재를 기회로 생명을 연장하고 있는 천황제, 그 속에는 언제나 휴화산 같은 폭발력이 잠재해 있다. 그래서 언제 무엇을 계기로 '팔굉일우'가 '세계 동포애(Universal Brotherhood)'로, '대동아공영권'이 '아시아 공동체'로 이름을 바꾸어 되살아날지 모르는 불확실성을 천황제의 무책임성이 시사해주고 있는 것이다.

그리고 이 천황제의 향방을 주시하고 대처해야 할 숙명을 안고 있는 것은 역설적이게도 가해 당사자인 일본이 아니라, 피해 당사자인 주변국일 수밖에 없다는 것 또한 역사가 던져주고 있는 교훈이다. 이것이 21세기에 또다시 천황제를 조명해야 하는 이유이다.

2. 가족주의 사상: 추종성의 집단주의

제국헌법 제1조에 규정된 일본의 '국체'는 '만세 일계의 천황이 통치하는 나라'로 되어 있다. 천황의 '만세 일계관'은 『고사기』와 『일본서기』에서 유래한 혈연 이데올로기의 산물이다.

천황제의 기본 원리는 천황을 일본의 '최고'의 가계를 이어온 도덕의 체현자로 가치화한 것이다. 천황은 일본의 가족 사회를 표상하는 존재로서, 씨족과 국가를 대표하며, 나아가 세계를 포괄하는 개념으로 확대재생산된다. 천황은 일본의 가족 결합의 중심이며 씨족 결합을 매개하고 국민의 결합을 이끌어내 단일민족관을 창출하고 공유시키는 연원이다. 일본인은 건국 신화에 의지하여 천황의 가계를 정당화함으로써 천황의 일본 지배[國體]에 정통성을 부여하는 일본적인 대의명분론을 토착화시켰다. 즉 일본은 일본의 국토와 인민을 낳은 신[天照大神]의 자손[神武]이 세운 나라[神國]이고, 이 신[皇祖]과 그 자손[皇宗]이 천황의 조상이라는 것이다. 이렇게 신화와 역사를 실재성과 구체성으로 합일시킨 것이 소위 '만세 일계'의 논리이다.

신화의 현실화는 일본이라는 국토와 인민을 낳은 부모가 그 자식인 국토와 인민을 지배한다는 조국(肇國) 논리가 된다. 천황 지배의 정통화가 천황과 국민을 혈연관계로 연결하는 가족주의 국가관을 형성한 것이다. 이것은 학사원 편찬의 『제실 제도사(帝室制度史)』에 잘 나타나 있다.

> 우리나라는 개벽 이래 군신의 도리가 엄격하게 정해져 황위 계승은 황통을 통해 이어지며, 신하된 몸으로 군(君)이 되는 일은 있을 수 없다. 군은 민(民)을 공민(公民)으로 자비롭게 대하고 민은 군을 살아 있는 신으로 받들어야 한다. 국가는 하나의 가족이며 황실과 신민은 근원을 같이하는 분가이다. 신민은 황실을 국가의 종가로 우러러보고 군민이 부자(父子)의 친목을 겸하여 자애(慈愛)하는 것을 덕으로 하고 민은 일심으로 군에 충성을 다해야 한다. 이러한 국민적인 신념과 정조(情操)는 오로지 우리나라에만 존재하는 것으로 다른 나라에서는 그 예를 찾아볼 수가 없다. 우리나라의 국체의 본의도 또한 여기에서 찾을 수 있다(大日本帝國學士院, 1937: 126).

천황과 '신민'의 관계에는 '군'의 일방적인 시혜 의식과 '신민'의 무제한적인 충성 및 충효 관념의 혼합으로 이루어진 전근대성과, '국체'의 무한 포용에 의한 국민적 통합이라는 초근대성이 공존하고 있다. 충성의 무제한성은 결국 '신민'의 무한 책임성과 맹목성으로, 포용의 무한성은 천황의 무책임성과 무한 배타성으로 흘러갈 수밖에 없다.

절대주의 천황제의 가족주의가 일본과 일본인을 뛰어 넘어 세계 인식으로까지 확대되어나간 궁극적인 형태가 '팔굉일우'이다. 절대주의 천황제의 가족주의 국가관은 1930년대 일본의 국가사상으로 규정되었다. 그것이 앞에서 살펴본 문부성 발행의 『국체의 본의』이다.

전후 일본국 헌법에서는 천황제가 이른바 상징 천황제로 바뀌었지만 천황을 정점으로 하는 일본인의 가족주의 국가관은 연속성을 유지하고 있는 것이 현실이다. 오히려 전후 일본 사회에서 천황은 국민의 전면에 나서는 활동을 더욱 활발하게 확대하고 있다. 지방 순행을 빈번히 행하고 각종 행사에 모습을 드러냄으로써 항상 민중과 같이 있다는 이미지를 조작하고 있는 것이다. 이와 같은 연출은 황실에 대한 친밀감과 가부장적인 환상을 심어주는 데 결정적인 역할을 했다. 그리하여 크고 작은 황실의 가정사가 전 국민적인 행사와 축제로 변질되는 몰지각한 천황 숭배는 식을 줄을 모르고 있다.

특히 아키히토의 결혼은 전후 복구의 완전 종결을 의미하고 있었다. 1958년 11월에 아키히토와 쇼다 미치코(正田美智子)의 결혼이 발표되자 우후죽순(雨後竹筍)처럼 창간된 여성 잡지를 비롯한 매스컴이 총동원되어 '어성혼(御成婚)'이란 단어를 사회적 용어로 정착시키며, '테니스 코트의 로맨스', '쇼와 시대의 신데렐라', '세기의 결혼' 등 찬사와 선망을 담은 우상화 작업을 했다. 이것은 그대로 소위 '미치 붐'('미치'는 '미치코'에서 유래) 현상으로 번져나가, 서민 출신인 미치코를 황실 가족으로 맞이하는, '국민과 친밀한 황실'을 선전 문구로 일본 전국이 그야말로 열광의 도가니에 빠져들었다. 아키히토와 미치코의 일거수일투족은 방송과 지면을 통해 미주알고주알 과장되고 확대되고 재생산되어 동경의 대상으로 고착되면서 신성화의 과정을 밟아나갔다. 미치코가 기자회견에서 아키히토의 인상을 묻는 말에 '청결하시고 성실하시고'라고 답한 말이 아키히토를 상징하는 유행어가 되었다. 일본인의 모방 풍조는 페티시즘과 결합하여 미치코의 속옷까지도 흉내 낸 '미치코 패션'이 선풍적인 인기를 끌었다. 때마침 일본의 경제도 이른바 '이와토 경기(岩戸景氣)'[1]를 타고 고도 경제성장 시대를 열어 본격적인 소비사회로 들어섰다. 천민자본주의가 시작된 것이다.

대망의 결혼식이 1959년 4월 10일로 결정되자 광란은 절정에 달했다. 결혼식 전 6개월 사이에 소위 '어성혼'의 열광적인 인기를 타고 21개 텔레비전 방송국이 새로이 개국한 것을 비롯해 이 결혼식을 때맞추어 중계하기 위해 4월 1일에만 8개 방송국이 개국을 하였다. 또한 얄팍한 상술은 광란에 기름을 부어 일본인을 자극했고, 중계를 보려는 사람들의 주머니를 털게 해 엄청나게 비쌌던 텔레비전이 불티나게 팔려나갔다(텔레비전 판매가 순식간에 200만 대를 돌파했다). 결혼식 후 혼례 퍼레이드가 펼쳐진 8.18km의 연도에 53만 명이 몰려들어 환호했으며, 전국에서 1,500만 명이 TV 중계를 시청하여 시청률 100%를 기록했다(引田惣彌, 2004: 44~46). 이 외에도 천황가에 대한 동일시 현상은 끝

---

[1] 일본 경제사에서 1958년 7월부터 1961년 12월까지의 경제성장 시대를 말한다. 전후 일본의 경제는 한국전쟁을 계기로 고도성장의 서막을 연 1955년부터 1957년까지의 '진무 경기(神武景氣)', 1958년부터 1961년까지의 '이와토 경기(岩戸景氣)', 1965년부터 1970년까지의 '이자나기 경기(伊弉諾尊景氣)'로 나눈다. 이러한 이름들은 전부 일본의 건국 신화에 나오는 신(神)의 이름이나 신과 관련된 것에서 따온 것이다.

없이 펼쳐졌다. 두 사람처럼 행복해지기 위해 이날 결혼한 신혼부부가 2만 쌍이 넘었다. 두 사람의 결혼을 축하하기 위해 '축전 행진곡(祝典行進曲)'이 작곡되었다(이 행진곡은 이후 일본의 중요 행사 때마다 의례히 연주되는 국민 행진곡으로 자리를 잡았다).

아키히토 결혼식에 대한 전 국민적인 열광은 근대 절대주의 천황제의 가족주의가 상징 천황제의 대중화 가족주의로 이행한 결과이다. 천황제 가족주의의 연속성은 여전히 일본인의 내면성으로 자리 잡아 언제든지 현실화할 수 있는 천황 숭배의 근원이었던 것이다. 그것은 또한 일본인에게 천황은 곧 국가이며, 천황과의 관련성은 곧 국가와의 관련성이고 국민과의 관련성임을 각인시켜준 희대의 광란이었다. 일본에서 벌어진 소위 아키히토 '어성혼' 현상은 남의 집 잔치에 몰려들어 '축전 행진곡'에 발맞추어 덩달아서 춤을 춘 일대 '바보들의 행진'이었던 것이다.

그러나 축제의 와중에서도 일본인의 추종성과 획일성의 집단주의를 여지없이 보여주는 사건이 일어났다. 19세 청년이 결혼이라는 '사적인 일'이 '국가적인 행사'로 변질되어 엄청난 국가 예산이 소모되는데도 이런 일에 부화뇌동하여 날뛰는 사회현상에 분노를 느껴, 아키히토의 '퇴위[모든 직위에서 물러나라는 의미]'를 '직소'한다며 혼례 퍼레이드에 돌을 던지고 마차로 뛰어든 것이다. 체포된 청년은 황실 경사에 오점을 남기지 않으면서도 황실의 자혜(慈惠)를 보이기 위함인지 얼마 후 석방되었다. 사건은 미성년자의 '정신 분열'로 날조되어 축제 열기에 묻혀버렸다. 그러나 국민적인 축제에 찬물을 끼얹었다는 이유로 당사자인 청년은 물론이고, 그의 가족과 친척까지도 '비국민(非國民)' 혹은 '불충(不忠)'이라는 낙인이 찍히고 '마을 팔푼이[村八分]'[2]로 경계 대상이 되어 감시를 받으며 숨어 살 수밖에 없었다. 이것이 일본의 현실이다(石原愼太郞, 1959: 202~203, 208).

이후에 속류 저널리즘의 선동으로 아키히토 아들 나루히토(德仁)의 결혼(1993)도 아키히토의 결혼과 마찬가지로 국민적 축제 분위기 속에서 거행되었다. 천황 가족의 출산이 국민적 관심사가 되는 것을 비롯하여 대를 이을 아들이 없자 여성 천황의 가능성이 공공연히 공론화되기도 했다. 천황과 황실에 관한 한 뉴스와 소재가 무궁무진할 것이므로 일본인의 '천황가 축제'는 연면히 이어질 것이고 거듭거듭 재생산의 과정을 반복할 것이다. 이러한 것들이 천황 및 천황제에 대한 일본인의 정신적 위상을 드러내주는 상징적인 실례들이다.

변천하는 시대적 흐름의 이면에서 일본인은 어느덧 상징 천황제를 일상화하고 내면화하여 천황제의 연속성에 대한 '자발적 복종'을 집단 무의식화했다. 크고 작은 일상생활에서 일본인은 이상적인 모습의 정점에 천황과 천황가를 상정하여 천황을 이상화하고, 동일시하고, 자기화하고 있다.

1988년 히로히토의 와병(臥病)은 천황제 가족주의를 확인하는 절호의 기회였다.

---

2 일본인의 공동 절교 또는 집단 따돌림 행위를 뜻하는 것으로 마을 공동체에서 규칙이나 질서를 깨뜨린 사람을 배제하는 풍속이다. 장례식과 화재[二分] 이외에 성인식, 결혼식, 출산, 병간호, 집짓기, 수해, 명절, 여행[八分]을 같이하지 않고 일체 도와주지 않는 것을 말한다. 장례식을 예외로 하는 이유는 시신의 부패를 방치할 수 없기 때문이며, 화재를 예외로 하는 것은 불이 이웃집에 번지는 것을 막기 위해서이다. 에도시대에 사회질서 유지의 방법으로 작용했으나, 사실은 유력자나 집단의 이해관계와 연결되어 집단 따돌림으로 흘러갔다. 이것은 전후 일본 사회에도 여전히 남아 있어 유력자나 상부 혹은 집단의 미움을 사거나 뜻을 거스를 때에 집단 따돌림과 차별을 받는 형태로 나타났다. 오늘날에는 강자의 논리가 되었다. 이것의 전형적인 형태로 소수자나 약자를 따돌리는 '이지메' 현상을 들 수 있다. 일본인의 집단주의와 차별 논리의 원형이라 할 수 있다.

쇼와 천황의 죽음이 임박하여 기장(記帳[1988년 9월 22일부터 쇼와 천황의 완쾌를 기원하는 사람을 위해 천황궁 앞을 비롯해 전국 각지에 설치한 기장소記帳所를 찾아가 이름을 적는 것])을 위해 찾아온 젊은이에게 쇼와 천황은 어떤 이미지인가 물으면, '일본의 아버지'라는 대답이 하나의 정형화된 형태로 되돌아온다. 천황은 일본의 가부장이라는 의미이다. 그리고 '정답다', '흐뭇하다', '노고를 위로하고 싶다' 등의 고정된 수식어가 붙은 천황 가정의 초상은 전 국민이 '중류(中流)' 의식에 젖어 있는 일본인 가정의 행복을 상징하는 것이기도 하다. 천황의 '성가족(聖家族)'이 사회적인 위계질서의 최정점에 서 있는 것이다. 천황가의 매너, 옷차림과 풍속이 자주 여성 잡지에 오르기도 한다. 천황가와 결혼하는 여자는 '구극(究極)의 영양(令孃)'이고, 그다음이 '진짜 영양층', 그 아래가 노력하면 영양이 될 수 있는 층, 또 그 밑에 사이비 영양이라는 위계질서가 있다(栗原彬, 1990: 179).

일본인의 천황에 대한 가치 의존과 천황의 이상화는 동시대의 의식에서도 나타난다. 고대 군주제의 지배 방식은 세 가지의 형태로 이루어졌다. 토지의 지배, 인민의 지배 그리고 시간의 지배가 그것이다. 시간의 지배는 중국의 군주제에서 출발한 것으로 원호(元號) 또는 연호(年號)를 통하여 이루어진다. 시간에 군주의 명칭을 부여해 인민은 군주의 시간을 살아야 한다는 원리이다. 일본인은 천황의 시간에 개인의 일생을 의탁하여 인생을 살고 있는 것이다. 천황은 일본인의 시간까지도 박탈했다.

전쟁을 체험한 세대의 말 속에 담겨 있는 여러 가지 주제 중 특징적인 것은 천황과 더불어 인생을 걸어왔다는 이야기를 간직하고 기장소에 온다는 것이다. 자신의 생활사 속의 경험 곧 전쟁 중이나 전후 체험의 요소요소에 천황이 존재하고 있는 것이다.

또한 쇼와 천황에 대해서는 '가부장적인 위대한 아버지'라는 표현을 쓰고 있다. 즉 천황에 자신의 아버지를 중복시켜 천황은 권위와 위엄을 지닌 사람이라는 것이다. 동시에 '위대하다'는 말 속에는 천황이 '성스러운 사람' 혹은 '살아 있는 신'이라는 의미를 내포하고 있어 종교적인 신성함도 담고 있다.

그리고 전후 상징 천황에 대해서는 '성실한 사람', '순수한 사람', '무구(無垢)한 사람', '사심이 없는 사람'이라는 표현이 많다. '같이 있다고 생각하면 자신이 행복해진다.'는 식의 정서적인 일체감을 느끼며, '동경(憧憬)의 대상'이므로 '사모의 정을 아뢰옵나이다.'라는 식으로 말하는 사람도 있다(栗原彬, 2002: 133).

일본은 국가의 정점에 '가부장'인 천황이 자리 잡고 있으므로 그보다 작은 하위 개념의 집단과 사회에서는 당연히 그 위상에 맞는 '소가부장(小家父長)'이 '소천황(小天皇)'으로 군림하게 된다. 상위 개념의 상부구조는 같은 개념의 가족주의로 연쇄적인 하위 개념의 하부구조를 형성하여 내려간다. 일본인 개개인은 가족주의 구성에 따라 최말단에 위치해 최상위의 천황으로부터 일사불란하게 내려오는 가치 의존을 자기화하게 되는 것이다.

이러한 사회구조는 단일민족관을 낳아 전 국민적인 운명 공동체관을 만들어냈다. 그리고 운명 공동체관은 모든 사회조직에 공동 운명을 강요하게 되므로 그 위상에 따라 회사 가족주의, 학교 가족주의, 군대 가족주의, 촌락 가족주의, 종교 가족주의, 지연 가족주의 등 집단생활

전반에 확산되어 거대한 국가 가족주의를 형성했다.

천황제의 연속성은 일본인의 가족주의 국가관도 연속시켰다. 이것은 일본인 특유의 추종적 집단주의의 근원으로 자리 잡고 있다. 가족주의 사회에서 의사 결정은 상위 집단의 의사 결정이 당연히 하위 집단의 의사 결정이 되어 자동 분화를 거듭하는 사이에 자발적인 개인의 의사로 기정사실화되고, 이것은 당연하다는 듯이 그 실천과 자기화를 강요한다. 실천과 자기화는 일상의 가치관으로 정착해 도덕적 상승 과정을 거치면서 '가족을 위하여'로 시작하여 '회사를 위하여'와 '나라를 위하여'로 이어진다. 이것이 가족주의와 결합하여 '직장을 가정처럼'으로부터 '나라를 가정처럼'이 되고, 궁극적으로는 '우리는 한 가족'이라는 동질성의 확인으로 이어져 집단주의로 완성된다. 전후 일본인은 세계인으로부터 일본 사회는 '일본 주식회사'로, 일본인은 '일하는 벌'로, 일본인의 주거(住居)는 '토끼집'으로 조롱과 야유를 받으면서도 경제 발전을 배경으로 공동체 의식을 공고히 하려는 시도를 계속하고 있다. 이것이 속류 우익과 우경화로 나타나 기회 있을 때마다 한번 실패한 내셔널리즘의 회복을 노리고 있는 것이다.

3. 신성성의 사상: 우상숭배와 페티시즘

일본의 근대 초기 메이지유신 직후의 천황은 민중과는 무관한 대상이었다. 따라서 민중에게는 천황의 존재에 대한 어떠한 관념도 없었다. 1868년 1월 왕정복고 선언 이후 메이지 정부로서는 혼란한 민심을 수습하고 국민국가 형성의 국가적 목표를 달성하기 위해 천황의 위상 정립이 시급한 과제로 등장할 수밖에 없었다. 이것은 유신 정부의 정통성과 정당성의 확립을 위해서도 필요한 작업이었다. 이에 유신 정부는 국가의 중심적 존재로서 천황의 위상을 확립하기 위해 천황상(天皇像)을 알리는 '인민고유(人民告諭)'를 빈번하게 반포(頒布)하지 않을 수 없었다. 이를테면 '우리 천자(天子)님은 아마테라스 오미카미의 자손으로 이 세상이 시작될 때부터 일본의 주인이시고', '진실로 신(神)보다도 높으시며 한 치의 땅, 한 사람의 백성이라도 모두 천자님의 것'(鈴木正幸, 2005: 19~20)임을 강조함으로써 막부의 지배 체제에 젖어 있던 민중을 천황제 국가의 '신민'으로 편입시키기 위한 신성 조작을 자행했다.

또한 메이지 정부는 천황의 현실적 존재와 신성성을 연출하기 위해 전국적인 순행을 거듭했다. 메이지 천황은 1876년부터 1881년까지 대규모 지방 순행을 했다. 이러한 천황의 움직임은 각 신문이 기자를 수행시켜 대대적으로 보도했다.

> 논밭과 산림 사이를 지날 때에는 나와서 배알하는 사람도 군데군데 있었지만, 대개는 고쟁이를 입은 여자아이를 비롯해 쟁기를 짊어진 농부들이 흙 묻은 발로 논두렁에 늘어서거나 풀밭에 서 있거나 돌멩이에 걸터앉은 채 바라보았다. 그중에는 벌거벗은 아이를 업은 채 옆구리로 아이의 머리통을 끌어내 젖을 물리는 아낙네도 있었다. 혹은 낮잠 자고 있는 사람을 두드려 깨워, '여봐라 나라님이시다, 어서 절을 올리지 못할까.' 하고 호통을 치는 바람에 졸린 눈을 비비며 천황의 가마에 절을 하는 웃지 못할 풍경도 비일비재했다(岸田吟香, 1876).

이러한 순행 과정에서 천황이 들른 곳, 특히 머문 곳이나 숙박한 곳에는 기념비를 세워 성역화하고 사용한 물건 혹은 접촉한 것들과 행한 일들을 신성하다고 선전함으로써 천황의 성화(聖化) 작업과 우상화 작업이 진행되었다. 민중을 대상으로 한 이와 같은 천황의 신성 날조는 또 다른 페티시즘을 만연시켜 천황과 관계되는 모든 것이 성스러운 것으로 위장되고 확대되고 과장되어 절대주의 천황제의 길을 열었던 것이다.

이윽고 메이지 정부는 제국헌법 제3조에 '천황은 신성하여 침범할 수 없다.'는 신격 규정을 넣어 천황을 '살아 있는 신'으로 승격시켰다. 이에 따라 근대 일본의 국가 신도가 확립되어 천황 숭배로 확산되었다. 또한 1906년 메이지 정부는 신사 합사령(神社合祀令)을 내려 전국의 신사를 일촌 일사(一村一社) 원칙으로 정리했다. 그리고 모든 신사를 국가 신도의 최고신인 아마테라스 오미카미를 모신 이세 신궁의 산하로 통합시켜버렸다. 천황의 조상신을 모신다는 이세 신궁을 정점으로 전국의 신사를 『고사기』, 『일본서기』상에 나타나는 천황의 조상과 연결시켜 신사의 위계를 세웠던 것이다. 이러한 일련의 작업에 의해 일반 민중이 신앙의 대상으로 하는 조상신 등 민속적인 신들이 아마테라스 오미카미의 하위신으로 재편됨에 따라, 최고신의 자손인 천황은 당연히 신앙의 최상위 대상이 된다는 신성 조작을 했던 것이다. 이러한 '신성 천황(神聖天皇)'과 '신민'이라는 이항관계(二項關係)는 근대 일본 절대주의 천황제의 기본이었다.

또한 일반 국민들은 소위 '어진영(御眞影)'이라고 불린, 천황의 사진을 모신 봉정전(奉呈殿) 앞에서 예배하고, '교육 칙어'를 봉독(奉讀)하고, '군인 칙유'를 암송하고, 천황이 사는 궁성[皇居]을 향해 요배하는 것이 일상생활이 되었다.

천황에 대한 신성 조작은 제국헌법 제11조에 따라 천황의 직접 통수를 받는 군부에서 특이한 형태로 나타났다. 일본 제국주의 군부는 소위 '황군'이라는 선민의식을 정형화시키는 '군인 칙유'의 맹목적인 실천으로 그치지 않고, '군신(軍神)'이라는 쇼비니즘(chauvinism)을 국민들에게 심어주기 위해 야스쿠니신사를 만들어냈다. 야스쿠니신사는 막부 말기 존왕론으로 죽음을 당한 소위 지사(志士)를 비롯하여 1868년 1월부터 시작된 유신 전쟁에서 전사한 이른바 관군(官軍)을 추모하기 위해 건립되었다. 1869년 8월 건립 당시에는 도쿄 초혼사(東京招魂社)였던 것이 1879년 메이지 천황의 명명(命名)으로 야스쿠니신사로 개칭되었다. 이후 야스쿠니신사는 절대주의 천황제 국가를 위해 죽은 일본인을 '신'으로 모시고 추모하는 국가적인 신사로 확대되어 일본 제국주의의 침략 전쟁을 상징하는 신사가 되었다. 야스쿠니신사의 제일(祭日)에 '살아 있는 신'인 천황이 정기적으로 참석해 제(祭)를 올림으로써 그 안에 모셔진 '영령(英靈)들이 신으로 승천'하여 '신국(神國)' 일본의 '군신(軍神)'이 된다는 것이다. 야스쿠니신사는 천황의 신성성에 대한 동일시와 천황에의 가치 의존을 상징하는 신사이다.

근대 일본인의 천황에 대한 신성성의 사상은 헌법상의 규정과 국가 신도와 결합시킨 종교성으로 그치지 않고, 1935년 소위 '국체의 명징' 운동을 일으켜 도덕적인 국민사상으로 확대 발전하여 모든 사상 탄압의 기준이 된다.

> 천황은 황조 황종의 성스러운 뜻에 따라 우리나라를 통치하시는 살아 있는 신이시다. …… 황조 황종이 그 신의 자손이신 천황에게 나타나시어, 천황은 황조 황종과 한 몸이 되시어 영구히 신민과 국토 발전의 본원(本源)이시고, 한 없이 위대한 나라님이라는 것을 보여주고 있는 것이다(文部省 編, 1937: 12).

이러한 천황의 신격화는 당연히 그 통치를 받는 일본에 대한 '신국' 사상을 낳아 일본은 시도 때도 없이 '신주 불멸(神洲不滅)'을 외쳤다. 그리하여 일본은 천황이 통수하는 군대, 소위 '황군'이 행하는 모든 전쟁을 '성전'으로 합리화하여 전쟁 습관화에 빠져 들어갔던 것이다.

일본의 천황제가 상징 천황제로 전환되면서 천황에게 가장 상징적인 사건은 '인간 선언'이었다. 그런데 히로히토의 '인간 선언'은 외면적으로는 '인격'을 가장하면서도 내면적으로는 '신격'의 연속성을 감추고 있었다. 천황의 내면적인 '신격'은 전후에도 일본인의 잠재의식 속에 천황제의 연속성으로서 소위 '국체' 관념으로 자리 잡고 있는 것이다.

자신의 입으로 자신의 '신격'을 부정하는 희대의 희극을 연출한 쇼와 천황은 메이지 천황과 마찬가지로 전후 자신의 변모된 위상을 알리기 위해 지방 순행을 행했다. 일본을 군사점령한 총사령부의 동의를 얻어 '전화(戰禍)에 시달린 국민을 위무(慰撫)'한다는 명목으로 행해진 쇼와 천황의 순행은 1946년 2월부터 1954년 8월까지 계속되었다. 순행의 진정한 목적은 상징 천황제에 상응하는 천황 숭배의 국민 의식을 형성하는 것이었다.

이때의 쇼와 천황은 이전의 '군복에 백마를 탄 대원수'의 모습이 아니라, 중절모를 쓰고 양복을 입은 '서민적 풍모'로 변신하여 만나는 사람마다 가볍게 말을 거는 자세와 '모자를 머리 위로 올리는 독특한 동작'으로 전국의 일본인들을 감격시켰고, 여전히 식지 않는 천황 숭배의 국민적 열기를 불러일으켰다. 이때도 역시 매스컴이 총동원되어 찬양 일변도의 보도를 되풀이했음은 물론이다. 패전 직후 일본인이 벌이는 천황 숭배의 집단주의 광기 속에서 한 미국인 기자(Mark Gayn)는 다음과 같이 적었다.

1946년 3월 26일 사이타마(埼玉)

그때 나는 천황(우리는 그를 찰리[찰리 채플린]라 불렀다)을 자세히 볼 수 있었다. 그는 키가 157센티미터 정도로 작았다. 이날은 서투른 솜씨로 지은 회색 양복을 입고 있었고, 바지는 6센티미터 정도가 짧았다. 얼굴은 가끔씩 눈에 띄게 경련이 일었고, 쉴 새 없이 오른쪽 어깨를 당기는 버릇이 있었다. 걸음을 걸을 때는 오른발을 조금 밖으로 내딛었는데, 그 발은 마치 자기 뜻대로 움직여지지 않는 것 같았다. 그는 분명히 흥분해서 평정을 잃고 있었다. 그리고 자신의 수족을 마음대로 움직일 수가 없는 것 같았다. '어디서 왔나.'라는 간단한 질문만 하기로 작정을 한 듯, 이 환자 저 환자에게 똑같은 말을 반복했다. 환자가 대답하자, '앗 소(あっそう[아! 그래])'라고 말했다(ゲイン, 1963: 126).

'앗 소'라는 유행어를 남긴 전후 쇼와 천황의 전국 순행은 예상대로 대성공이었다. 가는 곳마다 열광하는 민중의 모습은 '지배자'인 맥아더의 점령 통치가 순행(順行) 중임을 과시하여 미국 정부를 안심시키는 효과도 있었다. 천황 숭배의 연속성을 확인한 일본 정부는 전쟁 책임과 전후 책임의 망각과 희석화를 더욱 가속시켜나갔다. 미국과 일본 둘 다 이러한 천황이 필요했고 또 그렇게 되었다.

천황에 대한 가치 의존과 천황 숭배의 가치 전도 현상은 야스쿠니 신사에 대한 전후 일본인의 자세에서도 그 연속성이 드러난다. 연합군 총사령부는 1945년 12월 신사 지령(神社指令)으로 국가 신도를 폐지했다. 또한 1946년의 일본국 헌법에서도 제20조와 제89조에 종교의 자유와 정교분리(政教分離)를 규정하고 있다. 샌프란시스코 강화조약에서 일본이 국제적으로 인정한 '전쟁범죄' 조항(제11조)에도 이에 대한 규정이 있다.

그러나 샌프란시스코 강화조약 발효 직후인 1952년 10월 쇼와 천황이 야스쿠니신사 참배를 강행하여 미국의 군사 지배 기간 동안 단절되었던 천황과 야스쿠니신사와의 관계가 부활했다. 또한 야스쿠니신사의 분사(分社)인 지방의 호국 신사(護國神社)[3]에 대한 천황의 참배도 1957년 10월의 시즈오카 현(静岡縣) 호국 신사 참배를 시작으로 재개되었다.

쇼와 천황의 야스쿠니신사 참배에 즈음하여 천황을 본 유족들이 '천황 폐하의 참배가 언제 이루어질까 항상 마음을 졸이고 있었는데, 지금 이렇게 천황 폐하 부처를 뵙게 되니 가슴에 맺힌 한이 풀렸다.'(『朝日新聞』 1952. 10. 16)는 발언을 했을 때, 야스쿠니신사는 천황과 일본인에 의해 또다시 '성화(聖化)'되어 그 연속성을 확인받게 되었다.

또한 그 분사에 해당하는 지방의 호국 신사에 대한 천황의 참배도 같은 의미를 가지고 있었다. 1958년 10월의 이시카와 현(石川縣) 호국 신사 참배 풍경은 다음과 같다.

> 천황은 참배전(參拜殿)을 오른쪽으로 돌아 하차하셨다. 길 양쪽으로는 가나자와 시(金澤市)의 유족 회원 2,200명이 가슴에 리본을 달고 돗자리에 꿇어앉아 천천히 지나가는 천황의 자동차를 보며

---

[3] 호국 신사는 1869년 도쿄 초혼사가 설립될 때 분사의 성격으로 일본 전국에 설립되었던 초혼사가 1939년 내무성령(內務省令)으로 개칭된 것이다. 호국 신사는 대체로 부현(府縣)마다 1개씩 설립되었다. 1945년 미국의 군사 지배가 시작되면서 '호국 신사'라는 명칭이 없어졌으나, 샌프란시스코 강화조약이 발효되자 일제히 본래의 이름으로 환원되었다. 전국에 72개 사가 현존하며 주요 52개 사는 야스쿠니신사와 연계하여 활동하고 있다.

만세를 외쳤다. 오오타(太田) 주지(住持)의 인도로 정문을 지나 앞으로 나아가는 천황 폐하의 뒤를 따르던 황후 폐하도 천황 폐하와 나란히 멈춰 섰다. 그러고는 두 손을 무릎 근처까지 깊숙이 내리고 머리를 숙였다. 영령들이여, 평안이 있으라. 명복을 비는 순간, 유족들도 깊이깊이 머리를 숙였다. 모두들 한결같이 눈물을 흘리며 울고 있었다(『北國新聞』 1958. 10. 25).

1968년 9월 홋카이도 호국 신사 참배는 천황에 대한 일본인의 '주술의 속박'이 어떠한 정신적 위상에 있는가를 상징적으로 보여준다.

천황의 참배에 즈음하여 신사에서는 참배전 앞에 한 평 정도의 넓이로 깨끗하게 정화한 흰 모래를 깔았다. 그 위치에 서서 천황과 황후 두 폐하가 참배를 올렸다. 그런데 천황 폐하와 황후 폐하가 나가자마자, 도열하여 서 있던 유족들은 천황 폐하와 황후 폐하의 신발 자국이 선명하게 찍혀 있는 모래 위의 그 자리를 향하여 너나없이 돌진해갔다. 그러고는 손에 손에 그 모래를 가득 집어서 감격의 눈물로 젖어 있는 손수건에 한가득히 정성껏 싸서 가져갔다(北海道護國神社, 1981: 716).

전후 야스쿠니신사와 호국 신사는 이미 폐지되었음에 틀림없는 국가 신도의 중요 거점으로 여전히 소위 '군신'을 모신 채, 천황 숭배의 페티시즘을 만연시키는 천황제의 추악한 상징물로 그 생명을 지금도 이어가고 있다.

쇼와 천황의 야스쿠니신사 참배는 1975년 11월을 마지막으로 중단되었다. 지방의 호국 신사 참배는 1978년 5월 고치 현(高知縣) 호국 신사 참배가 마지막이 되었다. 일체의 전쟁 책임 문제를 천황에게 묻지 않으려는 일본인의 정형화된 배려로, 천황이 정교분리를 명시한 헌법 위반 혐의 논쟁에 휘말리지 않도록 하기 위한 타협이었다. 그러나 천황이 '인간 선언'을 통해 약속한 '상호 신뢰'를 확인한 후에 쇼와 천황의 야스쿠니신사 참배는 슬며시 꼬리를 내렸다. 중단되었다고는 하나 쇼와 천황의 야스쿠니신사와 호국 신사 참배는 전후 일본인의 침략 전쟁에 대한 시점(視點)을 결정적으로 보여준 사건이었다.

앞에서 언급했듯이 천황의 신사 참배가 중단된 후인 1978년 10월 야스쿠니신사는 A급 전쟁범죄자를 '제신'으로 합사했다. 이후 야스쿠니신사 문제는 정작 당사자인 천황은 슬그머니 뒤로 빠지고, 천황에 대한 무한 책임성과 무책임성의 가치 의존을 현실화한 일본인을 대표하여 수상의 정치적 행위로 이양된다. 그리하여 수상의 야스쿠니신사 참배는 정권의 성격을 나타내는 리트머스시험지 역할을 담당하고 있다.

'스모를 좋아하고 등이 둥글게 굽은 할아버지, 정치적인 인물로 볼 때 어휘 부족으로 몹시 더듬거리는 말밖에 하지 못하는 실로 불가사의했던 존재, 무릇 일국의 정치적인 지도자로서 어울리는 풍모라곤 전혀 없었던' 인간 히로히토(歷史學研究會 編, 1986: 48), '신격'과 '인격'을 넘나드는 특이한 인생을 살았던 쇼와 천황은 1989년 1월 7일 죽음을 맞이했다.

1989년 1월 7일 아키히토가 천황을 계승한 법적인 근거는 황실 전범이었다. 일본국 헌법에 따라 1947년 새로 제정된 황실 전범에는 '황사(皇嗣[황위 계승자])가 즉시 계승한다.'(제4조)와 '황위의 계승 후 즉위식을 행한다.'(제24조) 그리고 '대상례(大喪禮)를 행한다.'(제25조)라는 규정이 있을 뿐이다. 그러나 실제로 행해진 의식은 히로히토의 전례(前例)에 따라서 제국헌법이 규정한 구황실 전범에 의거하여 등극령(登極令)

과 그 부속 절차에 따라 진행되었다.

1989년 1월 7일에 제125대 헤이세이 천황의 '천조(天祚[황위를 계승함])'와 함께 소위 '검새 등 승계례(劍璽等承繼禮[천황이 황위 계승의 증거로 검새, 어새御璽, 국새國璽를 승계하는 의식])'가 있었고, 계속해서 1월 8일 정부에서 '헤이세이(平成)'라는 원호를 발표했다. 1월 9일 '즉위 후 조견(朝見) 의식[천황이 즉위 후 공식적으로 삼부三府 요인과 국민의 대표를 만나는 첫 모임]'을 했으며, 2월 24일 쇼와 천황의 '대상례(大喪禮)'를 마쳤다. 그리고 1990년 11월 12일부터 15일까지 '즉위례(卽位禮)'가 진행되었다. 마지막 단계로 11월 22일부터 '대상제(大嘗祭)'[4]가 행해졌다.

이중에서 선대 천황으로부터 소위 '삼종의 신기(三種の神器)'[5]를 계승한다는 '검새 등 승계례'와 원래는 신하가 즉위한 천황을 궁중으로 찾아가 '배알'하던 것을 국민을 대표하는 삼부의 장(長)이 참석하는 속임수로 대체한 '즉위 후 조견 의식' 그리고 천황의 조상령(祖上靈)이 강림한다는 옥좌[高御座]에 앉아 '검새'를 들고 행하는 '즉위례 정전(正殿) 의식'이 국가 행사로 치러져 정교분리와 국민주권을 명시한 헌법 위반이라는 여론을 불러 일으켰다.

일련의 행사에서 세부적인 것은 근대화가 이루어졌다고 할 수 있지만, 의식의 절차와 공간의 배치에 나타난 천황의 존재 근거는

---

4 천황이 즉위한 후 대상궁(大嘗宮)의 유기전(悠紀殿)과 주기전(主基殿)에서 처음으로 햇곡식을 천황의 조상과 천지신[天地神祇]에게 바치고 자신도 음복(飮福)하여 국가와 국민의 안녕과 오곡(五穀)의 풍요(豊饒)를 감사하고 기원한다는 의식을 말하며, 이때 천황의 조상신이 강림(降臨)한다고 한다. 이것과 관련된 일련의 행사를 총칭해서 쓰이기도 한다. 농경 국가의 추수감사제라 할 수 있다.
5 정통의 천황에게 계승되었다는 거울[八咫鏡], 검[草薙劍], 곡옥[八坂瓊曲玉]을 말한다. 『일본서기』에서 유래하며, 농경 국가 제사장의 상징물이라 볼 수 있다.

'국민의 총의'에 기반을 둔 것이 아니었다. 헌법에 규정된 '국민의 총의에 의한다.'라는 민주적인 절차는 어디에서도 찾아볼 수가 없었다. 천황의 지위는 결국 옥좌(玉座)라는 공허한 자리에 천황이 앉음으로써 그의 몸에 아마테라스 오미카미 이하 황령(皇靈)이 깃든다, 그리하여 그가 천황이 된다는 구조였다. 즉 일련의 의식은 천황의 존재 근거가 '국민의 총의'에 있는 것이 아니라, 아마테라스 오미카미 이하 황령에게 있다는 사실을 말해주고 있다.

또한 천황과 국민의 관계도 '조견 의식'이 상징하듯 군주와 신하의 관계임을 보여주었다. 헤이세이 천황은 즉위의 말에서 일본국 헌법을 준수한다고 언급했지만, 그의 말과 실제 의식상의 행위가 서로 모순되어 마치 사면팔방이 꽉 막히고 얽힌 것처럼 주술적 속박 속에서 말과 의식이 이중으로 어긋나는 형태로 진행되었다(栗原彬, 2002: 131~132).

이 일련의 국가적 행사에서 일본 국민은 스스로 쇼와 천황에 이어 헤이세이 천황의 '신민'임을 받아들였으며, 새로운 천황의 등장을 국민적 축제로 자기화했다. 또한 천황의 신성성을 천황제의 연속성으로 확인하여 천황 숭배를 이어감에 따라, 천황제와 천황에 대한 가치 의존과 헌신을 또다시 일상화했다.

성스러운 천황상의 연출의 예로 '조국 봉사단'이라는 것이 있다. 이것은 미야기 현(宮城縣)의 농촌 청년 수십 명이 황궁의 풀베기 봉사를 한 후, 그 풀을 가지고 가서 퇴비로 사용하여 청정미(淸淨米)를 수확하여 그것을 천황에게 헌상한 것을 계기로 시작되었다. 이 봉사단이 전국으로 확산되어 오늘날에는 궁내청(宮內廳)에 신청하여 순서를 기다리는 데 반년에서 일 년이 걸릴 정도로 성황이라고 한다. 이것은 농민층의 '재분배 환상'이 황궁의 풀베기라는 상징적 행동을 통해 넓은 의미의 생산력주의 규범과 결합된 예라고 할 수 있다. 무슨 무슨 행사에서 천황이 심은 나무나 천황이 간 장소 혹은 순행 시에 숙박한 방이 신성시되는 예는 널리 알려져 있는 사실이다.

근대 메이지 천황이 전국 각지를 순행할 때 천황이 먹다 남긴 밥을 병으로 눈이 먼 노파가 먹었더니 눈이 떠져 시력을 되찾게 되었다는 웃지 못할 이야기가 신문에 실려 있다. 이러한 기적과 신화가 만들어져 성스러운 천황상을 만들어갔던 것이다. 근대의 천황은 신흥 종교를 비롯해 각종 종교의 최대 교조(敎祖), 대사제(大司祭)의 역할을 연출했던 것이다. 메이지 천황 이래 성스러운 존재라는 관념이 현재까지 반복적으로 표상되어 어떤 행사나 의식이 있을 때마다 상연되고 있는 것이다(栗原彬, 1990: 177~178).

천황주의에 대한 일본인의 자기화는 천황에 대한 정치적, 법률적 규정과 관계없이 내면적 심성에 천황의 신성성에 대한 가치를 확대시켜 언제든지 천황의 이름으로 집단적 행동으로 나갈 수 있는 가능성을 갖고 있다. 일본인의 심성에 잠재의식화되어 있는 이 천황 숭배 사상이 위기 상황 속에서 어떠한 형태로 현실화되었는지는 근대의 일본 제국주의가 여실히 보여주었다. 일본인은 위기 상황마다 국가적 차원에서나 개인적 차원에서나 동일하게 가치 의존 대상인 천황을 '구원자'의 표상으로 의지했다. 이것은 의지하면 무조건 구원이 온다는 고대국가의 종교성의 신탁이요, 주술의 또 다른 형태인 것이다.

천황제에 대하여 이런저런 생각을 할 때면 나에게는 아주 중요한 하나의 광경이 떠오른다. 1968년 9월 22일 당시의 후생 대신(厚生大臣) 소노다 스나오(園田直)가 미나마타병(水俣病[1956년 구마모토 현熊本縣 미나마타 시水俣市의 질소 공장에서 방류된 메틸수은으로 발병한 질병. 1969년 정부가 공해병으로 인정])으로 입원한 환자들을 처음으로 병문안 왔을 때의 일이다. 대신이 도착하자 무라노 다마노(村野タマノ)라는 환자가 흥분해서 경련을 일으켰는데, 그때 그는 '기미가요'를 '고에이카(御詠歌[부처님을 기리는 일본식 노래])'처럼 부르고는 '천황 폐하 만세'를 외쳤다. '천황 폐하 만세' 소리를 들으면서 소노다 스나오가 지나가는 비디오 영상이 남아 있다. 그 무라노에게 천황은 대체 무엇이었을까. 결국 무라노는 천황을 일종의 구원자, 혹은 구세주로 보고 있는 것이 아닐까. 현실의 천황이 아니라, 어떤 의미에서 천황을 뛰어 넘는 천황이 드디어 사자를 보내 자신을 구원해주러 왔다고 생각하고 있는 것이다. 그러한 곳에서 튀어나오는 '기미가요' 혹은 '천황 폐하 만세'라는 것이 실은 천황제 그 자체를 향해 무언가를 되돌려주고 있는 것이 아닐까. 천황제의 장치를 따라가면서도 천황제 자체를 안에서부터 폭파시켜버리는 가능성이 거기에서 보이는 것이 아닐까(栗原彬, 2002: 158).

일본인의 '천황 귀일'이 갖는 몰가치성과 무조건성은 가치의 근원이 천황이면 책임의 근원도 천황이고, 천황의 이름으로 행해진 것이라면 결과에 대한 책임도 천황에게 물어야 한다는 인과적 필연성에 대한 인식이 결여된 패쇄 회로의 순환 논리이다. 이것은 일단 일어난 일에 대하여 천황에게 책임을 돌리지 않는 것은 물론, 개인 혹은 집단도 책임을 지지 않으려 하는 일본인 특유의 무책임성과 기정사실의 맹목적 수용을 내포하고 있다.

천황이 신성하다는 인식은 일본인에게 천황에 대한 비판 의식도 박탈해버렸다. 근대의 일본 제국주의는 1880년 구형법(舊刑法)에 '불경죄(不敬罪)'를 명문화하여 1907년 현행 형법에 그대로 계승했다가, 패전 후 1947년에 삭제했다. 법률상 '불경죄'는 사라졌지만 일본인의 의식 속에는 여전히 '불경 의식'이 남아 있다. 천황 및 황실에 대한 비판은 '불경 사건'으로 지목되어 항상 정부(궁내청) 및 일반 사회 그리고 우익의 압력과 회유와 협박과 테러에 시달려야 했다.

전후에 최초로 '불경 사건'의 계기가 된 사건은 1960년 『중앙공론』 12월호에 게재된 후카자와 시치로(深澤七郎)의 소설 「풍류 몽담(風流夢譚)」이었다. 이 작품에서 실재의 아키히토가 그의 처와 함께 처형당하는 장면이 발단이 되어 사회문제로 확대되었다. 궁내청이 조사에 착수하고 우익의 위협에 작가인 후카자와가 잠적했다. 그 와중에 1961년 우익 소년이 중앙공론사 사장집을 습격하여 가정부를 살해하고 사장 부인에게 중상을 입히는 사건을 일으켰다. 이 문제는 국회에서도 논란을 일으켜 경찰청장이 사임하고 중앙공론사가 사죄문을 냈다. 중앙공론사는 1962년 1월 발간 예정이던 『사상의 과학』 천황제 특집호를 자진하여 발매 정지했다. 이후 일본 매스컴은 천황 관련 보도에 대하여 자율 규제와 자숙(自肅)을 관례화한다.

1980년 월간 『소문의 진상』이 황실 사진 콜라주를 게재하자 우익 단체가 인쇄소를 습격하고 광고주를 위협하여 편집장이 사죄문을 냈다. 1982년부터 1985년까지 오우라 노부유키(大浦信行)가 제작한 연작 판화 「원근(遠近)을 품고」에 히로히토 사진이 콜라주의 소재가 되었다고 하여 우익으로부터 '불경'으로 몰렸다. 이 작품을 소장하고 있던 도야마 현립(富山縣立) 미술관은 작품 공개를 취소한 후 작품을 매각하고

도록(圖錄)은 불태워버렸다. 오우라는 부당성을 주장하며 제소했으나 최고재판소에서 결국 패소했다. 이 사건은 천황에 관한 문제는 사법부도 공정한 판결을 내릴 수 없다는 것을 다시 한번 확인시켜주었다. 역대 일본의 사법부는 천황에 대한 모든 제소를 기각 아니면 패소로 대답했다. 전후에도 여전히 사법부는 천황을 지키는 보루였고, 재판소는 천황이 초법적인 존재임을 재확인시켜주는 천황의 기관에 불과했던 것이다.

1988년 12월 7일 나가사키 시장인 모토시마 히토시(本島等)가 시의회에서 공산당 의원의 질문에 쇼와 천황이 '전쟁 책임이 있다.'고 답변하여 문제가 확산되었다. 이것은 히로히토에 대한 정치가의 양심 발언이었으나, 히로히토 '와병' 중의 '자숙' 분위기에 젖어 있던 일본 사회에 물의를 일으켰다. 결국 1990년 1월 18일 우익 단체 '세이키숙(正氣塾)' 소속의 다지리 가즈미(田尻和美)가 모토시마에게 총격을 가해 중상을 입혔다.

이 외에도 소위 '불경 사건'은 수없이 많다. 천황과 황실을 소재로 한 모든 비판, 풍자 등 비우호적인 행위는 항상 '불경'이란 낙인이 찍혀 사회의 질시를 받고 우익의 신변 위협에 시달려야 했다. 결국 일본인은 궁내청이 강제성은 없으므로 비공식적이라고 부연 설명까지 끼워 넣으면서도 사실은 공식적으로 발표하는 지침에 복종함으로써 천황과 관련되는 모든 발언과 행위를 스스로 '자숙'하지 않으면 안 되는 자발성을 강요받고 있다.

천황제의 연속성에 의해 전후 일본 사회에서는 천황과 황실에 관련된 모든 것이 신성시되어 비판과 비방은 물론 논의 자체가 터부시되어왔다. 일본인들은 천황에 대해서는 어떠한 부정적인 발언도 용서하지 않는 '침묵(沈默)의 나선(螺線)'(Noelle-Neumann) 속으로 침잠해 들어간 것이다. 그러나 천황은 전전과 전후를 통하여 최고의 '권력자'로 항상 모든 논의의 중심에 위치해 있으면서도 자신은 직접 전면에 나서지도 않고 일체의 발언도 하지 않음으로써 '배제 논리(排除論理)'를 자신의 '신민'에 맡기는 신성 조작을 은밀하게 행하고 있다. 이것은 어쩌면 상징 천황제가 가지는 '국민의 총의'를 교묘하게 실천해가는 정치과정인지도 모른다. 전후 일본인은 민주주의를 주장하며 천황제를 반대하는 목소리를, 그러나 갈수록 작아지는 천황제 반대 목소리를 서서히 압살해가고 있기 때문이다. 강한 쪽에 붙는 일본인의 집단주의는 이것을 더욱 가속시킬 것이다. 소위 '민중에 다가가는 천황과 황실'의 제스처로. 그리고 일본인의 자발적 복종과 가치 의존으로.

4. 상명하복의 사상: 획일성의 사이비 통합

메이지유신 이후 일본의 과제는 근대국가의 수립이었다. 근대 일본은 하루빨리 서양적 국제 조류에 합류해야 한다는 조급성에 시달렸다(탈아 입구). 그 결과 절대주의 천황제로 국가와 국민을 재편성하여 제국주의 국가로 성장해갔다. 천황은 국가와 결합하여 가치 질서의 정점에서 군림했다. 그 과정에서 국가적 가치관이 천황의 이름으로 개인의 가치관을 규정하는 하향식 가치 질서를 고정시켰다. 국가는 제국주의로 초근대성을 휘두르고 있었음에도 불구하고, 제도로서의 국민 의식은 전근대성의 봉건유제를 답습하고 있었던 것이다. 더욱이 개인과 국가가 유기적으로 결합되어 있는 가족주의 천황제하에서 천황과 개인의 위계질서는 '신민'의 무한 책임과도 맞물리면서 천황과 연결되는 모든 것에 대한 몰가치적 충성과 복종을 강요했다.

이러한 일본인의 속성은 1988년 쇼와 천황의 와병을 계기로 결정적으로 드러났다. 소위 '자숙'의 과정에서 일본인이 보여준 것은 천황에 대한 국민적 자기화와 가치 의존성이었다. 문제의 '자숙'은 '와병'이 정작 히로히토의 것이 아니라, 사실은 일본인의 의식이 '와병' 중이었음을 상징적으로 보여준 일대 사건이었다. 이것이야말로 천황제의 연속성을 보여주는 현장이었다. 근대 천황제와 상징 천황제가 다르지 않다는 것을 확인한 것이다.

히로히토의 발병은 1988년 9월 19일 발표되었고, 죽음은 1989년 1월 7일 발표되었다. 투병 기간이 길었기 때문에 오랜 기간에 걸쳐 천황에 대한 일본인의 심성이 적나라하게 드러났다. 그것은 한마디로 천황제 '주술의 속박'이었다.

1988년 9월 22일 일반인의 기장이 시작되자마자 각 매스컴은 판에 박은 듯이 똑같은 천황의 '용태(容態) 뉴스'를 내보냈고, 그것이 끝나면 황궁을 비롯하여 전국 각지에 설치된 기장소에 밀려드는 인파를 끝없이 비쳐주는가 하면, 황궁 앞에 무릎을 꿇고 머리를 숙인 사람들을 일일이 소개했다. 이러한 사람들은 일본 국민의 극히 소수임에도 불구하고, 텔레비전이라는 미디어로 영상화되자 국민들은 그것이 마치 '일반적이고 보통의 행위'인 것처럼 착각하게 되었고, 그래서 기장을 위해 몰려가는 무리들이 늘어나기 시작했다.

텔레비전뿐만 아니라 각종 신문도 똑같은 보도를 계속하자 도쿄의 한 대학생처럼 '기장은 일종의 축제와 같은 분위기이니, 어쨌든 참가하고 보자.'(『讀賣新聞』 1988. 10. 14)는 식으로 사람들을 동원하는 효과를 거두었으며, 매스컴이 총동원되어 보도하는 바람에 눈사태 현상이 일어나 '기장 붐'을 일으켰다. 이러한 매스컴 총동원 현상은 나아가 '일본 국민이 모두 자숙하는[一億總自肅]' 현상으로 발전했다. 텔레비전 방송국은 스스로 광고의 내용을 바꾸고, 버라이어티 프로그램과 코미디 프로그램을 줄이며 '자숙'했다. 정부가 각료의 출장을 중지시킨 것이 일반인에게도 파급되어 축제, 축하회, 퍼레이드, 파티, 나아가 운동회까지도 중지하며 일본 열도는 그야말로 '자숙' 분위기에 휩싸였다(靑木貞伸, 1990: 160).

일본 전국에서 눈사태처럼 진행된 '자숙' 현상은 획일주의와 집단주의에 길들여진 일본인이 부화뇌동하여 위아래, 앞뒷집, 옆집 눈치를 보면서 맹목적으로 집단에 순종하는 일상성을 유감없이 보여주었다. 일본인의 '자숙'은 절대주의 천황제하에서처럼 관제(官制) 명령은 아니었다. 그러나 '자숙'의 과정에서 일본인의 겉마음과 속마음의 이중성이 그대로 드러나 겉으로는 자발적인 행동으로 포장하지만 사실은 윗사람의 지시에 따라 공식적인 집단행동으로 나타나는 눈가림 현상이 만연했다. 천황이라는 꼬리표가 가지는 명분을 누구도 거역할 수 없었기 때문이다.

일본인의 일사불란한 눈사태 '자숙'에 '국민의 총의'를 확인했는지 혹은 '신민'의 충심에 감동을 받았는지 아니면 '신민'의 일상생활이 걱정되었는지, 현 천황 아키히토가 '폐하의 병환이 낫기를 비는 국민들의 따뜻한 마음은 감사하나, 국민 생활에 깊은 영향을 주는 자숙은 폐하의 평상심에 맞지 않는 것이 아닐까.'(『讀賣新聞』 1988. 10. 8 夕刊) 하는 '자혜심'에 가득 찬 한마디를 매스컴을 통해 흘려보냈다. 그러자 이번에는 '자숙을 자숙'하는 물결이 '자숙'과 뒤섞여 더욱 어지러운 '자숙'이 전개되었다.

히로히토의 와병으로 일어난 '자숙' 열풍은 그대로 천황제 열풍이었다. 일본인의 '자숙' 현상은 아키히토의 '어성혼' 현상과 마찬가지로 천황제의 자기화였다. '자숙' 현상은 황실과 함께하는 슬픔의 자기화였고, '어성혼' 현상은 황실과 함께하는 기쁨의 자기화였다. 일본인은 천황과 연결되어 황실과 희로애락을 함께하는 획일성의 집단주의를 숨김없이 보여주었던 것이다. 거기에는 근대 천황제와 상징 천황제의 구분이 없었다. 전후의 일본 사회에서 천황과 관련된 근대와 현대에 대한 일본인의 시대 개념은 다만 전쟁의 유무로 구분되는 것일 뿐이었던 것이다. 더구나 그 전쟁조차도 평화주의자 히로히토가 '종전'의 결단을 내렸다는 '성단 신화'를 날조해 윤색했다. 천황제는 변하지 않았던 것이다.

일본인은 '관(官)'이나 '상부(上部)'에 자발적으로 복종하는 습성이 일반화되어 있다. 개별성이 약하다는 의미이다. 일반 사회 내부에서 개인의 의견이나 주장을 확대하고 토론하여 집단 간의 이해관계를 조정하거나 집단 내에서 스스로 질서를 형성해가는 과정이 거세된 것이다. 일본에는 '관'이나 '상부'의 명령과 지시 혹은 판단과 암시 등을 당연한 것으로 받아들여 그대로 따르는 의식구조가 정착되어 있다. 상명하복의 강제성은 위로부터 어떠한 형태를 띠고 내려오든 항상 자발적 복종의 형태를 취해 개인과 일반 사회를 구속한다. 강제성이 소위 '눈치의 문화'로 확산되어 자발성으로 위장하는 것이다.

쇼와 천황이 매장되는 무사시능(武藏陵)의 묘지가 있는 하치오지 시(八王子市)에서는 '쇼와 천황을 맞이하는 시민회'가 만들어졌다. 이 시민회는 상공회의소가 중심이 되어 급조된 조직인데 향불 대금으로 1인당 1만 엔의 기부를 로터리클럽과 라이온스클럽에 요청했다. 시민회의 주동자는 보수 중도계의 시의원과 상공회의소 장 등 시의 보수층을 대표하는 사람들이었다. 주도자가 지방의 유지들이었으므로 기부를 거절할 수가 없었을 것이고, 또 거부하면 동료가 아니라는 분위기가 흘렀다고 한다. 기부금의 모금은 일종의 충성 맹서와도 같았다는 보도도 있었다. 이러한 강요에 대해서는 전쟁 체험이 있는 중년과 노년층의 반발과 반대도 강했다고 한다. 그러나 한편으로는 오부치 게이조(小淵惠三) 관방 장관이 이 시민회를 방문하여 인사하는 자리에서 '시민들이 자발적으로 시민회를 발족시켰다니 진심으로 경의를 표한다.'며, 몇 번이고 '자발적'이라는 말을 반복했다(栗原彬, 1990: 185~186).

천황에 대한 가치 의존은 맹목적인 찬양과 예찬으로 이어져 국가적 가치화 곧 '국체'의 실천과 자기화로 이어진다. 일본인이라는 실존적 자기 인식이 국가에 대한 자기 정체성으로 이어지지 않고, 천황에 대한 동일시 현상으로 건너뛰는 것이다. 천황이 곧 국가가 되는 의식구조이다.

은혜와 자혜의 원천이라는 천황상이 있다. 나는 이것을 '재분배 환상(再分配幻想)'이라 부르고 있다. 예를 들면 '전후 일본의 번영은 천황이 있었기 때문에 가능했다.'는 인식, 즉 천황이 있었으므로 전후의 혼란기에도 여러 세력이 난립하지 않았다는 것이다. 곧 혁명이 일어나지 않았다는 것이다. 오늘날 평화로운 일본이 있을 수 있는 것은 천황의 덕분이라는 인식인 것이다.
또한 천황에 대해 언급할 때는 일본과 일본인을 천황에 수렴시키고, '천황은 일본의 주체', '천황은 일본의 주인'이라고 직설적으로 말하는 사람도 있다. 더욱 인상적인 것은 기장하는 풍경을 가리키며 '이러한 것을 보면서 일본은 정말 좋은 나라라고 생각해요.'라고 말한, 상가에서 가족끼리 상점을 운영하는 61세 할머니의 말이었다. 그 할머니는 이어서 '천황제는 참 좋은 것이니까 죽 계속되기 바랍니다. 천황이 제일 위에 있기 때문에 단결할 수 있는 거예요'라는 말도 덧붙였다.

'일본은 좋은 나라'라는 인식은 기장하는 풍경을 마치 일본인 전체 혹은 일본 전체인 것처럼 확대하는 비약 논리인 것이다(栗原彬, 2002: 133~134).

근대 일본은 민족주의에 실패했다. 이것은 일본이 생래의 제국주의로 출발하여 초국가주의를 비대화시킨 과정과 밀접한 관계가 있다. 근대의 일본인에게 국가 의식은 개인의 주체 의식에서 출발한 것이 아니었다. 개인이 주체가 되어 상향식으로 국가 의식이 형성된 것이 아니라, 국가가 주체가 되어 개인을 하향식으로 국가 의식에 편입시켜 개인을 국가 형성의 수단으로 삼았던 것이다. 더구나 일본 제국주의는 근대 서양의 기독교가 갖는 국민 통합의 정신적인 기능성만을 모방하여 기독교를 천황으로 대체시켰다. 그러나 근대 서양은 이미 종교의 자유가 확립되어 근대 서양의 기독교는 국민의 정신 속에 자리 잡은 내면성이었다. 서양인에게 기독교는 내면성이므로 실체가 드러나지 않는다. 종교는 인간의 믿음으로 발언할 뿐으로 종교 자체가 발언하지 않는다. 그러나 일본에서는 천황이 실체로 존재한다. 국가의 주권자인 천황에게 종교성까지 가미시키면 천황은 당연히 신이 될 수밖에는 없다. '살아 있는 신'의 개념인 것이다. 신이 '살아 있기' 때문에 천황의 발언이 곧 신의 계시가 된다. 이렇게 성립된 천황제에서 '천황은 곧 국가'가 되어버린다. '짐이 곧 국가'(프랑스 루이 14세)인 절대주의의 논리이다. 절대주의 천황제가 등장한 것이다.

서양의 역사에서 중세 기독교는 교황을 통해 종교적 권력과 세속적 권력을 동시에 장악하여 인간의 자유를 억압했다. 기독교적 신의 질서가 곧 인간의 질서가 되어 인간의 자유의지가 신의 이름으로 단죄되었다. 종교가 권력이 될 때 거기에 남는 것은 신의 계율뿐으로 헌신과 복종이 강요될 수밖에 없다. 종교를 통한 사회 관리는 인간의 일상생활과 내면성까지 규제하고 통제하는 억압 구조를 형성한다. 서양 중세를 암흑사회로 부르는 연유인 것이다. 종교의 권력화는 종교와 권력의 동시 타락을 가져온다. 중세 유럽의 경우 종교인 기독교가 타락함으로써 16세기에 종교개혁이 일어나 기독교가 분산되었고, 결국 교황의 세속적 권력은 힘을 잃어 세속 군주의 손으로 넘어갔다. 그러자 이번에는 세속 군주가 교황의 흉내를 내며 종교까지 장악해버렸다(왕권신수설). 이렇게 성립된 것이 18세기에 절정을 이룬 절대주의 국가이다. 유럽의 절대주의 체제는 국가의 세력을 넓히기 위하여 걸핏하면 종교전쟁을 벌였고, 이웃 국가를 간섭하여 왕조 전쟁을 일으키며 침략을 일삼았다.

절대주의 체제 아래 서양 민중의 투쟁은 왕권을 제거하거나 해체하여 개인의 자유를 쟁취하고, 종교를 개인의 양심에 돌려놓는 정치과정이었다. 그러나 권력과 종교가 융합된 절대주의 국가 체제는 쉽게 무너지지 않아, 국가 사이의 이해관계에 따라 때로는 연합으로, 때로는 간섭으로, 때로는 혈연으로 뭉쳐 민중의 항쟁에 난공불락의 요새를 구축했다(ancien régime). 결국 절대주의 체제는 자체 모순으로 초래된 내란과 시민계급의 혁명으로 타도됨으로써 몰락의 길을 걸었다.

서양의 근대는 민중이 정치적 자유와 종교적 자유를 위해 피로 쌓아 올린 역사이다. 그래서 서양 근대국가는 흔히 중성 국가라 부른다. 국가가 스스로 목적을 결정하지 못하고 개인의 내면성을 규정할 수 없다는 개념이다. 국가가 인간의 자유의지 혹은 사상과 양심, 종교 등을 강요하지 않는다는 의미이다.

근대 일본은 민중 혁명이 아니라 내란으로 구체제가 무너졌다(메이지유신). 체제의 전복이 아니라 체제의 변혁이었다. 지배계급(무사)이 주도하여 지배자를 바꾸었을 뿐(장군 → 천황), 구체제가 온존하여 신분제도(사농공상)는 계급제도(황족, 화족, 사족, 평민)로 교체되었다. 민중은 여전히 피지배계급에서 벗어날 수가 없었다. 18세기 유럽의 절대주의 국가 체제의 모방과 이식이었던 것이다. 이윽고 일본은 절대주의를 계승한 19세기 서양 제국주의가 식민지 개척을 위해 팽창하는 국제 조류를 타고, 18세기 유럽 절대주의를 혼합한 19세기 제국주의를 구축했다. 일본 제국주의는 유럽 절대주의처럼 종교전쟁을 가미한 제국주의 침략 전쟁을 아시아를 대상으로 전개해 몰락의 길로 질주했다.

일본의 절대주의는 군주인 천황에게 종교성까지 결합시켜 천황을 '신'의 위치에 올려놓고 하향식 의사 전달의 국가 체제와 사회체제를 구축하였다. 혁명의 전통이 없는 일본의 민중은 일방적으로 천황이 모든 것의 정점으로 자리한 절대주의 천황제 아래 수동적으로 국가의 의사를 따를 수밖에 없는 사회구조 속에 놓여 있었다.

상명하복의 의사 결정 시스템은 사고의 획일화와 자기 환상을 불러오게 되어 자기 결백을 증명하기 위해서도 상위자의 의견을 더욱더 열성적으로 수용하고 실천할 것을 강요한다. 이 시스템은 위로 올라가는 통로가 막혀 있기 때문에 주체적 판단이 불가능하다. 따라서 까마득히 정점에 위치한 의존 대상은 터부로 자리 자리를 잡고, 음험하게 사회 구성원의 의식구조를 고정시키고 구속하게 된다. 최고 상위자의 모든 실상과 허상이 신비화되고 확대재생산되어 우상화의 길을 걷게 되는 것이다.

'빅브라더(Big Brother)'의 이름으로 정점과 가까운 상위자 및 상위 집단은 순차적으로 하위자 및 하위 집단의 감시자 역할을 한다(조지 오웰). 의사 결정 권한이 없는 개인과 집단은 '원형 감옥(Panopticon)'에 갇혀 '감시와 처벌'을 감수하며 일상생활을 한다(미셸 푸코). 천황에 대한 가치 의존을 상명하복으로 복종하는 일본인의 집단주의 행동 양상은 주체적 의사 결정을 하는 개인과 집단을 소수자로 몰아부쳐 '침묵의 나선' 속으로 밀어넣는다(Noelle-Neumann). 결국 전후 일본 사회는 절대주의 천황제가 전횡을 떨친 제국주의 시대와 마찬가지로 여전히 천황제의 수호자로 자리 잡은 상부구조가 천황제의 연속성(historic bloc)을 기회로 삼아 또다시 정치, 문화, 도덕적인 헤게모니를 장악했다. 그럼에도 불구하고 천황제의 최대 피해자들인 하부구조는 천황을 매개로 상부구조의 이데올로기를 자기 가치로 받아들여 자기 동일시에 몰두하는 동조자가 되어가고 있다. 이들 하부구조는 그들의 무관심과 무의식의 표출이 자발적 동의가 되어 어느덧 피지배자로 몰락해가는 사이에, 가장 먼저 저항해야 마땅한 상징 천황제의 음험한 유사 파시즘에 순종하고 있는 것이다. 일본인 스스로 '모든 인간은 철학자'라는 보편성의 기반 위에 정치, 문화, 도덕적인 자각(common sense)이 움트지 않는 한, 진정한 시민 민주주의를 구현하는 '진지전(陣地戰)'은 불가능한 일이다(안토니오 그람시).

후진 사회로 갈수록 터부가 만연한다. 아직도 일본 사회에서 맹위를 떨치고 있는 천황에 대한 터부는 전후 일본 민주주의의 후진성을 여실히 증명해주는 증거이다. 이러한 터부는 일본인의 사상적인 개화(開化)를 질식시킨다. 일본인의 경직된 세계관은 여기에서 나온다.

전후 일본의 민주주의는 미국에 의해 주어진 수동적인 민주주의였다. 천황에 대한 일본인의 위상을 재정립할 결정적인 기회였던 천황의 '인간 선언'과 '평화 헌법'이 사실은 미국의 강요에 의하여 이루어졌던 것이다. 민주주의 추진 과정에서 언제나처럼 일본인은 의사 결정의 주체가 되지 못했다. 소위 평화 헌법이 정한 주권자로서 '국민'의 역할을 다하지 못했던 것이다. 오로지 '국체'의 유지에 급급한 나머지 미국이 요구하는 천황제와 타협했다. 연합국을 대표한 미국이 주도하는 총사령부와, 제국헌법에 따라 구성된 일본 정부와의 합작품인 상징 천황제를 수용하여(평화 헌법) 천황 숭배의 연속성에 복종했고 그것을 당연시했으며 또 그것을 자기화했던 것이다.

'오래된 것은 다 통한다.'는 사이비 전통 사회 일본. '다 같이하면 무섭지 않다.'는 일본인의 유아적 집단주의. 이러한 온상에서 일본인의 상명하복 사상은 천황 숭배와 연결되어 천황제에 대한 주체적인 자기 결정을 포기한 채, 일본국 헌법에 규정된 '국민의 총의'를 거부하는 모순을 재생산하고 있다. 어쩌면 '총의'를 포기하는 것 자체가 일본인의 진정한 '총의'일지도 모른다.

전후 일본인은 다시 천황 앞에 섰다. 그러나 여전히 천황제의 연속성은 살아 있어 천황과의 '계약'은 변하지 않았다. 일본인이 천황과 소통하는 유일한 통로인 상명하복, 이 통로를 벗어나 자유와 독립이라는 '광장'에 나가 천황과 마주서지 않는 한 일본인에게 '자유와의 계약'은 없을 것이다.

5. 상징성의 사상: 은폐된 국가원수

앞에서 말했듯이 일본국 헌법, 소위 평화 헌법 제1조는 '천황은 일본국의 상징으로 국민 통합의 상징이며, 이 지위는 주권을 가지는 국민의 총의에 기반을 둔다.'고 규정하고 있다. 또한 천황은 제6조 규정에 따라 국회가 지명하는 내각 총리 대신과 내각이 지명하는 최고재판소장 임명권 이외에 제7조에 10개 항목에 대한 국사 행위를 하는 것으로 정해놓고 있다.

일본 정부에 의하면 천황의 '상징'이 갖고 있는 의미는 '일본 국민은 유형의 구체적인 천황의 모습을 통하여 일본국이라는 무형의 추상적인 존재와 국민 통합이라는 무형의 추상적인 내용을 떠올린다. 또한 천황을 통하여 일본국의 통일성을 느낀다.'(大原康男 編, 1997: 23)로 되어 있다. 그러나 전후 일본 국회에서 '상징'의 구체적인 정의를 두고 애매모호한 답변과 말꼬리 잡기 등으로 언어의 유희를 반복함으로써 '상징'의 의미는 천황제 자체의 추상성과 다의성만큼이나 진부하고 지루한 논의로 전락해버렸다.

일반적으로 국가의 상징(symbol)이 갖는 의미는 일치되지 않는 국가의 여러 기능과 국민의 정신적 일체감을 어떤 장소 혹은 어느 시점에 특정 목적을 가지고 집중하여 통일시키는 작용을 하는 유형·무형의 어떤 것이라 할 수 있다. 이러한 기능은 일반적으로 국기(國旗), 국가(國歌), 국화(國花) 등을 통해서 이루어지고 있다. 이러한 것들은 구체적인 실체가 갖는 의미가 아니라, 그것이 표상하고 있는 의미를 통해서 상징성을 나타낸다. 국기의 실체 혹은 국가 및 국화의 실체란 다른 유사한 깃발·노래·꽃과 다른 점이 없다. 따라서 상징이란 말 자체의 추상성과 마찬가지로 상징하는 대상 자체가 추상적인 의미로 상징의 실체를 발현할 수가 있는 것이다. 상징하는 것이 추상성이기 때문에 상징은 스스로 능동적으로 기능할 수가 없다. 따라서 상징이 유형이든 무형이든 상징 자체가 상징을 주장할 수가 없다. 상징이 스스로 상징을 주체적으로 발언할 수 없다는 뜻이다. 상징이 수동성이기 때문에 상징이란 항상 표상하는 주체가 능동적으로 상징을 내세워, 상징의 대상을 주장할 때만이 의미 전달이 이루어질 수 있는 것이다.

일본의 경우, 천황이 일본 국가의 상징이라 규정할 경우에는 천황 스스로 의사 표현을 하여 상징의 의미 전달을 할 수가 없다는 뜻이 된다. 일본 국민이 천황을 내세워 무엇인가를 주장할 때 천황의 상징성이 드러나는 것이라 할 수 있다. 이렇게 볼 때 천황 스스로 능동적인 상징을 전달하는 것은 헌법상 불가능하다. 살아 있는 인간이 추상적인 상징물이 될 때, 상징의 의미는 결국 일본 국민의 의사에 따라 천황의 이름으로 행해지는 그 어떤 것이 될 것이다.

일본의 헌법상 모든 권력의 원천인 주권은 국민에게 있다. 천황은 상징적인 표상물로서 헌법이 규정한 국사 행위만을 행하는 것으로 규정되어 있다. 결국 천황이 상징하는 실체는 메이지유신 이전의 천황의 권위로 환원된 것이라 볼 수 있다. 이것은 '군림하나 통치하지 않는다(The King reigns but does not govern).'는 영국의 입헌군주제와 흡사하다. 그러나 영국은 상징의 대상을 인격체인 '왕(King)'으로 하지 않고, 구체적 사물인 '왕관(Crown)'으로 규정해놓음으로써 왕의 정치적 발언과 행위를 원천적으로 봉쇄하고 있다.

전후 일본은 헌법상 절대주의 천황제와의 단절을 명문화하고 국민주권의 시민 민주주의를 구현했다. 그러나 정치적·사회적인 시민혁명을 거치지 않은 일본 사회에 일본 민족 특유의 맹목적 전통 고수와 '만세 일계'의 천황제 신화가 잠재의식화되어 있는 한 상징 천황제는 절대주의 천황제와 단절하는 것이 아니라 오히려 그 연속성을 유지하고 있는 것이다. 왜냐하면 상징 천황제의 '상징'이란 추상성으로 포장한 정신주의의 다른 이름이기 때문이다. 근대 절대주의 천황제에서 천황의 신성성이 헌법상의 규정으로 명문화되어 있었지만, 그 신성성이 실제로 발현된 것은 법률적 규정을 통해서가 아니라, 일본인의 의식 속에 자리한 종교성의 정신주의를 통해서였다. 천황이 정신주의로 일본인과 관련되어 있는 이상 천황은 법률적 규정과 사회적 제도를 초월하여 언제든지 종교성과 결합할 가능성을 내포하고 있다. 상징 천황제가 전후의 일본 사회에서 여전히 하나의 터부로 자리 잡을 수 있었던 것은 천황과 일본인의 관계가 정신주의에 기반을 두고 있기 때문이다. 그러므로 일본의 천황제는 시대와 상황에 따라 변모할 수는 있어도 사라지지는 않는 일본인의 숙명인 것이다.

일본 평화 헌법은 천황의 존재를 법률적 규정과 행동 양식의 규범화에 의해 '상징'의 대상으로 수동화시켜놓았다. 그러나 정작 이 헌법을 실천해야 할 일본 국민은 여전히 천황을 가치 의존과 정체성 확인의 대상으로 보고 있어 천황에 대한 수동성을 벗어나지 못하고 있는 것이 현실이다. 따라서 일본인 스스로가 천황을 객체화시키지 못한 채 천황의 능동성을 유발시키고 있는 한, 천황은 언제든지 '상징'의 허울을 벗고 능동적 권력 주체로 재등장할 가능성을 안고 있다. 국가의 '상징'이 사물이나 관념이 아니라, 자기 발언을 할 수 있는 인격적 인간이기 때문이다. 그러므로 상징 천황제는 일본인의 내부적인 계기에 의해 언제든지 외부적인 폭발을 유발할 수 있는 것이다.

천황의 위상을 규정할 때 상징 천황제가 '상징'의 추상성만큼이나 애매모호한 특징을 대표하고 있는 것 중의 하나가 일본국 헌법에는 국가원수 조항이 없다는 사실이다. 일본 정부에 의하면 천황은 '국가의 헤드(head)'의 지위에 있고 '국가의 상징'이며, '일부 외교 관계에서 국가를 대표'하므로 현행 헌법에서도 '국가원수'로 볼 수 있다고 정의하고 있다. 그러나 일본 정부는 '국가를 대표하는 기능'에서는 '가장 중요한 행정권의 주체'가 내각이므로 천황은 일반적인 의미의 '국가원수'의 성격을 가지고 있지 않으며, 오히려 '상징'에 중점이 있다고 답변하고 있다(衆議院, 2003: 4~6). 이것은 일본국 헌법이 숨기고 있는, 일본 국민의 천황에 대한 이중성을 나타내고 있다. 일본인은 내부적인 실재성으로는 이미 천황을 '국가원수[本音]'로 인식하고 있으면서도 외부적인 대표성으로는 '상징[建前]'으로 위장함으로써 천황을 법률적인 책임에서 제외시킨 것이다. 전후의 일본인은 천황제의 연속성에 의지하여 스스로의 의식 속에 천황을 '국가원수'로 고정시켜놓고, 천황제가 떠안고 있는 모든 책임에서 천황을 면제시켜주는 동시에, 천황에 대한 가치 의존을 하고 있는 자신들의 책임도 회피하려는 것이다. 천황 및 천황제를 모든 책임으로부터 면제시켜주면 천황에 대한 무한 책임을 지는 일본인도 책임이 없다는 무책임성과 무한 책임성의 공존이다.

　이러한 일본인의 인식은 정치 행위에서도 나타난다. 전후 일본의 정부는 히가시구니 내각부터 2006년 고이즈미 준이치로(小泉純一郎) 내각까지 61년 동안 28명의 수상이 등장하여 수상은 평균 2년 2개월, 각부 대신은 1년 남짓 재임했다. 특히 2006년부터 2012년까지는 거의 매년 수상이 교체되었다(7번 교체. 아베 신조安倍晋三는 두 번째). 법률상 일본은 정부 형태가 의원내각제이며 수상의 임기에 관한 규정이 없다. 이러한 행태는 근본적으로 천황에 대한 무한 책임성을 내포하고 있던 근대 일본 제국주의와의 연속성에서 나온 것이다. 국정을 담당하는 정부의 책임자가 천황에 대한 무한 책임성의 습관화에 익숙해져 있기 때문에 국민에 대해서는 무책임성을 드러내는 것이다. 크고 작은 위기 상황에서 주체적인 자기 결단과 의지의 부재로 인해 정치 초월적 존재인 천황에 대한 가치 의존으로 도피하던 근대 일본 제국주의의 습관성이 전후에도 계속되고 있는 것이다. 정부를 대표하는 수상의 빈번한 사임은 '책임'을 내던지고 도피하는 행위가 곧 '책임'을 완수하는 결단으로 가치 전도되어버리는 무책임성의 극치를 보여주는 실례이다. 그래서 일본에서는 수상직을 내던지고 받는 양상이 마치 야구와 흡사하여 수상 교체를 '투수 교체'에 비유하기도 한다.[6]

일본 정치 지도자들의 손쉬운 '책임'의 포기와 가벼운 처세는 '국민 통합'의 포괄성으로 배후에 버티고 있는 천황에 대한 '의존성(甘え[아마에])'에서 나온 것이다. 일본인의 내면 의식을 수렴해버리는 천황에 대한 가치 의존의 향일성으로 인해 정치 행위는 국민의 이름으로 행하면서도 유사 결단의 탈출구는 천황제로 열려 있어 국민의 의사와는 관계없는 무책임한 습관적 행동 양식이 되풀이되고 있는 것이다. 이것은 전후 일본 정치가 근대 일본 제국주의와 마찬가지로 천황과의 주체적인 관계 정립을 이루지 못했다는 증거이다. 일본의 역사에서 천황 및 천황제의 예속으로부터 벗어나는 길은 결국 모든 분야의 주체성 확립을 의미하고 있기 때문이다.

---

6 우익 정치가 이시하라 신타로(石原慎太郎)가 2012년 10월 25일 도쿄 도지사(東京都知事) 사임 기자회견을 했다. 이 자리에서 이시하라는 오사카 시장 하시모토 도오루와 연대하여 수상직에 도전하겠다며, 자신은 '원 포인트 선발 투수로 나서겠다.'고 말했다(東京新聞』2012. 10. 26). 이시하라는 자신이 2012년 11월 13일 창당한 태양당(太陽の党)을 4일 만에 해산하고 11월에 하시모토의 일본유신회(日本維新の會)에 합류하여 대표에 취임했다. 일본유신회는 12월 중의원 선거에서 54석(정수 480명)을 획득하여 아베 신조 정권의 제3당으로 약진했다. 이후 2013년 1월부터 이시하라와 하시모토는 일본유신회의 공동 대표를 맡고 있다.

원래부터 일본 제국주의는 제국헌법에서 신분제도를 철폐하면서도 영국을 모방하여 황족(1889년 '皇室典範', 천황은 제외)과 화족(1884년 '華族令')으로 이루어지는 귀족계급을 만들어 소위 '황실의 번병(藩屛)'으로 삼았다. 황족과 화족의 '번병'으로서의 정치적 역할은 제국헌법에 의하여 명목상 양원제(兩院制)로 되어 있는 의회에서 강력하게 나타났다. 황족과 화족은 선거로 선출된 중의원(衆議院)과 동격의 의결권을 가진 귀족원(貴族院)의 자동적인 의원으로 선임되어 절대주의 천황제의 수호자가 되었던 것이다. 법률상 세습과 갖가지 특권을 부여받은 황족과 화족은 정계는 물론 관계, 재계, 문화, 학문, 군사 등의 사회 전반을 장악하여 상부구조를 형성하는 지배계급이 되었다. 황족과 화족은 특히 혈연관계와 재력과 특권으로 재결합을 거듭해 천황이 하사한 훈장을 주렁주렁 달고 다니며 난공불락의 구체제를 구축했다. 하부구조를 형성한 평민은 농촌의 소작농으로, 도시의 노동자로 전락해 에도시대의 농민[百姓]과 초닌(町人, 상인과 직인)의 영역을 벗어날 수가 없었다. 이들 평민에게 신분 상승의 기회는 제국대학을 거쳐 관료가 되든가, 소위 '황군'의 길을 걸어 천황의 '간성(干城)'이 되는 통로가 유일할 정도로 사실상의 신분제도가 여전히 존속하고 있었다.

특히 화족의 경우 1884년 출발 당시 509명이던 작위(爵位, 공작, 후작, 백작, 자작, 남작) 수작자가 1947년 폐지될 때는 무려 1,100가계(家系)에 달할 정도로 창궐했다. 이들이 장악한 정치계는 근대 민주주의의 상징이라 할 정당정치와는 무관하게 천황의 임명으로 수상이 결정되어 민주주의의 기반조차 없었다. 1945년 일본 제국주의가 패망한 날까지 33명의 수상 중에 정당에서 배출된 수상은 하라 다카시(原敬, 立憲政友會), 하마구치 오사치(濱口雄幸, 立憲民政党), 이누카이 쓰요시(犬養毅, 立憲政友會) 단 3명이었다. 그나마 1932년의 5·15사건으로 이누카이가 암살되자, 정당정치는 막을 내려 소위 '다이쇼 민주주의'로 불리는 일본 제국주의의 어설픈 사이비 민주성의 정체가 그 마각을 드러냈다. 이후 1936년의 2·26사건으로 모든 정치적 주도권이 군부로 넘어갔고, 1940년에는 모든 정당이 해산되어 대정익찬회 속으로 들어갔다.

1947년부터 발효된 일본국 헌법에서 황실 전범을 존속시킴으로써 황족은 유지되었으나 화족은 폐지되었고, 귀족원은 참의원(參議院)으로 이름을 바꿔 선거에 의한 선출과 중의원에 대한 위상을 축소한 형태로 살아남았다. 일본 제국주의가 패망한 후 미국은 화족의 대부분이 포함된 전쟁범죄자 및 공직 추방자를 단죄하여 전후 민주화를 추진했다. 그러나 일본 정부는 앞에서 언급했듯이 1950년 제1차로 공직 추방자를 해제하였고, 1952년 샌프란시스코 강화조약의 발효와 동시에 '공직 추방령 폐지법'을 공포했다. 이에 따라 모든 전쟁범죄자와 공직 추방자가 아무런 제한도 없이 복귀하자 전후 일본 정치의 판도는 제국주의 시대로 되돌아가버렸다. 이들 전쟁범죄자와 공직 추방의 정치가들은 추방 중에도 자신의 혈족을 대신 내세워 세습적인 지위를 지키거나 그렇지 않다 하더라도 정치적 기반을 잃지 않았으므로 복귀한 후에도 전혀 변함없이 전후 일본 정치계의 주역으로 활동했다.

그 실례로 도쿄재판에서 A급 전쟁범죄자로 금고 7년의 유죄판결을 받은 시게미쓰 마모루는 석방 후 중의원 의원에 세 번이나 당선되어 1954년부터 1956년까지 외무 대신을 역임했다. 특히 시게미쓰가 외무 대신으로 재임 중이던 1956년 10월 일소 공동선언으로 소련과 국교가 수립됨으로써 일본이 유엔에 가입하게 되는데, 시게미쓰는 유엔총회에서 유엔 가입 수락 연설을 한 후 스스로 유엔 본부 국기 게양대에 자랑스럽게 '일장기'를 게양했다. 평생을 반성해도 모자랄 A급 전쟁범죄자가 유엔에서 연설을 하고 국기를 게양하는 반역사적인 작태를 태연하게 자행하는 나라가 일본인 것이다. 또한 A급 전쟁범죄자로 종신형 판결을 받았던 가야 오키노리(賀屋興宣)는 1958년 사면 이후 중의원 의원에 5회 연속 당선되어 법무 대신을 역임했다. A급 전쟁범죄자가 전쟁범죄 국가의 법무 책임자가 되는 일본적 몰가치와 무책임성이 연출된 것이다. 나아가 A급 전쟁범죄자로 체포되었던 기시 노부스케는 1948년 불기소 처분으로 석방된 후 1952년 공직 추방이 해제되자, 중의원 의원에 9회 당선되어 자민당의 총재로 1957년부터 1960년까지 수상을 지냈으며, 그후에도 막후 정치를 주름잡았다.

기시는 평소에 1936년 만주국 관료로 만주에 건너가 1939년 만주국 총무청 차장 시절 만주국의 '산업 개발 5개년 계획'을 수립한 경력을 자랑하며, '만주국은 내가 그린 작품'이라 호언하고 다녀 '만주의 요괴'로 불렸다. 1953년 정치가로 변신한 후에는 보수 연합에 앞장서 '55년 체제'가 성립되자 '보수 우익' 정치의 선두에 포진해 시종 '자주 헌법(自主憲法)'의 제정을 정치적 목표로 삼았다. 이를 위해 기시는 정계·관계·재계 등 다방면에 걸친 만주 인맥을 구축해 이를 정치적 배경으로 삼아 엄청난 정치자금을 뿌리면서 '돈은 여과기(濾過器)에 걸러라.'는 지론을 내세우며, 일본의 정치계를 주름잡아 '쇼와의 요괴' 혹은 '쇼와의 괴물'로도 불렸다(田尻育三, 1979).

기시는 1960년 미국과의 '단독 조약(單獨條約)'을 파기하고 모든 국가와의 '전면 조약(全面條約)' 체결을 주장하며 전 국민적으로 확산된 '60년 안보 투쟁'의 와중에서도 미국과의 신안보 조약을 자동 성립시키고 수상의 자리에서 물러났다. 그러나 기시는 수상을 퇴진한 후에도 여전히 일본 정치계의 흑막으로 막강한 영향력을 행사했다. 기시는 1965년의 한일회담 과정에서 미국의 영향력 아래 만주국의 '귀태(鬼胎)들'[7]을 동원하여 친동생인 당시 수상 사토 에이사쿠(佐藤榮作)와 박정희(朴正熙)와의 한일기본조약 체결을 막후에서 주도했다(姜尙中, 玄武岩, 2010). 일본 제국주의의 괴뢰 국가 만주국에서 배태되어 뻗어 나온 '귀태들'의 한일 유착으로 이들이 한국에서도 되살아나 한국 현대사의 전면에 그 모습을 드러낸 것이다.[8]

7 『대일본·만주제국의 유산(大日本·滿州帝國의 遺産)』의 저자 강상중은 『한겨레』와의 인터뷰에서 이에 대해 다음과 같이 말했다.
'귀태라는 용어를 처음 쓴 사람은 일본의 유명한 작가 시바 료타로(司馬遼太郎)였다. 그는 자신의 책 『이 나라의 모습(この國のかたち)』에서 1905년 일본이 대한제국의 국권을 빼앗은 시점부터 (전쟁이 끝난) 1945년 8월15일까지를 '일본 역사의 귀태'라고 표현했다. 그에게 이 시기는 메이지 시대 초기의 상대적으로 건전한 민족주의가 군국주의에 의해 왜곡된 시대였다. 나는 거기에서 영감을 얻어 귀태라는 표현을 썼다. 일본은 1905년 러일전쟁에서 이겨 만주로 진출했는데, 그렇다면 만주국이란 존재는 귀태의 소산이라는 뜻이었다.' 이 책 속에서 저자는 만주 인맥을 '제국의 귀태', '만주가 낳은 귀태들', '되살아나는 귀태들' 등으로 부르고 있다. 이 책에서 말하는 만주 인맥의 대표적 인물은 기시 노부스케와 박정희이다(『한겨레』 2013. 8. 9).

8 그뿐 아니라 한일회담 이후 박정희 정권은 이들에게 훈장을 수여했다. 일본 제국주의의 침략주의를 예찬하고 '한일 병합이 대등한 입장에서 체결된 것'이라는 망언을 한 당시의 수상 사토 에이사쿠에게 1969년 수교 훈장을, '한국을 병합한 일본 제국주의는 영광스런 제국주의'라고 발언한 한일회담 당시의 외무 대신 시이나 에쓰사부로(椎名悅三郎)에게 1969년 수교 훈장을, 한일회담 당시 일본 측 수석대표로 '일본은 한국을 식민지로 지배하여 좋은 일을 했다.'고 발언한 다카스기 신이치(高杉晉一)에게 1969년 수교 훈장을, A급 전범 지명자이며 '만주의 요괴' 기시 노부스케에게 1970년 수교 훈장을, A급 전범 지명자로 일본의 지정 폭력단 '이나가와회(稻川會)'의 고문이며 1948년 연합군 총사령부에 한국의 재식민지화(再植民地化)를 청원했던 고다마 요시오(兒玉譽士夫)에게 1970년 수교 훈장을, 731부대원이었던 가토 가쓰야(加藤勝也, 舊名 加藤俊一)에게 1973년 국민 훈장을, A급 전범 지명자 사사카와 료이치(笹川良一)에게 1976년 수교 훈장을 각각 수여했다. 또한 전두환(全斗煥) 정권은 야스쿠니신사 참배와 독도 망언 등 천황주의자인 나카소네 야스히로 수상에게 1983년 수교 훈장, 외무 대신으로 독도 망언을 한 아베 신타로(安倍晋太郎)에게 1984년 수교 훈장을, 1980년 수상이었으며 독도 망언을 한 스즈키 젠코(鈴木善幸)에게 1985년 수교 훈장을 수여했다. 김영삼 정권은 1987년 수상으로 일본 제국주의의 침략 전쟁을 미화한 다케시타 노보루(竹下登)에게 1995년 수교 훈장을 수여했다. 이명박(李明博) 정권은 2000년 수상으로 야스쿠니신사 참배 및 독도 영유권을 주장한 모리 요시로(森喜朗)에게 2010년에 수교 훈장 최고 등급인 광화대장(光化大章)을 수여했다. 대한민국 정부 수립 이후 훈장을 받은 일본인

이러한 전후 일본 정치 풍토는 절대주의 천황제 시대와 마찬가지로 이들이 '보수'와 '우익'으로 이름을 바꾸어가며 천황제의 연속성을 수호하는 소위 '번병'의 역할을 담당하고 있었음을 말해준다. 이것이 천황제의 정체이며 동시에 천황제와 일본인과의 관계의 본질이다. 일본인에게 천황제가 존속하는 한 천황을 향한 '번병'의 존재는 시대와 상황에 따라서 그 체제와 이름을 바꾸어가며 독버섯처럼 돋아날 수가 있는 것이다. 숙주가 남아 있는 토양에 독버섯이 번성하는 것은 당연한 자연현상이다.

전후 일본 사회에서 이들은 소위 평화 헌법에 의한 선거에도 불구하고 '3가지 기득권'[9]을 독점해 여전히 세습의 정치를 이어가고 있다.[10] 그 나라의 정치가 그 나라 국민의 의식 수준을 증명하듯 여타의 일본인들이 스스로의 '분수(身の程)'를 알고 순응하여 하부구조의 '가업(家業)'을 이어가는 사회현상을 허울 좋은 '장인(匠人)' 혹은 '장인 정신[職人氣質]'으로 미화시키는 이면에서, 이들 세습 정치가들은 상부구조의 '가업'을 계승하고 증식시켜 전후 신분제도를 새롭게 심화시키고 있는 것이다. 특히 1955년 체제의 성립 이후 자민당의 장기 집권 체제는 일

은 326명이었다(『경향신문』 2013. 10. 9).
9 일본 공직 선거에 반드시 필요한 세 가지 요소를 의미한다. '삼반(三バン)'이라 부르며 지반(地盤, 후원회), 간판(看板, 지명도), 가방(鞄, 정치자금)을 가리킨다.
10 전후 일본 정치의 세습 구조는 혈연관계를 기본으로 정계, 재계, 관계, 황실 등과 상호 간에 2중 3중으로 결합되어 소위 족벌과 파벌로 성립되었다. 이들의 출신 성분은 구황족과 구화족에 뿌리를 두고 있다. 세습 정치의 구조는 귀족제도가 있었던 제국주의 시대에 소위 황실의 '번병'으로 형성되어, 전후 '55년 체제'가 성립되고 자민당의 장기 집권이 이어지면서 고착되었다. 천황제의 연속성은 전후 정치의 연속성으로도 실현되고 있는 것이다. 중의원 선거 연도별 세습 비율은 다음과 같다(선거 연도: 세습자/정수(세습 비율)). 1990: 122/512(24%), 1993: 127/511(25%), 1996: 123/500(25%), 2000: 121/480(25%), 2003: 152/480(32%), 2005: 117/480(24%)(稻井田茂, 2009: 18).

본 사회에 신분의 고착화와 일본인의 체념과 순응에서 나온 정치 무관심을 일반화시켰다. 이로 인해 일본 사회에는 상부구조의 정경유착, 정관 유착, 정언 유착 등 부정부패의 연결 고리가 뿌리 깊게 일상화되어 있다.[11] 이처럼 고질화된 유착 관계는 일본 '보수 우익' 정치의 텃밭

[11] 대표적인 것 중의 하나가 1976년에 밝혀진 록히드(Lockheed incident) 사건이다. 1976년 2월 미상원 외교위원회의 다국적기업 소위원회에서 록히드사가 일본에 항공기 판매 공작 자금으로 마루베니주식회사(丸紅株式會社)를 통해 일본 정부의 고관들에게 200만 달러를 주었다는 증언이 있었다. 이것이 발단이 되어 일본의 여당인 자민당은 전후 최대의 혼란에 직면하게 되었다. 4월 록히드 사건에 대한 미국 측의 미공개 자료가 일본 측에 전달된 이후 6월부터 마루베니, 전일본항공(ANA) 등의 간부가 계속 체포되고, 7월 27일에는 전 수상 다나카 가쿠에이(田中角榮)가 전일본항공에 록히드 항공기를 구입하도록 영향력을 행사하는 대가로 5억 엔의 뇌물을 마루베니를 통해 받았다는 혐의로 체포되었다. 다나카 이외에도 운수 정무 차관 사토 고코(佐藤孝行)와 전 운수 대신 하시모토 도미사부로(橋本登美三郎)가 체포되었다. 다나카는 1983년 10월 징역 4년 추징금 5억 엔의 실형을 선고받고 항소, 1987년 항소 기각, 상고 중 1993년 12월 사망했다. 이 사건은 규명 과정에서 관계자들의 의문사와 최대의 당사자로 지목된 다나카와 고다마 요시오(兒玉譽士夫)의 죽음으로 전후 최대 의옥(疑獄) 사건이라는 오명을 남기고 전모가 밝혀지지 않은 채 묻혀버렸다. 그러나 재판 진행 중이던 1983년 12월 총선거에서 다나카는 전국 최다 득표로 당선되었고, 사망 후에는 딸인 다나카 마키코(田中眞紀子)가 1993년 중의원 의원에 당선되어 승계하였다. 다나카 마키코는 2001년 외무 대신이 되었고, 다나카의 사위이며 마키코의 남편인 다나카 나오키(田中直紀)도 중의원 의원에 당선되어 부부가 세습하였다. 다나카 나오키는 2001년 농림수산 대신, 2012년 방위 대신이 되었다.
또한 1988년 정보산업 회사인 리쿠르트사가 계열 부동산 회사 리쿠르트 코스모스사의 미상장 주식을 정치가와 관료, 언론계에 뇌물로 제공한 리쿠르트 사건(リクルート事件)이 발각되었다. 이 사건은 정계, 관계, 언론계, 학계를 망라한 전후 최대의 뇌물 사건이었다. 여기에는 나카소네 야스히로 전 수상, 다케시타 노보루 수상, 미야자와 기이치 대장 대신, 아베 신타로 자민당 간사장, 와타나베 미치오(渡辺美智雄) 정조회장 등 90명이 넘는 정치가가 관련되었다. 그러나 이 사건도 정치가들의 잡아떼기와 '비서가', '아들이' 등 타인 평계 대기, 묵살하기 등으로 확실한 진상 규명이 이루어지지 않았다. 결국 1988년 6월 다케시타 내각은 총사직하고, 다케시타는 2000년 사망했다. 이 사건도 유야무야 잠잠해졌고 미야자와 기이치는 1991년부터 1993년까지 수상을 역임하고 2007년 사망했다. 나카소네는 여전히 막강한 영향력을 행사하며 1997년 국회의원 50년 재직 표창을 받았고, 2003년 은퇴하여 그의 아들 나카소네 히

인 지방자치단체에도 만연하여 지방자치단체가 중앙에 대한 이권 추구와 압력단체의 온상이 되고 있다.

이러한 일본 정치의 폐해는 집단주의가 몰고 온 '파벌 정치'와 천민 자본주의가 가져온 '금권정치'가 근본 원인이다. 이것이 소위 '55년 체제'의 성립으로 '자민당의 장기 집권에 의해 정권이 안정되어 경제 발전을 이룩했다.'고 회자(膾炙)되는 전후 일본 정치의 실상이다. 일본의 속담처럼 말 그대로 '힘 있는 놈이면 다 통하는(長い物には卷かれろ)' 사회였던 것이다. 결국 일본 정치의 후진성은 천황제의 연속성에 매몰된 일본인들의 가치 의존 현상이 초래한 자업자득이었다.

상징 천황제가 국민의 '총의'를 미국에 의지해 가상으로 설정했듯이, 전후 일본 정치도 '국민'을 입에 달고 다니며(國民の爲に) 천황제의 '번병'으로 기능했다. 그리하여 이들은 일본적인 모순이 대내외적으로 표출되어 내심 노리던 기회가 오면 '보수'와 '우익'이라는 이름으로 제국주의의 부활을 꿈꾸며, 절대주의 천황제의 '영광'으로 되돌아가려는 역사의 반복과 회귀를 시도하고 있다.

그중에서도 이들 '우익' 정치가들이 노리는 것은 천황을 대신한 수상의 야스쿠니신사 참배를 공식화함으로써 천황의 신성성을 의탁한 야스쿠니신사를 '국립묘지'로 자연스럽게 기정사실화하는 것이다. 전후 역대 수상들이 기회 있을 때마다 참배를 강행했고, 이윽고 2013년 5월 19일 아베 신조 수상이 미국의 국제 잡지『포린 어페어스(Foreign

---

로후미(中曾根弘文)가 참의원으로 세습하였다. 기시 노부스케의 사위인 아베 신타로는 1991년 사망했으나 그의 2남 아베 신조는 2006년과 2012년에 수상이 되었고, 그의 처(洋子, 기시 노부스케의 장녀) 집안에 양자로 간 3남 기시 노부오(岸信夫)는 중의원으로 당선되어 기시 노부스케를 세습하였다. 와타나베 미치오는 1995년 사망했으나 아들인 와타나베 요시미(渡辺喜美)가 중의원 의원에 당선되어 세습하였다.

Affairs)』와의 인터뷰에서 '일본의 야스쿠니신사가 미국의 알링턴(Arlington) 국립묘지와 무엇이 다른가.'라고 강변하며(『경향신문』2013. 5. 20), 참배를 중단할 뜻이 없음을 밝힌 것은 일본 정치인들의 내면 의식을 여과없이 드러낸 대표적인 사례라 할 수 있다. 결국 아베 신조는 수상 취임 1주년을 맞은 2013년 12월 26일 취임 초 약속했던 야스쿠니신사 공식 참배를 감행하여 아시아는 물론 세계로부터 비난을 샀다(『朝日新聞』2013. 12. 26 夕刊).

나아가 아베 신조는 절대주의 천황제의 입안자이며 한국 침략의 원흉(元兇)인 이토 히로부미를 '존경받고 있는 위대한 인물'이라 평가하며 한일 양국이 '그 점을 상호 존중해야 한다.'(『경향신문』2013. 7. 6)는 주장을 되풀이해, 안중근(安重根) 의사를 테러리스트로 폄훼하고 있는 일본 '우익'의 '황국사관'을 그대로 대변하고 있다. 이러한 일본의 제국주의적 역사관은 2013년 11월 19일 스가 요시히데(菅義偉) 관방 장관이 '안중근은 범죄자'라고 밝혀 일본 정부의 공식 입장임을 다시 한번 확인했다(『경향신문』2013. 11. 20).

또한 이들은 평화 헌법을 개정해 천황을 실질적 국가원수로 명문화하고, 전쟁과 군대를 금지한 제9조를 삭제함으로써 자위대의 합법화를 노리고 있다. 이것은 전후의 경제 발전을 기회로 국제사회에서 경제력에 걸맞은 발언권을 확보함으로써 소위 전수 방위(專守防衛) 개념에서 벗어나 집단 방어 체제의 구축이라는 명목으로 군사력을 해외로 진출시키려는 책략이다.

전후 미국의 압력으로 '부여된 헌법'에 불만을 품은 이들 일본 정치가들은 기회만 있으면 헌법 개정을 제기해왔다. 1953년 4월 총선거에서 자유당(自由黨)의 하토야마 이치로(鳩山一郎)가 헌법 개정을 선거 공약으로 내건 이래, 1956년 1월 하토야마 이치로 수상이 국회 답변에서 평화 헌법을 반대한다며 '군대의 보유'를 주장한 것을 필두로, 헌법 개정은 이들 '보수'와 '우익' 정치가들의 숙원이 되었다. 특히 하토야마 이치로의 손자로 2009년 수상이 된 하토야마 유키오(鳩山由紀夫)는 '일본국 헌법 전문(前文)과 제9조는 일본의 독자적인 것'이 아니며, '자위권'을 인정하지 않고 있어 헌법 개정이 절실하다고 주장하고 있다(鳩山由紀夫, 2005: 6~7). 일본 헌법의 전문에는 '정부의 행위에 의해 또다시 전쟁의 참화가 일어나지 않도록 결의한다.'는 '전쟁 포기'가 명시되어 있다.

전후 일본은 샌프란시스코 강화조약 제2장의 영토 조항(제2조~제4조)을 수락했다. 그럼에도 불구하고 일본의 정치가들은 한국의 독도 문제를 비롯해, 이른바 '센카쿠(尖閣[중국명 釣魚島]) 열도' 문제로 중국과, 소위 '북방 영토(北方領土)' 문제로 소련을 계승한 러시아와 영토 분쟁을 일으키며 제국주의 시대로 돌아가려는 영토 야욕을 드러내고 있다.

이 모든 전후 일본의 정치 풍토는 천황제의 연속성으로부터 나온 것이다. 전후에도 일본인은 천황에 대한 가치 의존의 보호막 속에 숨어 여전히 천황의 '번병'으로 기능하고 있는 '보수 우익' 정치에 변함없는 지지를 보냄으로써 절대주의 천황제의 유산을 청산하지 못하고 있었던 것이다. 그만큼 전후의 일본 사회가 천황제 '주술'에 얽매여 천황 및 천황제에 대한 주체적 판단과 선택을 하지 못하고 있다는 증거이다. 이와 더불어 이것은 전후 일본의 민주주의가 사이비이며, 일본 사회의 비민주성을 증명하는 것과 다름이 없다.

전후 미국은 포츠담선언 제12조가 규정한 '평화적이고 책임 있는 정부'의 구성을 위해 천황의 신격을 박탈하고 천황을 '상징'으로 추상화시켰다. 그러나 미국은 천황을 '괴뢰화(puppet regime)' 혹은 '상징화

(symbolic monarch)'하는 것과는 관계없이 천황제의 유지 자체가 천황제에 대한 일본인의 자유로운 선택(자유의사)을 박탈하는 것이라는 사실을 망각하였다. 또한 미국은 근대 일본 사회에서 전개되었던 천황제의 발현 형태와 일본인의 관계를 과소평가했거나 무지했다. 천황제는 일본인에게 외면적 법제화 혹은 제도화에 따라 작용한 것이 아니라, 내면적인 정체성과 종교성으로 그 기능을 발휘했기 때문이다. 기본적으로 천황제의 유지는 미국의 시혜였으나, 결과적으로 천황에 대한 '신민적' 가치 의존에 젖어 있는 일본인에게 무책임성을 심어주었다. 천황에 대한 미국의 면죄부는 천황제에 대한 일본인의 '자유의사'에 의한 선택과 책임 의식을 원천적으로 가로막았다.

일본 제국주의가 패망한 후 천황은 상징 천황제라는 정치적인 방어기제에 순응함으로써 일본인의 내부적 복종과 미국의 외부적 시혜를 입어 살아남을 수 있었다. 그러나 이것은 일본인과 천황의 자유계약이 아니었다 일본인은 천황과의 주체적 위상 정립이 불가능한 민족이었던 것이다. 천황의 권한을 초월한 미국의 결정을 천황이 받아들이자, 일본인은 천황의 선택을 자신의 선택으로 자기화한 것이다.

상징 천황제하의 천황은 어느덧 보이지 않는 시간의 지배 방식으로(元號), 공사 혼합의 종교적인 방식으로(神社), 국민 통합의 상징적인 방식으로(君が代, 日の丸), 국가기관의 정통성과 정당성의 부여 및 외교관의 인증 방식으로(國事行爲) 은폐된 국가원수의 기능을 휘두르고 있다.

상징 천황제의 수립으로 과연 일본인은 '주권을 가지는 국민'으로서 그들의 '총의'를 모아 천황과 자유계약을 했다고 할 수 있는 것일까. 과연 일본인에게 '상징'으로서의 천황과 '주권을 가지는 국민의 총의'는 존재할 수 있는 것일까. 그것이 불가능하다는 것을 일본인 스스로 보여주고 있는 자리에 일본 천황제의 문제점이 가로놓여 있으며, 그래서 일본의 천황제는 아직도 주변국에게는 경계 대상이고 미래형인 것이다.

6. 천황제의 미래

　일본의 역사에서 일본인에게 주어진 주체적인 천황제 선택의 기회는 다섯 번 있었다. 세 번의 막부 출현과 메이지유신은 내부적인 기회였고, 일본 제국주의의 패망은 외부적인 기회였다. 네 번의 기회는 일본인 스스로의 선택으로 천황제가 유지되었고, 한 번의 외부적 기회는 미국의 선택으로 유지되었다. 미국의 선택은 일본인의 '자유의사'라는 '공동 환상(共同幻想)'을 일본인과 공유하여 천황의 전쟁범죄 면제와 천황제 유지라는 정치적 판단으로 마무리되었다.
　일본 제국주의의 패망은 일본인에게 '국민의 총의'로서 천황과의 위상을 재정립할 수 있는 절호의 기회였다. 그러나 일본인은 이 기회를 미국과 천황에 대한 '의존성'으로 받아들여 천황을 주체적으로 객체화하는 것에 실패했다. 일본인은 또 한 번의 천황에 대한 주체성 확립의 기회를 천황제의 연속성으로 처리하여 절대주의 천황제의 유산을 청산하지 못한 것이다. 21세기 현재에도 천황과 일본인 사이에 고착된 천황제의 가족주의와 신성성, 상명하복의 획일성 그리고 상징성으로 포장된 지배자로서의 천황상이 여전히 일본 사회에 만연해 있다. 그리하여 일본인이 천황제 주술의 속박에서 벗어나 주체적인 의사 결정을 결단할 수 있는 자유의 길은 아직도 요원한 과제로 남아 있다.
　더구나 천황제와 맞물려 일본인의 전쟁 책임과 전후 책임이라는 무거운 역사의 원죄는 여전히 일본인에게 주어진 하나의 시금석(試金石)으로 이웃 나라의 주시를 받고 있다. 천황제의 향방이 세계에 대한 일본의 선택이 될 수밖에 없는 이유가 여기에 있다. 따라서 이미 퇴색해 버린 듯한 연합국의 선언 중 '일본 국민의 자유의사'는 아직도 그 시효를 다하지 않고 있는 것이다. 천황제, 그것은 아직도 일본인의 '자유의사'의 영역에 남겨져 있기 때문이다.

> 천황제를 비판하든지 아니면 비판까지 가지 않더라도 상관하지 않는 것이 오랫동안 일본 지식인의 상식이었다. 그러나 최근에 상황이 여러모로 더 나빠져가고 있는데, 그 이유는 '보수 늙은이'들의 천황제 옹호가 더 강해지고 있기 때문이 아니라, 젊은 세대가 천황제를 비판할 필연성도, 필요성도 느끼지 못하고 있기 때문이다. 그것은 천황제를 지지하는 근거도 동시에 없어졌다는 것과 표리의 관계에 있다. 반대하지는 않으나 그렇다고 적극적으로 지지하지도 않는다는 것, 황족 일가의 영상을 보면 흐뭇하다고는 생각하지만, 황족 일가의 단란한 모습은 단지 그렇게 연출된 영상에 불과하므로 일부러 애써 거역할 동기도 없다는 것이다. 그러나 일본 국민의 그런 행동이 현대의 풍속으로서 천황제를 재생산하고 있는 것이다(井崎正敏, 2003: 12).

역사가 일본인에게 던져주는 교훈에는 근대에 아시아가 잠자던 시절, 일본인은 제국주의에 도취되어 '아시아의 해방'을 부르짖기 이전에 '천황으로부터의 해방'을 외쳤어야 했다는 필연성이 '후미에(踏み繪)'[12]처럼 가로놓여 있다. 이것은 역사 인식에 대한 몽매성을 일본인

---

12 그림을 밟는다는 뜻으로, 에도막부 시대에 기독교 신자를 색출하기 위해 예수나 성모마리아가 새겨진 성화(聖畵)나 성상(聖像)을 밟고 지나가게 했던 배교(背敎) 강요

에게 경고하고 있다는 의미이다. 천황이라는 '후미에'를 밟고 넘어갈 것인가, 아니면 피해 갈 것인가, 그것은 오로지 일본인의 선택이다. 그러나 역사는 끊임없이 일본인에게 원죄에 대한 속죄를 요구하고 있다. 그 역사에 마주서는 날 일본은 떳떳하게 세계에 나설 수 있을 것이다.

이와 더불어 아시아는 일본이 동경의 나라, 배울 것이 무궁무진한 나라라는 허상에서 벗어나, 전후 사이비 민주주의 속에서 일본이 전가의 보도처럼 자랑하는 전후의 부흥과 경제 발전이 아시아의 희생과 고통으로 이루어졌다는 역사적 진실을 일본인에게 되돌려줌으로써 잘못된 역사로부터 해방되는 길을 모색하여야 할 것이다.

의식이다. 처음에는 종이에 성화를 그린 것을 사용했으나 쉽게 파손되므로 목제나 금속제로 바뀌었다. 거부하면 사형, 유배, 투옥, 고문 등 탄압을 받았다. 탄압이 심해짐에 따라 배교하지 않은 기독교 신자들은 지하에 잠적하게 된다(隠れキリシタン). 기독교 금지령은 1612년 초대 장군 도쿠가와 이에야스(德川家康)가 공포하여 1873년 서양 각국의 항의로 메이지 정부가 폐지했다. 1889년 제국헌법에서 명목상 신교(信教)의 자유를 인정했지만 '국가 신도'를 확립하여 실질적으로는 기독교를 탄압하였다. 1945년 맥아더의 '신도 지령'에 의해 '국가 신도'는 폐지되었으나 일본인의 천황주의와 결부된 신사 숭배는 여전히 남아 있다.

참고 문헌

〔한국어 문헌〕

金允植, 1973, 『韓國近代文藝批評史硏究』, 한얼文庫.

김정미, 2012, 『그들은 어떻게 세계를 얻었는가』, 아름다운 사람들.

申采浩, 1982a, 『丹齋申采浩全集』 上卷, 螢雪出版社.

申采浩, 1982b, 『丹齋申采浩全集』 下卷, 螢雪出版社.

李光洙, 1916, 「東京雜信」, 『每日申報』 1916. 11. 8.

李光洙, 1922, 「民族改造論」, 『開闢』 1922年 5月號.

李光洙, 1940a, 「心的 新體制와 朝鮮文化의 進路」, 『每日新報』 1940. 9. 7.

李光洙, 1940b, 「心的 新體制와 朝鮮文化의 進路」, 『每日新報』 1940. 9. 12.

李光洙, 1941a, 「新體制下의 藝術의 方向」, 『三千里』(영인본), 1941年 1月號.

李光洙, 1976, 「藝術과 人生(1922)」, 『李光洙全集』 第16卷, 三中堂.

이석우, 2003, 『일본의 영토분쟁과 샌프란시스코평화조약』, 인하대출판부.

林和, 1947, 「海峽의 로만티시즘」, 『回想詩集』, 건설출판사.

정신문화연구원, 1995, 『1995년 해외 희생자 유해현황 조사사업 보고서』, 精神文化硏究院.

그람시, 안토니오, 1999, 『그람시의 옥중수고』 1, 2, 이상훈 옮김, 거름.

나가타 아키후미, 2007, 『미국, 한국을 버리다』, 이남규 옮김, 기파랑.

다카사키 소지, 1996, 『일본 망언의 계보』, 최혜주 옮김, 한울.

루소, 장 자크, 1999, 『사회계약론』, 이환 옮김, 서울대학교출판부.

사이드, 에드워드, 2003, 『오리엔탈리즘』, 박홍규 옮김, 교보문고.

오웰, 조지, 1999, 『1984년』, 김병익 역, 문예출판사.

장, 아이리스, 1999, 『난징대학살』, 김은영 옮김, 끌리오.

카토오 노리히로, 1998, 『사죄와 망언 사이에서』, 서은혜 옮김, 창작과비평사.

케넌, 조지 F., 2013, 『미국 외교 50년』, 유강은 옮김, 가람기획.

케이드, 린다 리, 2007, 『현대 정치 커뮤니케이션』, 송종근 옮김, 커뮤니케이션북스.

푸코, 미셸, 2003, 『감시와 처벌』, 오생근 옮김, 나남.

필드, 노마, 2002, 『죽어가는 천황의 나라에서』, 박이엽 옮김, 창작과비평사.

헤겔, 1992, 『역사철학강의』,《세계사상전집》20, 김종호 옮김, 삼성출판사.
헤겔, 빌헬름 프리드리히, 1996, 『헤겔미학』1, 두행숙 옮김, 나남출판.
후지타니 다카하시, 2001, 「라이샤워의 '괴뢰 천황제' 구상」, 임성모 옮김, 『실천문학』 61권 2001 봄호.
『開闢』『경향신문』『東亞日報』『每日新報』『每日申報』『三千里』『朝光』『중앙일보』『總動員』『한국일보』

〔일본어 문헌〕

加藤周一, 1972, 「戰爭と知識人」, 『近代日本思想史講座』第4卷, 筑摩書房.
加藤弘之, 1967a, 「眞政大意」, 『明治文化全集』第2卷, 日本評論社.
加藤弘之, 1967b, 「國体新論」, 『明治文化全集』第2卷, 日本評論社.
加藤弘之, 1967c, 「人權新說」, 『明治文化全集』第2卷, 日本評論社.
加藤弘之, 1968, 「經國政府」, 『明六雜誌』18號, 『明治文化全集』第5卷, 日本評論社.
家永三郎, 1974, 『日本史資料』下, 東京法令出版.
姜東鎭, 1981, 『日本の朝鮮支配政策史研究』, 東京大學出版會.
姜東鎭, 1984, 『日本言論界と朝鮮』, 法政大學出版局.
江藤淳, 小堀桂一郎 編, 1986, 『靖國論集-日本の鎭魂の伝統のために-』, 日本敎文社.
姜尙中, 2004, 『オリエンタリズムの彼方へ』, 岩波書店.
姜尙中, 玄武岩, 2010, 『興亡の世界史』第18卷(大日本·滿州帝國の遺産), 講談社.
京城日報社, 1944a, 『朝鮮年鑑』, 京城日報社.
京城日報社, 1944b, 『半島學徒出陣譜』, 京城日報社.
高橋紘 編, 1989, 『昭和天皇發言錄』, 小學館.
高橋誠, 1964, 『明治財政史研究』, 靑木書店.
高橋是淸, 上塚司 編, 1976, 『高橋是淸自伝』下, 中央公論社.
高村光太郎, 1982, 「眞珠灣の日」, 『高村光太郎選集』第6卷, 春秋社.
高澤秀次, 2003, 『戰後日本の論点』, 筑摩書店.
橋本文三, 1978, 『增補日本浪曼派批判序說』, 未來社.
鳩山由紀夫, 2005, 『新憲法試案』, PHP硏究所
臼井勝美, 1981, 『日中戰爭』, 中央公論社.
國立公文書館 編, 1984, 『樞密院會議議事錄』(明治篇 1), 東京大學出版會.
宮田節子, 1985, 『朝鮮民族と皇民化政策』, 未來社.
近代日本思想硏究會, 2003, 『天皇論を讀む』, 講談社.
吉見義明, 林博史, 1995, 『共同硏究·日本軍慰安婦』, 大月書店.

吉本隆明, 1982, 『共同幻想論』, 角川ソフィア文庫.

吉野誠, 1988, 「吉田松陰と朝鮮」, 『朝鮮學報』 1988년 7月號, 朝鮮學會.

吉田松陰, 1974a, 「幽囚錄」, 『吉田松陰全集』(大衆版) 第2卷, 大和書房.

吉田松陰, 1974b, 「丙辰幽室文稿」, 『吉田松陰全集』(大衆版) 第2卷, 大和書房.

南橋散史, 1967, 「明治の光」(1875), 『明治文化全集』 第24卷, 日本評論社.

內田良平, 1930, 『日韓合邦秘史』 下, 黑龍會出版社.

內田良平, 1932, 『皇國史談・日本の亞細亞』, 黑龍會出版部.

內村鑑三, 1894, 「日淸戰爭の義」, 『國民之友』 第234號, 1894. 9.

內海愛子, 1982, 『朝鮮人BC級戰犯の記錄』, 勁草書房.

內海愛子, 村井吉敬, 1987, 『赤道下の朝鮮人叛亂』, 勁草書房.

大濱徹也, 1970, 『明治の墓標』, 秀英出版.

大濱徹也, 1982, 「戰時外交とポーツマス條約」, 『近代日本史の基礎知識』, 有斐閣.

大濱徹也, 小澤郁郞, 1984, 『帝國陸海軍事典』, 同成社.

大山梓 編, 1966, 『山縣有朋意見書』, 原書房.

大原康男 編, 1997, 『詳錄・皇室をめぐる國會論議』, 展轉社.

大日本帝國學士院, 1937, 『帝室制度史』 第1卷, 大日本帝國學士院.

德富蘇峰, 1906, 「黃人の重荷」, 草野茂松 編, 『蘇峰文選』, 民友社.

德富蘇峰, 1933, 「亞細亞の指導者としての日本の責任」, 『亞細亞主義』 1933年 4月號.

稻井田茂, 2009, 『世襲議員の構造と問題点』, 講談社.

藤田尚德, 1961, 『侍從長の回想』, 講談社.

鈴木正幸, 2005, 『皇室制度』, 岩波書店.

網野善彦外 編, 2002, 『天皇と王權を考える』, 岩波講座 第1卷, 岩波書店.

望田幸男 外, 1995, 「戰爭責任・戰後責任問題の水域」, 『戰爭責任・戰後責任』, 朝日選書, 朝日新聞社.

木戶日記硏究會, 1966, 『木戶幸一日記』 下, 東京大學出版會.

文部省 編, 1937, 『國體の本義』, 文部省.

文部省, 1989a, 『高等學校學習指導要領』, 大藏省印刷局.

文部省, 1989b, 『中學校學習指導要領』, 大藏省印刷局.

文部省, 1989c, 『小學校學習指導要領』, 大藏省印刷局.

文藝春秋 編, 1995, 『戰後50年日本人の發言』 上, 文藝春秋社.

白田二荒, 1911, 「朝鮮統治の根本義」, 『滿韓之實業』 66號, 1911年 6月號.

保田與重郞, 1934, 「我國に於ける浪曼主義の槪觀」, 『コギト』 1934年 11月號.

福澤諭吉, 1875a, 「明六雜誌の出版を止める案」, 『郵便報知新聞』 1875. 9. 4.

福澤諭吉, 1875b,「亞細亞諸國との和戰は我榮辱に關するなき說」,『郵便報知新聞』1875. 10. 7.
福澤諭吉, 1885,「脫亞論」,『時事新報』1885. 3. 16.
福澤諭吉, 1894,「日淸の戰爭は文野の戰爭なり」,『時事新報』1894. 7. 29.
福澤諭吉, 1898,「福澤全集緒言」,『福澤諭吉全集』第1卷, 時事新報社.
福澤諭吉, 1962,『文明論之槪略』, 岩波文庫.
福澤諭吉, 1978a,『學文のすすめ』, 岩波文庫.
福澤諭吉, 1978b,『福翁自傳』, 岩波文庫.
福澤諭吉, 1981a,「時事小言」,『福澤諭吉選集』第5卷, 岩波書店.
福澤諭吉, 1981b,「尊王論」,『福澤諭吉選集』第6卷, 岩波書店.
福澤諭吉, 1981c,「帝室論」,『福澤諭吉選集』第6卷, 岩波書店.
福澤諭吉, 1981d,「唐人往來」,『福澤諭吉選集』第1卷, 岩波書店.
福澤諭吉, 2009,「西洋事情」, 慶應義塾大學出版會.
副島嘉博 編, 1989,『ジュリスト』933号(5月1~15日) 合倂號, 有斐閣.
北一輝, 1963,「國家改造案大綱」(1923),『北一輝著作集』第2卷, みすず書房.
北海道護國神社, 1981,『北海道護國神社史』, 北海道護國神社.
寺崎英成, 1991,『昭和天皇獨白錄』, 文藝春秋社.
山邊健太郎, 1984,『日韓倂合小史』, 岩波文庫.
三木淸, 1968,『三木淸全集』第17卷, 岩波書店.
森史朗, 2006,『運命の夜明け』, 文藝春秋.
森有禮, 1968,「妻妾論」,『明六雜誌』8, 11, 15, 20, 27號,『明治文化全集』第5卷, 日本評論社.
森有禮, 1972,「日本に於ける宗教の自由」, 大久保利謙,『森有禮全集』第1卷, 宣文堂.
杉浦明平, 1946,「賣笑婦的文化人—我我はたまされない—」,『大學新聞』52號, 1946. 2. 21.
三好徹, 1986,『夕陽と怒濤—小說・松岡洋右』, 文藝文庫.
三和良一, 2002,『日本占領の經濟政策史的硏究』, 日本經濟評論社.
西尾幹二, 1999,『國民の歷史』, 産経新聞社.
西田幾多郎, 1939,『文藝春秋』1939年 3月號.
西田幾多郎, 1966a,『西田幾多郎全集』第4卷, 岩波書店.
西田幾多郎, 1966b,『西田幾多郎全集』第7卷, 岩波書店.
西田幾多郎, 1966c,『西田幾多郎全集』第12卷, 岩波書店.
西周, 1968,『人生三寶說』,『明六雜誌』38, 39, 40, 42號,『明治文化全集』第5卷, 日本評論社.
石本淸四郎, 1942,「道義朝鮮」,『朝光』1942年 9月號.
石原愼太郎, 1959,「あれをした靑年」,『文藝春秋』1959年 8月号.

石原莞爾, 1967, 『石原莞爾資料』, 原書房.

石田圭介, 1987, 『近代知識人の天皇論』, 日本教文社.

船津功, 2003, 「開拓使の時代」, 『北海道の歷史』, 山川出版社.

細谷千博, 1984, 『サンフランシスコ講和への道』, 中央公論社.

小熊英二, 2002, 『〈民主〉と〈愛國〉-戰後日本のナショナリズムと公共性』, 新曜社.

小熊英二, 2003, 『〈日本人〉の境界』, 新曜社.

松岡洋右傳記刊行會 編, 1974, 『松岡洋右·その人と生涯』, 講談社.

松村謙三, 1964, 『三代回顧錄』, 東洋經濟新報社.

松村高夫 編, 1994, 『〈論爭〉731部隊』, 晩聲社.

袖井林二郎, 1976, 『マッカーサーの二千日』, 中央公論.

信濃敎育會 編, 1958, 『伊澤修二選集』, 信濃敎育會.

新渡戶稻造, 1907, 「枯死國朝鮮」, 『隨想錄』, 丁未出版社.

神田文人, 1983, 『昭和の歷史』第8卷(占領地民主主義), 小學館.

辻清明 編, 1966, 『資料前後二十年史』第1卷(政治), 日本評論社.

岸田秀, 1993, 『ものぐさ精神分析』, 中央公論社.

岸田吟香, 1876, 「東北御巡幸記」, 『東京日日新聞』, 1876. 6. 30.

岩間一雄, 1998, 『天皇制の政治思想史』, 未來社.

岩波新書編集部 編, 1990, 『昭和の終焉』, 岩波新書.

梁村奇智城, 1939, 『國民精神總動員運動と心田開發』, 朝鮮研究社.

魚津郁夫, 1968, 『三木清』, 思想の科學研究會, 『共同研究·轉向』上, 平凡社.

歷史學研究會 編, 1986, 『天皇と天皇制を考える』, 靑木書店.

歷史學研究會 編, 1989, 『いま天皇制を考える』, 靑木書店.

歷史學研究會 編, 1997, 『日本史史料』, 岩波書店.

煙山專太郎, 1934, 「日淸日露の役」, 『岩波講座·日本歷史』, 岩波書店.

影山正治, 1979, 『民族派の文學運動』, 大東塾出版部.

永野愼一郎, 2008, 『相互依存の日韓經濟關係』, 勁草書房.

五百旗頭眞, 1987, 『米國の日本占領政策』上, 中央公論社.

奧平康弘, 1986, 『治安維持法小史』, 筑摩書房.

外務省 編, 1988a, 『日本外交年表竝主要文書』上卷, 原書房.

外務省 編, 1988b, 『日本外交年表竝主要文書』下卷, 原書房.

外務省特別資料部 編, 1949, 『日本占領及び管理重要文書集』第1卷, 東洋經濟新報社.

牛島秀彥 解說, 1982, 『細菌戰部隊ハバロフスク裁判』, KB叢書, 海燕書房.

原武史, 2003, 『皇居前廣場』, 光文社新書, 光文社.

陸軍省 新聞班, 1937, 『時局の重大性』, 1937. 11. 18.

陸奧宗光, 1992, 『蹇蹇錄』, 岩波文庫.

尹明淑, 2003, 『日本の軍隊慰安所制度と朝鮮人軍隊慰安婦』, 明石書店.

栗屋憲太郎, 1994, 『東京裁判論』, 大月書店.

栗原彬, 1990, 「日本民族宗教としての天皇制」, 『昭和の終焉』, 岩波書店.

栗原彬, 2002, 「現代天皇制論」, 『天皇と王權を考える』岩波講座 第1卷, 岩波書店.

李光洙, 1941b, 「行者」, 『文學界』, 1941年 3月號.

伊藤隆, 1983, 『近衛新體制』, 中央公論社.

伊藤正孝, 1992, 『南ア共和國の內幕』, 中央公論社.

伊澤修二, 1895, 「明治十八年の教育社會」, 『國家教育』33號.

仁奈眞, 1952, 「十年目―'現代日本の知的運命'をめぐって」, 『新日本文學』, 1952年 6月號.

引田惣彌, 2004, 『全記錄テレビ視聽率50年戰爭』, 講談社.

日本史籍協會 編, 1967, 『木戶孝允日記』第1卷, 東京大學出版會.

日本史籍協會 編, 2003, 『木戶孝允文書』第7卷, 東京大學出版會.

日本世紀社同人, 1942, 「聖戰の本義」, 『文藝春秋』, 1942年 1月號.

日本現代史研究會 編, 1988, 『象徵天皇制とは何か』, 大月書店.

日韓關係を記錄する會 編, 1979, 『資料・細菌戰』, 晚聲社.

資料日本占領 1, 1990, 『天皇制』, 大月書店.

田尻育三, 1979, 『昭和の妖怪・岸信介』, 學陽書房.

田邊元, 1964, 『田邊元全集』第8卷, 筑摩書房.

靖國神社, 1986, 「昭和殉難者靖國神社合祀の根據」, 『靖國』1986年 3月 1日號.

井崎正敏, 2003, 『天皇と日本人の課題』, 洋泉社.

井上淸, 1972, 『日本帝國主義の形成』, 岩波書店.

井上淸, 1975, 『天皇の戰爭責任』, 現代評論社.

井上淸, 1989, 『天皇・天皇制の歷史』, 明石書店.

朝鮮總督府, 1920, 『朝鮮に於ける新施政』, 朝鮮總督府.

朝鮮總督府, 1924, 『倂合の由來と朝鮮の現狀』, 朝鮮印刷株式會社.

朝鮮總督府, 1940, 『施政三十年史』, 朝鮮總督府.

朝鮮總督府, 1944, 『新しき朝鮮』, 朝鮮行政學會.

朝鮮總督府朝鮮史編修會, 1938, 『朝鮮史編修會事業槪要』, 朝鮮總督府.

朱建榮, 2004, 『毛澤東の朝鮮戰爭』, 岩波書店.

主本利男, 1952, 『占領秘錄』上卷, 每日新聞社.

竹內好 外, 1983, 「近代の超克」, 『近代の超克』, 富山房百科文庫.

竹前榮治, 1980, 『占領前後史』, 双柿舍.

樽井藤吉, 1983, 『現代譯大東合邦論』, 影山正治 譯, 大東塾出版部.

中江兆民, 1973, 『一年有半』, 『日本近代文學大系』第50卷(近代社會文學集), 角川書店.

中根千枝, 1967, 『タテ社會の人間關係』, 講談社.

衆議院, 2003, 『象徵天皇制에 關한 基礎的 資料』衆憲資第13號, 憲法調查會事務局.

中川八洋, 2010, 『近衛文麿の戰爭責任』, PHP研究所, 2010.

中村政則, 1989, 『象徵天皇制への道』, 岩波書店.

千本秀樹, 1990, 『天皇制の戰爭責任と戰後責任』, 青木書店.

天野惠一, 2001, 『日の丸・君が代じかけの天皇制』, インパクト出版會.

泉靖一, 1970, 「舊植民地大學考」, 『中央公論』1970年 7月號.

青木貞伸, 1990, 「黑枠のブラウン管」, 『昭和の終焉』, 岩波書店.

青野季吉, 1942, 「祈りの强さ」, 『文學の美德』, 小學館.

椎名悅三郎, 1963, 『童話と政治』, 東洋政治經濟研究所.

板桓征四郎, 1938, 「聖戰の本義」, 『文藝春秋』時局增刊號, 8月號.

風見章, 1982, 『近衛內閣』, 中央公論社.

夏目漱石, 1909, 「韓滿所感」, 下, 『滿洲日日新聞』1909. 11. 6; 『産經新聞』2013. 1. 7. 再揭.

河村富士男 編, 1972, 「外交編」, 『明治文化資料叢書』第4卷, 風閒書房.

鶴見俊輔, 1978, 『轉向研究』, 筑摩書房.

鶴見俊輔, 1984, 『戰時期日本の精神史』, 岩波書店.

幸德秋水, 1973, 「兆民先生」, 『日本近代文學大系』第50卷(近代社會文學集), 角川書店.

芦部信喜, 1993, 『憲法』, 岩波書店.

和田春樹, 1982, 「解說」, 『新しき朝鮮』復刻板, 風濤社.

丸山眞男, 1967, 『日本の思想』, 岩波書店.

丸山眞男, 1976, 「明治國家の思想」, 『戰中と戰後の間』, みすず書房.

丸山眞男, 1988, 『現代政治の思想と行動』, 未來社.

後藤新平, 1924, 『日本膨脹論』, 大日本雄辯會.

後藤靖, 1985, 『天皇制と民衆』, 東京大學出版會.

黑田秀俊, 1966, 『昭和言論史への證言』, 弘文堂.

ゲイン[Mark Gayn], 1963, 『日本日記』, 井本威夫 譯, 筑摩書房.

ダワー[John Dower], 2001, 『敗北を抱きしめて・第二次大戰後の日本人』上, 三浦陽一 外 譯, 岩波書店.

ドイッチャー[Isaac Deutscher], 1968, 『スターリン』II, 上原和英 譯, みすず書房.

ヒトラー[Adolf Hitler], 1973, 『わが鬪爭』上, 下, 平野一郎 外 譯, 角川文庫.

ヒトラー [Adolf Hitler], 1994, 『ヒトラーのテーブルトーク 1941~1944』上, 吉田八岑 監譯, 三交社.
ファノン [Frantz Fanon], 1969, 『地に呪われたる者』, 鈴木道彦 外 譯, みすず書房.
フィン [Richard B. Finn], 1993, 『マッカーサーと吉田茂』下, 内田健三 監譯, 同文書院.
ベネディクト [Ruth Benedict], 1972, 『菊と刀』, 長谷川松治 譯, 社會思想社.
ベルツ [Toku Bälz], 1979, 『ベルツの日記』上, 菅沼龍太郎 譯, 岩波文庫.
マッカーサー [Douglas MacArthur], 1964, 『マッカーサー回想記』下, 津島一夫 譯, 日新聞社.
ルオフ [Kenneth Ruoff], 2003, 『國民の天皇』, 木村剛久 外 譯, 共同通信社.
ローゼンベルク [Alfred Rosenberg], 1938, 『二十世紀の神話』, 丸山仁夫 譯, 三笠書房.
『コギト』『國民之友』『大阪朝日新聞』『讀賣新聞』『東京新聞』『東京日日新聞』『滿洲日日新聞』『文藝春秋』『北國新聞』『産経新聞』『時事新報』『郵便報知新聞』『朝日新聞』『中央公論』

〔중국어 및 영어 문헌〕

馮家昇, 1936, 「日人對我東北的研究近狀」, 『禹貢半月刊』第5卷, 六期, 1936年 5月, 中國.

Gray, Thomas, 1884, *Elegy Written in a Country Churchyard*(1751), Boston: Estes & Lauriat.

Kase, Toshikazu, 1950, *Journey to the Missouri*, Yale University Press.

Kipling, Rudyard, 1929, "The White Man's Burden: The United States & The Philippine Islands, 1899", *Rudyard Kipling's Verse*, Definitive Edition, Garden City, New York: Doubleday.

Paterson, Thomas G., 1974, *The Origin of the Cold War*, Heath and Company.

Spanier, John, 1998, *American Policy Since World War II*, 14th ed. Congressional Quarterly, Inc.

Truman, Harry S., 1956, *Memoirs, Years of Trial and Hope* Vol. II, Doubleday & Company, Inc. Garden City, N.Y.

Whitney, Courtney, 1955, *MacArthur: His Rendezvous with History*, New York: Alfred A. Knopf.

찾아보기

인명

ㄱ

가야 오키노리 338
가와카미 데쓰타로 107~108, 111, 114, 128~129, 135
가토 히로유키 87, 90, 95~96
고노 요헤이 283
고노에 후미마로 49, 58, 79, 285
고바야시 히데오 111~112, 114, 125, 127~129, 133, 136, 209
고이즈미 준이치로 334
고토 신페이 185, 281
구보타 간이치로 281
기도 다카요시 24, 94, 165
기시 노부스케 338~339, 342
기타 이키 173
김대중 286
김영삼 286, 339

ㄴ

나쓰메 소세키 174
나카소네 야스히로 277, 282, 339, 341
나카에 조민 28, 98
니시다 기타로 113, 137
니토베 이나조 21, 170, 172~173, 183~184

ㄷ

다나베 하지메 113, 140
다루이 도키치 169
당경숭 38
도조 히데키 62, 270, 276
도쿠토미 소호 179~180

ㄹ

라이샤워 254~255
로크, 존 153
루소 264
루스벨트, 시어도어 43~44, 175
루스벨트, 프랭클린 244, 266
리튼 45

ㅁ

마셜 261
마쓰오카 요스케 46, 60, 276
마쓰이 이와네 17
맥아더 242~243, 245, 247~248, 250~251, 256~258, 261~265, 268~270, 293~294, 348
메이지 천황 26, 43, 94, 96, 240, 252~253, 307, 309~310, 317
모토시마 히토시 320
무라야마 도미이치 286~287
무솔리니 46

미나미 지로 218, 221, 233
미노베 다쓰키치 197
미키 기요시 113, 141, 149, 251

ㅂ
박은식 187
박정희 339
밸푸어 177, 256
브란트 277~278

ㅅ
사쿠마 쇼잔 129
사토 에이사쿠 281~282, 338~339
산몬지 쇼헤이 234~235
쇼다 미치코 300~301
쇼와 천황 240, 252, 254, 272, 290, 304~305, 310~316, 320, 322, 324
슐레겔 118
스미르노프 273
스탈린 79, 266
시게미쓰 마모루 242, 337
시데하라 기주로 252
신채호 198, 200~202, 214

ㅇ
아베 신조 334~335, 342~343
아키히토 283, 290, 296, 300~303, 314, 319, 323~324
애치슨 262
야마가타 아리토모 30, 91, 165
에드워드 사이드 37, 176
오부치 게이조 286, 325
오쿠보 도시미치 25, 94

요시다 쇼인 22~23, 164
우에다 겐키치 48
우치다 료헤이 170
우치무라 간조 34
이광수 114, 202~214
이시와라 간지 45, 57
이시이 시로 273~274
이와쿠라 도모미 23
이용구 169
이타가키 다이스케 93
이타가키 세이시로 45, 50
이토 히로부미 24, 26, 94, 165, 169, 343

ㅈ
장제스 63, 262
진무 51, 55~56, 61

ㅊ
처칠 259, 266

ㅋ
케넌 260
키플링 175, 179

ㅌ
트루먼 241~242, 245, 259, 261~262, 265

ㅍ
페리 5, 13~14, 36, 85, 87, 174, 243, 265
푸이 46
피히테 118

ㅎ

하시모토 도오루 284, 335
하토야마 유키오 344
해리스 14
헤겔 78
헤이세이 천황 283, 296, 315~316
호소카와 모리히로 285, 287
후카자와 시치로 319
후쿠자와 유키치 87~88, 95, 97~98, 101, 153, 166, 178, 291
히가시구니 나루히코 241, 279
히로히토 239~240, 247~250, 252, 254, 272, 282~283, 303, 310, 314, 319~320, 322, 324
히틀러 46, 79~80, 266

용어

ㄱ

가쓰라·태프트 협정 40, 43~44, 263
강화도조약 6, 25, 32~33
겉마음(다테마에) 16, 32~34, 44, 57, 75, 81~82, 230, 287, 323
고노 담화 283~284
고베 사건 29
공동모의 270, 272
관동군 45~48, 233, 272~274
교육 칙어 16, 30, 308
교토학파 108, 110, 112~113, 122~124, 136~137, 141~143, 145~152, 154~156, 159, 161~162
국가 신도 88, 252, 308~309, 311, 348
국가원수 256, 268, 270, 272, 331, 334, 343, 345
국공합작 49
국민정신총동원조선연맹 217~219
국사 행위 257, 331~332
국체 7, 15, 22, 26~27, 57~58, 62, 66, 69, 71, 74~75, 120, 129, 139, 141~142, 144, 146, 154~155, 159~160, 193, 196~197, 220, 229~231, 254, 279~280, 294, 297~300, 310, 325, 330
국체의 명징 16, 193, 197, 228~231, 236, 309
국체의 호지 70~71, 74, 239, 246~247, 258~259
군대 위안부 53, 221, 227, 283~284, 286

군인 칙유 16, 30, 91, 308~309
귀태 338~339
극동국제군사재판(도쿄재판) 7, 80, 233, 235, 239, 243, 265, 267, 270~275, 279, 283, 294~295, 337
극동의 헌병 41, 46, 181
근대의 초극 105, 107~108, 111~112, 114~115, 124, 129, 131~136, 149, 159, 161

ㄴ

내선일체 17, 114, 151, 191~194, 196~197, 207~212, 214~215, 218~219, 221, 225, 231, 234, 236
냉전 7, 83, 239, 259~260, 263, 267~272, 274, 294
뉘른베르크국제군사재판(뉘른베르크재판) 80, 267, 270~271, 278, 295

ㄷ

대동아 병참기지 58, 221~222, 224, 236
대동아공영권 7, 17, 60~61, 64, 70, 124, 126, 149, 151~152, 210, 213, 224, 230~231, 281~282, 291, 297
『대동합방론』 169
대륙 병참기지 218, 221~224, 236
대일본제국헌법(제국헌법) 21, 26~28, 30, 94, 129, 216, 229, 256, 258, 298, 308, 314, 330, 336, 348

ㄹ

러일전쟁 21, 25, 39~43, 172, 174, 186,
339
루거우차오 49
류탸오후 45
리저널리즘 240, 287, 291~292, 295
리튼 조사단 46

ㅁ

마을 팔푼이 302
만주사변 45~48, 50, 77, 186, 224, 233
망언 8, 83, 279, 281, 283~284, 287, 339
매카시즘 263
메이로쿠샤 86~88, 90~91, 95
메이지유신 5, 15, 17~19, 23, 26, 28~30, 51~52, 71, 85, 87, 93, 104~105, 107, 122, 130, 135, 146, 156, 164, 178, 183, 213, 252, 292, 306, 321, 332, 346
명예 백인 291
모범생 의식 156~161, 208, 293
무조건 항복 68, 72, 74, 238, 241, 246~247, 266, 293, 296
무진 전쟁 24, 29
『문학계』 107~108, 111~114, 135, 209
미일 화친조약 14, 242
미일수호통상조약 14
미주리호 241~243

ㅂ

백인의 부하 의식 75, 175, 179, 182
번병 336, 340, 342, 344
「병합의 조서」 191
불경죄 319
불평등조약 6, 14, 25, 32, 36, 181

ㅅ

사죄 278~279, 284, 286

삼국동맹 62, 80

상징 천황제 7~8, 238~241, 256, 258, 264, 300, 302~303, 305, 310, 321~322, 324, 329~330, 332~333, 342, 345

샌프란시스코 강화조약 7, 235, 264, 275, 277, 311~312, 337, 344

성전 7, 15~18, 48~52, 55~58, 60, 65~66, 70~73, 75~77, 81~82, 107, 110~111, 115, 120~122, 129, 149~150, 154, 156, 226, 267, 310

세계 최종전 45, 57~58, 65, 74, 110

세계사의 철학 105, 113, 136~137, 141~143, 145, 156, 161~162

세계사적 민족 78, 147

속마음(혼네) 16, 32~34, 44, 57, 71, 79, 81~82, 230, 287, 323

쇼카촌숙 23~24

시모노세키 강화조약 37~38

신체제 운동 60, 216, 218, 221, 236

심상지리 6, 37, 175, 182, 184, 298

ㅇ

안세이 오개국 조약 14, 85

애치슨 라인 262

야스쿠니신사 53, 277, 285, 287, 297, 309, 311~314, 339, 342~343

어성혼 300~302, 324

에도막부 13~14, 18, 20, 22, 24, 85, 87~88, 164, 347

5개조의 서문 252, 254

5·15사건 46, 336

오족 협화 17, 47~48, 281

왕관 256, 332

우익 8, 306, 319~320, 335, 338, 340~344

웨스트민스터 헌장 256

의전 32, 34~37, 41, 43

이와쿠라 사절단 25

2·26사건 43, 47, 76~77, 337

이익선 6~7, 24, 30~31, 40~41, 100, 165

인간 선언 239, 252~254, 310, 314, 330

일본 낭만파 108, 112~113, 116~117, 120~122, 146, 161

일본국 헌법 239, 254, 257~258, 277, 300, 311, 314, 316, 330~331, 333~334, 337

일본인의 부하 의식 17, 35, 235

일시동인 192, 195

일억 총참회 251, 279~280

ㅈ

자숙 319~320, 322~324

자유 민권운동 21, 27, 93~95, 97~98

자유의 지령 251

장군 14, 28~29, 328, 348

전향 83, 94, 96, 112, 116, 120, 142, 159~161, 280

절대주의 천황제 5, 15, 17, 20, 26~27, 30, 37, 52~53, 74~76, 85, 87~88, 92, 94~95, 98, 103~104, 106, 121, 129~130, 134, 140, 154, 161, 163, 174, 213, 229~230, 258, 285, 292,

297, 300, 302, 308~309, 321, 323, 327~328, 332~333, 336, 340, 342~344, 346
정한론 6, 22, 24~25, 31, 93, 99, 165~166
「제도 개정의 조서」 192
조미수호통상조약 44, 263
종교전쟁 72~74, 328
「종전의 조서」 68, 70
주권선 6~7, 24, 30~31, 40~41, 70, 100, 165
중일전쟁 17, 49~50, 54, 57~58, 66, 73, 77, 81, 109, 141, 216, 218, 221
진주만 62, 242

ㅊ
창씨개명 193~194
천황 기관설 197, 228
철의 장막 259
청일전쟁 32~34, 36~37, 39, 41~42, 100~102, 167, 174, 186
치안유지법 142, 195, 219~220, 251~252
731부대 272~275, 283, 339

ㅋ
카사블랑카회담 72, 266
카이로선언 241, 262

ㅌ
탈아 입구 38, 78, 101, 174, 178, 289, 291, 321
탈아론 101, 178, 291, 297

태평양전쟁 7, 53, 62, 66, 107, 109~110, 113, 129, 146, 181, 222, 225, 236, 245~246
트루먼 독트린 260

ㅍ
팔굉일우 15, 17, 48, 51~52, 55~57, 60, 62, 64~66, 72~76, 78, 110, 120, 124, 139, 151, 154~155, 193, 210, 230, 282, 297~298, 300
페리 함대 13, 242
페티시즘 290, 301, 306, 308, 313
평화 헌법 8, 239, 257, 297, 330~331, 333, 340, 343~344
포츠담선언 68~69, 241, 245~247, 266, 268, 270, 344
포츠머스 강화조약 21, 40, 43~44

ㅎ
하바로프스크 군사재판 274
한국전쟁 7, 83, 239, 242, 263~265, 275, 301
한일기본조약 281, 285, 339
한일병합조약 44
화족 96, 328, 336~337, 340
화혼양재 130~131
황국사관 289, 343
황국신민의 서사 193
황국신민화 15, 17, 19, 21, 39, 44, 79, 82, 114, 149, 151, 192~194, 196~197, 204, 207~208, 210, 214~215, 218, 221, 231, 233, 236
황군 49~50, 53, 62, 77, 109, 227~228,

232, 285, 309~310, 336
황도주의 7, 15~17, 72~73, 75~76, 78, 110, 282
황실 16, 26, 137~139, 179, 212~213, 230, 238~239, 254, 257~258, 296, 299~303, 314, 319~321, 324, 336~337, 340
후미에 347~348
흑선 충격 13